民 生 政 策 研 究

王杰秀 总主编

托底性民生保障政策支持系统建设项目数据分析报告

（2022）

谈志林 主编
胡宏伟 张 静 副主编

中国出版集团
研究出版社

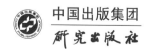

图书在版编目（CIP）数据

“托底性民生保障政策支持系统建设”项目数据分析报告/
谈志林主编 . -- 北京：研究出版社，2024. 5
ISBN 978 - 7 - 5199 - 1692 - 3

Ⅰ. D632. 1

中国国家版本馆 CIP 数据核字第 2024UQ7398 号

出 品 人：陈建军
出版统筹：丁　波
策划编辑：张立明
责任编辑：张立明

“托底性民生保障政策支持系统建设”项目数据分析报告
谈志林　主编
研究出版社 出版发行
（100006　北京市东城区灯市口大街 100 号华腾商务楼）
北京中科印刷有限公司印刷　新华书店经销
2024 年 5 月第 1 版　2024 年 5 月第 1 次印刷
开本：710 毫米×1000 毫米　1/16　印张：25
字数：414 千字
ISBN 978 - 7 - 5199 - 1692 - 3　定价：92. 00 元
电话：（010）64217619　64217612（发行部）

前　言

党的二十大报告指出，必须坚持在发展中保障和改善民生，鼓励共同奋斗创造美好生活，不断实现人民对美好生活的向往。当前，我国脱贫攻坚战取得全面胜利，消除绝对贫困的艰巨任务圆满完成，进入扎实推进共同富裕的历史阶段，我国的民生保障事业亦进入新阶段。托底性民生保障政策作为保障基本民生、促进社会公平、维护社会稳定的基础性制度安排，在全面建设社会主义现代化国家的新征程中也必将发挥更加重要的作用。

本书旨在系统勾勒我国城乡低收入家庭的基本状况，全面评估托底性民生保障政策的运行状况及作用效果，为完善我国托底性民生保障政策支持系统提供科学依据和现实参考，为创新发展托底性民生保障政策支持系统提出优化建议。具体而言，第一，多维度详尽展现城乡低收入群体在人口特征、突出困难、受助情况等各方面的信息，为民生治理研究、政策完善提供准确翔实的基础数据。第二，聚焦城乡低收入家庭享受最低生活保障、临时救助、专项救助等情况，了解托底性民生保障政策效果，为推动完善社会救助、养老服务、孤残儿童保护等托底性民生保障政策提供决策参考。第三，采取调查实验研究法评估困难群众对低保制度投入的评价和期待、参与社区事务的积极性等相关内容，剖析社会心态、百姓愁盼与百姓诉求，有利于详尽了解城乡低收入家庭最新状况，为评估、完善和改革创新发展托底性民生保障政策支持系统提供决策参考。

基于民政部政策研究中心 2022 年度“托底性民生保障支持系统建设”项目调查数据与政策资料，结合本项目往年调查数据进行垂直对比与分析，运用相关文献资料进行横向对比与讨论，在总体情况描述基础上，将划分人群、划分城乡、划分省份进行分类比较，以期全方面、多维度对城乡低收入家庭进行群体画像。在总结相关结论，深描城乡低收入家庭各类特征、困难、需求等基础上，针对性提出优化城乡低收入家庭兜底保障、促进社会救助高质量发展的若干思考。本书内容包含 6 章，具体章节内容如下。

第一章是“绪论”。本章为全书奠定研究基础，通过介绍本书的研究背景与目标，概述 2022 年“托底性民生保障政策支持系统建设”项目的研究背景、研究目标、研究内容、研究方法以及调查方案和调查组织情况，并对数据质量进行评价与分析，为下文研究开展做好铺垫。该项目综合运用调查问卷、深度访谈等方式，调查城乡低收入家庭的各项基本状况，客观评估托底性民生保障政策的实施效果，为优化巩固托底性民生保障政策提供支持。

第二章是“城乡低收入家庭的基本状况”。本章主要对城乡低收入家庭人口基本状况进行介绍，包括城乡低收入家庭的人口状况、健康状况、就业状况等，还对低收入家庭的收支情况、资产情况进行讨论与分析，在此基础上提出，城市低收入家庭人口规模相对更小、低保户患重病率远高于非低保人群等相关结论。城乡低收入家庭的基本状况是托底性民生保障政策施策的关键基点，分析低收入家庭特征，有助于低收入家庭救助保护的政策创新，对于降低贫困风险、增强保障能力、提高低收入家庭民生福祉意义重大。

第三章是“城乡低收入家庭的困难情况”。本章主要对城乡低收入家庭的困难情况进行介绍与讨论，包括城乡低收入家庭的中长期困难情况分析、突发困难情况分析、受疫情影响情况分析等，并提出城乡低收入家庭面临的主要困难是家庭成员突发重大疾病、因灾因疫导致临时生活困难、短期失业等。受新冠疫情等多重经济社会风险因素影响，城乡低收入家庭的困难情况复杂多变，低收入家庭需求愈发得到政府重视。深入分析城乡低收入家庭的困难状况，有利于针对相关困难与风险情况对症施策。

第四章是“城乡低收入家庭享受社会救助状况”。本章主要对城乡低收入家庭享受社会救助状况进行介绍，包括城乡低收入家庭享受最低生活保障的状况、享受临时救助的状况、享受专项救助和其他福利项目的状况、享受疫情帮扶政策的状况分析等。经研究发现，绝大多数的低收入家庭享受过医疗救助并且依靠基层渠道协助申请临时救助；重视维护脆弱群体的基本生活权益，有利于减轻公共危机对脆弱人群的冲击力，丰富社会救助服务体系。

第五章是“城乡低收入家庭的心态与期待”。本章主要介绍与分析城乡低收入家庭的心态与期待，包括分析城乡低收入家庭对社会救助政策的基本认知状况、城乡低收入家庭“幸福感、获得感、安全感”认知状况、城乡低收入家庭人际关系状况、城乡低收入家庭对社会救助政策的需求情况，在此基础上提出，城乡低收入家庭对维持基本生活的低保金预期差异显著，需重视低保申请管理程序不规范、不便捷问题。全面了解城乡低收入家庭的心态与期待，着眼于城乡低收入家庭的“急难愁盼”问题，有利于充分发挥社会政策的分配与保障功能。

第六章是“城乡低收入家庭的生活环境状况”。本章主要介绍与分析城乡低收入家庭的生活环境状况，包括分析城乡低收入家庭居住状况与城乡低收入家庭环境状况，并提出应同等重视社会救助硬件和软件的双环境建设，高度关注城乡低收入家庭的基本生活设施建设等改善低收入家庭生活环境的有关建议。

迈进新征程，立足新发展阶段，中国社会救助事业发展面临新形势和新挑战，全面建设社会主义现代化国家也对社会救助体系建设提出新要求。未来仍需持续对低收入家庭生活状况、兜底民生保障政策的供需情况进行调查分析，为基本民生领域社会政策创制与优化提供科学实证依据。

本书是2022年“托底性民生保障政策支持系统建设”项目研究成果之一，是在民政部政策研究中心的主持指导下完成的，由中国人民大学教授胡宏伟组织多位专家参与撰写。在此，谨向项目支持者、研究指导者以及研究团队成员和作者表示感谢！向研究出版社的张立明主任及其编校团队表示感谢！书中存在的不足之处，也请各位读者批评指正！

2023年9月

目 录

第一章　绪论

本章将主要对2022年“托底性民生保障政策支持系统建设”项目进行整体介绍，包括项目研究背景、研究目标、研究意义、研究内容、研究方法、调查方案和调查组织情况，还将对数据质量进行评价与分析，为后续章节分析奠定基础。

第一节　项目背景与研究目标

本节将对整个项目研究进行介绍，具体包括项目研究背景简述、研究目标简述及研究意义简述，目的在于更系统、深入地介绍整个研究项目。

一、项目背景简述

党的二十大报告强调，应增进民生福祉、提高人民生活品质，采取更多惠民生、暖民心举措，着力解决好人民群众急难愁盼问题，健全基本公共服务体系，提高公共服务水平，增强均衡性和可及性，扎实推进共同富裕。党的十八大以来，中央反复强调“宏观政策要稳住，微观政策要放活，社会政策要托底”工作指导原则。习近平总书记的批示指示和党中央、国务院重大决策部署，为开展以托底性民生保障为重点的社会政策研究指明了方向，同时也提出了任务要求。当前，我国的社会政策还需要聚焦重点问题持续改革发展，以适应新时代的新要求。“十四五”时期是我国完成现阶段脱贫攻坚任务后，开启以解决相对贫困问题为目标的新的贫困治理阶段，在此时期，托底性民生保障政策支持系统应该发挥更加积极的作用。下文，将从“社会救助高质量发展的必然要求”“优化基本公共服务体系、履行基本民生保障职责的重要内容”

“实现共同富裕、巩固脱贫攻坚成果与乡村振兴有效衔接的必然选择”等方面进行背景简述。

第一，推进托底性民生保障政策支持体系建设，是推进社会救助高质量发展的必然要求。2020 年 4 月，《关于改革完善社会救助制度的意见》中明确提出了社会救助高质量发展一词，从国家层面指导了新时期社会救助事业的发展方向。2021 年，习近平在十九届中央政治局第二十八次集体学习等不同场合发表关于社会救助高质量发展的重要讲话，赋予了新时代社会救助高质量发展的历史使命，提出坚持以人民为中心的发展思想，注重关心生活困难群众，切实履行好兜底民生保障的职责使命；明确了新时代社会救助高质量发展的目标，按照保基本、兜底线、救急难、可持续的总体思路，深化社会救助制度改革，健全完善中国特色社会救助体系；阐明了新时代社会救助高质量发展的总体思路，按照人人参与、人人尽力、人人享有的要求，守底线、突出重点、完善制度、引导预期，注重机会公平，着力保障基本民生；部署了新的任务要求，要统筹城乡社会救助体系，完善最低生活保障制度，加大对因疫因灾遇困群众的临时救助力度；健全社会救助、社会福利对象精准认定机制，实现应保尽保、应助尽助、应享尽享。2021 年 5 月，《“十四五”民政事业发展规划》对新时代社会救助事业发展规划进一步阐释了社会救助高质量发展成为社会救助事业发展的新的目标和任务。2022 年 4 月，中共民政部党组提出五大举措推进社会救助事业高质量发展，分别是持续健全完善社会救助体系、织密兜牢基本民生保障安全网、精准落实落细各项救助政策、创新优化多样化救助服务、强化规范健康发展工作保障①。

国家顶层设计层面的战略部署为托底性民生保障政策支持体系建设研究提供了战略性指引，托底性民生保障政策坚持托底线、保基本，在此背景下开展城乡低收入家庭抽样调查与政策支持研究，目的在于加强社会保障，改善社会福利，稳定社会秩序，特别是保障特殊困难群体基本的社会和经济安全，促进实现社会公平正义和进步。社会救助是社会保障体系的重要组成部分，在不同历史时期呈现不同的时代特征和发展路径。作为兜底性、基础性制度，社会救助在推进国家治理体系和治理能力现代化过程中，发挥着调整资源配置、促进社会公平、维护社会稳定的作用。改革和完善社会救助制度，是巩固脱贫攻坚

① 中共民政部党组：《加快推进社会救助事业高质量发展》，https：//www. mca. gov. cn/article/xw/mzyw/202204/20220400041399. shtml。

成果、建立解决相对贫困长效机制的重大制度安排。研究民生保障政策如何托底，是贯彻中央重大决策部署，尤其是落实习近平总书记关于社会政策托底的重要思想的题中应有之义，是推进社会救助高质量发展的必然要求。

第二，推进托底性民生保障政策支持体系建设，是优化基本公共服务体系、履行基本民生保障职责的重要内容。2019 年 3 月，习近平总书记对民政工作作出指示，强调要“聚焦脱贫攻坚、聚焦特殊群体、聚焦群众关切”，指出民政部门要更好履行“基本民生保障”职责。党的十九届五中全会把“改善人民生活品质，提高社会建设水平”作为“十四五”时期经济社会发展的一项重要任务，并明确要求“健全多层次社会保障体系”“健全分层分类的社会救助体系”。2021 年 6 月，《“十四五”民政事业发展规划》指出，“新的历史方位对新时代新阶段民政事业发展提出了新要求。进入新发展阶段，在贯彻落实巩固拓展脱贫攻坚成果同乡村振兴有效衔接、积极应对人口老龄化、区域协调发展、以人为核心的新型城镇化、基本公共服务均等化等党和国家重大战略任务和重大决策部署中，民政事业面临现代化建设新征程中的新任务”。要“在增进民生福祉推进共同富裕中展现新作为。加强对低保边缘家庭和支出型困难家庭的救助工作，分层分类实施社会救助”。“托底性民生保障政策支持系统建设”项目直接服务于上述政策的贯彻落实，助推重大任务、原则和规划的实施，为政府制定相关政策提供重要依据。

除制度体系建设外，公共服务供给及递送是托底性民生保障完善发展的关键环节。随着社会经济的发展以及人口老龄化的加剧，现金和物质给付已不足以满足多样化、个性化的民生需求，未来以相对贫困治理为目标的托底性民生保障行动更加重视低收入群体和其他困难群众的能力提升，将覆盖更多困难群众，满足更多样化的各类需求，拥有更多的保障内容，采用更加积极的保障手段，民生保障服务救助的作用将大幅度提高。同时，社会救助领域仍存在“重现金救助，轻服务救助”的现象，救助政策的落实到位主要关注于物质帮扶和资金救助是否到位，对非物质的救助服务关注不足，应拓展服务内涵，推动社会救助从管理型救助走向服务型救助①。正因为如此，在托底性民生保障政策中仍存在福利服务缺乏和不足，难以起到增强救助对象能力和权利意识提升的效果，更难以起到激发内生脱贫动力和提升就业意愿的效果。

---

① 张开云，马颖颖，王雅珠：《从现金到服务：社会保障给付结构的局限、转换动力与路径》，载《浙江社会科学》2019 年第 10 期，第 85-94、110、159 页。

积极托底性民生保障体系建设应以机会能力与动机提升为目标，不再仅仅依赖于传统的物质救助和现金帮扶，更应在保障适度物质帮扶与资金帮扶的基础上强化服务性救助帮扶，为低收入群体和特殊困难人群获得就业机会、提升发展能力和增强脱贫动机提供足够的服务帮扶①。当前我国托底性民生保障体系建设重视保基本、兜底线的物质救助，发展较为迅猛，但针对低收入群体和其他困难群众的服务救助还比较薄弱，尤其是医疗救助、住房救助、就业援助和其他福利项目中的救助服务部分相对薄弱，与家庭服务项目需求相比，社区或周边拥有的养老服务、幼儿托护、助残服务、入户探访、劳动就业服务、社区老年餐桌、社区康复服务、生活性服务、文化体育等公共服务供给尚有待进一步加强。这是我国托底性民生保障体系建设下一步需要重点加强的领域。

第三，推进托底性民生保障政策支持体系建设，是实现共同富裕、巩固脱贫攻坚成果与乡村振兴有效衔接的必然选择。共同富裕是社会主义的本质要求，也是中国式现代化的重要特征。习近平总书记多次强调，要"在经济社会不断发展的基础上，朝着共同富裕方面稳步前进"，"到 21 世纪中叶，全体人民共同富裕基本实现，居民收入和实际消费水平缩小到合理区间②"。从当前发展阶段和形势来看，尽管我国已经实现贫困人口全面脱贫，但依然有规模庞大的困难群体影响我国共同富裕目标的实现。如何促进困难群体实现共同富裕，特别是通过完善社会政策体系兜住底、兜好底、兜准底，提升困难群体发展能力与福祉，是我国共同富裕战略的核心内容和关键难点。2020 年，习近平总书记在陕西考察调研时提道："对于今年全面完成现行指标的扶贫，我是有信心的。我更关心的，就是今年以后是不是能够稳定下来，是不是有一个长效的机制，就看这些基本的措施是不是稳定的、持续的"。脱贫目标完成之后，解决发展不平衡不充分问题、缩小城乡区域发展差距、实现人的全面发展和全体人民共同富裕仍然任重道远。中共中央、国务院 2021 年 3 月印发《中共中央国务院关于实现巩固拓展脱贫攻坚成果同乡村振兴有效衔接的意见》，强调要"建立健全巩固拓展脱贫攻坚成果长效机制，兜底救助类政策要继续保持稳定。健全农村低收入人口常态化帮扶机制，加强农村低收入人口监测，分层分类实施社会救助"。对脱贫之后继续加强政策的稳定性，跟踪研究提出了

① 成伟：《我国兜底性民生服务体系构建——从基本保障到社会服务》，载《南开学报（哲学社会科学版）》2021 年第 5 期，第 44-53 页。

② 习近平：《扎实推动共同富裕》，载《求是》2021 年第 20 期。

更高要求。

打赢脱贫攻坚战、全面建成小康社会后，要在巩固拓展脱贫攻坚成果的基础上做好乡村振兴，接续推进脱贫地区发展和群众生活改善，切实做好脱贫攻坚成果同乡村振兴有效衔接各项工作，让脱贫基础更加稳固、成效更可持续。这种有效衔接是实现长效脱贫减贫，走向共同富裕和现代化的重要途径。立足新起点、新阶段，“我国已经到了扎实推动共同富裕的历史阶段”，扎实推动共同富裕不仅要通过共同努力做大做好“蛋糕”，更要切好分好“蛋糕”。低收入家庭是实现共同富裕需要重点关注的群体。其中，特困家庭、低保家庭、低保边缘家庭在内的低收入群体是巩固脱贫攻坚成果的重中之重，要通过保持过渡期主要帮扶政策总体稳定、健全防止返贫动态监测和帮扶机制、加强低收入人口监测等途径，做好低收入家庭的基本生活保障工作，通过对这部分群体的关注和保障，实现巩固拓展脱贫攻坚成果同乡村振兴有效衔接。

贯彻落实中共中央、国务院关于实现巩固拓展脱贫攻坚成果同乡村振兴有效衔接、改革完善社会救助制度等重大决策部署，健全低收入人口动态监测和常态化救助帮扶机制，保证兜底救助类政策和措施稳定持续，切实织密兜牢困难群众基本生活保障底线，是我们需要关注的重大理论和实践命题。只有掌握这些困难群体基本民生方面的详尽信息，了解他们的致困原因、困难类别、救助需求等真实信息，并把握其动态变化，才能为健全完善相关民生托底政策提供科学的依据。

二、研究目标简述

“托底性民生保障政策支持系统建设”课题是党和国家在新的历史背景下，为大力促进我国各项托底性民生保障制度创新发展而推行的项目。通过实施该项目，调查我国城乡低收入人群的基本民生状况，建立分群体的民生状况调查数据库，并对调查数据进行分析，形成决策咨询成果，为科学精准制定完善托底性民生保障政策提供科学依据与参考，更好地推动民生保障事业发展。本研究的目标为反映我国低收入家庭生活质量与能力状态，评估托底性民生保障政策体系的运行状况及其作用效果，为保障城乡低收入家庭基本生活、促进城乡低收入家庭发展提供科学依据和现实参考，推动新时代民生治理及托底性民生保障政策创新发展。

第一，反映我国低收入家庭生活质量与能力状态。脱贫攻坚取得全面胜利以后，数量庞大的低收入家庭成为巩固脱贫攻坚成果以及同乡村振兴有效衔接的重中之重。然而，当前关于低收入家庭的全国性调查研究不足，关注不够，仍缺乏对低收入家庭生活质量与能力状态的基本认知。因此，本书的重要意义在于借助全国性抽样调查数据，客观、全面地了解我国低收入家庭的基本特征、困难状况、享受社会救助状况、心态与期待、生活环境状况等基本信息，从多个角度进行低收入家庭这一人群的“深描”，反映其生活质量与能力状态，从而为相关政策的制定和完善、优化提供现实基础。

第二，评估托底性民生保障政策体系的运行状况及其作用效果。托底性民生保障政策建设是我国保障和改善民生制度与行动体系中的重要组成部分，针对困难群众的一系列托底性民生保障政策日益受到重视，从中央到地方探索出台了一系列针对困难群众托底性的社会支持和保护政策，在保护各类特殊群体方面发挥着越来越大的作用。本书将对困难群众享受的托底性民生保障政策类型与具体内容进行分析，对当前的政策效果与百姓的愁盼和诉求进行归纳与总结，同时，从家庭人口基本状况、收入和消费、储蓄和负债、困难情况、社会救助享受情况、社会参与等方面，客观、全面地评估针对托底性民生保障政策体系的运行状况及作用效果。

第三，推动新时代民生治理及托底性民生保障政策创新发展。研究项目将全方位展现各项社会救助项目、各项社会服务的运行状况，从中发现的不足将更具针对性和科学性，为相关部门提供决策参考，而各级政府将针对相关问题进行改进，有利于不断提高城乡低收入家庭支持力度、改善支持结构，促进城乡困难家庭生活水平、社会服务享有水平的改善。更为重要的一点是，社会政策支持体系的完善，城乡困难家庭生活状况的改善，将极大促进保障社会公平、维护社会和谐稳定。具体而言，覆盖城乡困难家庭的社会政策支持体系的建立和完善，不仅使困难家庭的经济水平得到提高，更促使困难家庭共享社会经济发展成果，有助于缩小贫富差距，实现共同富裕。

三、研究意义简述

本书在反映我国低收入家庭生活质量与能力状态，评估托底性民生保障政策体系的运行状况及其作用效果、推动新时代民生治理及托底性民生保障政策创新发展等方面具有重要意义。与研究目标相对应，本书的研究意义主要为以下三点。

第一，系统勾勒城乡低收入家庭的基本状况，为完善我国托底性民生保障政策支持系统提供现实参考。当前，我国社会主要矛盾已经转化为人民日益增长的美好生活需要和不平衡不充分的发展之间的矛盾，党的十九届五中全会首次把全体人民共同富裕取得更为明显的实质性进展作为远景目标提出，民政部门作为困难群众的坚强依靠，应当出台托底扶弱相关政策，肩负起让低收入群体共享改革发展红利的职责使命。而出台政策、做出科学决策的基本前提，是详尽掌握低收入群体在基本情况、突出困难、受助状况、心态期待、生活环境等各方面信息。因此，本项目针对不同低收入家庭进行调查，全面、深入、客观地反映我国低收入家庭的能力状态、困难需求、受助状况、主观态度、生活环境等。具体而言，从民政部全国低收入人口动态监测信息平台中进行科学抽样调查，调查聚焦城乡低收入家庭成员人口状况、经济状况与生活环境状况等基本生活情况，补充低收入人口统计信息数据，建立微观家庭调查数据库，形成一个纵向、动态的监测体系，对我国城乡低收入家庭的宽幅信息进行纵向追踪和横向延伸，这对于为政府决策提供真实权威的数据和信息支持具有重要意义，能够为民生治理研究、政策完善和创制提供准确翔实的基础数据。

第二，全面评估托底性民生保障政策支持系统的运行状况及作用效果，为完善我国托底性民生保障政策支持系统提供科学依据。我国脱贫攻坚战取得了全面胜利，完成了消除绝对贫困的艰巨任务，进入了扎实推进共同富裕的历史阶段，中国的民生保障事业亦进入新阶段。在经济发展迈入新阶段的形势下，需要科学进行民生保障政策的供给与需求分析，为促进民生保障工作升级提供依据。针对低收入家庭的托底性保障政策体系日益受到重视，中央及地方均出台了一系列专门针对的支持政策。在经济发展、民生保障进入新阶段与新冠疫情持续冲击的背景下，托底性民生保障政策的发展变迁情况、政策执行情况、政策效用情况仍需探讨。本项目是国内唯一的一项面向困难家庭开展的追踪性大型入户调查，有助于持续、全面掌握我国困难群众在生活质量、政策满意度、政策诉求等方面的动态信息，为优化、巩固托底性民生保障政策提供了实证支撑。本研究聚焦城乡低收入家庭享受最低生活保障、临时救助、专项救助、疫情帮扶政策和其他福利项目的状况，了解托底性民生保障政策的最新动向及政策效果，建立托底性民生保障政策在基层落实的信息采集、反馈机制，疏通困难群体对政府社会政策综合反馈的渠道，对于推动我国各项托底性民生保障制度的创新发展，对于完善社会救助、养老服务、孤残儿童保护等社会支持政策将会产生积极影响。

第三，呈现城乡低收入家庭对社会救助政策的态度与需求，为创新发展托底性民生保障政策支持系统提出优化建议。从绝对贫困到相对贫困，从经济贫困到多维贫困，我国的贫困问题呈现复杂性和长期性特点，托底性民生保障政策支持系统需要进行不断的改革、完善。随着我国经济转轨和社会转型的加快，中国城乡民生形势发生了显著的变化。党的十九届四中全会提出要“坚决打赢脱贫攻坚战，建立解决相对贫困的长效机制”。在新的形势下，科学推进民生治理，实现全面建成小康社会目标后，对完善托底性民生政策体系提出了新的更高要求，亟待准确掌握低收入群体的动态状况，为制定科学的托底政策提供可靠依据。实时对托底性民生保障政策支持系统进行评估，摸清城乡低收入家庭生活状况，显得尤为重要。本项目采取调查实验研究法，将所有受访者以区县为单位随机分为实验组、对照组，了解困难群众对低保制度投入的评价和期待、参与社区事务的积极性、对公共服务家庭责任与国家责任的相关认知，剖析社会心态、百姓愁盼与百姓诉求等。本研究数据的分析结果展现了中国城乡困难家庭的基本生计状况、抵御风险能力、面临的急难愁盼问题，以及社会政策需求等方面的变化情况，有利于读者详尽地了解城乡低收入家庭最新状况，不断深化和扩展社会各界对困难群众所面临问题的认识和理解，也为评估、完善和改革创新发展托底性民生保障政策支持系统提出优化建议。

第二节　项目内容与研究方法

本节将对项目研究内容与研究方法进行介绍，研究内容部分将阐述项目的发展历程以及研究内容，研究方法部分将对项目过程中使用的调查研究法、调查实验法和文献研究法进行解读。

一、项目内容介绍

下文将从项目发展历程与项目研究内容两方面对项目内容进行介绍。需要强调，此处介绍的是本数据分析报告背后的大型研究项目，而不仅是本次调查项目的介绍，之所以安排项目内容介绍，是为了让读者全面、系统地了解本项目的整体研究背景，更好地了解研究目标、关注聚焦等情况。

（一）项目发展历程

“中国城乡困难家庭社会政策支持系统建设”项目于2008年正式立项，此后每年进行一次全国问卷调查。为贯彻习近平总书记关于民生民政工作的重要指示，落实中共中央、国务院关于保障和改善民生的重大决策部署，不断增强实证研究对民政决策的支持作用。自2015年起，民政部牵头推进“托底性民生保障政策支持系统建设”项目（以下简称“托底”项目），在原“中国城乡困难家庭社会政策支持系统建设”数据库的基础上，综合运用调查问卷、深度访谈等方式，调查城乡低收入家庭的各项基本状况，客观评估托底性民生保障政策的实施效果，为优化巩固托底性民生保障政策提供支持。“托底”项目是国内唯一的一项面向困难家庭开展的追踪性大型入户调查，有助于持续、全面掌握我国困难群众在生活质量、政策满意度、政策诉求等方面的动态信息，为优化、巩固托底性民生保障政策提供了实证支撑。

“托底”项目由民政部社会福利与社会进步研究所牵头，与国内著名高校、知名专家建立了良好的沟通机制和合作关系。参与研究人员均具有民生保障领域的知识背景，拥有较为深厚的理论素养和社会科学方法论基础。目前项目已有成果主要包括数据库、研究报告等多个方面。一是形成“城乡低收入家庭抽样调查数据库”。在原“中国城乡困难家庭社会政策支持系统建设”数据库的基础上，完善已有城乡低收入家庭调查问卷，建立包含多省样本的连续性城乡低收入家庭数据库。二是公开出版项目研究报告。为近年社会救助制度改革提供决策咨询报告。“托底”项目在持续稳定的城乡低收入困难家庭调查基础上，针对各年研究重点，形成不同的研究主题，如2016年注重优抚群体调查，2019年关注发达国家和地区民生兜底保障研究，2020年强调城市贫困治理与基本民生兜底保障等。结合不同研究主题，当前已出版包括《托底性民生保障专题研究》在内的多部专著与历年研究报告。

（二）项目研究内容

本书为“托底性民生保障政策支持系统建设”项目“2022年城乡低收入家庭抽样调查”数据分析报告，根据调查问卷的模块来设定调研报告的内容章节，研究报告共包括六个章节，各章节的具体研究内容如下所示。

第一章为绪论。主要对报告的研究背景、研究目标、研究意义、研究内容、研究方法、调查方案、调查组织、数据质量控制与评价等进行介绍，总体陈述报告概况，为后文报告的具体分析讨论奠定基础。

第二章为城乡低收入家庭的基本情况。主要对城乡低收入家庭人口基本状况进行介绍，包括人口状况、健康状况、就业状况，还对低收入家庭的收支情况、资产情况进行讨论与分析，并在本章小结部分对低收入家庭基本情况进行群体描摹，研究结论汇总部分对本章主要研究结论进行汇总、梳理和总结，若干思考部分则基于结论部分的讨论提出若干思考建议。

第三章为城乡低收入家庭的困难情况。主要对城乡低收入家庭中长期困难情况、突发困难情况、受疫情影响情况进行描述分析，探讨城乡低收入家庭受疫情影响下的现实困难与需求，并在本章小结部分对低收入家庭的困难情况进行总结，进行相关结论的探讨，提出若干思考。

第四章为城乡低收入家庭享受社会救助情况。主要对城乡低收入家庭享受最低生活保障、临时救助、专项救助和其他福利项目、享受疫情帮扶政策的状况进行描述分析，并在本章小结部分对低收入家庭享受社会救助情况进行群体描摹。研究结论汇总部分对本章主要研究结论进行汇总、梳理和总结，若干思考部分则基于结论部分的讨论，提出我国社会救助高质量发展的若干思考建议。

第五章为城乡低收入家庭的心态与期待。主要分析城乡低收入家庭的心态与期待，具体包括对城乡低收入家庭对社会救助政策的基本认知状况进行分析与阐述，对城乡低收入家庭“幸福感、获得感、安全感”认知状况进行分析与评价，对城乡低收入家庭人际关系状况进行分析与评价，对城乡低收入家庭对社会救助政策的需求情况进行分析与评价。最后，对本章各小节分析的内容进行结论汇总和讨论。

第六章为城乡低收入家庭生活环境状况。主要分析城乡低收入家庭的生活环境状况，聚焦居住状况与环境状况两方面，具体包括对城乡低收入家庭房屋状况、家庭设施状况进行分析，以及对城乡区域民政服务供给情况、城乡民政区域服务改进情况进行分析与讨论。最后，在本章小结部分进行结论汇总和若干讨论。

为了更加细致、立体呈现低收入群体的总体结构状况，本书在各章节数据分析对比中，分别从总体上、分人群、分城乡以及分省份对城乡低收入家庭的各类情况进行分类比较。需要特别强调的是，本书中按人群将低收入家庭划分为低保户和非低保户，低保户是指目前享受最低生活保障待遇的人群，非低保户指低收入人群中当前不享受低保资格待遇的其他低收入人群。

二、相关研究方法

本书主要采用调查研究法、调查实验法和文献研究法等研究方法对资料及数据内容进行分析。

第一，调查研究法。本书依托2022年“托底性民生保障政策支持系统建设”项目，在江苏、浙江、河南、湖北、四川、陕西6个省开展抽样调查，对于低收入家庭的基本特征、困难状况、享受社会救助状况、心态与期待、生活环境状况等基本信息进行调查研究，并进行描述性统计分析，从多个角度、方面进行低收入家庭这一人群画像临摹，反映城乡低收入家庭群体特征、生活质量、能力状态、困难诉求等，客观、全面地评估托底性民生保障政策体系的运行状况及作用效果，从而为相关政策的制定和完善、优化提供现实基础。

第二，调查实验法。本书将所有受访者以区县为单位随机分为实验组、对照组，通过运用调查实验方法，运用调查员为实验组介绍提示内容、调整题目顺序提问应答等方式创造干预情境进行因果推断，以期了解困难群众低保制度投入的评价和期待、困难群众参与社区事务的积极性以及困难群众对养老、医疗、救助等方面的家庭责任与国家责任的认知。

第三，文献研究法。本书使用了文献研究法中的比较分析方法，本书通过收集、梳理国内外关于低收入家庭、贫困脆弱、社会救助、社会参与、社会心态、生活环境、共同富裕等方面的相关文献，在后续具体章节分析讨论中，运用文献讨论对城乡低收入家庭基本情况、困难情况、享受社会救助情况等实际进行梳理、讨论、归纳和分析。

第三节 调查方案与调查组织

本节将对整个项目的调查方案与调查组织的各个环节进行详细介绍，目的在于更系统、深入地了解整个研究项目调查的组织实施情况。①

① 关于调查相关工作的相关介绍，参考了调查执行方的相关汇报资料。

一、调查方案介绍

2022年“托底性民生保障政策支持系统建设”项目城乡低收入家庭抽样调查综合运用调查问卷、深度访谈等方式，系统勾勒城乡低收入家庭的基本生活状况，客观评估中国托底性民生保障政策的实施效果，呈现城乡低收入家庭对社会救助政策的态度与需求，为推动民生民政领域政策更新与创制提供实证依据与措施建议。

（一）调查整体情况相关介绍

项目通过开展抽样调查，全面系统展现城乡低收入家庭的基本生活状况；基于调查数据，采用定性、定量相结合的方式，科学评估托底性民生保障政策的实施效果，为政策创制与完善提供决策支持。执行方式如下：（1）编制研究主题与调查问卷。紧密围绕中共中央、国务院关于民生民政工作的决策部署，编制年度研究主题，并在此基础上设计“城乡低收入家庭调查问卷”。（2）样本抽取。利用PPS抽样调查法从全国东中西地区抽取符合本研究需要的县区、村居作为低收入家庭民生状况调查点，随机抽取调查约10000个样本，并建立样本登记调查档案。（3）实施调查。通过公开招标甄选专业调查机构负责调查执行，工作任务包括但不限于：访员招募与培训、问卷电子化、入户或电话访问、数据清理建库等。（4）成果产出。基于调查数据，结合年度研究主题，组织起草研究报告。本项目工作计划主要包括以下阶段和环节。

第一，设计与准备阶段。工作目标为完成项目实施前的准备工作。主要任务为进一步论证和细化项目总体设计、项目执行计划、项目具体执行方案，避免实施盲目性，确保项目实施顺利进行。具体任务包括：（1）设计调查问卷。设计一套综合性问卷。问卷变量不少于300项，总问题不少于100个。完成调查问卷的计算机辅助系统导入，建立计算机辅助调查信息采集平台。同时，设计辅助子项目实施的具体方案、访谈和调查的提纲、问卷。（2）抽取样本。研究抽样方法，拟定抽样方案，确定追踪调查样本户；论证样本的代表性。（3）调查测试。制定调查工作实施手册；在部分抽样村（居）进行调查问卷试调查，验证调查问卷的可行性。（4）遴选专业调查机构或合作单位（专家）。严格按照政府采购程序遴选主体子项目专业调查机构；通过专家评审的方式，遴选主体子项目研究报告撰写团队以及辅助子项目研究合作单位和专家。

第二，调查培训阶段。主要目标为访员调查业务培训，确保调查按照规范科学的方法开展。主要任务为招募访员、开发培训课程，召开培训会议。具体而言，调查执行机构在抽样县区所在省市高校或科研机构内招聘访员，建立稳定的访员队伍。召开访员、督导人员调查培训会议，讲解追踪调查技术，分解落实调查任务。与调查地所在民政部门协调，做好访员入户调查前期的协调联络工作。

第三，调查实施与质量控制阶段。主要目标为在抽样村（居），完成共计1万户城乡困难家庭的入户调查。主要任务为督导调查执行机构和合作机构，组织访员分赴抽样县区进行调查，并同步进行调查督导和质量控制。

第四，数据库建设与数据分析阶段。主要目标为主体子项目基于抽样调查信息建立数据库，并对数据进行分析开发。辅助子项目完成访谈资料清理。主要任务为现场调查结束后的一个月内完成数据录入，建立调查数据库；组织数据分析开发论证，安排部署研究报告撰写工作。完成报告撰写合作专家和合作机构的遴选。

第五，调查总结、数据论证与研究报告写作部署阶段。主要目标为总结抽样调查工作；组织调查数据可靠性论证；确定研究报告大纲，落实撰写任务。主要任务为年度调查研究工作结束后，召开座谈会、专家论证会，总结年度调查工作；组织研究报告的起草。

（二）调查目的、范围及对象

“托底性民生保障政策支持系统建设”项目城乡低收入家庭抽样调查的目的是通过调查客观反映民政服务需求即低收入家庭两个方面的真实状况，为托底性民生保障政策的制定、完善和政策的落实、落地提供数据支持。城乡低收入家庭抽样调查是通过在全国6个省份开展抽样调查，客观了解城乡低收入家庭的生活状况，掌握城乡低收入家庭基础数据，为政府出台相关社会政策、改进政策执行、回应社会关切等提供数据支持，为持续提升民生保障水平、不断增强人民群众获得感幸福感安全感提供决策参考。

2022年“托底”项目的调查范围是江苏、浙江、河南、湖北、四川、陕西6个省。其中，城乡低收入家庭抽样调查对象为城乡低收入家庭，以民政部

“全国低收入人口动态监测信息平台”中的全国低收入人口信息为专门抽样框。

（三）调查内容与调查方式

城乡低收入家庭抽样调查的内容主要包括城乡低收入家庭的基本状况、困难情况、享受社会救助情况、社会心态与社会期待、生活环境状况等。调查使用计算机辅助面访（CAPI）方式。信息民调中心在调查平台上建立电子问卷，访问员通过手持访问设备（PAD）上安装的终端访问软件登录调查平台进行访问，并如实记录受访者的回答。调查结束后，及时将电子问卷和录音、照片等及时上传到调查平台进行监督审核。对于问卷内容多且复杂的大型调查项目来说，调查使用计算机辅助面访（CAPI）方式是目前比较理想的访问形式，能够及时了解调查进度并进行质量检查监督。

（四）样本量与抽样

城乡低收入家庭抽样调查总样本量不少于10000人，覆盖各类城乡低收入家庭等困难群体，省际平均分配。以民政部“全国低收入人口动态监测信息平台”中的全国低收入人口信息为专门抽样框，采用分层多阶段随机抽样方法抽取样本。城市样本和乡村样本独立抽取。

（五）抽样框的整理

本次调查的抽样框均由民政部社会福利与社会进步研究所（民政部政策研究中心）提供，低收入家庭抽样调查需要基层民政工作人员协助开展，特别是考虑到本次抽样较为分散的实际情况，各省级执行单位为了全面深入了解抽样框，妥善安排调查计划，在调查开始前均对抽样框进行了整理。

抽样框整理主要包括以下几个方面：一是通过整理发现抽样框中有关信息可能存在的错漏，调查过程中江苏、河南、湖北等均不同程度发现了一些问题，并及时更正。二是通过基层民政工作人员了解相关低收入家庭的情况。在抽样框整理过程中，发现比较突出的问题有如下三个方面：其一，数据库信息存在错漏。具体包括信息不完整、具体地址与区县等信息不匹配、村居信息为民政服务机构等。其二，受访对象拒绝接受访问，由部分基层民政工作人员拒绝配合访问，也不愿做协调工作导致。其三，受访对象如低收入家庭受访者因死亡、现居住外地等特殊原因无法接受访问；基层民政工作人员因岗位调整而无法接受访问等。

二、调查组织说明

以下将进行调查组织说明，主要包括试调查、编制电子问卷、编制调查执行文件、调查培训与协调沟通、组建调查执行团队、实地调查执行与调查执行工作总结七个部分。

（一）开展试调查工作

试调查是对调查方案、调查问卷和调查执行过程各个环节的实践检验，通过试调查不仅可以发现调查方案、问卷中存在的问题，而且可以反映调查执行中不同环节可能存在的问题，及时进行优化完善，为保证正式调查工作质量提供坚实基础。“托底”项目的试调查于 2022 年 7 月分两次在河南省郑州市巩义市进行，其中 7 月 17 日对城乡低收入家庭抽样调查进行了试调查，一名督导带领 6 名访问员在巩义市新华路街道文化街社区、北山口镇北山口村和北山口镇老井沟村等 3 个村居完成了 15 个低保户的访问（每个村居 5 个）。试调查充分反映了调查问卷存在的问题，最突出的问题是问卷题量大，两次试调查用时均超过 1 小时。原因是低收入家庭特别是低保户由于存在老、弱、病、残等特殊情况，对调查问卷内容理解和回答均存在较大困难。此外，样本分布过于分散，是从具体组织实施方面发现的另一个问题。试调查发挥了预期的作用，对调查方案、问卷设计、执行安排和调查平台等都进行了检验测试，达到了预期目的，调查问卷和执行工作等均作了进一步的修改完善。

（二）编制调查电子问卷

“托底”项目的电子问卷是由河南省社情民意调查中心的访问专家系统编制生成的，这套系统经过多年大型调查项目检验，已形成一套较成熟的面访系统软件。该软件共包括执行访问、数据管理、统计分析、日志管理等 4 个模块，每个模块下对应不同的功能，确保技术人员能够根据调查设计的要求在较短时间内完成电子问卷的编制，并通过对用户操作权限的设置和管理，实现在调查执行过程中，项目管理员、督导员、访问员、复核员能够根据所承担的任务分工负责，各司其职，保证调查顺利进行。本次调查电子问卷以省为单位进行城乡低收入家庭抽样调查。

（三）编制调查执行文件

“托底”项目的调查执行文件主要包括两个大的方面：一是《“托底性民生保障政策支持系统建设”项目调查执行手册》；二是编制执行单位需要提交的文件清单和格式文本。《“托底性民生保障政策支持系统建设”项目调查执行手册》的主要内容包括调查的基本情况、问卷说明、抽样及抽样框的使用、调查执行流程及操作规范、质量控制、安全与疫情防控、调查进度和数据整体上报七个部分。执行单位需要提交的文件清单如下：项目组人员信息、项目访问员、督导员信息、省级培训计划表、执行进度表、“城乡低收入家庭调查”入户接触记录表、执行小结等。

（四）调查培训协调沟通

本次调查培训采用分级方式进行，主要包括全国层面培训和省级层面培训，调查期间组织开展的培训共7次。全国层面培训由信息民调中心负责，于2022年8月19日采用腾讯视频会议的方式进行，培训对象主要是各省执行单位的项目负责人和督导。民政部社会福利与社会进步研究所（民政部政策研究中心）有关部门参会，并安排专家对调查问卷进行讲解培训。全国层面培训的议程围绕《“托底性民生保障政策支持系统建设”项目调查执行手册》展开，主要包括三个方面内容，分别是调查问卷培训、调查项目情况及执行要求培训、CAPI系统使用培训。省级层面培训由各相关省份社情民意调查机构在规定的调查时间内，根据自身工作安排开展。培训内容与全国培训基本一致。培训对象主要为督导员、访问员，因其均在调查一线，培训的内容更加具体细致，培训要求也更加具体。

针对不同类型的访问员，培训会在基本培训的基础上进行有针对性的培训，如对于没有统计调查从业经验特别是入户调查经验的访问员，会从项目内容到访问技巧、设备使用等进行全方位的培训；对于有从业经验的访问员则侧重于项目培训；同时还会针对不同访问员的具体情况进行针对性培训指导，如对于年龄较大的访问员或对电子产品使用较少的访问员，则会专门针对访问操作进行重点培训指导。

培训确保每位参加调查的访问员，无论经验丰富与否，均需参加基础培训，原则上使用新访问员的比例不超过30%。每位访问员都应准备一套培训资料，包括平板电脑、执行手册及其他访问工具。强调保密的重要性，包括项目相关资料的保密和受访者信息的保密。项目负责人应重点介绍调查要求，解释访问流程，对调查设备的使用进行详细说明。培训时，要求访问员均须参与模拟访问，项目负责人和督导应在模拟访问中设置各种障碍，观察访问员的应对情况，确保访问员已完全吸收理解项目培训内容。模拟后由项目负责人和实施负责人审核每一份模拟问卷，针对发现的问题给予具体指导。

（五）组建调查执行团队

本项目的执行团队由信息民调中心项目执行工作组和各省执行单位项目组共同组成，并建立了以微信、微信群、电子邮箱和手机等为主的调查执行沟通制度和渠道。本次调查成立专门的项目领导小组，配备项目实施团队和复核团队。项目实施团队负责项目的组织实施，严格落实调查各项要求，培训调查项目、组织实施，严格控制项目进度和调查质量。项目复核团队按照复核要求对各省调查问卷进行审核，及时反馈审核结果，督促各执行单位不断提高调查质量。各省执行单位项目组设项目总负责人1名，实施负责人1名，复核负责人1名。各省配置足够数量参与调查工作的访问员、督导员和复核员。

从9月初开始，“托底”项目6个省份累计投入1289名访问员和督导员参与调查，但省际差异较大，其中浙江、四川投入人员较多，主要是因为这两个省份是动员地市统计调查力量具体实施的，其他省份则主要采用从省一级直接安排督导员、访问员开展调查的方式。从结构上看，1289名访问员和督导员中，女性占66.0%，有入户调查经验的占92.4%，从业年限3年以上的占56.9%，26~50岁的占77.7%。

（六）实地调查执行情况

2022年“托底”项目总样本要求不低于13000人，其中城乡低收入家庭样本不低于10000人，基层民政服务队伍不低于3000人。调查自8月下旬启动，9月上旬陆续展开，期间共有1289名访问员、督导员参与了调查。截至11月10日，除河南省因疫情原因少量样本无法完成外，其他省份均完成调查工作。

1. 实地调查执行中的访问要求

第一，统筹做好疫情防控和调查执行工作。信息民调中心时刻保持与有关省级统计局民调机构的沟通联系，视疫情形势合理安排调查进度。参与调查的工作人员须严格遵守当地疫情防控要求，做好个人防护，规范开展调查工作。原则上，调查执行期间，工作人员需持有规定时间内核酸检测阴性结果方可入户访问。

第二，现场控制。确定受访者后，无论是受访者本人回答还是低收入家庭由别人代答，均应保持受访者独立回答，代答可询问被代替的人。若其他无关人在受访者旁边说话，或跟着答题时，访问员需做出提醒。如果受访者在访问期间需处理其他事情，如接听电话（发微信）或做家务等，访问员应当注意控制现场，待受访者处理完其他事务后再继续访问，不能只顾着自己问问题。

第三，技术要求。熟练掌握平板调查设备的使用方法；进入问卷后，导语部分必须读出，询问受访者的个人信息必须征得受访者的同意；访问员须按照平板电脑上的题目顺序来访问，将问卷每个问题读出，若受访者有表示不理解的地方，访问员可以把问题再完整地放慢语速读一遍，尤其是对于年纪较大、学历较低的受访者，访问员要耐心，不能催促受访者答题；访问员语速要适当，不要因语速过快而导致受访者听不清问题；同时，访问员过快的语速也会带快受访者回答问题的速度，受访者不会再用心去思考或仔细理解问题；访问员要给受访者留出充足的思考和答题时间；如遇受访者强烈要求自己作答，访问员需注意，受访者的要求需在录音中体现；受访者开始答题后，就不能中途换人；访问结束后，访问员读出结束语，并由访问员或受访者点击“确定”项，结束本户访问。

第四，地点要求。访问员尽量争取得到允许，进入受访者家中。注意：做好个人防护。如遇受访者不允许进入家中，则尽量选择家门口或楼道内进行访问，以方便 GPS 准确定位。如遇疫情等特殊情况，不允许入户访问，需和信息民调中心联系，明确是否需替换村居委会。

2. 入户操作及特殊情况处理

第一，拍照打卡。在找到抽中的住户后，入户前需先拍照打卡。

第二，与住户沟通。在找到抽中的住户后，可按照入户调查的步骤开始尝试与住户进行接触。开场白应该包括以下几部分：问候语；介绍自己，以及调查单位；调查目的及意义；问卷介绍语。完整、清晰而礼貌的开场白，比较容易获得受访家庭户的合作，取得比较准确的资料。好的开场白可以建立融洽的沟通气氛，使受访者不会对调查产生怀疑，更乐于表达自己的意见。

第三，确定受访者。通过当地基层民政工作人员确定受访者，如果低收入家庭调查的受访对象因特殊原因无法接受访问，则由熟悉其情况的人代答。

第四，与受访者沟通。确定受访者后，如果该受访者同意接受访问，则可进入访问阶段；如果受访者由于种种原因导致未成功访问，则根据拒访、中断访问、不在家、居家隔离等不同原因做相应处理。

3. 访问过程中的注意事项

访问过程中的基本原则包括：访问员应严格按问卷中的问题和指导语的要求来提问，不能按自己的理解来修改问卷中问题的提法；征求受访者同意后，方可询问其个人信息；按问题在问卷中出现的顺序来提问；提问时说话要慢而清楚；对方不理解的问题要重新提问；遵照指导语进行提问、跳答和出示提示卡；提问中要特别注意不要诱导受访者；访问中应尽量减少能避免的题外话，以便集中注意力进行访问。

（七）调查执行工作总结

从总体情况看，（如表 1-1 所示），全国 6 个省份的样本总量超过了调查方案规定的样本量，其中城乡低收入家庭抽样调查完成比例为 103.7%。从分省情况看，江苏、浙江、湖北、四川、陕西均完成了规定的样本量；河南则由于疫情原因，城乡低收入家庭抽样调查完成比例为 97.5%，其余样本也在后期补充完成。

表 1-1　调查总体及分省样本完成和审核情况（个，%）

调查省份	城乡低收入家庭抽样调查		
	规定样本量	完成有效样本量	完成比例
32 江苏	1666	1687	101.26
33 浙江	1666	1703	102.22
41 河南	1668	1627	97.54
42 湖北	1666	1849	110.98

续表

调查省份	城乡低收入家庭抽样调查		
	规定样本量	完成有效样本量	完成比例
51 四川	1666	1772	106.36
61 陕西	1668	1728	103.60
合计	10000	10366	103.66

第四节　数据质量控制与评价

本节将对整个项目调查的数据质量评价进行介绍，包括数据质量控制的各个环节与质量分析结论进行阐述，以期更清晰明确地介绍项目数据的质量情况。

一、数据质量控制

数据质量是调查工作的生命线，也是保证调查顺利完成的底线。为保证调查数据质量，国家统计局信息民调中心和各省级执行单位都组建了专门的质量复核小组，专门组织人员进行质量核查，确保质量核查覆盖调查全过程、涉及全部访问员以及全部区县。

（一）数据质量控制的目标

“托底”项目调查数据质量控制的目标就是尽可能地控制和减少执行中的非抽样误差特别是访问员误差，最大限度地保证调查数据的整体质量。质量控制方案主要针对执行中的非抽样误差特别是访问员误差，制定了具体的质量控制方案。

抽样调查的误差一般可以分为抽样误差和非抽样误差，抽样误差与抽样设计相关，主要受抽样方法、样本数量影响；非抽样误差主要是指调查执行过程中由于人为因素造成的误差，包括抽样框误差、回答误差和计量误差等。预防和减少非抽样误差是调查执行工作的重点，也是调查数据质量控制的核心。其中抽样框误差是由于抽样框的实际情况决定的，回答误差主要是被访者对题目理解不准确不到位等导致，访问员误差是指由于访问员的人为因素造成的访问误差，包括由于题目读取不准确不清楚而造成的误差，追问不及时不到位造成误差、概念解释不清楚带来的误差、点击或录入被访者提交的答案错误、访问员未按要求更换样本等。

“托底”项目质量核查主要是针对抽样框误差以外的回答误差、访问员误差等非抽样误差，重点关注访问员在调查过程中工作的规范性。

（二）数据质量控制的策略

项目数据质量评价中主要遵循方法策略、独立双层与样本覆盖策略和顺序策略。

1. 方法策略

针对不同类型的非抽样误差，需要采取相对应的方法来应对，而且可能需要同时采用多种方法来共同应对。“托底”项目也根据调查自身的特点和误差的主要类型制定了相应的质量控制策略。鉴于“托底”项目的抽样框和问卷均是既定的，其对调查数据质量的影响虽然存在，但考虑到前期已经经过试调查的检验，总体上是被认定为一个既定因素，并没有成为调查执行中质量控制的重点。

如表 1-2 所示，针对回答误差主要是通过录音核查，定位、照片、时长信息核查，数据核查的方式，及时发现被访者回答存在的问题，并提醒访问员及时进行适度追问和解释；针对无回答误差主要是采用数据复核、录音核查和电话回访的方式，确认被访者无法回答；针对访问员误差主要采用录音核查并配合数据核查的方式，及时发现访问员对内容了解不到位，读题、解释、说明不清等问题，并提醒访问员立即整改；针对弄虚作假的误差，一旦发现弄虚作假即废除有关问卷。

表 1-2 数据质量控制的策略

序号	误差类型	应对方法	核查重点
1	回答误差	录音核查，定位、照片、时长信息核查，数据核查	准确性
2	无回答误差	数据核查，定位、照片、时长信息核查，录音核查	准确性
3	访问员误差	录音核查，数据核查，定位、照片、时长信息核查	真实性、准确性

2. 独立双层、样本覆盖策略

质量核查的样本数量是核查效果的重要保证，原则上核查样本数量越多、覆盖面越广则对调查数据质量的反映越充分，因此要保证质量核查的效果，必须保证核查样本数量和足够的覆盖面。从质量核查主体看，国家和省级层面分别独立进行质量核查。国家层面以录音核查，定位、照片、访问时长信息核查为主要方式，电话核查、数据核查等多种方式并用。省级质量审核除了采用录音，定位、照片、访问时长信息核查，电话核查，数据核查外，还采用了陪访、巡查等更加多样化的方式做好质量控制工作。从核查样本数量上，国家层面的核查样本量占总样本量的比重超过25%，省级层面平均核查样本的比例超过95%，最低的省份也超过80%。从核查样本的覆盖上，通过双层次、大比例的复核，基本做到了质量复核全覆盖，核查覆盖所有地市区县、覆盖所有访问员。

3. 顺序策略

第一，录音核查在质量核查中占据核心位置，发挥着主力军作用，利用完整的录音能够最大程度还原访问现场，对于访问员、被访者的状况形成最为全面、直观的认识。第二，定位、照片、访问时长等信息核查处于优先的位置，能够在较短时间内对问卷质量形成一个印象，对于定位不对、照片不符、访问时长异常的可以及时通过信息核查等方式判定是否合格。第三，电话核查与数据核查具有总体性、战略性强的特点，但侧重不同。电话核查通过电话回访的方式，重点核查调查是否真实发生过，保证调查真实性，同时还会兼顾一些数据核实的任务。数据核查则是通过数据汇总分析，从异常数据或存在逻辑问题的数据来反推调查执行是否规范，侧重于调查数据的准确性。第四，注重多种核查方式综合运用，提高核查的针对性。

（三）数据质量控制的手段

本次调查的质量控制主要由国家和省级两个层面共同完成，并根据工作需要进行分工合作。具体的数据质量控制的手段及运用包括以下七个方面。

第一，审核各地市级单位的前5份问卷。各省在各地市启动调查工作，该地级市完成前5份调查样本后，需在24小时完成初审，信息民调中心将在初审完成36小时内完成一审，审核内容为调查问卷的基本信息（访问时长、地理位置信息、录音、入户照片等）。若发现问题，需及时反馈给该省级执行单位，待问题完全解决后，该执行单位才能启动全面调查。

第二，GPS、照片、访问时长等表层信息审核（如表 1-3 所示）。一是GPS 信息审核。核实调查时点的所在位置，并与抽样方案中选定的地址进行核对。特殊情况，需在审核时备注，方便下一个环节审核备查。二是照片信息审核。首先是要求有所调查地方的照片，但因有关要求在调查开始后做了调整，所以存在有的地方只有一张照片或照片不完全符合要求的情况。三是访问时长审核。通过对调查问卷总体时长进行审核，对于访问时长异常的采用其他方式进一步审核。

表 1-3　入户调查审核要点

序号	废卷明细	备注
1	照片是否符合要求	
2	调查员调查所在地定位显示是否（包括备选抽样）范围内	负责人审核时需备注清楚原因
3	单个样本访问时长是否合适	过短可废卷
4	录音中有诱导访问现象 1）跳转题调查员重复提问，导致受访者更改答案 2）访问为反问，如你是城镇人吗	由被访者自行作答，不作提示
5	调查员是否按照受访者回答记录答案	
6	调查员语速是否影响受访者理解问卷	
7	是否存在在受访者之前选择答案的问题	
8	是否存在在受访者之前选择答案的问题	
9	是否存在受访者抢答的问题	
10	填写数字的题目是否有异常值	
11	存在逻辑关系的题目之间是否存在逻辑问题	
12	是否存在回答不完整的问题	
13	是否存在访问员主动让受访者自己作答的问题	
14	是否把题干与所有的小题目读完，让被访者统一说一个答案	敷衍作答
15	是否存在同一个访问员调查间隔偏短的问题	

续表

序号	废卷明细	备注
16	访问员未完成调查方调查员信息和岗前测试就开始访问	
17	同一调查员存在雷同问卷	

第三，录音复核。检查访问时是否符合访问规范、是否读出导语和征求被访者同意填写个人信息、是否能按照要求控制好访问现场、访问时长是否合适等。如有特殊情况，需在审核时备注，方便下一个环节审核备查。

第四，陪访。由项目负责人、督导员在调查开始后，为了解项目实际和有效掌握调查工作难度，通过陪访的方式了解调查的实际情况。

第五，巡查。调查质量巡查是促进调查质量的一种常规做法，主要是指上一级单位对执行单位的具体工作进行现场检查督导。具体包括国家和省级两个层面。国家层面原定于9月下旬进行，后因疫情等原因，巡查工作未能成行。省级层面，各省根据自身实际情况进行了巡查，有的与跟访等结合进行，有的则把解决地市执行中的问题结合起来进行。

第六，电话回访。利用计算机辅助电话调查系统（CATI）对部分调查问卷内容进行核查，主要目的是确保真实调查，保证调查数据质量。

第七，数据审核。数据审核主要在调查后期进行，通过对数据的整理、汇总分析进行审核。

（四）数据质量控制的结果

数据质量控制的结果同样分为国家和省级两个层面，但反馈的方式是基本一致的，即将核查中发现的问题和相关的意见建议通过微信群、微信、邮件、电话、短信等渠道反馈给相关人员。国家层面直接面向省级执行单位进行反馈，省级层面则或者反馈给地市级执行单位或者直接反馈给督导员、访问员。具体反馈方式包括统一提示提醒、有针对性的个别提示提醒和审核备注。统一提示提醒主要是针对调查中普遍存在的一些问题，通过工作群进行统一的提示提醒，以统一操作规范，提高调查工作效能。有针对性的个别提示提醒主要针对调查存在的一些差异性问题，有针对性地对不同的执行单位或访问员进行提示提醒。审核备注主要是在录音审核过程中发现的一些小问题，在备注中列出来，以引起执行单位或访问员的注意，推动改进工作。城乡低收入家庭抽样调查项目进行数据核查的样本是10000份，国家层面录音核查的样本2537个，电话核查的样本90个。总体情况见表1-4。

表1-4　城乡低收入家庭抽样调查数据质量控制结果情况（个，%）

	规定样本量（个）	录音核查样本量	录音核查比例	电话核查样本量	电话核查比例
信息民调中心	10000	2537	25.37	90	0.90
32江苏	1666	1685	101.10	85	5.10
33浙江	1666	1710	102.60	275	16.51
41河南	1668	1479	88.70	158	9.47
42湖北	1666	1398	83.90	162	9.72
51四川	1666	1743	104.60	168	10.08
61陕西	1668	1725	103.40	173	10.37

经录音核查，城乡低收入家庭抽样调查作废样本为415个，见表1-5。作废样本未计入成功样本。从国家层面录音核查具体情况看，访问员操作上的规范性还需要进一步提高，如访问过程中不按要求读题，照片上传不规范，数字填答题目的逻辑关系重视不够等是主要问题。

表1-5　城乡低收入家庭抽样调查录音核查审核作废样本情况（个）

	初审作废	一审作废
32江苏	44	6
33浙江	101	20
41河南	4	0
42湖北	20	2
51四川	174	14
61陕西	25	5
合计	368	47

（五）数据质量控制的处理

在质量控制过程中，对于调查中发现的问题的处理，主要是根据其对调查数据质量的影响程度确定，对于对调查质量影响不大的，一般提醒并监督访问员改正即可，不影响调查问卷的使用；对于影响调查数据质量的，则有根据地进行更正，无法更正且影响较大的则作废卷处理。督促整改主要针对不影响调查数据质量的小问题、小毛病；信息更正主要是针对访问员由于录入或点击错误等原因导致录入的数据或选择的选项与受访者回答不一致，通过录音等方式可以进行准确改正的，在审核过程中及时修订；问卷作废主要是由于访问员重大操作失误或访问不规范，给调查数据带来很大影响，且不能根据已有资料进行更正的，则作废卷处理。

二、数据质量评价

本次城乡困难家庭老年人入户调查采用计算机辅助面访（CAPI）的调查方式，由中国统计信息服务中心（国家统计局社情民意调查中心）受民政部社会福利与社会进步研究所（民政部政策研究中心）的委托，于 2022 年 8 月—11 月在江苏、浙江、河南、湖北、四川、陕西 6 省组织开展，共回收问卷 10336 份，变量 450 个。

数据的质量直接影响数据的价值、数据分析的结果和据此做出的决策。本部分将从数据驱动层面进行数据质量评价。一是关注城乡低收入家庭可支配收入、家庭总支出、低保金领取等重要关键问题的应答率和数据缺失率，二是从关键问题的信度与效率层面检验调查数据的可信度与有效性。

选取部分关键数据的应答率和缺失率进行分析。家庭收入支出、储蓄负债、低保金、政府救助金等家庭经济状况、福利金额相关问题是调查人员关心的重要问题，能够反映出城乡低收入家庭重要的经济贫困脆弱情况，对于低收入家庭现状分析与未来托底性民生保障政策优化发展意义重大，但在各项综合调查中易出现受访者拒绝回答的现象。据此，选取家庭总收入、总支出、政府救助金总和、欠债情况、新增债务、积蓄情况、低保金、临时救助金作为数据质量评价的关键问题。表 1-6 显示，城乡低收入家庭总收入、总支出、政府救助金总和、欠债情况、新增债务、积蓄情况、低保金领取问题的应答率优异，临时救助金数据缺失率稍高（9.42%），但绝大多数（90.58%）受访者对此问题进行了回答。总体而言，关键问题的应答率较高，反映出数据质量较好。

表 1-6 关键问题的应答率和数据缺失率（%）

问题	应答率	数据缺失率
2021 年，您全家的总收入（可支配收入）大约为？	99.99	0.01
2021 年，您全家的总支出（消费支出）大约为？	100.00	0.00
2021 年，您家得到各类政府救助金总和有多少钱？	99.99	0.01
目前您家欠债累计多少钱？	100.00	0.00
2021 年新增债务多少钱？	100.00	0.00
目前您家积蓄累计多少钱？	100.00	0.00
您家每月领取的低保金多少钱？	100.00	0.00
您家获得了临时救助金多少钱？	90.58	9.42

其次，进行数据的信度和效度检验。信度（reliability）是指根据测验工具所得到的结果的一致性或稳定性，反映被测特征真实程度的指标。针对城乡低收入家庭情况，本研究选取问卷中的百姓愁盼相关问题对数据的内在一致性进行检验，选取理由是百姓愁盼相关问题从不同角度询问访问者对于未来的担忧，包括：（1）担心吃穿没着落；（2）担心没活干，收入没保障；（3）担心被停了低保等政策补助，生活没着落；（4）老了以后没人养；（5）子女教育跟不上，长大没出息；（6）担心自己或家人万一生大病，日子就过不下去了；（7）贷款（车贷、房贷、消费贷等）或欠债（债务）还不上。研究设计假设具有一致性，具体选用 Cronbach'α 系数进行测算。测算结果（见表 1-7）显示，三大样本的内在一致性系数 α 超过了组间比较的最低标准（国际上通常以 0.7 为组间内部一致性标准），说明数据质量可信度较高。

表 1-7 数据信度分析

访问者对于未来担忧情况的数据信度分析		Cronbach'α 系数
总体		0.761
分人群	低保户	0.762
	低收入	0.793
分城乡	农村	0.743
	城市	0.769
分省份	江苏	0.705
	浙江	0.702

续表

访问者对于未来担忧情况的数据信度分析		Cronbach'α 系数
分省份	河南	0. 745
	湖北	0. 788
	四川	0. 776
	陕西	0. 818

数据的效度也是衡量数据质量的重要维度。效度（validity）是指测量工具或手段能够准确测出所需测量的事物的程度。效度检验通常使用因子分析法，检验同类变量是否基本一致，如果同类变量的主要载荷在同一个公因子上，说明相应变量效度较好。检验发现（见表 1-8），同类变量被分配到了一个公因子，且载荷较高，说明数据质量效度较好。

表 1-8　数据效度分析

访问者对于未来担忧情况的数据信度分析		因子载荷
分人群	低保户家庭因子	0. 815
	低收入家庭因子	0. 684
分城乡	农村低收入家庭因子	0. 818
	城市低收入家庭因子	0. 803
分省份	江苏低收入家庭因子	0. 911
	浙江低收入家庭因子	0. 784
	河南低收入家庭因子	0. 783
	湖北低收入家庭因子	0. 834
	四川低收入家庭因子	0. 651
	陕西低收入家庭因子	0. 683

总体而言，问卷调查内容丰富，样本规模大，数据质量较好，有效性较高，调查质量较高，为我国城市困难家庭老年人的政策支持系统以及相关政策研究提供了客观丰富的数据基础，数据质量达到了调查计划要求。本次“托底性民生保障政策支持系统建设”项目 2022 年城乡低收入家庭抽样调查问卷方案设计科学、抽样合理、组织严谨、质量控制严格，调查跟踪率高、缺失数据少，数据内容信度和效度高。

第二章　城乡低收入家庭的基本状况

低收入家庭的脆弱性涉及人口与健康、经济、社会等多维度，从多维脆弱的维度分析低收入家庭特征，有利于深入了解低收入家庭所处的状态，亦有助于推进反脆弱与低收入家庭救助保护的政策创新，对于降低贫困风险、增强保障能力、提高低收入家庭民生福祉意义重大。

本章将主要对城乡低收入家庭人口基本状况进行介绍，主要包括城乡低收入家庭的人口状况、健康状况、就业状况，还将对低收入家庭的收支情况、资产情况进行讨论与分析，并在本章小结部分进行结论汇总，提出若干思考。

第一节　城乡低收入家庭人口状况分析

贫困主要是由权利的缺失所造成，权利缺失是发展不足的重要表现，人们之所以会陷入贫困状态，是因为追求有价值生活的可行能力被剥夺①。城乡低收入家庭在教育水平、婚姻状况、文化水平、劳动能力、健康状况等社会人口学状况上表现出较强的脆弱性，可行能力相对较差，更容易陷入贫困。本节将从家庭人口规模、年龄结构、性别结构、婚姻状况、健康状况、残疾状况、残疾等级、文化水平、劳动能力、就业结构等方面，对城乡低收入家庭基本信息进行描述。同时，还将依据人群类型、城乡、省份对城乡低收入家庭进行划分，对低收入家庭人口状况进行比较分析。

---

① 闫磊，朱雨婷：《可持续稳固脱贫的实现路径研究——基于森的可行能力理论》，载《甘肃行政学院学报》2018 年第 4 期，第 119-125 页。

一、城乡低收入家庭成员总体特征

本部分将从以下四个方面对城乡低收入家庭成员的总体特征进行描述和分析，具体包括：第一，城乡低收入家庭人口规模情况；第二，城乡低收入家庭成员年龄结构情况；第三，城乡低收入家庭成员性别结构情况；第四，城乡低收入家庭成员婚姻状况。

（一）城乡低收入家庭人口规模状况

受经济发展、社会观念的转变和计划生育政策实施等众多因素的影响，家庭趋于少子化、小型化和核心化发展，这是社会发展的必然产物。同时，受信息化及就业新业态的发展影响，人们的生活方式和思想观念不断变化，对独立自由生活的追求也导致家庭规模小型化。但是，随着家庭规模的缩小，家庭抵御风险能力将有所下降，尤其是低收入家庭将面临更大的风险和挑战。

表 2-1 描述了城乡低收入家庭人口数的分布状况，并按照人群、城乡、省份进行了分类。根据抽样调查的结果可以发现，我国城乡低收入家庭人口规模偏小，人口规模为 2 人和 3 人的家庭居多；分人群、分城乡比较看，低保户、城市低收入家庭人口规模相对更小；分省份比较看，河南省和陕西省低收入家庭人口规模相对偏大，浙江省和江苏省低收入家庭人口规模相对较小。

首先，从总体情况（如表 2-1 和图 2-1 所示）来看，城乡低收入家庭人口规模整体相对偏小，家庭人口数以 1 人、2 人、3 人为主，2 人户家庭最多，占比达 28.47%，人口数高于 5 人的家庭占比均较少，总和不足 2%。分人群看，低保户家庭和非低保家庭人口数差别在统计上不显著，非低保家庭单人户的占比略高于低保户家庭。分城乡进行对比，可以发现城市家庭人口数 1 人、2 人、3 人的家庭分布均高于农村，表明城市低收入家庭人口规模相比于农村更小。分省份看，江苏省、浙江省的单人户低收入家庭占比最高，分为占比 29.93%、35.64%，河南省的单人户低收入家庭相比于其他五省偏低，仅占比 8.97%，4 人户低收入家庭占比最高，达 23.23%。

表 2-1　城乡低收入家庭人口数的分布情况（%）

家庭人口数	总体	分人群		分城乡		分省份					
		低保户	非低保	农村	城市	江苏	浙江	河南	湖北	四川	陕西
1 人	22.60	22.51	25.07	21.37	24.43	29.93	35.64	8.97	21.20	20.65	18.93
2 人	28.47	28.66	23.43	27.95	29.25	29.99	29.43	25.38	28.57	29.80	27.50
3 人	26.59	26.58	26.70	25.66	27.97	23.36	22.28	29.69	31.27	23.59	29.30
4 人	15.12	15.06	16.89	16.14	13.61	11.56	9.52	23.23	13.10	17.16	16.44
5 人	5.83	5.80	6.54	7.13	3.87	3.97	2.19	10.94	4.78	7.45	5.79
6 人	1.09	1.09	1.09	1.43	0.58	0.89	0.77	1.60	0.67	1.13	1.51
7 人	0.17	0.17	0.00	0.18	0.15	0.24	0.06	0.12	0.22	0.11	0.23
8 人	0.14	0.13	0.27	0.13	0.15	0.06	0.12	0.06	0.17	0.11	0.29
		chi2=6.696 P=0.061		chi2=88.762 P=0.000		chi2=658.522 P=0.000					

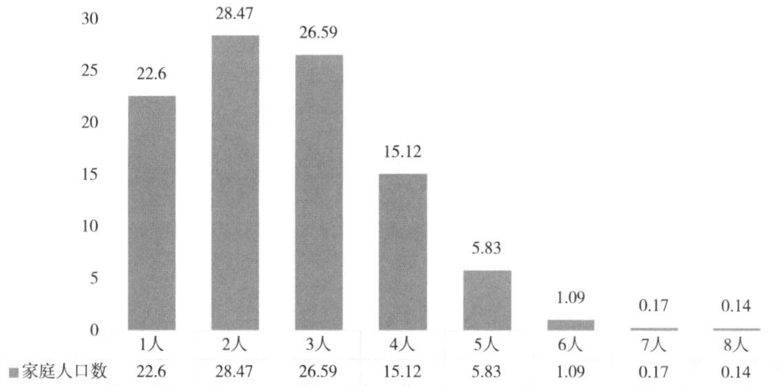

图 2-1　城乡低收入家庭人口数的分布情况（%）

从人口数均值（如表 2-2 和图 2-2 所示）方面看，城乡低收入总体家庭人口数均值为 2.58，低保户家庭人口数均值为 2.58，非低保户家庭人口均值为 2.61；分城乡看，农村低收入家庭人口数均值为 2.65，城市低收入家庭人口数均值为 2.46，说明城市低收入家庭人口规模相对更小；分省份看，河南省低收入家庭人口数均值最大（3.07），浙江省低收入家庭人口均值最小（2.16）。

表 2-2　城乡低收入家庭的平均人口规模情况（人）

人口规模		家庭层面		
		均值	标准差	显著程度
总体		2. 58	1. 25	/
分人群	低保户	2. 58	1. 24	t=-0. 501 P=0. 617
	非低保	2. 61	1. 30	
分城乡	农村	2. 65	1. 29	t=10. 192 P=0. 000
	城市	2. 46	1. 18	
分省份	江苏	2. 34	1. 21	F=112. 02 P=0. 000
	浙江	2. 16	1. 15	
	河南	3. 07	1. 21	
	湖北	2. 55	1. 18	
	四川	2. 65	1. 27	
	陕西	2. 70	1. 26	

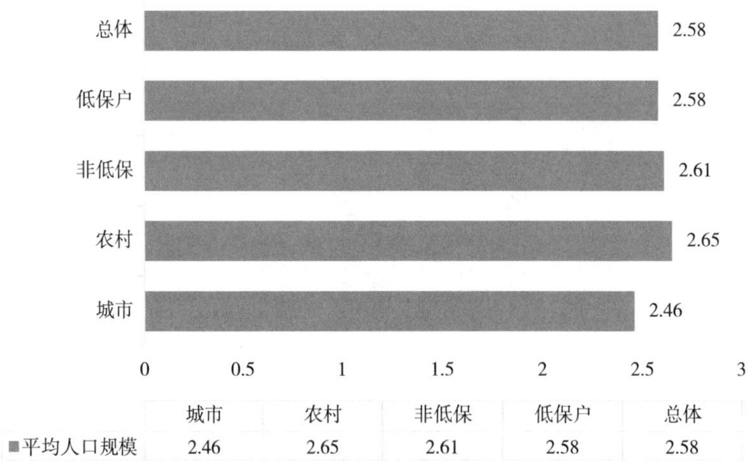

图 2-2　城乡低收入家庭的平均人口规模情况（人）

第七次人口普查数据显示，我国家庭户平均规模为 2. 62 人/户，这一定程度上表明我国低收入家庭规模小型化、核心化趋势与全国保持一致。《中国城乡困难家庭社会政策支持研究（2016）》数据显示，农村和城市困难家庭的家庭人口规模分别为 3. 2 人/户、3 人/户。对比分析看，城乡低收入家庭的人口规模减小较为明显，且农村低收入家庭人口规模大于城市家庭。何欣等（2020）认为，家庭规模小型化的一大原因是老人与子女共同居住的家庭减少，独居老人或仅与配偶同住的老人数大幅增加，相较而言独居老人比与子女共同居住的老人更贫困且脆弱①，这一定程度上为城乡低收入家庭规模偏小提供了解释。家庭规模与居住模式是老人与子女基于家庭孝养伦理和资源禀赋做出的重要决策，影响着家庭资源配置与家庭成员的福利水平②，家庭规模的持续缩小、功能趋于弱化将对托底性民生政策带来较大压力，应逐步重视家庭政策的建设与发展③。

（二）城乡低收入家庭成员年龄结构

我国家庭与人口结构呈现双重变迁的特征，表现为家庭规模持续缩减、家庭结构趋于简化、少子化与老龄化并存等④。家庭成员人口年龄结构与家庭脆弱性程度息息相关，一般而言，老龄人口贫困脆弱性改进速度明显低于年轻人群，换言之，家庭成员平均年龄越大，家庭贫困风险越大，返贫的可能性越大⑤。

表 2-3 和图 2-3 描述了城乡低收入家庭成员平均年龄的分布状况，并按照人群、城乡、省份进行了分类。根据抽样调查的结果可以发现，从总体情况看，城乡低收入人群平均年龄为 47. 13 岁，分人群、分城乡与分省份比较看，低收入人群年龄分布在显著上均有显著差异，其中低保户人群平均年龄（47. 19 岁）显著高于非低保人群平均年龄（45. 55 岁），城市低收入人群平均年龄（45. 47 岁）相比于农村低收入人群（48. 17 岁）更低；分省份比较看，河南省低收入人群平均年龄最低，为 45. 56 岁，浙江省最高，为 50. 03 岁。将本次调查数据与《中国城乡困难家庭社会政策支持研究（2016）》数据对比，低保

① 何欣，黄心波，周宇红：《农村老龄人口居住模式、收入结构与贫困脆弱性》，载《中国农村经济》2020 年第 6 期，第 126-144 页。

② 张苏，王婕：《养老保险、孝养伦理与家庭福利代际帕累托改进》，载《经济研究》2015 年第 10 期，第 147-162 页。

③ 胡湛，彭希哲：《家庭变迁背景下的中国家庭政策》，载《人口研究》2012 年第 2 期，第 3-10 页。

④ 胡湛，彭希哲：《中国当代家庭户变动的趋势分析——基于人口普查数据的考察》，载《社会学研究》2014 年第 3 期，第 145-166+244 页。

⑤ 奚晓军，章贵军：《我国农村不同年龄阶段家庭的贫困脆弱性动态比较》，载《统计与决策》2020 年第 11 期，第 77-81 页。

户平均年龄由 43. 6 岁上升至 47. 19 岁。相较于非低保人群，低保户人群老龄化问题更加严重，将给家庭造成更沉重的经济和照顾负担。林文和邓明（2014）的研究亦表明家庭成员平均年龄与贫困脆弱性之间存在 U 型关系，成员平均年龄为 30~35 岁间的家庭脆弱性较低①，年龄越大，贫困脆弱性越高。低保户家庭平均年龄增速较快这一现象值得进一步关注。

表 2-3　城乡低收入家庭全体成员的平均年龄情况（岁）

年龄		家庭层面		
		均值	标准差	显著程度
总体		47. 13	21. 25	/
分人群	低保户	47. 19	21. 28	t = 2. 342
	非低保	45. 55	20. 35	P = 0. 020
分城乡	农村	48. 17	21. 65	t = 10. 168
	城市	45. 47	20. 48	P = 0. 000
分省份	江苏	48. 53	21. 57	
	浙江	50. 03	20. 47	
	河南	45. 56	21. 82	F = 27. 15
	湖北	46. 62	20. 57	P = 0. 000
	四川	47. 30	21. 75	
	陕西	45. 72	20. 78	

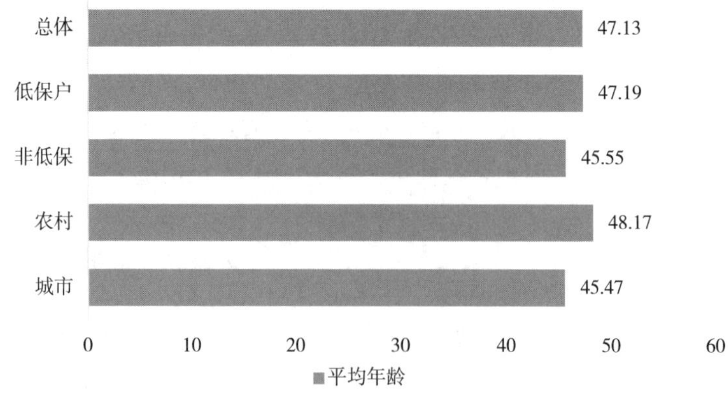

图 2-3　城乡低收入家庭全体成员的平均年龄情况（岁）

① 林文，邓明：《贸易开放度是否影响了我国农村贫困脆弱性——基于 CHNS 微观数据的经验分析》，载《国际贸易问题》2014 年第 6 期，第 23-32 页。

表 2-4 和图 2-4 描述了城乡低收入家庭全部家庭成员年龄结构的分布情况，并按照人群、城乡、省份进行了分类。根据抽样调查的结果可以发现，总体而言，16~59 岁人员占比最高，为 60. 60%，16 岁以下人数占比最少，仅为 9. 11%。分人群看，非低保户家庭中 16~59 岁人口的比例高于低保户家庭近 6 个百分点，低保户家庭 60 岁及以上人群占比达 30. 45%，非低保家庭占比为 25. 97%。分城乡看，城市低收入家庭 60 岁及以上人口占比仅为 24. 08%，这一比例在农村低收入家庭中为 34. 15%，农村低收入家庭人口老龄化程度相比于城市更加严重。分省份看，浙江省和江苏省低收入家庭老龄化程度最为严重，分别占比为 33. 73%、35. 81%，且浙江省低收入家庭 16 岁以下人口仅占比 6. 40%。

表 2-4　城乡低收入家庭全部家庭成员年龄结构的分布情况（%）

年龄结构	总体	分人群		分城乡		分省份					
		低保户	非低保	农村	城市	江苏	浙江	河南	湖北	四川	陕西
16 岁以下	9. 11	9. 17	7. 75	9. 11	9. 12	10. 08	6. 40	11. 59	8. 39	9. 52	8. 05
16~59 岁	60. 60	60. 38	66. 28	56. 74	66. 79	56. 18	57. 79	58. 94	62. 75	61. 16	65. 65
60 岁及以上	30. 29	30. 45	25. 97	34. 15	24. 08	33. 73	35. 81	29. 47	28. 85	29. 32	26. 31
		chi2 = 13. 414 P = 0. 001		chi2 = 313. 140 P = 0. 000		chi2 = 200. 78 P = 0. 000					

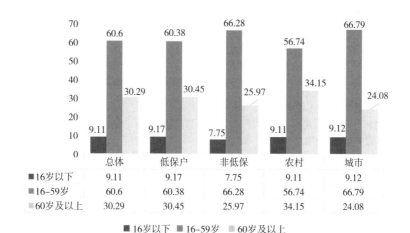

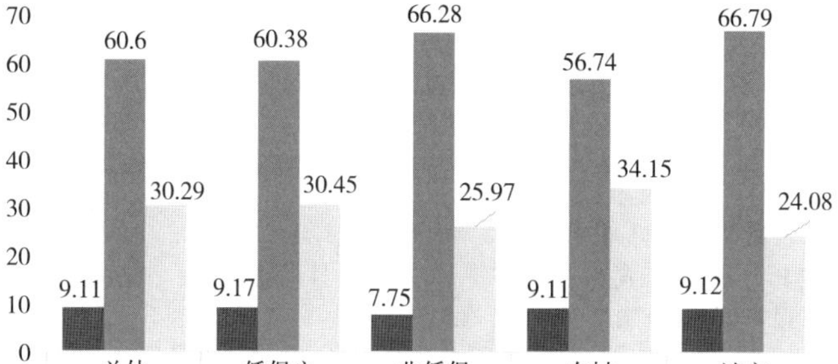

	总体	低保户	非低保	农村	城市
■16岁以下	9.11	9.17	7.75	9.11	9.12
■16–59岁	60.6	60.38	66.28	56.74	66.79
■60岁及以上	30.29	30.45	25.97	34.15	24.08

■16岁以下 ■16–59岁 ■60岁及以上

图 2-4　城乡低收入家庭全体成员年龄结构的分布情况（%）

第七次人口普查数据显示，我国 65 岁及以上人口占比 13.50%，本次调查数据中 60 岁及以上老人占比达到 30.29%，体现出城乡低收入家庭老年人占比较高。《中国城乡困难家庭社会政策支持研究（2016）》的数据显示，困难家庭总体 16 岁以下、16～59 岁、60 岁及以上所占比例分别为 15.1%、60.8%、24.1%，此次调查数据与之相比分别未成年占比下降约 6 个百分点、老年人占比上升约 6 个百分点，这一现象有待进一步探讨。需要指出的是，农村低收入家庭老龄化率整体较高，一定程度上反映出农村困难老年人相对较多。黄宏伟等（2022）的研究中亦指出受农村社会养老保险水平较低、养老服务供给不足影响，农村老年困难人群比例更大，贫困程度更深①，未来托底性保障政策应重点关注农村困难老年人。

（三）城乡低收入家庭成员性别结构

性别是重要的社会观察视角，贫困的性别差异是当今世界普遍存在的社会问题，也是发展不平衡的重要表现形式②。多项研究指出，受经济文化等多重因素影响，女性在教育、就业和经济政治参与等方面可能更容易处于不利地位，女性比男性更容易受到家庭负担的阻碍，女性脆弱程度较男性更高，脱贫更艰难③④。国际农业发展基金会（IFAD）提出，20 世纪 80 年代以来，世界农村贫困女性的增长率为 48%，男性则为 30%，女性贫困发生率的增长速度明显快于男性⑤。我国贫困女性化趋势同样较为明显，2010 年，中国女性贫困发生率为 9.8%，比男性高出 0.4 个百分点，女性贫困者占贫困人口的比例亦超过了 50%⑥。

表 2-5 和图 2-5 描述了城乡低收入家庭全部家庭成员性别结构的分布情

---

① 黄宏伟，潘小庆：《脱贫质量提升：对象精准识别与标准动态调整——以农村老年人为例》，载《宏观质量研究》2021 年第 2 期，第 16-28 页。

② 李聪，王悦，王磊：《农村多维相对贫困的性别差异研究——基于家庭内部资源分配的视角》，载《管理学刊》2022 年第 4 期，第 65-79 页。

③ 张翠娥，陈子璇：《家庭负担、性别分工与贫困劳动力就业——基于湖北 J 县易地扶贫搬迁户的调查》，载《华中农业大学学报（社会科学版）》2021 年第 2 期，第 32-39+175-176 页。

④ 陈丽琴：《农户贫困的性别差异及多维指标建构——基于黎母山镇贫困户调查数据的分析》，载《南京师大学报（社会科学版）》2020 年第 2 期，第 107-115 页。

⑤ 马元曦：《社会性别与发展译文集》，生活·读书·新知三联书店 2000 年版，第 31-62 页。

⑥ 宁满秀，荆彩龙：《贫困女性化内涵、成因及其政策思考》，载《电子科技大学学报（社科版）》2015 年第 6 期，第 5-9 页。

况，并按照人群、城乡、省份进行了分类。根据抽样调查的结果可以发现，城乡低收入人群总体性别比为115.47：100，男性比例高于女性。分人群和分城乡看，非低保户群体的性别比例较为均衡，低保户群体男性占比（53.70%）明显高于女性（46.30%）；分城乡看，农村低收入群体性别比例相对悬殊，性别比达123.02：100。各省份间低收入群体性别比均为男性高于女性，江苏省、浙江省、河南省低收入群体性别组成无明显差异，河南省、四川省、山西省低收入群体性别比例亦较为接近。

表2-5　城乡低收入家庭全体成员性别的分布情况（%）

性别	总体	分人群		分城乡		分省份					
		低保户	非低保	农村	城市	江苏	浙江	河南	湖北	四川	陕西
男	53.59	53.70	50.63	55.16	51.06	55.33	55.60	52.01	54.43	52.23	52.76
女	46.41	46.30	49.37	44.84	48.94	44.67	44.40	47.99	45.57	47.77	47.24
		chi2=3.499 P=0.061		chi2=42.269 P=0.000		chi2=21.806 P=0.001					

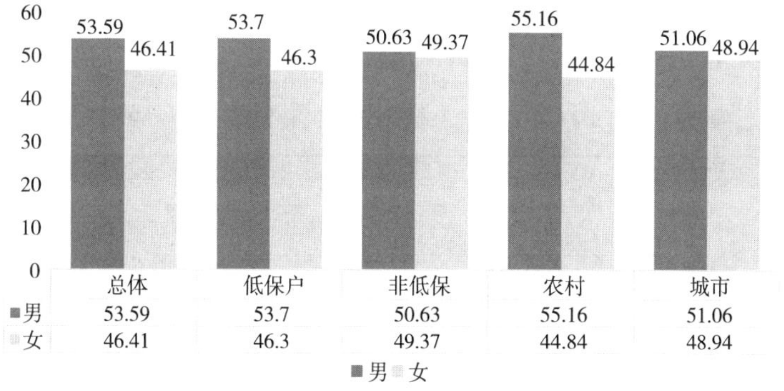

图2-5　城乡低收入家庭全体成员性别的分布情况（%）

第七次人口普查显示我国人口性别比为105.07：100，《中国城乡困难家庭社会政策支持研究（2016）》中困难家庭成员性别比为104.50：100，相比之下，本次调查中低收入群体的男性比例相对较高。当前亦有研究分性别对农民工多维相对贫困进行分析，测度发现男性农民工多维相对贫困更顽固更易返贫，其暂时贫困和慢性贫困更严重，建议运用贫困协同治理理念解决不同性别农民工多维相对贫困问题①。此外，还应关注低收入群体的女性权益保护与女性发展支持，改善低收入女性的教育、医疗水平，引导社区服务体系向家庭护理、托儿服务等领域扩展，分担和转移女性照顾家庭的责任，为其适当参与市场和社会提供更多的机会，减少贫困“女性化”性别选择的可能性②。

（四）城乡低收入家庭成员婚姻状况

婚姻状况是影响家庭经济状况的重要因素，处于单亲、丧偶、离异婚姻状况的家庭更容易出现收入减少、脆弱性增强的状况，难以结婚成家的困难群体在满足家庭需求和实现家庭功能方面将受到制约，更容易陷入贫困③。

表 2-6 和图 2-6 描述了城乡低收入家庭全部成员婚姻状况的分布情况，并按照人群、城乡、省份进行了分类。根据抽样调查的结果可以发现，总体上看，32.14%城乡低收入人群未婚，城乡低收入人群已婚比例约占半数，达 50.94%。分人群对比看，非低保户群体已婚比例略高于低保户群体，未婚比例略低于低保户群体；分城乡对比看，农村低收入群体已婚率（52.99%）高于城市低收入群体（47.65%），离婚、丧偶及其他比例较低，农村有配偶的低收入人群数高于城市；分省份对比看，江苏省、浙江省低收入人群已婚比例最低，分别仅为 44.22%、45.81%，属于离婚、丧偶和其他情况的低收入人群占比最高，分别为 19.98%、18.03%。

表 2-6　城乡低收入家庭全体成员婚姻状况的分布情况（%）

婚姻状况	总体	分人群		分城乡		分省份					
		低保户	非低保	农村	城市	江苏	浙江	河南	湖北	四川	陕西
已婚	50.94	50.86	52.93	52.99	47.65	44.22	45.81	56.35	52.60	53.25	50.90
未婚	32.14	32.21	30.44	31.46	33.24	35.81	36.16	29.97	31.15	29.16	32.20
离婚、丧偶、其他	16.92	16.92	16.63	15.56	19.10	19.98	18.03	13.69	16.25	17.60	16.90

① 彭继权：《提高相对贫困识别质量：性别差异视角下多维动态测度及分解——以进城农民工为例》，载《宏观质量研究》2022 年第 4 期，第 19-34 页。

② 仲超：《“贫困女性化”的形成与治理》，载《云南社会科学》2019 年第 6 期，第 143-150+183-184 页。

③ 刘慧君：《脆弱性视角下农村大龄未婚男性的生存质量：现状与未来——基于陕南地区的调查研究》，载《人口与社会》2017 年第 1 期，第 33-43+51 页。

续表

婚姻状况	总体	分人群		分城乡		分省份					
		低保户	非低保	农村	城市	江苏	浙江	河南	湖北	四川	陕西
		chi2 = 5. 164 P = 0. 523		chi2 = 336. 655 P = 0. 000		chi2 = 370. 043 P = 0. 000					

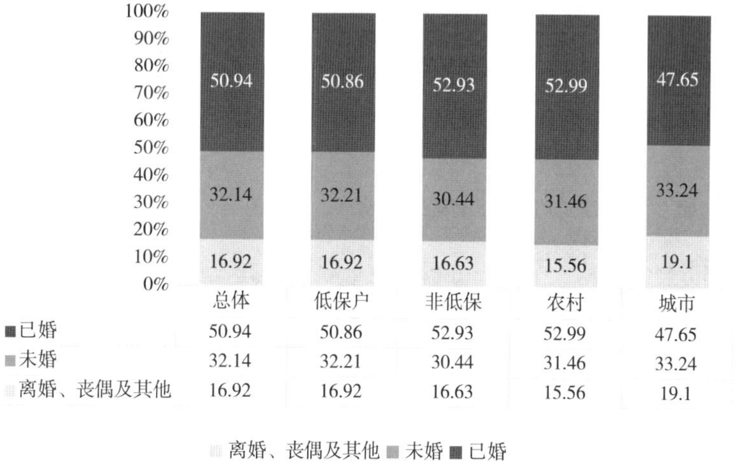

图 2-6　城乡低收入家庭全体成员婚姻状况的分布情况（%）

《中国城乡困难家庭社会政策支持研究（2016）》数据显示，低保户已婚比例为 50. 2%、未婚比例为 35. 1%，离婚、丧偶及其他比例为 14. 7%，城市困难群众已婚人数占比为 53%、农村已婚人数占比为 53. 7%。相比较而言，低保户人群婚姻状况为离婚、丧偶及其他的比例略有上升。高鉴国等（2020）的研究亦指出，婚姻状况对困难家庭的形成具有显著影响①。值得关注的是，城乡低收入人群间已婚人数占比差距有所增大，由 2016 年的不足 1%扩大至 5%，这可能表明城市低收入群众结婚相对而言更为不易，需要更多帮助与支持。张粉霞（2022）的研究亦表明，城市未婚困难群众面临显著个人弱势与家庭弱势的双重集聚效应②。随着年龄增长及健康状况的恶化，未婚低收入群众的晚

① 高鉴国，范丛：《低保边缘家庭的贫困表征、致贫原因与政策建议》，载《东岳论丛》2020 年第 10 期，第 133-141+192 页。

② 张粉霞：《特大城市贫困家庭困境维度解构与救助策略建构——基于多维贫困理论视角》，载《华东理工大学学报（社会科学版）》2022 年第 3 期，第 118-136 页。

年生活照料问题将成为一大难题，其单身的风险性随着年龄增长及健康状况的恶化而增加①。一方面，应更加关注大龄未婚群体中的特殊弱势人群，关注他们的发展风险与家庭发展需求，提供更有针对性的家庭发展政策支持，突出兜底政策等对家庭发展能力构建的统筹作用；另一方面，应该增强对该群体家庭发展风险的预警，重点关注其医疗和护理需求，实现对该群体健康和养老风险的有效兜底②。同时，应该关注离婚丧偶城乡低收入群体的生活状况。离婚将通过经济收入、健康状况和抚养子女及住房压力影响低收入群体的生活质量③。丧偶是老年生活中的重大压力事件和必然事件，影响老年人的主观幸福感④。应建立完善针对离婚丧偶低收入群体的保障制度，如给予老年丧偶者养老服务照料服务倾斜。

二、城乡低收入家庭成员健康状况

本部分将主要从三个方面分析城乡低收入家庭成员的健康状况，分别为：第一，城乡低收入家庭成员自评健康状况；第二，城乡低收入家庭成员残疾状况；第三，城乡低收入家庭成员残疾等级情况。

（一）低收入家庭成员自评健康状况

健康状况是衡量人群脆弱性的重要指标之一，家庭成员健康与否很大程度上与家庭人力资本、生计资本息息相关。同时，健康状况较差，将给家庭带来较为沉重的经济和照顾负担，导致家庭发生灾难性照护支出而陷入出现因病致贫、因病返贫现象。健康状况评估主要包括两种方法，一种是被访者对其健康状况进行自我评价，另一种是根据科学量表如 ADL 量表评估受访者的健康等级，本调查主要采用的是自评健康状况进行评估。

表 2-7 和图 2-7 描述了城乡低收入家庭全部家庭成员自评健康状况的分布情况，并按照人群、城乡、省份进行了分类。根据抽样调查的结果可以发

① 孟阳，李树茁：《性别失衡背景下农村大龄未婚男性的社会排斥——一个分析框架》，载《探索与争鸣》2017 年第 4 期，第 81-88 页。

② 李树茁，孟阳，杨博：《贫困、婚姻与养老——农村大龄未婚男性家庭发展的风险与治理》，载《南京社会科学》2019 年第 8 期，第 77-87 页。

③ 李武斌，薛东前，邱婴芝：《西安市单亲女性的生活质量及贫困化研究》，载《西北人口》2015 年第 4 期，第 61-67 页。

④ 赵锐，张瑛：《丧偶对老年女性经济福利影响研究述评》，载《经济评论》2019 年第 3 期，第 152-164 页。

现，城乡低收入群体总体自评健康状况普遍为一般或较弱，并且分人群与分城乡比较看，低保户、城市低收入人群自评健康状况相对更差；分省份比较看，陕西省和四川省低收入人群自评健康状况相对较好。

表 2-7　城乡低收入家庭全体成员自评健康状况的分布情况（%）

健康状况	总体	分人群		分城乡		分省份					
		低保户	非低保	农村	城市	江苏	浙江	河南	湖北	四川	陕西
健康或良好	36.47	35.98	49.69	37.10	35.48	29.70	32.98	35.77	32.76	40.26	45.52
一般或较弱	39.80	39.96	35.59	39.54	40.22	41.09	46.68	34.05	41.74	41.00	36.37
重病	23.73	24.06	14.72	23.36	24.31	29.21	20.34	30.17	25.50	18.74	18.11
		chi2 = 85.970 P = 0.000		chi2 = 7.578 P = 0.023		chi2 = 581.305 P = 0.000					

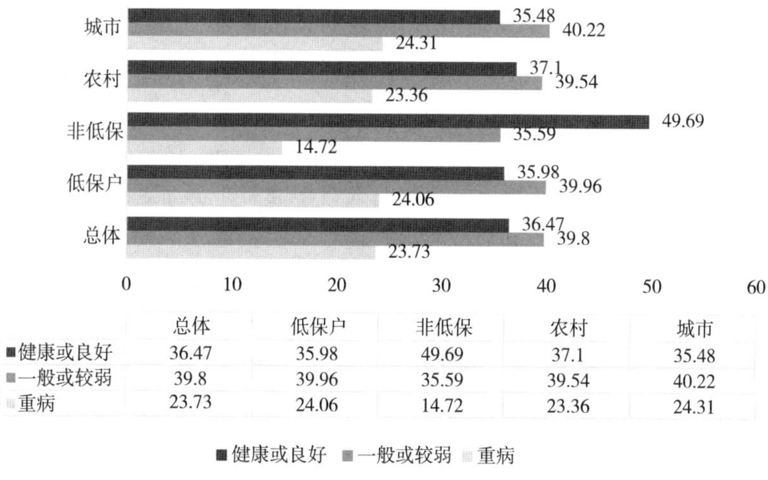

图 2-7　城乡低收入家庭全体成员自评健康状况的分布情况（%）

首先，从总体情况看，城乡低收入人群自评健康状况为一般或较弱的占比最高，为 39.80%；健康或良好的占比次之，为 36.47%；最后是重病，占比 23.73%。其中，低保户人群的重病比例高于非低保户人群近 10 个百分点，在统计学上具有显著差异，非低保户人群自评健康或良好的比例（49.69%）大幅高于低保户人群（35.98%），表明低保户人群在健康维度上更为脆弱，因病返贫风险较高。此外，分城乡对比看，农村低收入人群健康状况稍好于城市，但健康或良好的比重差距不大。最后，分省份进行分析，多数调查省份低收入人群自评健康状况以一般或较弱为主，河南省、江苏省低收入群体自评健康状况为重病的比例超过三成。

《中国城乡困难家庭社会政策支持研究（2016）》数据显示，城乡困难人群自评健康状况健康或良好的占 35.4%、自评健康状况一般或较差的占 50.1%，自评健康状况很差的占 14.4%。相比较而言，本次调查低收入人群自评健康占比为重病的比例较高，一定程度上说明城乡低收入人群遭遇了更多的健康风险。这与贾海彦（2020）的研究发现相一致，脱贫攻坚全面胜利后，我国贫困人口与贫困发生率极大下降，但低保户家庭贫病交加的状况仍需进一步改善①，徐小言（2018）认为 80%左右的低收入群体遭遇了健康问题，因病致贫的情况甚至超过 40%②。如何及时针对低收入群体开展有效地分层、分类救助与帮扶，竭力缓解由于疾病引发的致贫风险，努力防止低收入人群的致贫与返贫已成为后扶贫时代背景下建立解决相对贫困长效机制的关键所在③，应提升基层医疗卫生服务能力，探索和完善农村大病救助体系。

（二）城乡低收入家庭成员残疾状况

残疾是导致家庭状况脆弱的另一重要原因。残疾不仅会影响家庭成员的劳动就业能力，还可能导致家庭成员丧失自理能力，增加家庭照料负担。与非残疾人相比，残疾人因其经济收入普遍较少、获得经济收入能力偏弱，基础健康状态较差，医疗卫生投入较高，应对健康风险能力弱，健康贫困脆弱性高等特点，更易陷入"贫病交加"的不利处境④。同时，残疾人家庭因为残疾导致的额外花费更多，如教育、交通等费用。残疾类型根据感知觉障碍、语言障碍、肢体残缺、精神情绪异常、智力缺陷等情况，可划分为视力残疾、听力残疾、言语残疾、肢体残疾、智力残疾、精神残疾、多重残疾等。

---

① 贾海彦：《"健康贫困"陷阱的自我强化与减贫的内生动力——基于中国家庭追踪调查（CFPS）的实证分析》，载《经济社会体制比较》2020 年第 4 期，第 52-61，146 页。

② 徐小言：《农村居民"贫困-疾病"陷阱的形成分析》，载《山东社会科学》2018 年第 8 期，第 66-72 页。

③ 齐亚强，牛建林：《地区经济发展与收入分配状况对我国居民健康差异的影响》，载《社会学评论》2015 年第 2 期，第 65-76 页。

④ 张蕾，孙计领，崔牛牛：《加强残疾人健康扶贫与乡村振兴衔接融合的对策研究》，载《人口与发展》2021 年第 5 期，第 121-129 页。

表 2-8 和图 2-8 描述了城乡低收入家庭残疾人数及占家庭总人数比例情况，并按照人群、城乡、省份进行了分类。根据抽样调查的结果可以发现，城乡低收入家庭平均残疾人数为 0.77 人，残疾人数占家庭总人数比例超过三成（33.87%）。分人群看，低保户家庭人均残疾人数为 0.78 人，显著高于非低保家庭的 0.54 人，非低保户家庭残疾人数占总人数比例为 24.51%，低于低保户家庭近一成。分城乡看，城市地区与农村地区低收入家庭残疾人数及占比相差不大。分省份看，河南省低收入家庭残疾人数最多，达 3.07 人，浙江省残疾人数占家庭总人数比例最高，为 43.23%。

表 2-8　城乡低收入家庭残疾人数及占家庭总人数比例情况（人，%）

残疾情况		家庭成员数	残疾人数			残疾人数占家庭总人数比例		
			均值	标准差	显著程度	均值	标准差	显著程度
总体		2.58	0.77	0.77	/	33.87	0.35	/
分人群	低保户	2.58	0.78	0.77	t=6.584 P=0.000	34.21	0.35	t=5.169 P=0.000
	非低保	2.61	0.54	0.69		24.51	0.34	
分城乡	农村	2.65	0.79	0.78	t=3.144 P=0.002	33.56	0.35	t=-1.061 P=0.029
	城市	2.46	0.75	0.76		34.32	0.36	
分省份	江苏	2.34	0.78	0.78	F=24.40 P=0.000	37.17	0.38	F=56.81 P=0.000
	浙江	2.16	0.83	0.71		43.23	0.39	
	河南	3.07	0.84	0.79		29.01	0.29	
	湖北	2.55	0.88	0.81		37.58	0.36	
	四川	2.65	0.65	0.72		27.77	0.33	
	陕西	2.70	0.68	0.78		28.49	0.34	

表 2-9 描述了城乡低收入家庭全部家庭成员残疾状况的分布情况，并按照人群、城乡、省份进行了分类。根据抽样调查的结果可以发现，总体而言，城乡低收入人群占比超过三成，残疾情况排在前三位的分别是肢体残疾、精神残疾与智力残疾。分人群看，低保户人群与非低保人群残疾状况在统计上具有显著差异，非低保人群残疾人数占比为 20.67%，低保户人群残疾人数占比达到 30.39%，低保户人群残疾情况更为严重。分城乡看，农村

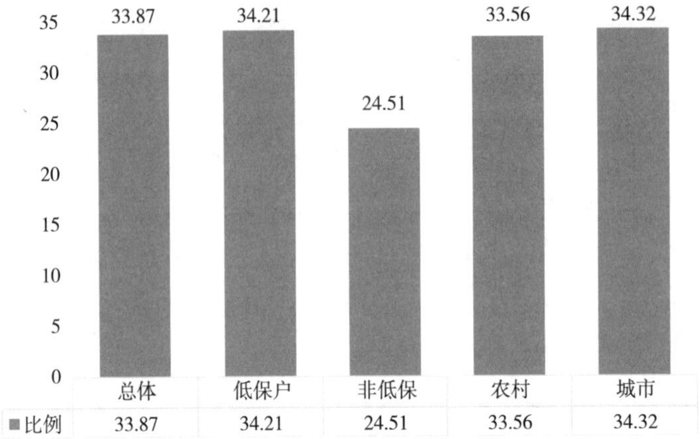

图 2-8　城乡低收入家庭残疾人数占家庭总人数比例情况（%）

与城市低收入人群残疾状况相差不大，残疾人数占比均为 30%。分省份看，四川省低收入人群残疾人数占比最少，为 24.66%，浙江省最多，残疾人数占比接近 40%，各省份残疾情况排在前三位的均为肢体残疾、智力残疾和精神残疾。

表 2-9　城乡低收入家庭全体成员残疾状况的分布情况（%）

残疾状况	总体	分人群		分城乡		分省份					
		低保户	非低保	农村	城市	江苏	浙江	河南	湖北	四川	陕西
无残疾情况	69.96	69.61	79.33	70.10	69.74	66.57	61.81	72.83	65.68	75.34	74.91
视力残疾	2.79	2.82	1.98	2.74	2.87	2.94	2.57	2.48	3.52	3.13	2.11
听力残疾	1.74	1.77	0.94	1.79	1.66	1.42	1.78	1.46	2.27	1.85	1.68
言语残疾	0.71	0.72	0.63	0.77	0.63	0.63	0.74	0.54	0.75	0.72	0.90
肢体残疾	10.35	10.44	7.93	10.71	9.76	11.02	10.69	11.58	10.52	9.57	8.81
智力残疾	4.57	4.65	2.61	4.47	4.74	6.98	8.50	3.28	4.58	2.36	3.07
精神残疾	5.57	5.65	3.34	5.75	5.28	5.23	8.72	4.24	7.66	3.79	4.55
多重残疾	2.58	2.64	0.94	2.12	3.32	2.66	3.20	2.76	3.13	1.68	2.21
其他残疾	1.72	1.70	2.30	1.56	1.99	2.54	2.00	0.84	1.89	1.55	1.76
		chi2=53.717 P=0.000		chi2=53.596 P=0.000		chi2=643.547 P=0.000					

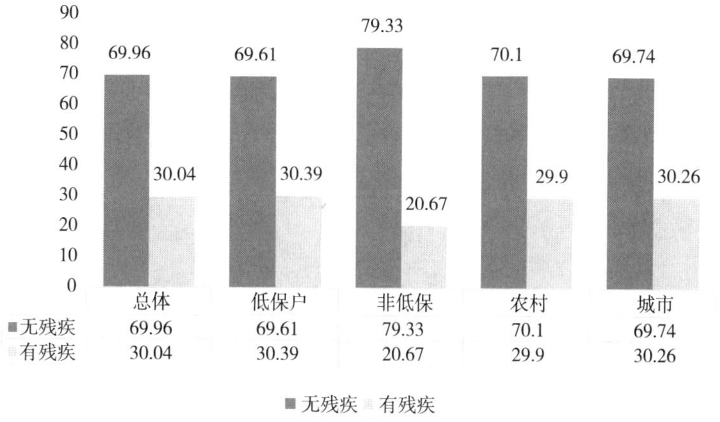

图 2-9　城乡低收入家庭全体成员残疾状况的分布情况（%）

《中国城乡困难家庭社会政策支持研究（2016）》数据显示，低保户家庭残疾人数占比为37.2%，相比较而言本次调查的低保户人群残疾人数占比下降了约7个百分点，这可能是由于近年来我国对于残疾人的兜底帮扶政策成效较为明显。廖娟等（2021）研究表明，残疾人贫困是残疾人因自身残疾或重大疾病导致的大规模医疗卫生支出使个人、家庭陷入困难，或是因残疾而导致的可行能力限制与疾病对可行能力剥夺二者叠加，对残疾人及其家庭参与经济活动能力造成毁灭性打击，导致残疾人及其家庭的贫困程度加深①。当前我国的最低生活保障制度和残疾人“两项补贴”制度基本实现了贫困残疾人全覆盖，虽取得一定的成效，但保障水平仍然偏低。残疾人的需求是多方面、多层次的，既包括衣食住行需求、医疗康复需求，也包括教育需求、就业需求、心理需求、体育需求、政治需求和文化精神需求等社会参与和社会发展需求，未来应继续按照不同区域、不同残疾类型、不同残疾等级、不同需求生存与发展的特点开展分类施策，进一步提高低收入家庭中的残疾人群体福祉。

（三）城乡低收入家庭成员残疾等级

根据《残疾人残疾分类和分级》国家标准（GB/T 26341—2010），各类残

① 廖娟，黄金玲：《残疾与相对贫困：基于额外成本的研究》，载《人口与发展》2021年第4期，第101-110+120页。

疾按残疾程度分为四级，残疾一级为极重度，残疾二级为重度，残疾三级为中度，残疾四级为轻度。重度残疾人家庭不仅面临着医疗康复等客观负担、照料者的精神负担和心理压力，还面临着因照料重度残疾人所产生的机会成本，沉重的家庭照料负担极易导致重度残疾人家庭陷入致贫返贫风险①。

表 2-10 和图 2-10 描述了城乡低收入家庭全部家庭成员残疾等级的分布情况，并按照人群、城乡、省份进行了分类。根据抽样调查的结果可以发现，总体而言，城乡低收入人群残疾人数中二级残疾人的比例最高，占比约为 31.69%，且超过四成为重度及极重度残疾人；分人群看，非低保人群一二级残疾人的占比（45.18%）低于低保户人群（35.53%），两类群体在统计上具有显著差异。32.49%的非低保人群残疾人没有残疾证未评级。分城乡看，农村地区重度残疾人比例较高，达 32.10%，但农村地区与城市地区低收入残疾人等级相差并不大。分省份看，在统计上具有显著的省份差异，浙江省低收入人群一级残疾所占比例最高，为 17.12%，湖北省低收入人群二级残疾所占比例最高，达 38.23%。

表 2-10　城乡低收入家庭全体成员残疾等级的分布情况（%）

残疾等级	总体	分人群		分城乡		分省份					
		低保户	非低保	农村	城市	江苏	浙江	河南	湖北	四川	陕西
一级	13.24	13.34	9.64	12.76	14.01	10.55	17.12	13.17	11.74	13.98	13.01
二级	31.69	31.84	25.89	32.10	31.05	27.71	29.30	34.29	38.23	30.46	28.51
三级	19.88	19.91	18.78	20.98	18.14	21.11	22.85	16.48	18.41	14.24	26.46
四级	11.75	11.71	13.20	11.59	12.00	12.22	16.76	11.26	8.92	10.87	10.45
没有残疾证未评级	23.44	23.21	32.49	22.57	24.80	28.40	13.97	24.80	22.71	30.46	21.58
		chi2=11.669 P=0.020		chi2=14.834 P=0.005		chi2=262.544 P=0.000					

根据《中国城乡困难家庭社会政策支持研究（2016）》数据，在城乡困难家庭残疾情况方面，一级残疾人所占比重为 20.77%，二级残疾为 38.33%，相

① 贾玉娇，宋宝安：《农村重度残疾人社会保障问题分析——基于吉林省十县（市、区）的调查》，载《华南农业大学学报（社会科学版）》2011 年第 2 期，第 76-81 页。

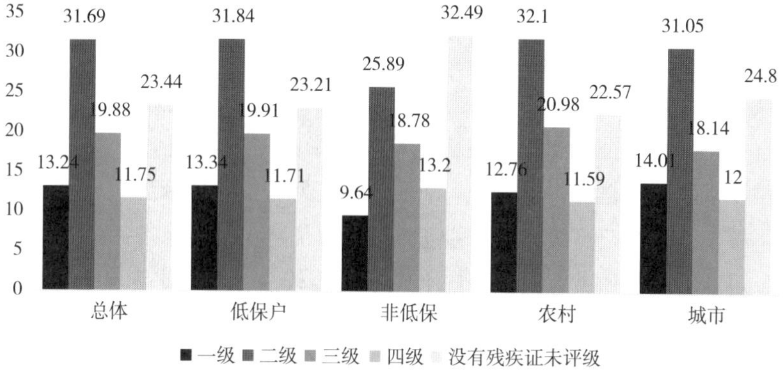

图 2-10　城乡低收入家庭全体成员残疾等级的分布情况（%）

比而言，当前我国城乡低收入人群残疾严重程度有所下降，这能够反映出当前我国残疾人两项补贴为残疾人福祉提升做出了贡献。黄金玲（2018）基于等价尺度分析发现，残疾人家庭的贫困状况随家庭成员的残疾严重程度的增加而加深，重度残疾人家庭的贫困率比轻度残疾人家庭高出约10%，贫困程度提高7%左右①。这一发现在一定程度上印证了低保户残疾人家庭贫困程度高于非低保户残疾人家庭的结论。未来，国家对残疾人家庭的扶贫政策需要根据家庭中残疾成员的残疾类型、残疾严重程度等进行详细合理的分类。当前，农村重度残疾人照料负担的社会分担机制存在着明显的短板，为巩固拓展残疾人脱贫攻坚成果，防止贫困边缘群体返贫，需要大力整合残疾人社会救助、老年福利及扶贫政策资源，扩大集中托养服务覆盖面，构建照料负担的多元参与分担机制②。

三、城乡低收入家庭就业相关状况

本部分将主要从以下三个方面分析城乡低收入家庭的就业相关状况，具体包括：第一，城乡低收入家庭文化水平；第二，城乡低收入家庭劳动能力；第三，城乡低收入家庭就业结构。

① 黄金玲，廖娟：《残疾与贫困：基于等价尺度的再分析》，载《人口与发展》2018 年第 6 期，第 95-108 页。

② 李超，陈德姝：《农村重度残疾人家庭照料负担及政策支持研究》，载《残疾人研究》2021 年第 2 期，第 3-11 页。

（一）城乡低收入家庭成员文化水平

文化水平是人力资本的重要衡量指标，家庭成员的文化水平会直接影响其职业选择、就业特征等方面，因而也将显著影响家庭收入水平和贫困脆弱程度。城乡低收入人群普遍受教育水平偏低、人力资本积累不足，对教育的重视程度不够，大多缺乏高级专业技能和市场竞争优势，社会网络资源较少且质量不高，可获得的优质就业岗位和向上跃迁机会较少，收入来源缺乏稳定保障，容易陷入相对贫困①。

表 2-11 和图 2-11 描述了城乡低收入家庭全部家庭成员文化水平的分布情况，并按照人群、城乡、省份进行了分类。根据抽样调查结果可以发现，总体而言，城乡低收入人群的文化程度较低，主要为初中及以下文化程度，31.97%城乡低收入人群为小学学历，28.04%为初中学历，20.44%为文盲或半文盲。从人群划分看，非低保人群文化水平主要为初中学历，占比为 32.78%，且小学学历人数占比（25.16%）、文盲或半文盲人数占比（12.63%）均低于低保户人群，高中、大专及以上的人群占比均高于低保户群体，体现出非低保人群文化水平整体高于低保户家庭。从城乡划分看，城市低收入人群的文化水平整体高于农村低收入人群，且在统计上具有显著差异。低保户和农村低收入人群对教育的重视程度以及保障子女受教育的能力相对更低。从省份划分看，各省份低收入人群文化程度为小学的占比最高，均超过三成。

表 2-11　城乡低收入家庭全体成员文化水平的分布情况（%）

文化水平	总体	分人群		分城乡		分省份					
		低保户	非低保	农村	城市	江苏	浙江	河南	湖北	四川	陕西
文盲或半文盲	20.44	20.74	12.63	24.15	14.50	24.24	24.79	20.50	15.21	23.23	16.05
小学	31.97	32.23	25.16	36.40	24.86	30.56	31.03	30.31	34.02	35.55	30.08
初中	28.04	27.86	32.78	25.54	32.06	26.47	24.11	30.13	29.96	24.19	32.22
高中	8.40	8.27	12.00	6.07	12.14	7.89	9.10	8.26	9.09	7.02	9.15
技工学校	1.43	1.45	0.94	1.03	2.07	1.68	1.67	1.30	1.63	1.11	1.31

① 张琦，史志乐：《我国贫困家庭的教育脱贫问题研究》，载《甘肃社会科学》2017 年第 3 期，第 201-206 页。

续表

文化水平	总体	分人群		分城乡		分省份					
		低保户	非低保	农村	城市	江苏	浙江	河南	湖北	四川	陕西
中专	1.97	1.93	3.24	1.33	3.01	1.98	1.53	1.60	2.88	2.15	1.65
大专	4.18	4.06	7.20	2.93	6.18	4.34	4.18	4.36	3.68	4.23	4.27
大学本科	2.98	2.89	5.22	2.11	4.37	2.23	2.76	2.68	3.02	2.38	4.66
硕士及以上	0.18	0.17	0.42	0.16	0.21	0.25	0.14	0.24	0.22	0.04	0.17
特殊教育	0.40	0.40	0.42	0.28	0.60	0.36	0.68	0.62	0.29	0.09	0.43
		chi2=118.886 P=0.000		chi2=1300.00 P=0.000		chi2=468.922 P=0.000					

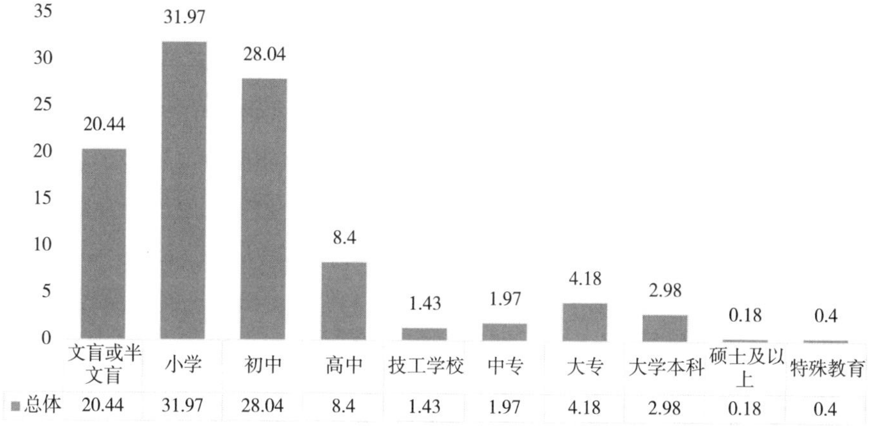

图 2-11 城乡低收入家庭全体成员文化水平的分布情况（%）

根据《中国城乡困难家庭社会政策支持研究（2016）》数据，城市困难人群文化程度为初中及以下的比例为 74.3%，农村困难人群中文化程度为初中及以下占比为 88.8%，整体上，23.3%的困难家庭成员文化水平为文盲。相比较而言，本次调查中城市（71.42%）和农村（86.09%）低收入人群中文化程度为初中及以下的人员占比均有所降低，文盲与半文盲的占比降低了约 3 个百分点，一定程度上表明教育救助相关政策作用得到了有效发挥。但整体上看，据第七次人口普查数据显示，15 岁以上人口文盲率仅为 2.67%，文化水平低仍是制约低收入人群发展的重要短板，通过教育帮扶避免贫困代际传递任重道远。相关研究表明，文化水平在城镇地区和农村地区均是收入增长的显著影响因素，受教育水平的提升有助于贫困的改善①。教育贫困治理是帮助贫困人口阻断贫困代际传递、稳定脱贫的根本手段，是推进乡村振兴、促进低收入群众共同富裕的核心举措。应继续开展教育帮扶，补齐脱贫人口在意识、知识、能力、技术等方面的短板，提升低收入群体的发展能力②。

（二）城乡低收入家庭成员劳动能力

劳动能力是制约困难群众脱贫、发展的重要因素。防止困难家庭返贫，除了给予其经济保障外，同样应当注重低收入群众劳动能力与技能水平的提高，提高整个家庭的可行能力，使其具备选择自己生活的能力。

表 2-12 和图 2-12 描述了城乡低收入家庭全部家庭成员劳动能力的分布情况，并按照人群、城乡、省份进行了分类。根据抽样调查的结果可以发现，总体来看，城乡低收入人群劳动能力较弱，超过半数（57.9%）城乡低收入人群存在劳动能力丧失或无劳动能力。有劳动能力的城乡低收入群体占比仅为 32.27%。分人群看，非低保家庭有劳动能力者所占比例（49.48%）显著高于低保户家庭（31.48%）。分城乡看，城乡低收入家庭有劳动能力的人数占比差距不大，农村存在劳动能力丧失或无劳动能力的低收入人群占比为 58.72%，略高于城市的 56.6%。分省份看，陕西省有劳动能力的低收入人群比例最高，为 41.35%，江苏省有劳动能力的低收入人群的比例最低，为 20.05%。

表 2-12　城乡低收入家庭全体成员劳动能力的分布情况（%）

劳动能力	总体	分人群		分城乡		分省份					
		低保户	非低保	农村	城市	江苏	浙江	河南	湖北	四川	陕西
有劳动能力	32.27	31.62	49.48	31.48	33.53	20.05	30.65	32.91	27.50	38.7	41.35
部分丧失劳动能力	18.38	18.45	16.70	19.49	16.61	12.34	16.81	18.50	19.93	23.21	18.24

① 刘大伟：《教育是否有助于打通贫困治理的“任督二脉”——城乡差异视角下教育扶贫的路径与效果》，载《教育与经济》2020 年第 6 期，第 12-21 页。

② 向雪琪：《教育贫困治理的运作机制、实践效应及对乡村振兴的启示》，载《南京农业大学学报（社会科学版）》2022 年第 4 期，第 125-133 页。

续表

劳动能力	总体	分人群		分城乡		分省份					
		低保户	非低保	农村	城市	江苏	浙江	河南	湖北	四川	陕西
完全丧失劳动能力	9.89	10.08	4.91	9.46	10.59	11.50	10.06	10.80	10.52	9.09	7.63
无劳动能力	29.63	29.98	20.35	29.77	29.40	44.44	35.13	26.53	32.39	18.91	24.23
不适用	9.82	9.87	8.56	9.79	9.87	11.68	7.35	1.26	9.67	0.09	8.55
		chi2 = 148.210 P = 0.000		chi2 = 44.921 P = 0.000		chi2 = 1200.000 P = 0.000					

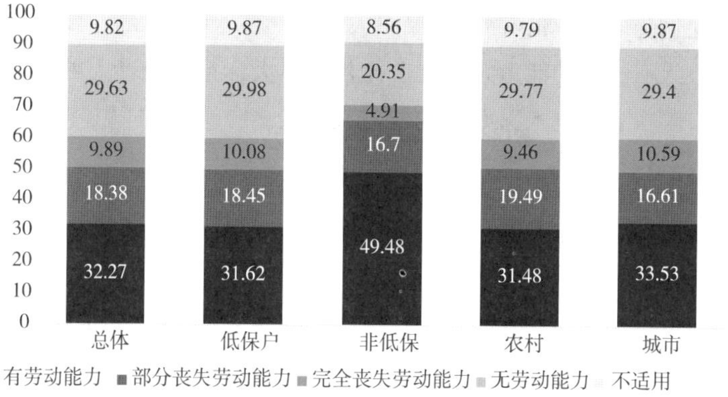

图 2-12　城乡低收入家庭全体成员劳动能力的分布情况（%）

林卡等（2022）通过有无劳动能力困难群体精准扶贫效果的异质性分析发现，无劳动能力贫困群体主要由政府直接转移性收入的增加实现脱贫，有劳动能力贫困群体在政府直接转移收入增加之外，还通过农业生产经营实现增收，依靠家庭经济的成长实现脱贫①。梁健等（2021）指出，劳动能力主要受无重大疾病、慢性病、身体残疾、精神疾病、年龄等方面的影响，帮扶政策根据有无劳动能力可大体划分为保障性和开发性两类政策，前者通过各种社会保障项目和公共福利项目进行给付，使用公共财政资源为老弱病残或丧失劳动能力的困难群体提供托底保障，后者则把扶贫与发展相关联，采用社会政策和经

① 林卡，樊士帅，马高明：《精准扶贫的成效和可持续性考察——基于中国家庭大数据库调查数据的分析》，载《浙江社会科学》2022 年第 9 期，第 66-73+158 页。

济政策的手段来鼓励个人和家庭的经济自立①。发展型帮扶政策的重点在于有劳动能力的低收入对象，当前仍有超过三成城乡低收入人群有劳动能力，应当进一步采取发展型托底性民生保障政策，推动有劳动能力的人群自助自立自强。

表 2-13 和图 2-13 描述了城乡低收入家庭劳动能力人数及占家庭总人数比例情况，并按照人群、城乡、省份进行了分类。根据抽样调查的结果可以发现，城乡低收入家庭平均有劳动能力人口数为 0.83 人，劳动能力人数占家庭总人数比例不足三成，仅为 27.74%，有劳动能力人数占家庭总人数比例低于残疾人数占家庭总人数比例（33.87%）。分人群看，非低保家庭人均劳动能力人数为 1.29 人，显著高于低保户家庭的 0.81 人，非低保户家庭劳动能力人数占总人数比例为 46.43%，高于低保户人群近两成。分城乡看，城市地区与农村地区低收入家庭劳动能力人数及占比相差不大，且在统计上差异并不显著。分省份看，陕西省低收入家庭劳动能力人数最多，达 1.11 人，劳动能力人数占家庭总人数比例最高，为 37.38%。

表 2-13　城乡低收入家庭劳动能力人数及占家庭总人数比例情况（人，%）

劳动能力情况		家庭成员数	劳动能力人数			劳动能力人数占家庭总人数比例		
			均值	标准差	显著程度	均值	标准差	显著程度
总体		2.58	0.83	0.97	/	27.74	0.31	/
分人群	低保户	2.58	0.81	0.96	t=-8.150 P=0.000	27.04	0.31	t=-9.895 P=0.000
	非低保	2.61	1.29	1.11		46.43	0.37	
分城乡	农村	2.65	0.84	0.98	t=0.497 P=0.619	27.05	0.31	t=-2.703 P=0.007
	城市	2.46	0.83	0.96		28.76	0.32	
分省份	江苏	2.34	0.47	0.76	F=126.24 P=0.000	15.34	0.24	F=116.95 P=0.000
	浙江	2.16	0.66	0.90		24.89	0.32	
	河南	3.07	1.01	0.99		29.22	0.27	
	湖北	2.55	0.70	0.85		24.55	0.30	
	四川	2.65	1.03	1.03		34.70	0.34	
	陕西	2.70	1.11	1.08		37.38	0.34	

① 梁健，张小虎：《分类治理：乡村振兴视域下贫困治理新机制探索——基于西部 C 村的实证研究》，载《兰州学刊》2021 年第 5 期，第 130-143 页。

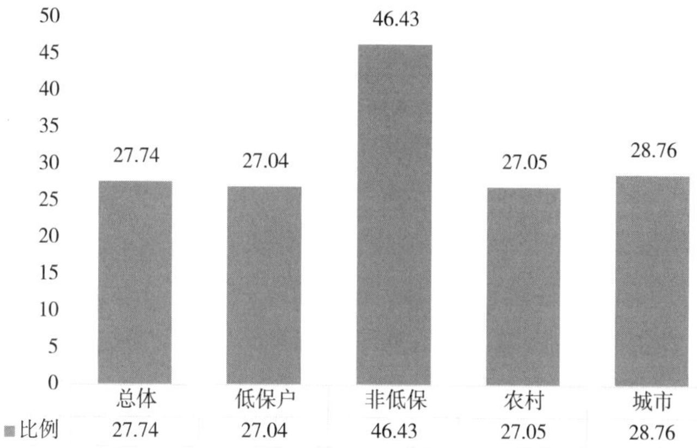

图 2-13　城乡低收入家庭劳动能力人数占家庭总人数比例情况（%）

根据《中国城乡困难家庭社会政策支持研究（2016）》数据，困难家庭有劳动能力的人数为 1.4 人，且城乡困难家庭劳动能力人数占比分别为 38.4%、31.7%。相比较而言，本次调查数据的劳动能力人数仅为 0.83 人，城乡低收入家庭有劳动能力的人数进一步减少，这可能是由于此前健康劳动力人数较多的家庭已经退出低保、低收入队伍，当前低收入家庭整体劳动能力进一步弱化，帮扶难度进一步增大，需分类精准施策。对无劳动能力，陷入极度贫乏的低收入群体提供现金补助、实物救济、照料服务等帮扶，按规定纳入低保或特困人员救助供养范围，以维持其基本生存①。对有劳动能力或部分劳动能力的家庭进行更加有效的发展型帮扶政策，如教育、培训、心理指导等救助服务，以帮助其实现参与市场就业、民主政治和社会生活等功能性活动②。

（三）城乡低收入家庭成员就业结构

就业务工，作为贫困人口的重要生计策略，其生计资本的影响必然不可忽视。贫困人口就业有利于缓解贫困家庭的多维贫困，对于扶贫政策的多维减贫起着显著的作用③。

① 仲超：《贫困治理背景转换下的社会救助转型：从保障生存到促进发展》，载《求实》2021 年第 3 期，第 68-82+111 页。

② 燕继荣，王禹澔：《保障济贫与发展脱贫的主题变奏——中国反贫困发展与展望》，载《南京农业大学学报（社会科学版）》2020 年第 4 期，第 22-34 页。

③ 章文光，徐志毅，廖冰武，申慕蓉：《生计资本、社会环境与贫困人口务工就业意愿》，载《科学决策》2022 年第 8 期，第 1-14 页。

表2-14和图2-14描述了城乡低收入家庭全部家庭成员就业结构的分布情况，并按照人群、城乡、省份进行了分类。根据抽样调查的结果可以发现，总体来看，城乡低收入人群就业结构以务农人员为主，占比为26.43%，其次是其他就业情况人员，占比为16.42%，无就业条件或登记失业人员占比为15.23%。分人群看，低保户人群和非低保户人群务农人数比例均超过两成，非低保户人群灵活就业人员占比13.78%，高于低保户人群（8.75%），且非低保人群稳定就业的比重更高，低保户群体就业状况相对更加不乐观。分城乡看，城市低收入人群主要就业方式为灵活就业，而近四成农村低收入人群就业形式为务农。分省份看，江苏省、浙江省低收入人群无就业条件或登记失业人员较多，占比均超过四分之一；河南省、四川省低收入人群务农人数占比较高，均超过三成。

表2-14　城乡低收入家庭全体成员就业结构的分布情况（%）

就业结构	总体	分人群		分城乡		分省份					
		低保户	非低保	农村	城市	江苏	浙江	河南	湖北	四川	陕西
在职人员	2.93	2.75	7.93	2.46	3.70	2.34	7.85	1.16	2.91	2.45	2.00
登记失业人员	1.60	1.59	1.98	0.37	3.57	2.99	2.16	0.68	1.41	1.81	0.95
无就业条件	13.63	13.77	9.81	10.55	18.56	22.26	23.81	5.26	13.14	10.79	10.63
灵活就业人员	8.93	8.75	13.78	6.32	13.12	5.30	10.99	6.44	9.38	10.30	11.24
离退休人员	4.29	4.23	5.85	2.04	7.90	6.17	9.24	1.80	4.80	3.72	1.55
务农人员	26.43	26.58	22.55	37.32	8.95	19.24	14.84	33.87	27.7	32.79	25.97
务工人员外出打工	8.45	8.35	11.06	9.89	6.13	2.94	3.17	10.52	7.99	10.07	13.83
在读人员	12.13	12.13	12.21	11.33	13.43	10.05	8.17	15.38	11.82	11.66	14.31
非法定年龄就业状况	5.19	5.24	3.86	4.92	5.62	6.78	5.25	4.38	5.00	5.96	4.08
其他	16.42	16.63	10.96	14.80	19.03	21.93	14.52	20.52	15.85	10.45	15.45
		chi2=163.234 P=0.000		chi2=3700.00 P=0.000		chi2=3100.00 P=0.000					

根据《中国城乡困难家庭社会政策支持研究（2016）》数据，城乡困难家庭成员通过工作获得收入的能力有限，打零工、个体经营、务农是困难家庭成

员主要的就业方式，由于统计方式不同，相关数据比例并不具有直接可比性。但结合本次调查数据来看，除务农、务工外，灵活就业也是城乡低收入人群的一种主要就业方式。城市劳动力市场能为劳动者提供更多的就业机会，平台经济、互联网行业的发展为城市劳动力群体带来了更多的灵活就业选择。结合其他大型调查数据看，李炜等（2022）利用 2021 年中国社会状况综合调查（CSS）数据描述了低收入家庭的就业结构等特征，发现无业者和务农者较多是低收入家庭缺乏收入来源和收入偏低的重要原因。从家庭就业结构来看，除了被抚养的未成年人，低收入家庭成年人中无业者的比例占到 13. 3%，高于中、高收入家庭 4—5 个百分点；低收入家庭中的就业人口有 20. 5%的劳动力从事农业生产①，这一发现与本次调查结果较为一致，低收入人群的就业形式以务农为主，无业者比例约为 15%。值得注意的是，姚建平（2017）的研究表明，受教育程度对城镇低收入人群的就业有正面影响，但对于农村低收入人群没有显著影响，因为城市劳动力市场对于受教育程度高的劳动者提供更多的就业机会，农村劳动力市场提供的就业岗位对于受教育程度的要求不高②。结合城乡低收入人群文化水平来看，城市低收入人群文化水平相对更高，选择务工的人员与农村低收入人群相比更少。

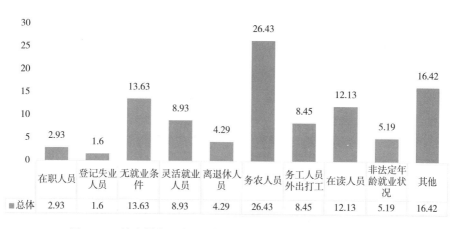

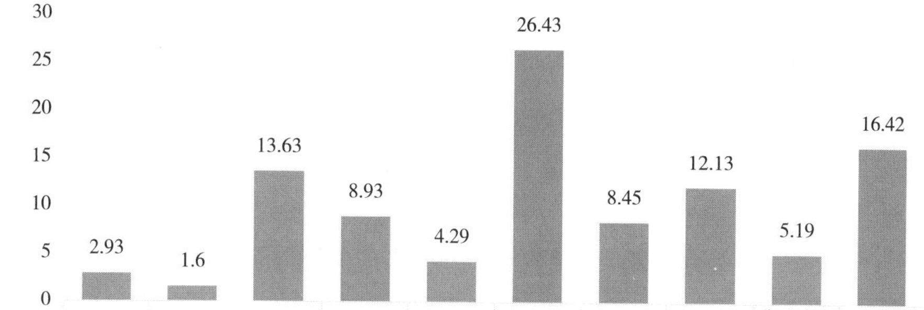

	在职人员	登记失业人员	无就业条件	灵活就业人员	离退休人员	务农人员	务工人员外出打工	在读人员	非法定年龄就业状况	其他
■总体	2.93	1.6	13.63	8.93	4.29	26.43	8.45	12.13	5.19	16.42

图 2-14　城乡低收入家庭全体成员就业结构的分布情况（%）

---

① 李炜，王卡：《共同富裕目标下的“提低”之道——低收入群体迈入中等收入群体的途径研究》，载《社会发展研究》2022 年第 4 期，第 20-38+242 页。

② 姚建平：《多元视角下的城乡低收入家庭就业状况研究》，载《社会保障评论》2017 年第 2 期，第 88-101 页。

第二节　城乡低收入家庭经济状况分析

本节将从城乡低收入家庭可支配收入情况、总支出情况、享受救助金情况、家庭收支平衡情况、家庭负债情况、家庭积蓄情况等方面，对城乡低收入家庭经济状况展开基本描述分析。同时，还将依据人群类型、城乡、省份对城乡低收入家庭进行划分，对低收入家庭经济情况进行描述分析。

一、城乡低收入家庭收支情况

本部分将从以下四个方面对城乡低收入家庭的收支情况进行描述和分析，具体包括：第一，城乡低收入家庭可支配收入情况；第二，城乡低收入家庭总支出情况；第三，城乡低收入家庭享受救助金情况；第四，城乡低收入家庭收支平衡情况。

（一）城乡低收入家庭可支配收入情况

可支配收入是衡量国家和各地区居民生活水平的基本指标，也是判断一个家庭是否陷入贫困的重要指标之一，对城乡低收入家庭可支配收入和人均收入进行分析，能够直观反映出低收入家庭的经济困难状况①。

表 2-15 描述了城乡低收入家庭 2021 年度可支配收入状况，并从家庭层面和个人层面进行了分类。总体而言，城乡低收入家庭 2021 年可支配收入为 24212.34 元，人均可支配收入为 9649.51 元；分人群看，非低保户家庭和人均可支配收入均显著高于低保户人群，低保户和非低保户家庭人均可支配收入分别为 9570.04 元，11796.49 元。分城乡看，城乡低收入家庭可支配收入在统计上不存在显著差异，农村低收入家庭可支配收入为 24073.64 元，城市低收入家庭可支配收入为 24419.03 元。分省份看，浙江省低收入家庭在家庭层面和个体层面的可支配收入均为最高，分别为 31600.64 元和 13704.37 元。河南省低收入家庭在家庭层面和个体层面的可支配收入均为最低，分别为 20793.46 元、6971.57 元。

① 梁土坤：《反贫困政策、家庭结构与家庭消费能力——基于六省城乡低收入家庭调查微观数据的实证分析》，载《贵州社会科学》2019 年第 6 期，第 158-168 页。

表 2-15　城乡低收入家庭可支配收入情况（元）

可支配收入		家庭层面			个体层面		
		均值	标准差	显著程度	均值	标准差	显著程度
总体		24212.34	17972.33	/	9649.51	6622.86	/
分人群	低保户	23998.07	17726.99	t=-4.959 P=0.000	9570.04	6520.06	t=-4.849 P=0.000
	非低保	30001.26	22941.00		11796.49	8705.46	
分城乡	农村	24073.64	17425.09	t=-0.942 P=0.347	9401.59	6348.86	t=-4.551 P=0.000
	城市	24419.03	18758.47		10018.95	6995.83	
分省份	江苏	21682.99	15072.99	F=81.31 P=0.000	9849.65	5753.40	F=209.85 P=0.000
	浙江	31600.64	23047.48		13704.37	7776.44	
	河南	20793.46	16347.25		6971.57	5740.44	
	湖北	22759.80	16452.08		8713.80	5875.47	
	四川	23830.28	17927.64		9037.68	6503.10	
	陕西	24552.08	15760.28		9594.76	5960.11	

《中国统计年鉴（2021）》显示，全国居民按收入五等份分组的人均可支配收入中，20%低收入组家庭人均可支配收入为 7868.8 元；城镇居民按收入五等份分组的人均可支配收入中，20%低收入组家庭人均可支配收入为 15597.7 元；农村居民按收入五等份分组的人均可支配收入中，20%低收入组家庭人均可支配收入为 4681.5 元；全国居民人均可支配收入为 32188.8 元。结合调查数据（表 2-16 和图 2-15）对比可以发现，城乡低收入家庭人均收入水平约为全国居民人均收入水平的三成（29.98%），远低于全国居民人均收入水平。城市地区低收入家庭人均可支配收入低于全国 20%低收入组家庭人均可支配收入，农村地区则高于全国 20%低收入组家庭人均可支配收入。

表 2-16　城乡低收入家庭人均可支配收入情况（元）

人均可支配收入		均值	标准差	最小值	最大值	峰度	偏度
总体		9649.51	6622.86	1000	50000	10.012	2.100
分人群	低保户	9570.04	6520.06	1000	50000	9.979	2.085
	非低保	11796.49	8705.46	1000	50000	7.788	1.907
分城乡	农村	9401.59	6348.86	1000	50000	12.094	2.316
	城市	10018.95	6995.83	1000	50000	7.759	1.829

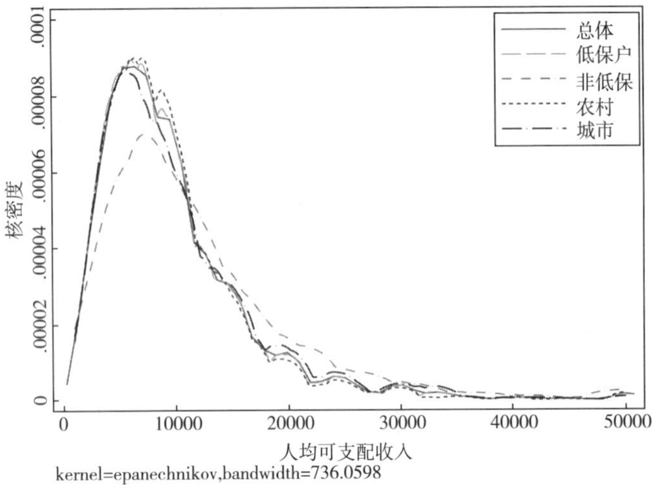

图 2-15　城乡低收入家庭人均可支配收入情况（元）

根据《中国城乡困难家庭社会政策支持研究（2016）》数据，2015 年城市困难家庭总收入为 19262 元，农村困难家庭为 10238 元。与本次调查数据对比看，2021 年我国城市低收入家庭总收入为 24419. 03 元，农村低收入家庭总收入为 24073. 64 元，分别上升 5157. 03 元、13835. 64 元，体现出我国城乡低收入家庭可支配收入不断提高，扶贫及救助相关政策增收效果明显。[①] 值得关注的是，2021 年农村地区与城市地区低收入家庭总收入接近。相关研究表明，我国精准扶贫政策及相关社会救助政策显著提升了困难群众可支配收入和转移支付水平，但城镇居民、农村居民的福利差距仍然存在[②]。但本次调研数据则发现，当前城市的贫困问题不容忽视甚至应该被更加关注，“城中村、厂中村”等可能已经成为新的困难人口集聚地，由于社会空间的疏离，城市贫困呈现多维空间化，出现城市“贫困聚居”现象[③]，今后的兜底性民生保障政策需要更为关注城市低收入群体，将其作为长效反贫困重点。

① 考虑物价变动因素后，上述结论依然稳健。

② 杨穗，高琴，赵小漫：《新时代中国社会政策变化对收入分配和贫困的影响》，载《改革》2021 年第 10 期，第 57-71 页。

③ 姚尚建：《多维贫困：成因抑或演化？——城市增长与贫困的互动分析》，载《浙江社会科学》2021 年第 12 期，第 24-30+155-156 页。

（二）城乡低收入家庭年度总支出情况

家庭支出是衡量家庭经济状况的另一重要指标，能够反映出家庭成员的消费水平、消费结构生活质量情况，支出也是判断一个家庭是否陷入贫困的重要指标之一。低收入家庭的消费选择通常可分为三种：一是为改善短期生活质量而购买的商品和服务；二是对生产活动或下一代人力资本进行的长期投资①；三是为应对疾病健康风险和突发困难风险而进行的消费。

表2-17描述了城乡低收入家庭2021年度总支出状况，并通过家庭层面和个人层面进行了分类。总体而言，城乡低收入家庭总支出为26736.16元，人均支出为10613.24元；对比可支配收入24212.34元、人均可支配收入9649.51元看，城乡低收入家庭人均支出高于人均收入，收小于支。分人群看，非低保家庭在家庭层面和人均层面的总支出均高于低保户家庭，低保户和非低保户家庭人均总支出分别为10560.06元、12050.05元。但结合人均可支配收入情况（见表2-18和图2-16）看，低保户家庭人均支出大于收入，差额约1000元，非低保户家庭的人均可支配收入基本可以满足支出，非低保家庭收支相比于低保户而言更平衡。分城乡看，城市低收入家庭在家庭层面和人均层面的总支出均高于农村低收入家庭，城市低收入家庭人均总支出为12470.93元，农村低收入家庭人均总支出为9366.33元。分省份看，浙江省低收入家庭在家庭层面和个人层面总支出和最高，分别为37907.70元、16053.22元，陕西省低收入家庭总支出相对较低。

表2-17　城乡低收入家庭总支出情况（元）

总支出		家庭层面			个体层面		
		均值	标准差	显著程度	均值	标准差	显著程度
总体		26736.16	30076.32	/	10613.24	11698.45	/
分人群	低保户	26593.25	29869.78	t=-2.161	10560.06	11638.77	t=-2.141
	非低保	30597.50	35028.01	P=0.031	12050.05	13145.72	P=0.033
分城乡	农村	24149.68	28633.75	t=-10.490	9366.33	10715.93	t=-12.852
	城市	30589.59	31720.19	P=0.000	12470.93	12803.54	P=0.000

① 陈典，郑晓冬，方向明：《农村低保对贫困家庭消费的影响》，载《中国人口科学》2022年第5期，第108-125+128页。

续表

总支出		家庭层面			个体层面		
		均值	标准差	显著程度	均值	标准差	显著程度
分省份	江苏	24772. 31	24144. 44	F = 63. 03 P = 0. 000	11265. 25	10056. 54	F = 102. 12 P = 0. 000
	浙江	37907. 70	39482. 13		16053. 22	15427. 38	
	河南	27538. 72	35936. 72		9503. 72	13981. 20	
	湖北	23496. 04	26327. 53		8940. 42	9901. 99	
	四川	24601. 26	26038. 30		9211. 74	9091. 20	
	陕西	22479. 65	22489. 94		8852. 12	8648. 60	

表 2-18　城乡低收入家庭人均支出情况（元）

人均支出		均值	标准差	最小值	最大值	峰度	偏度
总体		10613. 24	11698. 45	125. 00	300000	90. 740	6. 592
分人群	低保户	10560. 06	11638. 77	125. 00	300000	93. 665	6. 689
	非低保	12050. 05	13145. 72	166. 67	150000	39. 602	4. 699
分城乡	农村	9366. 33	10715. 93	166. 67	250000	91. 016	6. 834
	城市	12470. 93	12803. 54	125. 00	300000	89. 368	6. 421

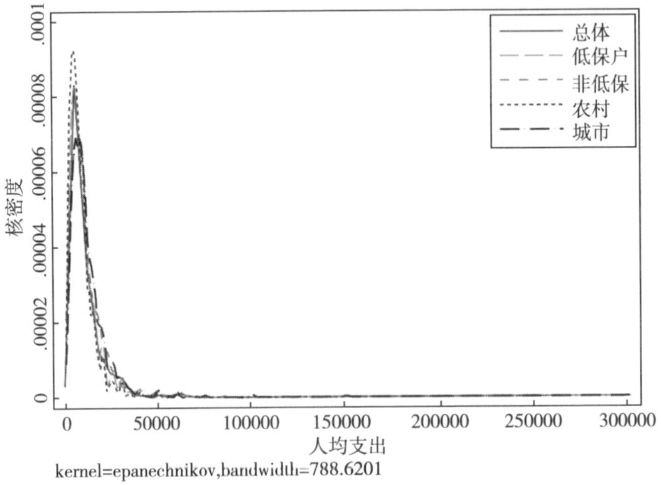

图 2-16　城乡低收入家庭人均支出情况（元）

国家统计局网站数据显示，2021 年我国居民年人均消费支出 24100 元，其中城镇常住居民年人均消费支出 30307 元，农村常住居民年人均消费支出 15916 元[①]。相比较而言，城乡低收入家庭人均消费支出约占全国居民人均消费支出的四成（44.03%），低于全国居民人均收入水平。城市低收入家庭人均消费支出约占全国城镇居民人均消费的 41.15%，而农村低收入家庭人均消费支出占全国农村居民人均支出之比可达 58.85%，表明城乡低收入家庭消费差距正在逐步缩小。使用《中国城乡困难家庭社会政策支持研究（2016）》数据进行对比，2015 年城市困难家庭平均总支出为 35391 元，农村困难家庭平均总支出为 27063 元，本次调查数据相比，城市和农村地区低收入家庭的总支出均有所降低，但前文分析显示我国城乡低收入家庭可支配收入不断提高，这可能是由于受到疫情影响，出行不便，城乡低收入家庭的消费意愿与能力有所降低，这一现象值得进一步关注与探讨。

部分学者研究发现，农村低保项目能够提高受助家庭的总体消费水平[②]，认为低保补贴增加农户福利，释放农户的消费需求，增加农户当期食品支出、医疗支出和转移性支出[③]。这与上文的发现并不完全一致，但上文的发现同样能够在相关文献中找到支撑性证据。张全红等（2019）发现，随着精准扶贫政策的实施，农村贫困家庭的纯收入以及转移性收入水平均得到显著提升，但家庭人均消费水平和外出务工比例有所下降，这表明精准扶贫政策从收入和支出两方面对贫困户产生了积极的影响[④]。

（三）城乡低收入家庭享受救助金情况

缓解相对贫困的关键在于通过再分配来改善初次分配中由市场机制自发形成的收入分配失衡状况，救助金给付是转移支付的一种重要方式。已有研究表明，在各种调节收入分配的财政工具中，低保金等社会救助的再分配效应最为显著，针对相对贫困的减贫效果也最为突出。继续用好转移支付这一政策工

① 中国政府网：《2021 年居民收入和消费支出情况》，载 http：//www.gov.cn/shuju/2022-01/17/content_5668748.htm

② 曹艳春：《农村低保制度对贫困群体生活水平改善效应研究》，载《中国人口科学》2016 年第 6 期，第 88-97+128 页。

③ 梁晓敏，汪三贵：《农村低保对农户家庭支出的影响分析》，载《农业技术经济》2015 年第 11 期，第 24-36 页。

④ 张全红，周强：《精准扶贫政策效果评估——收入、消费、生活改善和外出务工》，载《统计研究》2019 年第 10 期，第 17-29 页。

具，并着力提高转移支付针对性仍是纾解相对贫困的重要手段①。需要强调，非低保户也可能因为获得了专项救助、临时救助等，进而获得了一定水平的救助金额。

表 2-19 描述了城乡低收入家庭 2021 年度享受救助金状况，并通过家庭层面和个人层面进行了分类。总体来看，我国城乡低收入家庭救助金总额为 11907.25 元，人均救助金为 5267.78 元。分人群看，无论是家庭层面还是个人层面，低保户家庭享受的救助金情况显著高于非低保家庭，低保户家庭总救助金和人均救助金分别为 12030.99 元、5317.71 元，非低保家庭总救助金和人均救助金分别为 8564.10 元、3918.92 元。分城乡看，两类群体的差异均在统计上显著，相比而言，农村低收入家庭总救助金比城市低收入家庭高 463.04 元，但人均救助金比城市低收入家庭低 171.75 元见表 2-20 和图 2-17。分省份看，浙江省低收入家庭在家庭层面和个体层面享受救助金均为最高，分别为 16285.62 元、8109.80 元，河南省低收入家庭在家庭层面和个体层面享受救助金相对较低，分别为 8124.86 元、2961.35 元。

表 2-19　城乡低收入家庭享受救助金总体情况（元）

总体救助金		家庭层面			个体层面		
		均值	标准差	显著程度	均值	标准差	显著程度
总体		11907.25	8653.85	/	5267.78	4228.07	/
分人群	低保户	12030.99	8671.02	t=8.706 P=0.000	5317.71	4229.65	t=6.235 P=0.000
	非低保	8564.10	7444.02		3918.92	3958.89	
分城乡	农村	12093.19	8819.38	t=2.686 P=0.007	5198.81	4097.71	t=-1.990 P=0.047
	城市	11630.16	8394.54		5370.56	4413.70	
分省份	江苏	14976.76	9237.49	F=304.08 P=0.000	7334.91	4706.75	F=510.87 P=0.000
	浙江	16285.62	10018.11		8109.80	5545.59	
	河南	8124.86	6693.57		2961.35	2430.21	
	湖北	10641.67	7158.40		4426.82	3024.94	
	四川	8364.51	6852.14		3460.23	2734.05	
	陕西	13119.81	7987.18		5356.94	3296.11	

① 王芳，曾令秋：《财政能力约束下我国相对贫困标准的选择研究》，载《农村经济》2022 年第 3 期，第 40-48 页。

表 2-20 城乡低收入家庭人均享有救助金情况（元）

人均享有救助金		均值	标准差	最小值	最大值	峰度	偏度
总体		5267.78	4228.07	0	60000	10.452	1.932
分人群	低保户	5317.71	4229.65	0	60000	10.559	1.945
	非低保	3918.92	3958.89	0	28000	7.712	1.737
分城乡	农村	5198.81	4097.72	0	60000	11.565	1.927
	城市	5370.56	4413.70	0	45000	9.078	1.922

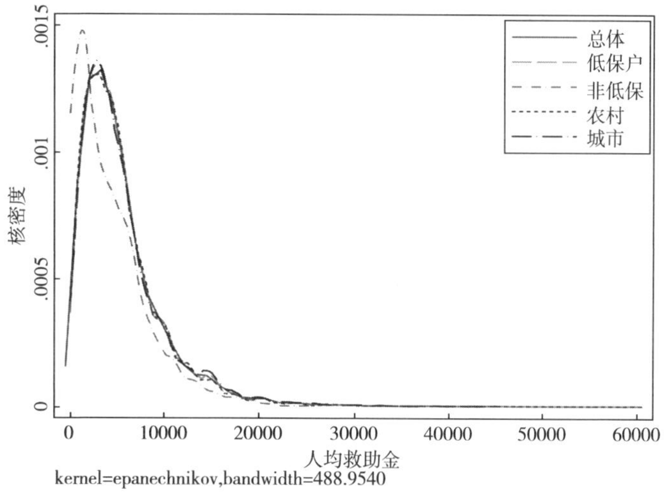

图 2-17 城乡低收入家庭人均享有救助金情况（元）

《中国城乡困难家庭社会政策支持研究（2016）》的数据显示，低保户家庭政府救助收入为 3949 元，城市和农村困难家庭政府救助总收入分别为 3439 元、1981 元。本次调查数据与之相比可以发现，低保户家庭政府救助金收入增长较快，与 2015 年相比 2021 年低收入家庭享受救助金增长了近 3 倍；城市低收入家庭与农村低收入家庭间的救助金差距进一步缩小，当前农村低收入家庭救助金总额略高于城市地区。这可能意味着当前我国城乡间救助给付不平衡问题已经明显好转，伴随着城乡低保统筹的推进，低保金标准合二为一，城乡低保金整体差距正在缩小。但这一推断需要更多证据进行支持。有学者认为，为提高公共转移收入的减贫效果，应将转移收入多少与贫困状况挂钩，更贫困的人群获得更多的公共转移收入，既提高减贫力度，也有助于缩小收入差距[①②]。这一观点一定程度上为城乡低收入家庭享受救助金差距缩小提供了解释。

表 2-21 描述了城乡低收入家庭总体救助金占家庭可支配收入的比重情况，并分人群、分城乡、分省份进行了讨论。总体来看，我国城乡低收入家庭总体救助金占比较高，达 60.90%。其中，低保户家庭享受的救助金占比（61.64%）显著高于非低保家庭（40.88%），城市地区低收入家庭享受的救助金占比为 61.17%，略高于农村地区（60.73%）。分省份看，江苏省低收入家庭享受救助金的占比最高，为 78.03%，四川省最低，占比为 47.25%。

表 2-21 城乡低收入家庭总体救助金占家庭可支配收入的比重情况（%）

总体救助金占比		家庭层面		
		均值	标准差	显著程度
总体		60.90	0.327	/
分人群	低保户	61.64	0.324	t=10.977 P=0.000
	非低保	40.88	0.357	
分城乡	农村	60.73	0.319	t=-0.658 P=0.510
	城市	61.17	0.339	
分省份	江苏	78.03	0.291	F=211.09 P=0.000
	浙江	66.31	0.342	
	河南	51.84	0.315	
	湖北	58.90	0.317	
	四川	47.25	0.306	
	陕西	63.47	0.299	

《中国城乡困难家庭社会政策支持研究（2016）》的数据显示，困难家庭政府救助占家庭可支配收入的比重为 24%，低保户政府救助占比为 37%，城市困难家庭和农村困难家庭政府救助占比均为 29%。相比较而言，本次调查数据反映的我国城乡低收入家庭总体救助金占比较高，且增长幅度较大。表明我国

① 李实，詹鹏，杨灿：《中国农村公共转移收入的减贫效果》，载《中国农业大学学报（社会科学版）》2016 年第 5 期，第 71-80 页。

② 吴敏：《低收入家庭现金转移支付的消费刺激作用——来自城乡居民最低生活保障项目的经验证据》，载《财政研究》2020 年第 8 期，第 40-54 页。

兜底保障资金给付情况较好，但也需要关注救助金供给占比过高背后隐含的“福利依赖”危机。部分学者研究表明，政府救助资金因挤出了私人救助资源并“诱导”低收入居民更加依赖于政府救助，而未能有效发挥减贫作用。平均而言，1个单位政府救助将挤出0.39个单位私人救助资金，并诱导低收入群体降低2.71个单位工作收入，低收入人群获得的政府救助挤出了私人转移支付资源，也导致低收入居民更加依赖于社会救助，而不能有效帮助低收入群体走出贫困①。但仍需注意的是，公共转移支付对慢性贫困群众的脆弱性没有影响，因为公共转移支付未能与劳动力市场相关联，无法提供持续有效的脱贫力量②。

（四）城乡低收入家庭收支平衡的情况

当前，我国社会救助制度体系主要围绕“收入型贫困”进行贫困界定以及政策框架制定完善，即相关部门通过制定“收入线”来考察家庭的收入状况判断其是否贫困，进而判断是否将其纳入社会救助范围。以收入为标准的贫困衡量方式忽视了个体或家庭可能遭受的刚性风险支出而导致的贫困③。支出型贫困群体是指因重病医疗、子女教育、突发事件等原因造成家庭支出远远超出家庭的承受能力，实际生活水平处于绝对贫困状态的困难群体④。以低保为核心的收入型贫困社会救助制度，主要解决困难群众维持生存所必需的衣食住行等基本生活支出；而支出型贫困社会救助制度则需要将困难群众的医疗、教育等刚性支出作为基本需求，纳入社会救助的制度性安排⑤。当前我国暂未出台关于支出型贫困家庭的统一认定标准，江西、江苏等省份依据地方实际情况，出台了支出型贫困的相应认定办法。如《江西省支出型贫困低收入家庭认定办法》指出，“支出型贫困低收入家庭是指具有当地户籍，刚性支出较大

---

① 卢盛峰，卢洪友：《政府救助能够帮助低收入群体走出贫困吗？———基于1989—2009年CHNS数据的实证研究》，载《财经研究》2013年第1期，第4-16页。

② 樊丽明，解垩：《公共转移支付减少了贫困脆弱性吗?》，载《经济研究》2014年第8期，第67-78页。

③ 谭溪：《支出型贫困视角下农村社会救助扶贫效果研究》，载《西南民族大学学报（人文社科版）》2018年第8期，第192-199页。

④ 路锦非，曹艳春：《支出型贫困家庭致贫因素的微观视角分析和救助机制研究》，载《财贸研究》2011年第2期，第86-91页。

⑤ 钟仁耀：《支出型贫困社会救助制度建设：必要性及难点》，载《中国民政》2015年第7期，第22-23页。

造成生活困难，对家庭可支配收入扣减因病、因残、因子女上学等造成家庭刚性支出和必要就业成本后，家庭人均月收入在当地最低生活保障标准 1.5 倍以内且家庭财产状况符合相关规定的生活贫困家庭①”。关注支出型贫困有助于更加全面地分析当前托底性政策对城乡低收入家庭的社会救助效果，能够有效避免低保户与低保边缘户在享受救助政策上可能产生的巨大落差，具有消解低保悬崖效应的积极作用②。

表 2-22 和图 2-18 描述了城乡低收入家庭全部家庭成员收入支出情况，并按照人群、城乡、省份进行了分类。根据抽样调查的结果可以发现，总体而言，城乡低收入家庭收支情况以支出大于收入为主（42.02%），其中约三成的低收入家庭动用了积蓄并进行借款，需注意其背后涉及的支出型贫困风险，35.99%的城乡低收入家庭收入支出相当，仅约两成的城乡低收入家庭收大于支。分人群看，低保户家庭的收支情况稍差于非低保家庭，34.87%的非低保家庭支大于收，但对于低保户家庭而言，这一比例达到了 42.28%，两类群体的差异在统计上显著。分城乡看，城市低收入家庭收支情况显著差于农村家庭，超过半数（51.12%）的城市低收入家庭收不抵支，而农村低收入家庭收不抵支的比例为 35.91%，且收大于支的比例高于城市低收入家庭超过 14%，这一现象值得关注。分省份看，四川省低收入家庭收大于支的比例最高，为 46.5%，江苏省低收入家庭收入支出相当的比例最高，为 48.84%，河南省低收入家庭收不抵支的比例最高，为 58.82%。

表 2-22　城乡低收入家庭的收入支出平衡情况（%）

收支情况	总体	分人群		分城乡		分省份					
		低保户	非低保	农村	城市	江苏	浙江	河南	湖北	四川	陕西
收大于支	21.99	21.69	29.97	27.82	13.29	6.52	28.55	11.12	16.42	46.50	21.48
收入支出相当	35.99	36.02	35.15	36.26	35.59	48.84	33.75	30.06	40.61	22.97	39.84
支大于收，动用积蓄未借款	14.71	14.75	13.62	12.56	17.92	17.13	16.02	15.98	14.90	11.74	12.74

① 江西省人民政府网：《江西省支出型贫困低收入家庭认定办法》，载 http://www.jiangxi.gov.cn/art/2020/2/7/art_5066_1497063.html。

② 沈君彬：《发展型社会政策视域下支出型贫困救助模式的目标定位分析》，载《中共福建省委党校学报》2013 年第 10 期，第 27-30 页。

续表

收支情况	总体	分人群		分城乡		分省份					
		低保户	非低保	农村	城市	江苏	浙江	河南	湖北	四川	陕西
支大于收，动用积蓄并借款	27.31	27.53	21.25	23.35	33.20	27.50	21.69	42.84	28.07	18.79	25.94
		chi2 = 16.526 P = 0.001		chi2 = 373.428 P = 0.000		chi2 = 1200.000 P = 0.000					

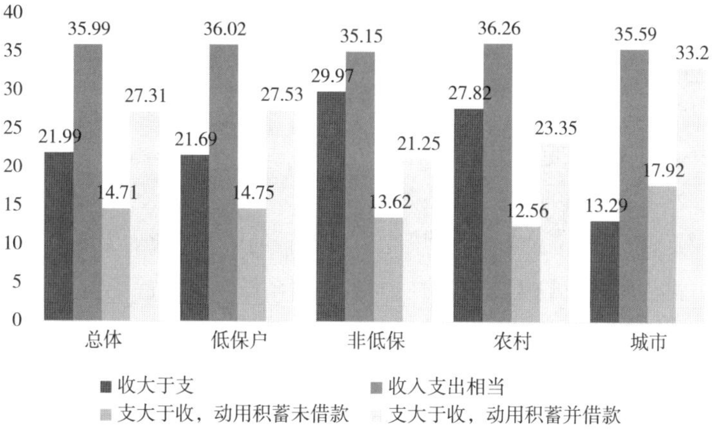

图 2-18　城乡低收入家庭的收入支出平衡情况（%）

对低保户家庭而言，低保的差额救助让困难对象及其家庭收入达到最低生活水平线，但未考虑家庭支出负担的情况下可能仍然难以满足其基本生存需要。随着收入型贫困向支出型贫困理念的转变，低保救助资源分配也应顺应形势进行完善，未综合考虑家庭收支不足的情况会导致瞄准偏差①，使得救助资源分配从源头上出现谬误。如有学者提出，现有政策只关注对家庭收入的测定，无法解决大量低保户面临的大病支出问题，一定程度上存在保障不足。重大疾病、意外伤残等风险遭遇是支出型贫困的直接诱因，社会救助帮助不足是支出型贫困的外在结构因素。为此，应着眼于提高低收入家庭的家庭韧性，以支出型贫困治理优化低收入家庭的发展环境②。

① 慈勤英，李芹：《低保救助资源的有效分配检验——基于贫困家庭收支水平门槛效应模型的分析》，载《四川理工学院学报（社会科学版）》2018 年第 3 期，第 42-62 页。

② 田北海，王连生：《支出型贫困家庭的贫困表征、生成机制与治理路径》，载《南京农业大学学报（社会科学版）》2018 年第 3 期，第 27-36+152-153 页。

二、城乡低收入家庭资产情况

本部分将从以下两个方面对城乡低收入家庭的资产情况进行描述和分析，具体包括：第一，城乡低收入家庭负债情况；第二，城乡低收入家庭储蓄情况。

（一）城乡低收入家庭负债情况

负债是衡量低收入家庭经济状况的重要指标之一，家庭负债的增加将影响低收入家庭的各类支出，对低收入家庭生活质量、就业、教育、健康状况等方面产生不利影响，易降低低收入家庭应对风险的能力，从而加剧其经济脆弱性。

1. 城乡低收入家庭累计负债情况

表2-23和图2-19描述了城乡低收入家庭有无负债的分布情况，并分人群、分城乡、分省份进行了讨论。总体而言，有负债的城乡低收入家庭占比超过四成（41.72%），负债现象较为普遍。58.28%的城乡低收入家庭无负债。分人群对比看，41.87%的低保户家庭有负债，较之于非低保家庭有负债的比例高4.27%，表明低保户家庭的经济状况相对较差。分城乡对比看，城市低收入家庭有负债的比例更高，为45.13%，高于农村低收入家庭的39.43%。分省份对比看，河南省有负债的低收入家庭比例最高，超过半数，湖北省有负债的低收入家庭比例最低，所占比例为36.28%。

表2-23　城乡低收入家庭有无负债的分布情况（%）

是否有负债	总体	分人群		分城乡		分省份					
		低保户	非低保	农村	城市	江苏	浙江	河南	湖北	四川	陕西
有	41.72	41.87	37.60	39.43	45.13	36.46	37.65	58.70	36.28	44.47	37.64
无	58.28	58.13	62.40	60.57	54.87	63.54	62.35	41.30	63.72	55.53	62.36
		chi2=2.653 P=0.103		chi2=33.083 P=0.000		chi2=262.648 P=0.000					

《中国城乡困难家庭社会政策支持研究（2016）》的数据显示，41%的城乡困难家庭有欠债，主要原因包括看病、住房和孩子上学欠债等。本次调查数据中城乡低收入欠债的比例与2015年相比基本一致，一定程度上说明城乡低收入家庭可能面临长时间的债务风险。

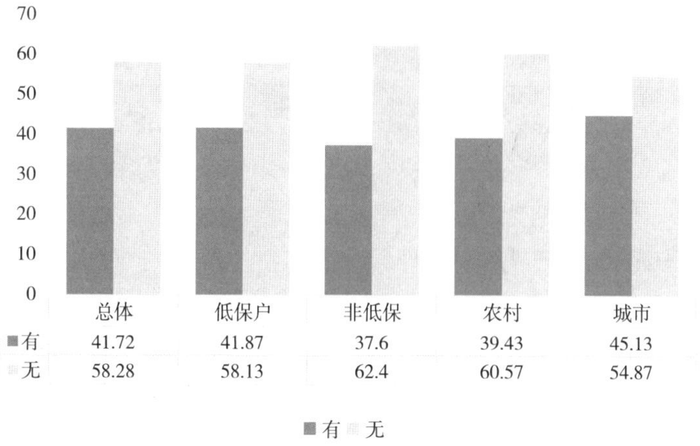

图 2-19　城乡低收入家庭有无负债的分布情况（%）

表 2-24 描述了有负债的城乡低收入家庭累计负债金额情况，并从家庭层面和个体层面分人群、分城乡、分省份进行了讨论。总体来看，有负债的城乡低收入家庭累计负债均值为 69301.25 元，人均欠债均值为 25691.03 元，远高于低收入家庭人均可支配收入（9649.51 元）。分人群看，非低保户家庭人均负债金额为 32084.62 元，低保户家庭人均负债金额为 25478.53 元。非低保家庭欠债总额和人均债务金额均高于低保户家庭，这可能是因为非低保家庭享受政府救助帮扶政策相对更为困难，更容易陷入债务危机。分城乡看，城市低收入家庭总体负债和人均债务金额均远高于农村低收入家庭，城市低收入家庭人均负债数额为 31272.10 元，相比之下农村低收入家庭的人均负债金额为城市低收入家庭的约七成（68.4%），结合支出情况看，这可能是由于城市低收入家庭面临着更多的支出和更高的生存风险。分省份看，省份间低收入人群的负债差异在统计上显著，浙江省低收入家庭累计负债金额和人均负债金额均较高，分别为 132389.4 元、49115.84 元，湖北省低收入家庭人均负债金额均较低，为 18840.20 元。

表 2-24　城乡低收入家庭累计负债金额情况（元）

负债金额		家庭层面			个体层面		
		均值	标准差	显著程度	均值	标准差	显著程度
总体		69301.25	120363.50	/	25691.03	49973.98	/
分人群	低保户	68447.41	1830.10	t=-1.744	25478.53	775.00	t=-1.527
	非低保	94990.58	15112.32	P=0.0834	32084.62	4326.00	P=0.127

续表

负债金额		家庭层面			个体层面		
		均值	标准差	显著程度	均值	标准差	显著程度
分城乡	农村	60596.52	2231.02	t=-5.295 P=0.000	21402.86	784.81	t=-6.089 P=0.000
	城市	80630.46	3055.97		31272.10	1418.27	
分省份	江苏	63749.50	118112.40	F=44.91 P=0.000	25732.00	48527.50	F=35.65 P=0.000
	浙江	132389.4	198470.70		49115.84	74898.12	
	河南	65320.71	107303.10		22017.19	44032.09	
	湖北	54645.90	100907.70		18840.20	33226.66	
	四川	51896.13	76971.07		20076.89	48858.42	
	陕西	54218.96	70430.78		21697.91	35770.82	

对比《中国城乡困难家庭社会政策支持研究（2016）》的数据看，有欠债的城乡困难家庭的债务为47450元，城市困难家庭债务均值为45918元，农村困难家庭债务均值为39448元。本次调查数据显示，农村低收入家庭平均总负债为60596.52元，城市低收入家庭平均总负债为80630.46元，由于2016年调查数据未统计人均负债情况，无法直接与之进行对比，但在家庭规模缩小、家庭总负债大幅提高后，一定程度上能够得出人均负债金额提高的推断。这可能是由于受到疫情和经济形势影响，城乡低收入家庭所面临的困难与风险挑战更大，经济脆弱性更强。相关文献提供了一定证据支持，吕学梁等（2022）运用中国家庭金融调查（CHFS）微观数据，实证检验家庭负债对经济脆弱性的影响及机制，发现负债规模扩张显著提升家庭经济的脆弱性，资产负债率每增加1个标准差，家庭经济危机发生的概率约增加0.91个百分点①。当前我国低收入家庭债务规模扩大加剧了低收入家庭的经济风险，不利于低收入家庭消费升级，未来，托底性社会救助政策需更加关注低收入家庭的债务风险，应引导家庭依据偿债能力合理负债，切实防范家庭债务风险②。

① 吕学梁，程歌：《负债水平对家庭经济脆弱性的影响》，载《北京工商大学学报（社会科学版）》2022年第2期，第86-98页。

② 何丽芬，李苗苗：《家庭债务增加有利于消费升级吗？——来自中国家庭追踪调查的证据》，载《江淮论坛》2022年第2期，第26-35页。

2. 2021 年新增负债情况

除累计负债外，本次调查亦对 2021 年新增负债情况进行考察。表 2-25 和图 2-20 描述了城乡低收入家庭 2021 年有无新增负债的分布情况，并按照人群、城乡、省份进行了分类。根据抽样调查的结果可以发现，总体上看，2021 年新增负债家庭占比近四分之一（24.61%），表明 2021 年部分城乡低收入家庭可能面临着较大的生存压力。分人群看，有新增债务低保户家庭比例为 24.76%，略高于有新增债务的非低保户家庭。分城乡看，有新增负债的城市低收入家庭占比高于农村低收入家庭约 6 个百分点，这一群体差异在统计上显著。分省份看，河南省新增债务的低收入家庭比例最高，为 37.12%，这一现象值得关注。

表 2-25　城乡低收入家庭 2021 年新增负债的分布情况（%）

是否新增负债	总体	分人群		分城乡		分省份					
		低保户	非低保	农村	城市	江苏	浙江	河南	湖北	四川	陕西
是	24.61	24.76	20.71	22.33	28.01	22.35	20.04	37.12	23.17	26.58	18.99
否	75.39	75.24	79.29	77.67	71.99	77.65	79.96	62.88	76.83	73.42	81.01
		chi2=3.128 P=0.077		chi2=43.028 P=0.000		chi2=581.305 P=0.000					

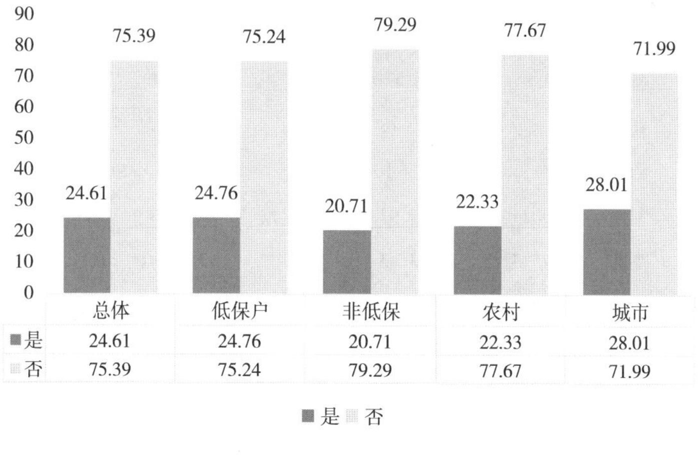

图 2-20　城乡低收入家庭 2021 年新增负债的分布情况（%）

表 2-26 描述了城乡低收入家庭 2021 年新增负债金额情况，并从家庭层面和个体层面按照人群、城乡、省份进行了分类。总体而言，2021 年城乡低收入家

庭新增负债数额较大，新增负债的城乡低收入家庭债务为31343.19元，接近总体债务（69301.25元）的半数，人均新增债务为11184.67元，占人均总债务（25691.03元）的43.52%。分人群看，非低保家庭总体新增债务和人均新增债务均高于低保户家庭，非低保家庭人均新增负债为13937.08元，低保户家庭人均新增负债为11099.47元。分城乡看，城市低收入家庭新增债务显著高于农村低收入家庭，城市低收入家庭人均债务为12493.01元，农村低收入家庭为10082.97元。分省份看，浙江省低收入家庭人均新增负债较高，为21133.15元，陕西省低收入家庭人均新增负债金额最低，为9235.25元。相关研究可能为新增债务的产生提供了一定证据支持，困难群众的借贷有助于平滑消费，如贫困农户在歉收年份可通过借贷资金保障家庭福利水平，缓解经济困境①。残疾、慢性病会显著提高借贷行为发生，生理性弱势通过产生正向的借贷需求刺激效应、负向的借贷供给排斥效应，进而显著影响困难群众的借贷行为②。

表2-26　城乡低收入家庭2021年新增负债金额情况（元）

新增负债金额		家庭层面			个体层面		
		均值	标准差	显著程度	均值	标准差	显著程度
总体		31343.19	68254.60	/	11184.67	28911.19	/
分人群	低保户	31050.11	1383.90	t=-1.467	11099.47	588.91	t=-1.311
	非低保	40810.53	6508.84	P=0.147	13937.08	2082.63	P=0.193
分城乡	农村	30793.93	1803.22	t=-0.439	10082.97	483.10	t=-1.979
	城市	31995.47	2055.57	P=0.660	12493.01	1117.68	P=0.048
分省份	江苏	26629.44	57200.78		10001.15	15573.91	
	浙江	58135.90	127213.10		21133.15	61300.09	
	河南	30024.88	45424.02	F=12.78	9889.42	15688.66	F=6.99
	湖北	27515.25	77183.83	P=0.000	9241.94	23931.86	P=0.000
	四川	26358.82	43862.44		9689.58	24647.05	
	陕西	23463.23	24640.85		9235.25	11749.60	

① 王慧玲，孔荣：《正规借贷促进农村居民家庭消费了吗？——基于PSM方法的实证分析》，载《中国农村经济》2019年第8期，第72-90页。

② 曾小龙：《生理性弱势与农户的借贷行为研究》，载《世界农业》2021年第2期，第94-107页。

（二）城乡低收入家庭储蓄情况

在衡量低收入家庭经济风险方面，除收入情况外，储蓄行为能够显著改善低收入家庭的脆弱性，储蓄水平较低，意味着防范风险能力较弱，这在很大程度上会限制低收入群众的经济自由和可行能力①。

表 2-27 和图 2-21 描述了城乡低收入家庭有无储蓄的分布情况，并按照人群、城乡、省份进行了分类。根据抽样调查的结果可以发现，大多数城乡低收入家庭没有储蓄，有储蓄的家庭占比仅为 25.43%。分人群看，有储蓄的非低保人群占比（35.42%）高于低保户人群（25.06%），这一差异在统计上显著。分城乡看，有储蓄的农村低收入家庭所占比重高于城市低收入家庭约一成，这可能是由于农村地区低收入群众的储蓄观念强于城市地区的低收入群众。分省份看，浙江省有储蓄的低收入家庭占比较高，达 33.98%，江苏省有储蓄的低收入家庭占比相对较低，仅为 13.04%。

表 2-27 城乡低收入家庭有无储蓄的分布情况（%）

储蓄情况	总体	分人群		分城乡		分省份					
		低保户	非低保	农村	城市	江苏	浙江	河南	湖北	四川	陕西
有	25.43	25.06	35.42	29.30	19.66	13.04	33.98	15.24	32.90	33.69	22.58
无	74.57	74.94	64.58	70.70	80.34	86.96	66.02	84.76	67.10	66.31	77.42
		chi2 = 20.037 P = 0.000		chi2 = 121.148 P = 0.000		chi2 = 414.364 P = 0.000					

《中国城乡困难家庭社会政策支持研究（2016）》的数据显示，12%的城乡困难家庭有储蓄，相比较而言，当前我国有储蓄的低收入家庭所占比重更高，表明当前我国低收入家庭的储蓄观念一定程度上有所提高，生活条件得到了一定程度的改善。

表 2-28 描述了有储蓄的城乡低收入家庭累计储蓄金额情况，并从家庭层面和个体层面，按照人群、城乡、省份进行了分类。总体来看，有储蓄的城乡低收入家庭累计储蓄金额为 18037.33 元，人均储蓄金额为 7240.49 元，远低

① 黄宏伟，潘小庆：《脱贫质量提升：对象精准识别与标准动态调整——以农村老年人为例》，载《宏观质量研究》2021 年第 2 期，第 16-28 页。

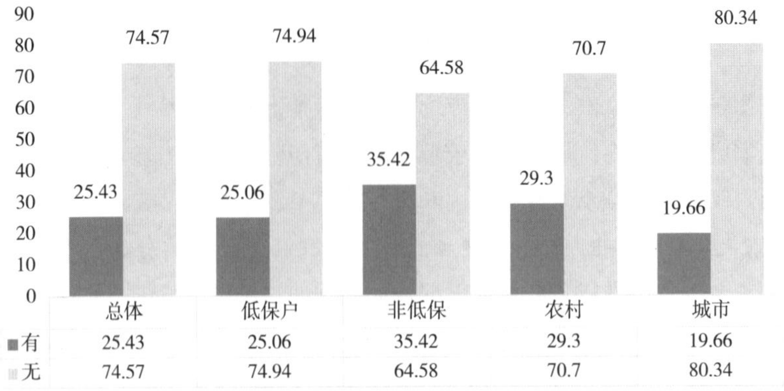

图 2-21　城乡低收入家庭有无储蓄的分布情况（%）

于低收入家庭人均负债金额（25691.03 元）。分人群看，非低保户家庭储蓄总额和人均储蓄金额均高于低保户家庭，这一定程度上体现出非低保户家庭的经济状况好于低保户家庭。非低保家庭人均储蓄金额为 11453.08 元，超过低保户家庭的两倍。分城乡看，城市低收入家庭的储蓄总额与人均储蓄金额均高于农村低收入家庭，城市低收入家庭人均储蓄数额为 8203.37 元，农村低收入家庭人均储蓄数额为 6806.85 元。分省份看，省份间低收入人群的储蓄差异在统计上显著，浙江省低收入家庭累计储蓄金额和人均储蓄金额均较高，分别为 22616.63 元、9121.08 元，河南省、四川省低收入家庭人均储蓄金额均较低，分别为 6012 元、6071.31 元。

表 2-28　城乡低收入家庭累计储蓄金额情况（元）

储蓄金额		家庭层面			个体层面		
		均值	标准差	显著程度	均值	标准差	显著程度
总体		18037.33	22571.56	/	7240.49	9629.44	/
分人群	低保户	17440.70	440.71	t=-4.518 P=0.000	7020.12	188.15	t=-3.870 P=0.000
	非低保	29442.08	2619.73		11453.08	1130.54	
分城乡	农村	16868.13	484.03	t=-3.609 P=0.000	6806.85	215.39	t=-3.256 P=0.001
	城市	20633.45	924.32		8203.37	370.84	
分省份	江苏	19712.35	22228.36	F=9.34 P=0.000	8741.86	8666.36	F=10.13 P=0.000
	浙江	22616.63	29080.05		9121.08	10802.48	
	河南	18404.48	22176.76		6012.00	6978.61	

续表

储蓄金额		家庭层面			个体层面		
		均值	标准差	显著程度	均值	标准差	显著程度
分省份	河南	18404.48	22176.76	F=9.34 P=0.000	6012.00	6978.61	F=10.13 P=0.000
	湖北	16053.00	20041.97		6116.41	8127.54	
	四川	14332.58	18512.66		6071.31	10234.28	
	陕西	18755.03	19924.87		7877.99	10304.70	

《中国城乡困难家庭社会政策支持研究（2016)》的数据显示，有储蓄的低保户家庭积蓄均值为14322元，本次调查数据显示有储蓄的低保户家庭储蓄均值为18037.33元。由于2016年调查数据未统计人均储蓄情况，无法直接与之进行对比，但在家庭规模缩小、家庭总储蓄提高后，一定程度上能够得出低保户家庭人均储蓄金额稍有提高的推断，这与当前低收入家庭面临的风险日益增多、复杂有一定关系。相关研究表明，收入不确定风险冲击下，低收入家庭通过减少消费支出、增加预防性储蓄的方式应对风险，且预防性储蓄的比重随着风险程度的提高而增长①。正规金融行为对家庭风险应对能力有着显著的正向影响，金融资金获得有利于低收入家庭提高风险应对能力②。此外，沈冰清等（2018）研究亦表明家庭储蓄可以减少消费波动，改善低收入家庭的脆弱性，应进一步完善和优化益贫发展相关政策，增加低收入群体的收入，鼓励低收入家庭增加储蓄的可获性，扩宽其面临风险困难的策略选择③。

第三节　本章小结

本章主要从城乡低收入家庭人口规模、年龄结构、性别结构、婚姻状况、健康状况、残疾状况、残疾等级、就业状况、文化水平、劳动能力、收支情

① 赵锦春，范从来：《风险冲击、农村家庭资产与持续性贫困——基于CHNS微观数据的实证分析》，载《农业技术经济》2021年第10期，第4-21页。

② 吴本健，郭晶晶，马九杰：《贫困地区农户的风险应对与化解：正规金融和社会资本的组合效应》，载《华南师范大学学报（社会科学版）》2019年第1期，第66-73+190页。

③ 沈冰清，郭忠兴：《新农保改善了农村低收入家庭的脆弱性吗？——基于分阶段的分析》，载《中国农村经济》2018年第1期，第90-107页。

况、资产情况等方面对城乡低收入家庭享受基本状况进行描述和分析，对城乡低收入家庭基本特征进行深描，并划分人群、城乡以及省份进行了分类比较，结合本项目之前的数据进行垂直对比与分析，基于相关文献进行横向对比与讨论。本节将对低收入家庭的基本状况进行小结，将对城乡低收入家庭基本情况进行群体画像，并结合相关结论，提出改善城乡低收入家庭基本生活的若干思考。

一、结论汇总

本部分将从城乡低收入家庭人口状况、健康状况、就业状况、收支状况、资产状况五个方面对城乡低收入家庭基本状况进行结论汇总。表2-29为城乡低收入家庭基本状况的结论汇总，运用低收入人口统计信息数据，描述分析城乡低收入家庭成员人口状况、经济状况，目标是对城乡低收入家庭进行群体画像，全方面展现我国城乡低收入家庭的基本特征，为托底性民生保障政策支持系统建设项目研究、政策完善和创新提供数据支撑与决策建议参考。

表2-29　城乡低收入家庭基本状况结论汇总

低收入家庭基本状况	相关维度	具体结论
城乡低收入家庭人口状况	家庭人口规模相关结论	城乡低收入家庭户均人数2.58人，家庭规模进一步小型化
		城市低收入家庭人口规模相对更小
	家庭成员年龄结构相关结论	城乡低收入人群平均年龄为47.13岁
		0~16岁城乡低收入人群占比相对较低（9.11%）
		60岁以上城乡低收入人群占比相对较高（30.29%）
		低保户与农村低收入群体老龄化程度更加严重
	家庭成员性别结构相关结论	城乡低收入人群总体性别比为115.47：100
		低收入群体间性别比例存在失衡且差异明显
		城乡低收入家庭性别失衡应被重视
	家庭成员婚姻状况相关结论	50.94%的低收入群体已婚，约三成低收入群体未婚
		16.92%的低收入群体处于离婚、丧偶的婚姻状态
		离婚丧偶城乡低收入群体婚姻状况应被重视

续表

低收入家庭基本状况	相关维度	具体结论
城乡低收入家庭健康状况	自评健康状况相关结论	23.73%城乡低收入群体罹患重病
		低保户患重病率远高于非低保人群
		低收入群体患重病比例省份间差异大（河南30.17%，陕西18.11%）
	残疾状况相关结论	低收入家庭残疾比例均值为33.87%，家庭残疾人数均值为0.77人
		肢体残疾（10.35%）、精神残疾（5.57%）与智力残疾（4.57%）为主要残疾类型
		有残疾的人中，一级残疾13.24%，二级残疾31.69%，23.44%没有残疾证未评级
城乡低收入家庭就业状况	文化水平状况相关结论	低收入人群文化水平较低，文盲或半文盲占比20.44%
		低保户及农村低收入家庭文化水平相对更低
		重视低收入人群人力资本建设、降低贫困代际传递风险
	劳动能力状况相关结论	城乡低收入家庭户均有劳动能力人口数为0.83人
		超过半数低收入人群存在劳动能力丧失或无劳动能力
		发展型帮扶政策的重点在于有劳动能力的低收入对象
	就业结构情况相关结论	城乡低收入人群职业大多不稳定
		低保户人群就业能力相对较弱
		灵活就业是城市低收入群体的主要就业方式
城乡低收入家庭收支状况	可支配收入状况相关结论	城乡低收入家庭人均可支配收入为9649.51元
		低保户人均可支配收入为9570.04元，非低保户人均可支配收入为11796.49元
		城市低收入家庭人均可支配收入低于全国城镇20%低收入组，城市贫困问题不容忽视
	总支出状况相关结论	城乡低收入家庭人均总支出为10613.24元，收小于支
		低保户家庭人均支出低于非低保家庭
		城市低收入群体人均总支出为12470.93元，农村人均总支出为9366.33元

续表

低收入家庭基本状况	相关维度	具体结论
城乡低收入家庭收支状况	享受救助金状况相关结论	城乡低收入家庭人均救助金为 5267.78 元，增速较快
		城乡低收入家庭救助金总额占家庭可支配收入比例均值为 60.90%
		城乡低保统筹推进效果明显，城乡差距缩小
	收支平衡状况相关结论	超四成城乡低收入家庭收不抵支
		低保户家庭与城市低收入家庭收支情况更不乐观
		城乡低收入家庭的支出型贫困问题应被重视
城乡低收入家庭资产情况	负债情况相关结论	超过四成城乡低收入家庭背负债务
		有负债的城乡低收入家庭人均欠债金额为 25691.03 元
		非低保、城市低收入家庭债务风险更高
		2021 年有新增债务的低收入家庭人均新增负债为 11184.67 元
	积蓄情况相关结论	74.57%的城乡低收入家庭无储蓄
		有储蓄的城乡低收入家庭人均储蓄金额为 7240.49 元
		低保户与农村低收入家庭人均储蓄水平相对较低

（一）城乡低收入家庭人口状况

本部分将介绍城乡低收入家庭人口状况的相关结论，具体将从家庭人口规模、年龄结构、性别结构、婚姻状况四个方面进行相关结论的汇总归纳。

1. 家庭人口规模相关结论

第一，城乡低收入家庭户均人数 2.58 人，家庭规模进一步小型化。城乡低收入家庭人口规模整体相对偏小，家庭人口数以 1 人、2 人、3 人为主，2 人户家庭最多，占比达 28.47%，家庭人口数高于 5 人的家庭占比均较少，总和不足 2%。第七次人口普查数据显示，我国家庭户平均规模为 2.62 人/户，这一定程度上表明我国低收入家庭规模小型化、核心化趋势与全国保持一致。家庭规模的持续缩小、功能趋于弱化将对托底性民生政策带来较大压力，应逐步重视家庭政策的建设与发展。

第二，城市低收入家庭人口规模相对更小。农村低收入家庭人口数均值为

2.65 人，城市低收入家庭人口数均值为 2.46 人，城市家庭人口数 1 人、2 人、3 人的家庭分布均高于农村。往年调查数据显示，农村和城市困难家庭的家庭人口规模分别为 3.2 人/户、3 人/户。结合本次调查数据看，城市低收入家庭人口规模相对更小。家庭规模小型化的一大原因是老人与子女共同居住的家庭减少，独居老人或仅与配偶同住的老人数大幅增加，相较而言独居老人比与子女共同居住的老人更贫困且脆弱。

2. 家庭成员年龄结构相关结论

第一，城乡低收入人群平均年龄为 47.13 岁。分人群和分城乡看，低保户人群平均年龄（47.19 岁）显著高于非低保户人群平均年龄（45.55 岁），城市低收入人群平均年龄（45.47 岁）相比于农村低收入人群（48.17 岁）较为年轻。与往年数据对比发现，低保户平均年龄由 43.6 岁上升至 47.19 岁。低保户人群老龄化问题更加严重，将给家庭造成更沉重的经济和照顾负担。

第二，0~16 岁城乡低收入人群占比相对较低（9.11%），60 岁以上城乡低收入人群占比相对较高（30.29%）。第七次人口普查数据显示，我国 65 岁及以上占比 13.50%，本次调查数据中 60 岁及以上老人占比达到 30.29%，体现出城乡低收入家庭老年人占比较高。往年调查数据显示，困难家庭总体 16 岁以下、16~59 岁、60 岁及以上所占比例分别为 15.1%、60.8%、24.1%，此次调查数据与之相比分别是未成年占比下降约 6%、老年人占比上升约 6%。

第三，低保户与农村低收入群体老龄化程度更加严重。分人群看，低保户家庭 60 岁及以上人群占比达 30.45%，非低保家庭占比为 25.97%；分城乡看，城市低收入家庭 60 岁及以上人口占比仅为 24.08%，这一比例在农村低收入家庭中为 34.15%。家庭成员平均年龄越大，家庭易陷入困境的风险越大，返贫的可能性也会随之增大。低保户和农村低收入群体养老保险水平较低、养老服务供给不足，并且，老年低保户和农村老年困难人群比例越大，易陷入困境的程度更深，未来托底性保障政策应重点关注。

3. 家庭成员性别结构相关结论

第一，城乡低收入人群总体性别比为 115.47∶100。第七次人口普查显示我国人口性别比为 105.07∶100，《中国城乡困难家庭社会政策支持研究（2016）》中困难家庭成员性别比为 104.50，相比之下，本次调查中低收入群体的男性比例相对较高。需关注性别比例失衡下大龄未婚男性的生活质量与相关需求。

第二，低收入群体间性别比例存在失衡且差异明显。分人群看，非低保户群体的性别比例较为均衡，低保户群体男性占比（53.70%）略高于女性（46.30%）；分城乡看，农村低收入群体性别比例相对悬殊，性别比达123.02∶100。各省份间低收入群体性别比均为男性高于女性。

第三，城乡低收入家庭性别失衡应被重视。受经济文化等多重因素影响，女性在教育、就业和经济政治参与等方面易处于不利地位，女性比男性更容易受到来自家庭负担带来的阻碍，女性脆弱程度较男性更高。应关注低收入群体的女性权益保护与女性发展支持，引导社区服务体系向家庭护理、托儿服务等领域扩展，以分担和转移女性照顾家庭的责任，为其适当参与市场和社会提供更多的机会，加快发展女性社会福利，减少贫困性别选择的可能性。

4. 家庭成员婚姻状况相关结论

第一，50.94%的低收入群体已婚，约三成低收入群体未婚。分人群对比看，非低保户人群已婚比例为52.93%，略高于低保户人群（50.86%），非低保户人群未婚比例略低于低保户人群；分城乡对比看，农村低收入人群已婚人数占比（52.99%）高于城市低收入人群（47.65%），农村低收入人群未婚人数低于城市低收入人群。低保户、城市低收入群众结婚相对而言更为不易，需要更多帮助与支持。

第二，16.92%的低收入群体处于离婚、丧偶的婚姻状态。低保户和非低保户人群离婚、丧偶比例较为接近，城市低收入人群处于离婚、丧偶婚姻状态的比例为19.10%，高于农村低收入人群。与以往调查数据对比发现，低保户人群婚姻状况为离婚、丧偶及其他的比例略有上升。一定程度上表明婚姻状况对困难家庭的形成具有显著影响。

第三，离婚丧偶的城乡低收入群体生活状况应被重视。当前，需高度关注低收入群体离婚丧偶叠加产生的贫困问题，及时给予必要的支持。离婚将通过经济收入、健康状况和抚养子女及住房压力影响低收入群体的生活质量。丧偶是老年生活中的重大压力事件和必然事件，影响老年人的主观幸福感。老年人丧偶失去的不仅是配偶，更是家庭规模经济的弱化和配偶支持的缺失，如生活起居需要配偶的照顾，需要配偶在经济方面的支持和帮助。应建立并完善针对离婚丧偶的低收入群体相关的保障制度，如给予老年丧偶者养老服务照料或服务倾斜。

（二）城乡低收入家庭健康状况

本部分将介绍城乡低收入家庭健康状况的结论汇总，具体将从自评健康状况和残疾状况两个方面进行相关结论的汇总归纳。

1. 自评健康状况相关结论

第一，23.73%城乡低收入群体罹患重病。总体情况看，城乡低收入家庭自评健康状况为一般或较弱的占比最高，为39.80%，健康或良好的占比排在第二位，为36.47%，最后是重病，占比23.73%。往年调查数据显示，城乡困难人群自评健康状况很差的占14.4%。本次调查低收入人群自评健康占比为重病的比例较高，一定程度上说明城乡低收入人群遭遇了更多的健康风险，也表明竭力缓解由于疾病引发的致贫风险、努力防止低收入人群的致贫与返贫，已成为后扶贫时代背景下建立解决相对贫困长效机制的关键所在。

第二，低保户患重病率远高于非低保人群。低保户人群的重病比例为24.06%，远高于非低保户人群患重病比例（14.72%），非低保户人群自评健康或良好的比例（49.69%）大幅高于低保户人群（35.98%），表明低保户人群在健康维度上更为脆弱，因病返贫风险较高。

第三，低收入群体患重病比例省份间差异大（河南30.17%，陕西18.11%）。分省份看，多数调查省份低收入人群自评健康状况以一般或较弱为主。患重病比例方面，河南省低收入群体患重病比例为30.17%，其次分别是江苏省（29.21%）、湖北省（25.50%）、浙江省（20.34%）、四川省（18.74%）、陕西省（18.11%），这一差异有待进一步关注和探讨。

2. 残疾状况相关结论

第一，低收入家庭残疾比例均值为33.87%，家庭残疾人数均值为0.77人。分人群看，低保户家庭人均残疾人数为0.78人，显著高于低收入家庭的0.54人，非低保户家庭残疾人数占总人数比例为24.51%，低于低保户家庭（34.21%）。残疾人因其经济收入普遍较少、获得经济收入能力偏弱，基础健康状态较差，医疗卫生投入较高，应对健康风险能力弱，健康贫困脆弱性高等特点，更易陷入“贫病交加”的不利处境。

第二，肢体残疾（10.35%）、精神残疾（5.57%）与智力残疾（4.57%）为主要残疾类型。各省份残疾情况排在前三位的均为肢体残疾、智力残疾和精神残疾。应继续按照不同区域、不同残疾类型、不同残疾等级、不同需求生存与发展的特点开展分类施策，进一步提高低收入残疾人群体福祉。

第三，有残疾的人中，一级残疾13.24%，二级残疾31.69%，23.44%没有残疾证未评级。非低保家庭一二级残疾人的占比（45.18%）低于低保户家庭（35.53%），两类群体在统计上具有显著差异。32.49%的非低保家庭残疾人没有残疾证，未评级。根据往年数据，在城乡困难家庭残疾情况方面，一级残疾成员所占比重为20.77%，二级残疾为38.33%，相比而言，当前我国城乡低收入家庭残疾严重程度有所下降，但仍需重视重度残疾人的照料分担机制。

（三）城乡低收入家庭就业状况

本部分将介绍城乡低收入家庭就业状况的结论汇总，具体将从文化水平状况、劳动能力状况和就业结构情况三个方面进行相关结论的汇总归纳。

1. 文化水平状况相关结论

第一，低收入人群文化水平较低，文盲或半文盲占比20.44%。城乡低收入人群主要为初中及以下文化程度，31.97%城乡低收入人群为小学学历，28.04%为初中学历，文盲或半文盲比例较高。第七次人口普查数据显示，15岁以上人口文盲率仅为2.67%。这表明文化水平低仍是制约低收入人群发展的重要短板，通过教育帮扶避免贫困代际传递任重道远。

第二，低保户及农村低收入人群文化水平相对更低。低保户人群文化水平主要为小学学历，占比32.23%，非低保人群文化水平以初中学历为主，占比32.78%。低保户人群文盲或半文盲占比为20.74%，高于非低保人群（12.63%）。农村低收入人群文盲或半文盲占比为24.15%，高于城市低收入人群（14.50%）。反映出低保户和农村低收入人群对教育的重视程度以及保障子女受教育的能力相对更低。

第三，重视低收入人群人力资本建设、降低贫困代际传递风险。教育贫困治理是帮助贫困人口阻断贫困代际传递、稳定脱贫的根本手段，是推进乡村振兴、促进低收入群众共同富裕的核心举措。应继续开展教育帮扶，补齐脱贫人口在意识、知识、能力、技术等方面的短板，提升低收入群体的发展能力。

2. 劳动能力状况相关结论

第一，城乡低收入家庭户均有劳动能力人口数为0.83人。劳动能力人数占家庭总人数比例不足三成，仅为27.74%，有劳动能力人数占家庭总人数比例低于残疾人数占家庭总人数比例（33.87%）。往年数据显示，困难家庭有劳动能力的人数为1.4人，城乡低收入家庭有劳动能力的人数进一步减少，这可能是由于此前健康劳动力人数较多的家庭已经退出低收入家庭队伍。当前低收入家庭整体劳动能力进一步弱化，帮扶难度进一步增大，需分类精准施策。

第二，超过半数低收入人群劳动能力丧失或无劳动能力。城乡低收入人群劳动能力较弱，有劳动能力的城乡低收入群体占比仅为32.27%。非低保家庭有劳动能力者所占比例（49.49%）显著高于低保户家庭（31.48%）。农村存在劳动能力丧失或无劳动能力的低收入人群占比为58.72%，略高于城市的56.6%。

第三，发展型帮扶政策的重点在于有劳动能力的低收入对象。当前仍有超过三成城乡低收入人群有劳动能力，应当进一步采取发展型托底性民生保障政策，采用发展型社会政策和经济政策的手段来鼓励个人和家庭的经济自立，推动有劳动能力的人群自助自立自强。

3. 就业结构情况相关结论

第一，城乡低收入人群职业大多不稳定。城乡低收入人群就业结构以务农人员为主，占比为26.43%，其次是其他就业情况人员，占比为16.42%，无就业条件或登记失业人员占比为15.23%。城乡低收入群体中工作稳定的在职人员仅占比2.93%。往年调查数据显示，城乡困难家庭成员通过工作获得收入的能力有限，打零工、个体经营、务农是困难家庭成员主要的就业方式，亦反映出城乡低收入人群职业大多不稳定。

第二，低保户人群就业能力相对较弱。低保户人群和非低保户人群务农人数比例均超过两成，非低保户人群灵活就业人员占比13.78%，高于低保户人群（8.75%），且低收入人群稳定就业的比重更高，低保户人群就业状况相对更加不乐观。无业者和务农者较多是低保户人群缺乏收入来源和收入偏低的重要原因。

第三，灵活就业是城市低收入群体的主要就业方式。在有工作的城市低收入群体中，13.12%的人员属于灵活就业人员，8.95%属于务农人员，6.13%属于外出务工人员，3.70%属于工作稳定的在职人员。相比较而言，农村低收入群体灵活就业比例较低，仅为6.32%。相比于农村，城市劳动力市场能为劳动者提供更多的就业机会，平台经济、互联网行业的发展带来了更多的灵活就业选择。

（四）城乡低收入家庭收支状况

本部分将介绍城乡低收入家庭收支状况的结论汇总，具体将从可支配收入状况、总支出状况、享受救助金状况和收支平衡情况四个方面进行相关结论的汇总归纳。

1. 可支配收入状况相关结论

第一，城乡低收入家庭人均可支配收入为 9649. 51 元。与《中国统计年鉴(2021)》的数据进行对比，城乡低收入家庭人均可支配收入水平约为全国居民可支配收入人均收入水平的三成（29. 98%），远低于全国居民人均收入水平，但城乡低收入家庭人均可支配收入高于全国居民 20%低收入组家庭人均可支配收入（7868. 8 元）。与往年数据对比，我国城乡低收入家庭可支配收入明显增加，反映出扶贫及救助相关政策增收效果显著。

第二，低保户人均可支配收入为 9570. 04 元，非低保户人均可支配收入为 11796. 49 元。非低保户家庭和人均可支配收入均显著高于低保户人群。在家庭层面，低保户家庭可支配收入均值为 23998. 07 元，非低保户家庭可支配收入均值为 30001. 26 元。非低保户低收入家庭总体收入状况好于低保户家庭。

第三，城市低收入家庭人均可支配收入低于全国城镇 20%低收入组，城市贫困问题不容忽视。城镇居民按收入五等份分组的人均可支配收入中，20%低收入组家庭人均可支配收入为 15597. 7 元，而本次调查城市地区人均可支配收入仅为 10018. 95 元。农村低收入家庭人均可支配收入为 9401. 59 元，农村地区与城市地区低收入家庭人均收入接近。当前城市的贫困问题不容忽视甚至应该被更加关注，“城中村、厂中村”等可能已经成为新的困难人口集聚地。

2. 总支出状况相关结论

第一，城乡低收入家庭人均总支出为 10613. 24 元，收入小于支出。城乡低收入家庭总支出为 26736. 16 元，人均支出为 10613. 24 元；对比可支配收入 24212. 34 元、人均可支配收入 9649. 51 元看，城乡低收入家庭人均支出高于人均收入，收入小于支出。2021 年我国居民年人均消费支出 24100 元，相比较而言，城乡低收入家庭人均消费支出约占全国居民人均消费支出的四成(44. 04%)，低于全国居民人均收入水平。

第二，人均支出低保户家庭低于非低保家庭。非低保家庭在家庭层面和人均层面的总支出均高于低保户家庭，低保户和非低保户家庭人均总支出分别为 10560. 06 元、12050. 05 元。但结合人均可支配收入情况看，低保户家庭人均支出大于收入，差额约 1000 元，非低保户家庭的人均可支配收入基本可以满足支出，非低保家庭收支相比于低保户而言更平衡。

第三，城市低收入群体人均总支出为 12470. 93 元，农村人均总支出为 9366. 33 元。2021 年我国城镇常住居民年人均消费支出 30307 元，农村常住居民年人均消费支出 15916 元。城市低收入家庭人均消费支出约占全国城镇居民人均消费的 41.15%，而农村低收入家庭人均消费支出占全国农村居民人均支出之比可达 58.85%，表明城乡低收入家庭消费差距正在逐步缩小。与往年数据进行对比发现，城市和农村地区低收入家庭的总支出均有所降低，考虑受到疫情影响，城乡低收入家庭的消费意愿与能力有所降低。

3. 享受救助金相关结论

第一，城乡低收入家庭人均救助金为 5267.78 元，增速较快。我国城乡低收入家庭救助金总额为 11907.25 元，人均救助金为 5267.78 元。低保户家庭享受的救助金情况显著高于非低保家庭，低保户家庭人均救助金为 5317.71 元，非低保家庭人均救助金分别为 3918.92 元。与往年数据相比，低保户家庭政府救助金收入增长较快，与 2015 年相比，2021 年低收入家庭享受救助金增长了近 3 倍。

第二，城乡低收入家庭救助金总额占家庭可支配收入比例均值为 60.90%。低保户家庭享受的救助金占比（61.64%）显著高于非低保家庭（40.88%），城市地区低收入家庭享受的救助金占比为 61.17%，略高于农村地区（60.73%）。与往年调查数据对比，我国城乡低收入家庭总体救助金占比较高，且增长幅度较大。表明我国兜底保障资金给付情况较好，但也需要关注救助金供给占比过高，背后隐含的“福利依赖”危机。

第三，城乡低保统筹推进效果明显，城乡差距进一步缩小。农村低收入家庭人均救助金为 5198.81 元，城市低收入家庭人均救助金为 5370.56 元，与往年数据相比，城市低收入家庭与农村低收入家庭间的救助金差距进一步缩小，当前农村低收入家庭救助金总额略高于城市地区，伴随着城乡低保统筹的推进，低保金标准合二为一，城乡低保金整体差距正在缩小。

4. 收支平衡情况相关结论

第一，超四成城乡低收入家庭收不抵支。27.31%的低收入家庭支大于收，动用积蓄并借款，14.71%的低收入家庭支大于收，动用积蓄未借款，35.99%的城乡低收入家庭收入支出相当，仅约两成的城乡低收入家庭收大于支。需注意其背后涉及的支出型困难风险。

第二，低保户家庭与城市低收入家庭收支情况更不乐观。34.87%的非低保家庭支大于收，但对于低保户家庭而言，这一比例达到了 42.28%。超过半数（51.12%）的城市低收入家庭收不抵支，而农村低收入家庭收不抵支的比例为 35.91%，且收大于支的比例高于城市低收入家庭超过 14%，这一现象值得关注。

第三，城乡低收入家庭的支出型贫困问题应被重视。以低保为核心的收入型贫困社会救助制度，主要解决困难群众维持生存所必需的衣食住行等基本生活支出；而支出型贫困社会救助制度则需要将困难群众的医疗、教育等刚性支出作为基本需求，纳入社会救助的制度性安排，关注支出型困难有助于更加全面地分析当前托底性政策对城乡低收入家庭的社会救助效果，能够有效避免低保户与非低保户在享受救助政策上可能产生的落差，具有消解低保"悬崖效应"的积极作用。

（五）城乡低收入家庭资产状况

本部分将介绍城乡低收入家庭收支状况的结论汇总，具体将从可支配收入状况、总支出状况、享受救助金状况和收支平衡情况四个方面进行相关结论的汇总归纳。

1. 负债情况相关结论

第一，超过四成城乡低收入家庭背负债务，有负债的城乡低收入家庭人均欠债金额为25691.03元。往年数据显示，41%的城乡困难家庭有欠债，主要原因包括看病、住房和孩子上学欠债等。本次调查数据中城乡低收入欠债的比例与2015年相比基本一致，城乡低收入家庭可能面临长时间的债务风险。有负债的城乡低收入家庭人均负债均值远高于低收入家庭人均可支配收入（9649.51元），托底性社会救助政策需更加关注低收入家庭的债务风险，应引导家庭依据偿债能力合理负债，切实防范家庭债务风险。

第二，非低保、城市低收入家庭债务风险更高。非低保户家庭人均负债金额为32084.62元，低保户家庭人均负债金额为25478.53元。非低保家庭欠债总额和人均债务金额均高于低保户家庭，这可能是因为低收入家庭享受政府救助帮扶政策相对更为困难，更容易陷入债务危机。城市低收入家庭人均负债数额为31272.10元，相比之下农村低收入家庭的人均负债金额为城市低收入家庭的约七成（68.4%），结合支出情况看，这可能是由于城市低收入家庭面临着更多的支出和更高的生存风险。

第三，2021年有新增债务的低收入家庭人均新增负债为11184.67元。2021年新增负债家庭占比近四分之一（24.61%），表明2021年部分城乡低收入家庭可能面临着较大的生存压力。2021年城乡低收入家庭新增负债数额较大，新增负债的城乡低收入家庭债务为31343.19元，接近总体债务（69301.25元）的半数，人均新增债务为 11184.67 元，占人均总债务（25691.03 元）的 43.52%。

2. 积蓄情况相关结论

第一，74.57%的城乡低收入家庭无储蓄。大多数城乡低收入家庭没有储蓄，有储蓄的家庭占比仅为 25.43%，储蓄的非低保人群占比（35.42%）高于低保户人群（25.06%），有储蓄的农村低收入家庭所占比重高于城市低收入家庭约一成，这可能是由于农村地区低收入群众的储蓄观念强于城市地区的低收入群众。与往年数据相比，当前我国有储蓄的低收入家庭所占比重更高，表明当前我国低收入家庭的储蓄观念一定程度上有所提高，生活条件得到了一定程度的改善。

第二，有储蓄的城乡低收入家庭人均储蓄金额为 7240.49 元。有储蓄的城乡低收入家庭累计储蓄金额为 18037.33 元，人均储蓄金额为 7240.49 元，远低于低收入家庭人均负债金额（25691.03 元）。与往年调查数据相比，低收入家庭人均储蓄金额稍有提高。在收入不确定风险冲击下，低收入家庭通过减少消费支出、增加预防性储蓄的方式应对风险，且预防性储蓄的比重随着风险程度的提高而增长。

第三，低保户与农村低收入家庭人均储蓄水平相对较低。非低保户家庭储蓄总额和人均储蓄金额均高于低保户家庭，这一定程度上体现出非低保户家庭的经济状况好于低保户家庭。非低保家庭人均储蓄金额为 11453.08 元，超过低保户家庭的两倍。城市低收入家庭的储蓄总额与人均储蓄金额均高于农村低收入家庭，城市低收入家庭人均储蓄数额为 8203.37 元，农村低收入家庭人均储蓄数额为 6806.85 元。

二、若干思考

基于上文从城乡低收入家庭人口状况、健康状况、就业状况、收支状况、资产状况五个方面对城乡低收入家庭基本状况的梳理，以下将提出改善城乡低收入家庭基本生活的若干思考。

第一，家庭支持：以系统的家庭支持回应多重脆弱性。当前低收入家庭面临家庭规模缩小、家庭结构老化、性别失衡、离异丧偶、无人养老等多重脆弱风险，托底性民生保障体系面临较大压力。应逐步重视家庭支持政策的建设与发展，系统治理多重脆弱家庭相关风险，通过多元社会主体协同，完善家庭发展的社会支持体系，实现对多重脆弱家庭的增益和赋权。一是加大对于脆弱家庭的倾斜性救助支持，可在现有福利项目中进行差异化补助倾斜，提高待遇标准，优化服务供给，如对于空巢家庭、重度残疾人家庭、单亲家庭提供更高水平的津贴补助；二是建立针对特殊困难家庭成员的服务供需平台，强化部门协同，完善社区服务体系，做好社区管理、养老服务、妇女儿童福利、专业社工和志愿者队伍的统筹，鼓励社区开展针对特殊老人、残疾人和儿童的就近帮扶志愿服务；三是应做好脆弱家庭帮扶的发展支持工作，探索提高家庭能力与家庭资本。如将社会资源用于改善家庭环境、提供教育资金，满足脆弱家庭儿童的成长发展需要；分担和转移女性照顾家庭的责任，为其适当参与市场和社会提供更多的机会，减少贫困性别选择的可能性。

第二，健康保护：持续优化重大疾病与助残政策体系。脱贫攻坚全面胜利后，我国低收入群体仍面临着健康问题，部分低收入群众基础健康状态较差，应对健康风险能力弱、各方面发展受限制、易陷入贫病交加的处境。应从费用分摊机制和健康保护机制两方面优化低收入群体健康保障。一是费用分摊机制方面，完善城乡居民基本医疗保险、大病保险、医疗救助与助残救助制度安排，合理提高低收入群体医疗费用报销比例，进一步完善慢性病门诊费用纳入大病统筹基金管理、支持商业保险公司推行“惠民保”等普惠性补充医疗保险，并通过医疗救助与慈善救助补充托底，降低低收入家庭灾难性医疗支出风险。重度残疾人照护负担重，应整合残疾人社会救助、老年福利及扶贫政策资源，扩大集中托养服务覆盖面，构建照料负担的多元参与分担机制。二是健康保护体制方面，强化全人群全生命周期健康管理与残疾预防，加强健康养生和残疾预防知识普及，优化慢性病、职业病致残防控。强化长期照护服务，扩大残疾人康复服务覆盖率，优先为低收入失能老年人、重度残疾人等重点人群提供康养服务。关注低收入群体心理慰藉服务，预防精神疾病发生的风险。

第三，就业支持：分类实施兜底性与发展性的支撑政策。分类实施兜底类和发展类两大就业支持政策供给层级，分别聚焦基本生活需求保障和发展内生能力。首先，对于无就业能力的个人和家庭，提供现金补助、实物救济、照料服务等帮扶，按规定纳入低保或特困人员救助供养范围，兜住底线防止贫困，使其维持基本生存、共享发展成果；其次，对于有劳动能力或部分劳动能力的个人或家庭，保护好家庭就业劳动能力，做好针对性支持政策，提升人力资本；再次，对于劳动力受教育水平低、人力资本欠缺的家庭，提供稳定的就业岗位与技能培训，以培训和就业加速人力资本积累，合理引导外出务工增加就业机会，适当扩大对城市新就业形态劳动者就业扶持，促使低收入家庭劳动参与能力提升，增强内生发展能力；最后，对于城乡就业市场的弱势群体，包括女性以及老年人等，建立针对性的就业服务体系和赋能体系，开发适合的服务型公益性岗位。此外，做好教育帮扶和代际支持，避免人力资本脆弱的代际传递问题，为低收入家庭子女接受教育提供教育资金和课外辅导等。

第四，收入支出：重视低收入家庭增收与重点贫困问题。一方面，促进低收入家庭增收。一是强化有劳动能力人群帮扶，尤其是加强受疫情影响低收入人群返工复工的帮助帮扶。二是进一步完善最低生活保障制度，加大低保扩围增效工作力度，适当提高偏远乡镇低保覆盖比例，对孤寡老人、重度残疾人等弱势群体给予更多倾斜。另一方面，关注重点贫困问题。一是聚焦城市长效反贫困。高度重视城市新型贫困以及城市贫困的空间聚居效应，探索建设城市低收入群体档案数据库，对包括农民工等在内的城市贫困人群进行追踪分析和动态识别。搭建以政府为主导、社会组织与社区、困难家庭与社区、困难家庭与志愿者之间的互动平台。二是聚焦支出型困难治理。重视因重病、意外伤残、因疫因灾、子女就学等家庭刚性支出过高导致的支出型贫困问题。探索建立以支出衡量贫困的审核体系，更加准确地识别支出型贫困家庭和人口，在确保支出型贫困家庭享受相应专项救助的基础上，重视贫困者主体性的发挥，通过能力救助、权利救助、精神救助等多元化的救助方式强化其主观能动性。

第五，储蓄负债：持续关注低收入家庭债务风险问题。家庭负债过高将对低收入家庭生活质量、就业、教育、健康状况等方面产生不利影响。未来，应优化低收入家庭债务风险预警和相关保障措施。一方面，建立债务保护机制，关注低收入既有债务、新增债务以及债务产生的相关风险困难因素，引导家庭根据实际情况和偿债能力合理负债，切实防范家庭债务风险，避免陷入过高债务。如对于低收入家庭从事农业生产相关消费与负债，帮助链接专业人员进行指导，减少因盲目投入导致的高额负债。另一方面，优化正规借贷资金供给，推动金融创新工具供给，扩大资金互助、小额无息借贷等金融服务覆盖面，鼓励正规金融资本“上山下乡”，引导借贷资金向生产性消费倾斜。对于生活性消费借贷需求，鼓励正规金融机构开展入户调研，根据低收入家庭消费种类进行资金供给。适当降低借贷准入门槛，完善线上线下融合的金融服务体系，同时，应引导低收入群众重视应急储蓄在家庭资产中的保障作用，鼓励其保有适量的应急储蓄。

第三章　城乡低收入家庭的困难情况

随着我国经济社会不断发展，脱贫攻坚任务圆满完成、全面建成小康社会后，多维贫困、相对贫困问题日益得到关注，受当前新冠疫情等多重经济社会风险因素影响，城乡低收入家庭的困难情况复杂多变，低收入家庭需求愈发得到政府重视。深入分析城乡低收入家庭的困难状况，有利于针对相关困难与风险情况对症施策。本章将主要对城乡低收入家庭的困难情况进行介绍与讨论，主要包括城乡低收入家庭的中长期困难情况分析、突发困难情况分析、受疫情影响情况分析，并在本章小结部分进行结论汇总，提出若干思考。

第一节　城乡低收入家庭中长期困难情况分析

本节将主要对城乡低收入家庭的中长期困难情况进行分析，将首要分析城乡低收入家庭面临的中长期困难，并结合基层民政工作人员对困难群众需求的看法进行补充说明与讨论。

低收入家庭的中长期困难持续时间长、致贫风险高，可视为“慢性贫困”的诱因。慢性贫困指的是困难群众在其一生中的许多时期都处于贫困状态，且这种贫困状态很大可能会进行代际传递①。慢性贫困一般持续存在，且容易反复出现，既是对过去的剥夺，更可能成为未来陷入极端贫困的诱因②。经济危机、疾病影响、失业和自然灾害等导致了受影响群体贫困时段的产生，相关风

① HULME D，MOORE K，SHEPHERD A. Chronic Poverty：Meanings and Analytical Frameworks [R]. *CPRC Working Paper* No. 2，2001.

② SHEPHERD A，BRUNT J. *Chronic Poverty*：*Concepts*，*Causes and Policy*. [M]. Houndmills，Basingstoke. Hamsphire：Palgrave Macmillan. 2013：1-6.

险容易导致非贫困者陷入贫困，而贫困者则会因为贫困加重而陷入长期贫困，此时脆弱性与慢性贫困的关系与冲击发生的深度、强度和密集度相关，也与家庭所具有的抵御风险的生计资本的多少相关①。身处中长期困难状态中的人们由于缺乏权利难以摆脱贫困状态，而贫困又使他们更难以获得这些权利。权利缺失与贫困加深两方面互为因果，使得贫困类似于一个循环放大的陷阱，使处于该陷阱中的人们越陷越深，从而长期处于一种低水平的均衡状态②。解决慢性贫困和贫困陷阱问题对做好低收入家庭托底保障工作十分重要，应引起高度重视。本部分关注城乡低收入家庭的中长期困难，旨在发掘导致其长期陷入贫困的原因，基于数据讨论分析和文献对话，提出针对性思考建议。

表 3-1 描述了城乡低收入家庭生活受新冠疫情影响的分布情况，并按照人群、城乡、省份进行了分类。根据抽样调查的结果可以发现，首先，从整体上看，城乡低收入家庭面临的中长期困难多样复杂，家庭成员疾病负担重（50.17%）、家里没有劳动力（43.77%）、家庭成员劳动就业收入太低（35.59%）是城乡低收入家庭面临的主要中长期困难，体现出医疗与就业支持是城乡困难群众较长时期以来的核心需求，超四成城乡低收入家庭无劳动力，需要兜底性政策给付支持。30.17%的城乡低收入群体面临劳动就业不稳定的中长期困难、23.61%的城乡低收入群体面临子女教育负担难以承受的中长期困难、21.02%的低收入群体居住条件差、17.22%的低收入群体赡养老人负担重。相比较而言，家里有劳动能力但需要照顾婴幼儿无法工作（6.31%）、有劳动能力但需照顾照料失能老人无法工作（8.08%）、有劳动能力但需照顾重病患者无法工作（14.74%）、有劳动能力但找不到工作（15.24%）、有劳动能力但需照顾残疾人无法工作（6.31%）的城乡低收入群体占比相对较低，结合前文结论，有劳动能力的城乡低收入群体占比仅为32.27%来看，有劳动能力的低收入群体亦面临着较重的中长期照料负担。

其次，划分人群看，家庭成员疾病负担重（50.70%）、家里没有劳动力（44.79%）、家庭成员劳动就业收入太低（35.50%）是低保户家庭面临的最主要的三项中长期困难。相比而言，非低保家庭面临最主要的三项中长期困难分别是

---

① 霍萱，林闽钢：《慢性贫困的理论透视及其整合》，载《河北大学学报（哲学社会科学版）》2019 年第 3 期，第 139-147 页。

② 赵德余：《贫困陷阱的循环反馈机制及反贫困干预路径》，载《上海交通大学学报（哲学社会科学版）》2020 年第 6 期，第 9-15+58 页。

家庭成员劳动就业收入太低（38.15%）、家庭成员疾病负担重（35.97%）、家庭成员劳动就业不稳定（34.60%），这反映出低保户与非低保家庭就业困难的侧重点不同。分具体项目看，低保户与非低保户家庭面临中长期困难差距较大的项目主要是家里没有劳动力（低保户 44.49%，非低保户 24.25%）、家庭成员疾病负担重（低保户 50.70%，非低保户 35.97%），家里有劳动力但找不到工作（低保户 15.07%，非低保户 19.89%），低保户与非低保户家庭在这三个项目的差异，在统计上均显著。这表明低保户家庭相比于非低保户家庭人力资本、健康资本更差，也更脆弱，这也可能是低保户家庭陷入慢性贫困的重要原因。

再次，划分城乡看，无论是城市低收入家庭还是农村低收入家庭，家庭成员疾病负担重、家里没有劳动力、家庭成员劳动就业收入太低是最主要的三项中长期困难。分具体项目看，城市低收入群体面临子女负担难以承受、家庭成员疾病负担重、劳动就业不稳定困难、居住条件差的比例显著高于农村低收入群体。28.45%的城市低收入群体、20.36%的农村低收入群体认为子女负担难以承受；53.58%的城市低收入群体、47.88%的农村低收入群体认为家庭成员疾病负担重；33.05%的城市低收入群体、28.23%的农村低收入群体认为家庭成员劳动就业不稳定；22.78%的城市低收入家庭、19.83%的农村低收入家庭认为居住条件差。这一定程度上表明，城市低收入家庭的教育负担、医疗负担更重，就业条件更不稳定、居住条件更差。

最后，分省份看，各省份间低收入家庭面临的中长期困难在统计上均为显著。分具体项目看，58.51%的江苏省低收入家庭面临没有劳动力的困难，相比而言，河南省低收入家庭没有劳动力的占比仅为33.74%。其他省份间差异较大的项目还包括家庭有劳动力但找不到工作（四川省 24.21%，江苏省 6.88%）、家庭成员劳动就业收入太低（四川省 49.21%，江苏省 21.04%）、家庭成员劳动就业不稳定（四川省 43.79%，江苏省 15.23%）等。可以发现，省份间差距主要表现为与就业和劳动力相关的困难。

根据《中国城乡困难家庭社会政策支持研究（2016）》数据，城乡低收入家庭面临的主要困难前三项为家庭成员疾病负担重（56%）、家庭主要成员没有劳动能力（45%）、家庭主要劳动力没有工作（44%），本次调查数据中城乡低收入家庭面临的主要中长期困难与之基本一致，可见疾病负担重、劳动与就业能力弱是导致低保户家庭贫困的重要因素。相比而言，面临居住条件差这一困难的低收入家庭比例从44%下降至21.02%，可以反映出当前我国低收入家庭的住房状况得到改善，住房政策取得了良好效果。慢性贫困治理的政策选择问题需进一步关注和探讨，应从社会结构关系的视角考虑防止陷入慢性贫困的公共政策安排①，从生活条件和家庭需求出发采取提高生计资本、构建参与机制实现资源链接等方式预防慢性贫困②。针对疾病负担重这一中长期困难，左停等（2017）基于健康可行能力提出应通过完善初级卫生保健与医疗保障体系、发挥慈善力量补充作用、建立互助组织提高自救能力等策略③；针对就业能力弱这一中长期困难，陈爱丽等（2021）认为应对重点就业脆弱群体开展精准能力提升，建立针对性的就业服务体系和赋能体系④。

图 3-1　基层民政工作人员对困难群众面临困难看法的词云图

此外，本部分结合基层民政工作人员对困难群众面临困难的看法进行补充说明与讨论。通过询问基层民政服务人员“您认为下一步政府最需要向困难群众提供哪方面的帮助?”来侧面反映城乡低收入家庭面临的困难，并利用文

---

① 罗良文，杨起城：《慢性贫困问题研究新进展》，载《经济学动态》2021 年第 10 期，第 131-144 页。

② 霍萱：《农村家庭慢性贫困的生成机制及跨代弱势累积研究》，载《社会保障评论》2021 年第 3 期，第 149-159 页。

③ 左停，徐小言：《农村“贫困-疾病”恶性循环与精准扶贫中链式健康保障体系建设》，载《西南民族大学学报（人文社科版）》2017 年第 1 期，第 1-8 页。

④ 陈爱丽，王小林：《中国城乡居民多维就业脆弱性测度与分析》，载《劳动经济研究》2021 年第 6 期，第 19-39 页。

本分析方法对结果进行呈现，详见图 3-1。整体来看，如图 3-1 所示，“就业、救助、医疗、资金、教育”是基层民政工作服务人员提及次数最多的五个词汇，其余提及较多的词汇还包括“政策、经济、帮助、生活、培训、帮扶、临时、服务、培育、物资、养老”等。这与低收入家庭主要面临的中长期困难基本一致。具体分析看，基层民政工作人员对困难群众服务需求的认识可以划分成三个方面进行讨论，分别是救助政策、救助群体和救助服务。

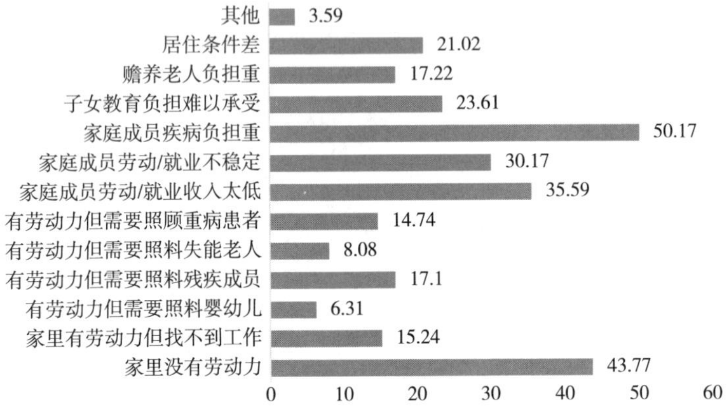

图 3-2　城乡低收入家庭中长期困难的总体分布情况（%）

首先是优化救助政策相关建议，基层民政工作人员的主要观点如下。一是应强化资金投入和资金援助，提高低保标准；二是扩宽医疗救助、临时救助的覆盖范围，保障更多低收入家庭；三是优化住房救助制度，改善困难群众居住条件；四是强化政策解读和政策宣传，提高政策知晓普及率；五是简化救助政策流程，方便群众办理。

其次是保障救助群体相关建议，基层民政工作人员的主要观点如下。一是关注低保边缘和支出型困难群体的需要，避免其陷入贫困；二是强化留守妇女、留守儿童与未成年人关爱；三是关注残疾人群体，保障其生活需求和康复护理需求；四是加强对独居老人的走访探视；五是加强受灾群体的救助。

最后是完善救助服务相关建议，基层民政工作人员的主要观点如下。一是推动服务专业化，引入专业社工进行服务；二是促进服务便捷化，做好最后一公里服务递送；三是强化综合救助服务，加强生活保障、走访关爱、心理慰藉、资源链接、子女教育入学、就业服务力度。尤其是要优化就业支持服务，相关建议包括进行产业帮扶、加强专业技能培训和就业培训，增设公益性就业岗位等。

表 3-1 城乡低收入家庭中长期困难的分布情况（%）

中长期困难	选项	总体	分人群		分城乡		分省份					
			低保户	非低保	农村	城市	江苏	浙江	河南	湖北	四川	陕西
家里没有劳动力	是	43.77	44.49	24.25	43.60	44.02	58.51	52.13	33.74	47.69	35.05	35.55
	否	56.23	55.51	75.75	56.40	55.98	41.49	47.87	66.26	52.31	64.95	64.45
			chi2＝58.923 P＝0.000		chi2＝0.173 P＝0.678		chi2＝376.637 P＝0.000					
家里有劳动力但找不到工作	是	15.24	15.07	19.89	14.01	17.07	6.88	12.23	13.09	14.29	24.21	20.15
	否	84.76	84.93	80.11	85.99	82.93	93.12	87.77	86.91	85.71	75.79	79.85
			chi2＝6.377 P＝0.012		chi2＝17.924 P＝0.000		chi2＝252.892 P＝0.000					
有劳动力但需要照料婴幼儿，所以没法外出工作	是	6.31	6.34	5.45	6.24	6.42	2.96	3.96	7.19	6.02	10.16	7.41
	否	93.69	93.66	94.55	93.76	93.58	97.04	96.04	92.81	93.98	89.84	92.59
			chi2＝0.478 P＝0.489		chi2＝0.129 P＝0.720		chi2＝98.061 P＝0.000					
有劳动力但需要照料残疾成员，所以没法外出工作	是	17.10	17.22	13.62	17.94	15.84	9.48	17.55	19.79	18.84	19.02	17.78
	否	82.90	82.78	86.38	82.06	84.16	90.52	82.45	80.21	81.16	80.98	82.22
			chi2＝3.237 P＝0.072		chi2＝7.741 P＝0.005		chi2＝86.553 P＝0.000					

续表

中长期困难	选项	总体	分人群		分城乡		分省份					
			低保户	非低保	农村	城市	江苏	浙江	河南	湖北	四川	陕西
有劳动力但需要照料失能老人，所以没法外出工作	是	8.08	7.99	10.63	8.16	7.97	3.44	5.08	10.39	7.48	12.53	9.44
	否	91.92	92.01	89.37	91.84	92.03	96.56	94.92	89.61	92.52	87.47	90.56
			chi2 = 3.320 P = 0.068		chi2 = 0.123 P = 0.725		chi2 = 133.410 P = 0.000					
有劳动力但需要照顾重病患者，所以没法外出工作	是	14.74	14.81	12.81	15.29	13.92	9.43	9.16	19.73	15.30	17.33	17.49
	否	85.26	85.19	87.19	84.71	86.08	90.57	90.84	80.27	84.70	82.67	82.51
			chi2 = 1.135 P = 0.287		chi2 = 3.695 P = 0.055		chi2 = 132.272 P = 0.000					
家庭成员劳动/就业收入太低	是	35.59	35.50	38.15	34.54	37.17	21.04	27.36	37.62	35.77	49.21	41.81
	否	64.41	64.50	61.85	65.46	62.83	78.96	72.64	62.38	64.23	50.79	58.19
			chi2 = 1.073 P = 0.300		chi2 = 7.463 P = 0.006		chi2 = 381.105 P = 0.000					
家庭成员劳动/就业不稳定	是	30.17	30.00	34.60	28.23	33.05	15.23	21.51	28.64	31.78	43.79	39.03
	否	69.83	70.00	65.40	71.77	66.95	84.77	78.49	71.36	68.22	56.21	60.97
			chi2 = 3.559 P = 0.059		chi2 = 27.262 P = 0.000		chi2 = 463.226 P = 0.000					

续表

中长期困难	选项	总体	分人群		分城乡		分省份					
			低保户	非低保	农村	城市	江苏	浙江	河南	湖北	四川	陕西
家庭成员疾病负担重	是	50.17	50.70	35.97	47.88	53.58	54.06	45.15	59.99	50.62	49.38	42.39
	否	49.83	49.30	64.03	52.12	46.42	45.94	54.85	40.01	49.38	50.62	57.61
			chi2 = 30.709 P = 0.000		chi2 = 32.167 P = 0.000		chi2 = 132.421 P = 0.000					
子女教育负担难以承受	是	23.61	23.68	21.80	20.36	28.45	23.89	15.72	27.11	24.41	25.73	24.78
	否	76.39	76.32	78.20	79.64	71.55	76.11	84.28	72.89	75.59	74.27	75.22
			chi2 = 0.694 P = 0.405		chi2 = 89.591 P = 0.000		chi2 = 75.852 P = 0.000					
赡养老人负担重	是	17.22	17.17	18.53	16.30	18.60	13.40	14.24	19.36	18.73	19.86	17.60
	否	82.78	82.83	81.47	83.70	81.40	86.60	85.76	80.64	81.27	80.14	82.40
			chi2 = 0.455 P = 0.500		chi2 = 9.127 P = 0.003		chi2 = 44.754 P = 0.000					
居住条件差	是	21.02	21.06	19.89	19.83	22.78	24.90	25.18	23.91	18.17	22.46	11.87
	否	78.98	78.94	80.11	80.17	77.22	75.10	74.82	76.09	81.83	77.54	88.13
			chi2 = 0.290 P = 0.590		chi2 = 13.016 P = 0.000		chi2 = 139.109 P = 0.000					

续表

中长期困难	选项	总体	分人群		分城乡		分省份					
			低保户	非低保	农村	城市	江苏	浙江	河南	湖北	四川	陕西
其他	是	3.59	3.57	4.09	3.27	4.07	4.62	3.49	5.53	3.21	3.50	1.33
	否	96.41	96.43	95.91	96.73	95.93	95.38	96.51	94.47	96.79	96.50	98.67
			chi2 = 0.274 P = 0.601		chi2 = 4.584 P = 0.032		chi2 = 49.247 P = 0.000					

第二节 城乡低收入家庭突发困难的情况分析

本节将主要对城乡低收入家庭突发困难的情况进行分析。低收入群体面临突发困难时具有高风险性和脆弱性，突发困难极易造成低收入家庭应急成本上升，由此导致的高额支出可能导致家庭深陷贫困，疾病导致的医疗成本支出是困难群众最为突出的突发困难，疾病带来的医药支出负担和由此引发的劳动力损失对低收入家庭影响较大①。然而，因教育、自然灾害与疫情等因素带来的大额支出引发的突发性贫困威胁同样不容小觑。教育引致的代际贫困，让贫困家庭难以走出贫困泥沼，形成贫困的因果累积循环，已脱贫人口甚至可能返贫②。在重大突发事件中，困难群体往往面临更大的风险和困难，需要政府和社会对困难群体提供兜底保障。对于低收入家庭的突发性困难，我国社会救助体系中设有临时救助制度加以保障。《国务院关于全面建立临时救助制度的通知》指出，"临时救助是对遭遇突发事件、意外伤害、重大疾病或其他特殊原因导致基本生活陷入困境，其他社会救助制度暂时无法覆盖或救助之后基本生活暂时仍有严重困难的家庭或个人给予的应急性、过渡性的救助"。临时救助是社会救助兜底脱贫攻坚制度体系的重要组成部分，也是"救急难"机制的主要承接制度，在社会救助体系中起着拾遗补缺、托底保障的重要作用。

表3-2和图3-3、图3-4描述了城乡低收入家庭突发困难的分布情况，并按照人群、城乡、省份进行了分类。根据抽样调查的结果可以发现，整体而言，家庭成员突发重大疾病（27.35%）、因灾因疫导致临时生活困难（22.44%）、短期失业（20.85%）是城乡低收入家庭面临的主要中长期困难。相比而言，面临家庭成员发生意外事故、家庭财产遭受重大损失、主要劳动力去世的城乡低收入家庭占比较低，分别为4.51%、3.78%、3.72%。与中长期困难相比，除医疗与就业因素外，自然灾害与突发公共卫生事件影响也是重要的致贫返贫原因。

① 关信平：《重大突发事件中困难群体兜底保障体系建设思路》，载《中共中央党校（国家行政学院）学报》2020年第3期，第22-28页。

② 王志刚，封启帆：《巩固贫困治理策略：从精准脱贫到乡村振兴》，载《财经问题研究》2021年第10期，第14-23页。

表 3-2　城乡低收入家庭突发困难的分布情况（%）

突发困难	选项	总体	分人群		分城乡		分省份					
			低保户	非低保	农村	城市	江苏	浙江	河南	湖北	四川	陕西
因灾因疫导致临时生活困难	是	22.44	22.48	21.25	18.85	27.77	14.82	12.00	19.36	34.25	28.44	24.67
	否	77.56	77.52	78.75	81.15	72.23	85.18	88.00	80.64	65.75	71.56	75.33
			chi2 = 0.305 P = 0.581		chi2 = 112.989 P = 0.000		chi2 = 355.356 P = 0.000					
家庭成员发生意外事故	是	4.51	4.50	4.90	4.40	4.67	3.38	4.91	5.84	4.33	5.19	3.47
	否	95.49	95.50	95.10	95.60	95.33	96.62	95.09	94.16	95.67	94.81	96.53
			chi2 = 0.136 P = 0.712		chi2 = 0.414 P = 0.520		chi2 = 18.638 P = 0.002					
家庭成员突发重大疾病	是	27.35	27.51	22.89	25.45	30.17	25.25	24.88	29.13	30.20	29.68	24.78
	否	72.65	72.49	77.11	74.55	69.83	74.75	75.12	70.87	69.80	70.32	75.22
			chi2 = 3.807 P = 0.051		chi2 = 27.693 P = 0.000		chi2 = 29.399 P = 0.000					
短期失业	是	20.85	20.51	29.97	17.23	26.25	8.71	13.95	18.56	27.39	29.06	26.46
	否	79.15	79.49	70.03	82.77	73.75	91.29	86.05	81.44	72.61	70.94	73.54
			chi2 = 19.193 P = 0.000		chi2 = 121.825 P = 0.000		chi2 = 356.051 P = 0.000					

续表

突发困难	选项	总体	分人群		分城乡		分省份					
			低保户	非低保	农村	城市	江苏	浙江	河南	湖北	四川	陕西
主要劳动力去世	是	3.72	3.67	5.18	3.61	3.90	3.62	3.25	2.64	4.67	4.23	3.82
	否	96.28	96.33	94.82	96.39	96.10	96.38	96.75	97.36	95.33	95.77	96.18
			chi2 = 2.239 P = 0.135		chi2 = 0.581 P = 0.446		chi2 = 12.159 P = 0.033					
家庭财产遭受重大损失	是	3.78	3.81	3.00	3.88	3.63	2.79	2.60	4.98	3.99	5.93	2.37
	否	96.22	96.19	97.00	96.12	96.37	97.21	97.40	95.02	96.01	94.07	97.63
			chi2 = 0.645 P = 0.422		chi2 = 0.432 P = 0.511		chi2 = 49.478 P = 0.000					
其他	是	4.08	4.12	3.00	3.46	5.01	4.39	6.38	2.03	5.29	4.80	1.51
	否	95.92	95.88	97.00	96.54	94.99	95.61	93.62	97.97	94.71	95.20	98.49
			chi2 = 1.148 P = 0.284		chi2 = 15.163 P = 0.000		chi2 = 381.105 P = 0.000					

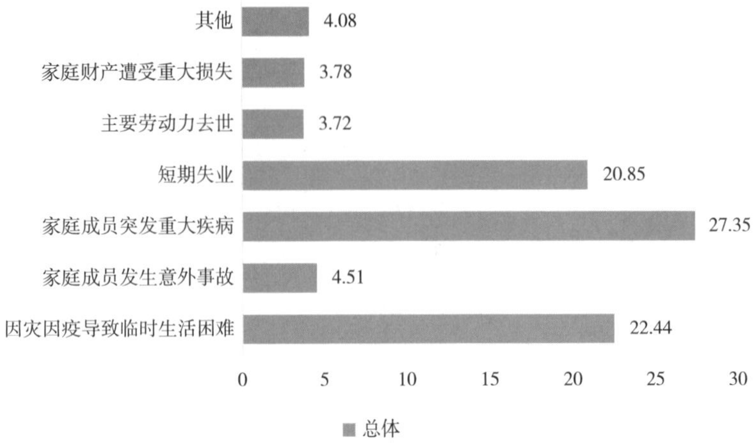

图 3-3　城乡低收入家庭面临突发困难的总体分布情况（%）

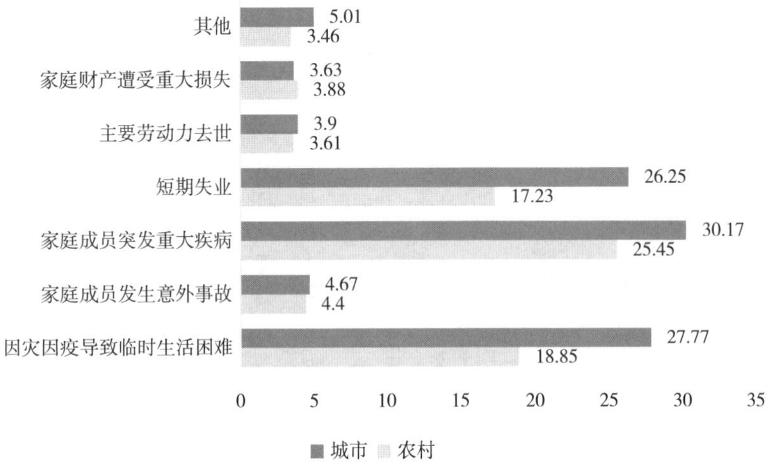

图 3-4　城乡低收入家庭突发困难的分布情况（%）

分人群看，非低保户家庭面临的短期失业困难占比（29.97%）高于低保户家庭（17.23%），这一差异在统计上显著。这与非低保户家庭有劳动能力的人口数相对更多、家庭人力资本情况更好有关。低保户家庭面临的家庭成员突发重大疾病比例（27.51%）高于非低保户家庭（22.89%）。除上述两个项目外，低保户和非低保户家庭面临的突发困难情况占比均较为接近，没有显著差距。

分城乡看，城市低收入群体面临因灾因疫导致临时生活困难、家庭成员突发重大疾病、短期失业临时困难的比例显著高于农村低收入群体。27.77%的城市低收入家庭因灾因疫导致临时生活困难，相比而言仅18.85%的农村低收入家庭面临此困难。家庭成员突发重大疾病方面，城市低收入家庭占比较农村低收入家庭而言高4.72个百分点。面临短期失业困难的城市低收入家庭占比较农村低收入家庭而言高9.02个百分点。这表明城市低收入家庭面临的突发困难普遍更多。

分省份看，面临因灾因疫导致临时生活困难、短期失业困难的低收入群体占比差异较大，且在统计上显著。湖北省因灾因疫导致临时生活困难的低收入家庭占比最高，为34.25%，浙江省这一比例仅为12%。短期失业方面，四川省低收入家庭面临短期失业困难的比例最高，为29.06%，江苏省低收入家庭面临短期失业困难的比重最低，仅为8.71%。根据《中国城乡困难家庭社会政策支持研究（2016）》数据，短期失业（18%）、家庭成员突发重大疾病（17%）、自然灾害（6%）是城乡困难家庭面临的主要突发性困难，与本次调查数据相比，低收入家庭面临主要突发困难的比例有所提升，尤其是突发重大疾病家庭成员占比上升了近10个百分点，应进一步做好重大疾病临时救助帮扶工作。

未来，应从治理协同、需求识别、标准调整、供给保障与运行规范等方面强化社会救助制度体系应急能力建设，将我国的制度优势转化为重大突发公共危机事件治理效能①。

第三节　城乡低收入家庭受疫情影响情况分析

本节将主要对城乡低收入家庭受疫情影响情况进行分析，目前新冠疫情的影响正在减弱，但在过去几年，新冠疫情对于社会各类人群的冲击是剧烈、深远的，后疫情时代的影响依然不可忽视。国家统计局公布的数据显示，自2020年以来，城镇调查失业率多数月份维持在5.0%以上，最高达到6.2%②，

① 王立剑，代秀亮：《重大突发公共危机事件中的社会保障应急机制》，载《西安交通大学学报（社会科学版）》2020年第4期，第23-32页。

② 张毅：《就业形势总体改善　重点群体保障有力》，载国家统计局官网 http：//www. stats. gov. cn/tjsj/zxfb/202101/t20210119_1812590. html。

居民收入增长放缓，多地区部分季度出现负增长。受疫情影响，中央应对新冠肺炎疫情工作领导小组以及民政部等相关部门下发多个文件，要求切实做好疫情防控期间困难群众的兜底保障工作。各地采取多种措施缓解疫情对低收入群体生活所造成的冲击，如完善受疫情影响困难群众的急难社会救助、发放一次性临时救助金、推动低保特困线上办理、发动社工为管控区困难老人提供送饭服务等，保障受疫情影响低收入家庭的基本生活。但相关研究表明，新冠疫情流行期间，低保人数减少的趋势未得到改变，甚至有所加快，一定程度反映出现行社会救助措施有些难以应对如此大规模疫情的冲击①。新冠疫情不仅对国家应对重大公共卫生事件提出了新课题，也对经济新常态下的社会救助影响广泛。疫情影响下，低收入家庭尤其是农民工、灵活就业人员受到严重冲击，部分低收入群体因疫情陷入困境。

表3-3描述了城乡低收入家庭对新冠疫情影响生活的担忧程度情况，并按照人群、城乡、省份进行了分类。根据抽样调查的结果可以发现，59.05%的城乡低收入家庭对新冠疫情影响生活表示担忧，26.78%的城乡低收入家庭表示不担心。分人群看，低保户与非低保户对于新冠疫情影响生活的担忧程度差异不大，在统计上也表现为差异不显著。分城乡看，对新冠疫情影响生活表示担忧的城市低收入家庭（64.02%）比例显著高于农村低收入家庭（55.71%），这可能是由于疫情防控政策对于城市低收入家庭生活影响更大，城市低收入人群在疫情防控期间面临的生活不便更多。分省份看，陕西省、四川省、河南省、湖北省低收入家庭担心新冠疫情影响生活的比例均高于60%，浙江省低收入家庭担心新冠疫情影响生活的比例偏低，仅为42.85%。王俊秀等（2022）的研究表明，新冠疫情存在风险不平等，低收入群体疫情风险认知更高、情绪更消极、未来预期更悲观，且家庭脆弱程度越高风险越高，应着力保障低阶层群体的生产生活与就业就学、医疗等需求②。

① 杨立雄：《从兜底保障到分配正义：面向共同富裕的社会救助改革研究》，载《社会保障评论》2022年第4期，第102-114页。

② 王俊秀，张衍：《风险认知、社会情绪和未来预期：疫情不同阶段社会心态的变化》，载《社会科学战线》2022年第10期，第220-237页。

表 3-3　城乡低收入家庭对新冠疫情影响生活的担忧程度情况（%）

担忧程度	总体	分人群		分城乡		分省份					
		低保户	非低保	农村	城市	江苏	浙江	河南	湖北	四川	陕西
担心	59.05	59.16	56.13	55.71	64.02	51.87	42.85	64.29	60.97	65.86	68.04
一般	11.56	11.50	13.35	11.08	12.28	13.28	15.07	9.90	13.55	10.05	7.53
不担心	26.78	26.77	26.98	30.31	21.53	33.91	35.76	24.03	23.62	19.92	23.91
说不清	2.61	2.57	3.54	2.89	2.18	0.95	6.32	1.78	1.86	4.18	0.52
		chi2 = 2.887 P = 0.409		chi2 = 107.957 P = 0.000		chi2 = 488.002 P = 0.000					

新冠疫情对城乡低收入家庭生活的影响情况分布如表 3-4 所示，表格按照人群、城乡、省份进行了分类。根据抽样调查的结果可以发现，首先，整体而言（见图 3-5），新冠疫情对低收入家庭生活的影响主要是家庭日常生活开销明显升高（43.46%）、家庭收入明显减少（42.28%）、因疫情管控无法正常外出务工（24.74%）是城乡低收入家庭面临的主要中长期困难。可以发现，这一结论能够与低收入家庭收支平衡状况的结论“超四成城乡低收入家庭收不抵支”相对应。此外，22.56%的低收入群体不会使用智能手机扫码、亮码导致疫情防控期间出行困难，这反映出数字鸿沟对低收入群体有一定的负面影响①。相比较而言，受新冠影响家里种养殖的农产品滞销（5.72%）、中小学幼儿园暂停返校，孩子白天在家无人看护（5.55%）的占比较低。

其次，分人群看，非低保户家庭受疫情影响失业或找不到工作、无法外出务工、家庭收入明显减少的比例高于低保户家庭，上述群体差异在统计上均显著。低保户家庭不会使用智能手机扫码、亮码导致疫情防控期间出行困难的比例高于非低保户家庭。这表明，非低保户家庭就业工作与收入受疫情的影响更大。

① 陈平，王书华：《数字普惠金融、数字鸿沟与多维相对贫困——基于老龄化的视角》，载《经济问题探索》2022 年第 10 期，第 173-190 页。

表 3-4　城乡低收入家庭生活受新冠疫情影响的分布情况（%）

新冠疫情对生活影响	选项	总体	分人群		分城乡		分省份					
			低保户	非低保	农村	城市	江苏	浙江	河南	湖北	四川	陕西
家庭日常生活开销明显升高	是	43.46	43.55	41.14	36.76	53.44	39.12	36.17	32.51	53.37	53.44	44.70
	否	56.54	56.45	58.86	63.24	46.56	60.88	63.83	67.49	46.63	46.56	55.30
			chi2 = 0.831 P = 0.362		chi2 = 279.666 P = 0.000		chi2 = 272.914 P = 0.000					
企业停工/倒闭造成失业或找不到工作	是	13.38	13.06	22.07	11.46	16.25	5.63	9.22	15.00	15.35	19.64	15.06
	否	86.62	86.94	77.93	88.54	83.75	94.37	90.78	85.00	84.65	80.36	84.94
			chi2 = 24.793 P = 0.000		chi2 = 48.902 P = 0.000		chi2 = 186.372 P = 0.000					
因疫情管控无法正常外出务工	是	24.74	24.47	32.15	23.24	26.97	9.25	12.71	26.86	29.53	34.20	35.03
	否	75.26	75.53	67.85	76.76	73.03	90.75	87.29	73.14	70.47	65.80	64.97
			chi2 = 11.232 P = 0.001		chi2 = 18.492 P = 0.000		chi2 = 558.263 P = 0.000					
家庭收入明显减少	是	42.28	41.96	50.95	40.05	45.62	27.45	27.90	40.75	52.31	57.39	46.50
	否	57.72	58.04	49.05	59.95	54.38	72.55	72.10	59.25	47.69	42.61	53.50
			chi2 = 11.723 P = 0.001		chi2 = 31.438 P = 0.000		chi2 = 548.790 P = 0.000					

续表

新冠疫情对生活影响	选项	总体	分人群		分城乡		分省份					
			低保户	非低保	农村	城市	江苏	浙江	河南	湖北	四川	陕西
家里种养殖的农产品滞销	是	5.72	5.62	8.45	8.17	2.06	1.48	2.84	1.97	7.48	12.19	7.76
	否	94.28	94.38	91.55	91.83	97.94	98.52	97.16	98.03	92.52	87.81	92.24
			chi2 = 5.256 P = 0.022		chi2 = 171.504 P = 0.000		chi2 = 285.916 P = 0.000					
疫情封控耽搁就医治疗	是	11.96	12.00	10.90	10.30	14.43	13.52	10.05	9.96	16.76	11.96	9.26
	否	88.04	88.00	89.10	89.70	85.57	86.48	89.95	90.04	83.24	88.04	90.74
			chi2 = 0.408 P = 0.523		chi2 = 39.971 P = 0.000		chi2 = 66.773 P = 0.000					
疫情封控影响子女亲友等人照料、探视老人	是	10.51	10.46	11.99	10.08	11.16	6.82	7.86	9.71	13.39	14.39	10.54
	否	89.49	89.54	88.01	89.92	88.84	93.18	92.14	90.29	86.61	85.61	89.46
			chi2 = 0.882 P = 0.348		chi2 = 3.097 P = 0.078		chi2 = 82.186 P = 0.000					
中小学、幼儿园暂停返校，孩子白天在家无人看护	是	5.55	5.50	7.08	5.17	6.13	4.51	3.49	7.62	6.64	6.09	4.98
	否	94.45	94.50	92.92	94.83	93.87	95.49	96.51	92.38	93.36	93.91	95.02
			chi2 = 1.702 P = 0.192		chi2 = 4.322 P = 0.038		chi2 = 36.631 P = 0.000					

续表

新冠疫情对生活影响	选项	总体	分人群		分城乡		分省份					
			低保户	非低保	农村	城市	江苏	浙江	河南	湖北	四川	陕西
不会使用智能手机扫码、亮码导致疫情防控期间出行困难	是	22.56	22.75	17.44	24.61	19.52	16.12	26.60	21.27	22.16	30.59	18.30
	否	77.44	77.25	82.56	75.39	80.48	83.88	73.40	78.73	77.84	69.41	81.70
			chi2 = 5.717 P = 0.017		chi2 = 36.648 P = 0.000		chi2 = 140.808 P = 0.000					
其他	是	1.19	1.20	0.82	1.02	1.43	1.30	2.01	1.23	1.12	1.07	0.41
	否	98.81	98.80	99.18	98.98	98.57	98.70	97.99	98.77	98.88	98.93	99.59
			chi2 = 0.442 P = 0.506		chi2 = 3.452 P = 0.063		chi2 = 19.243 P = 0.002					

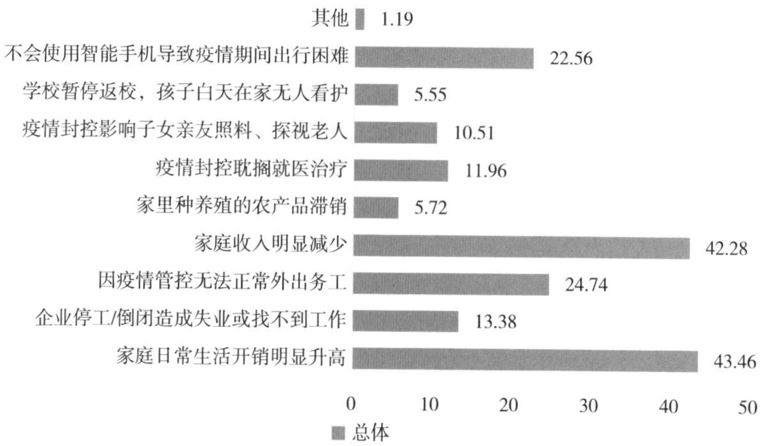

图 3-5　城乡低收入家庭生活受新冠疫情影响的分布情况（%）

再次，分城乡看（见图 3-6），受疫情影响日常生活开销明显升高的城市低收入家庭占比（53.44%）显著多于农村低收入家庭（36.76%），同时，受疫情影响，企业停工倒闭造成失业或找不到工作、因疫情管控无法正常外出务工、家庭收入明显减少、疫情封控耽搁就医治疗的城市低收入家庭占比均显著高于农村低收入家庭。农村低收入家庭在“家里种养殖的农产品滞销”“不会使用智能手机扫码、亮码导致疫情防控期间出行困难”方面受影响占比显著高于城市低收入家庭。

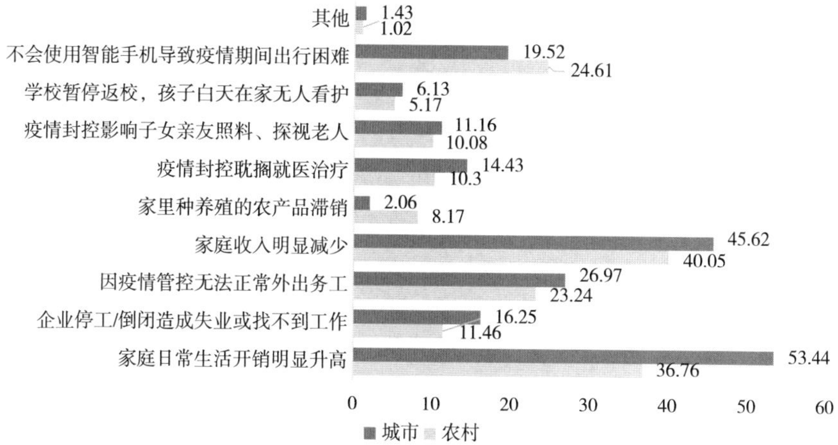

图 3-6　城乡低收入家庭生活受新冠疫情影响的分布情况（%）

最后，分省份看，低收入家庭受疫情影响的省份差异在统计上显著。湖北省低收入家庭受疫情影响生活开销升高的比例最高，为 53. 37%，江苏省比例最低，为 39. 12%；陕西省低收入家庭因疫情管控无法外出务工的比例最高，为 35. 03%，江苏省比例最低，仅为 9. 25%；四川省低收入家庭收入明显减少的比例最高，为 57. 39%，江苏省比例最低，为 27. 45%；四川省不会使用智能手机扫码、亮码导致疫情防控期间出行困难的比例较高，为 30. 59%，江苏省比例最低，仅为 16. 12%。

研究表明，以新冠疫情为代表的大规模突发事件影响广泛，但相关社会风险存在群体差异，风险分布存在阶层、职业等的分化①，疫情风险冲击对居民收入和消费影响较大，导致低收入家庭经济上更脆弱②。未来，应重视后疫情时代的基本民生保障，重点关注因疫情导致劳动收入中断、基本生活困难的人群③。

第四节　本章小结

本章主要从城乡低收入家庭中长期困难情况、突发困难情况、受疫情影响情况等方面对城乡低收入家庭的困难情况进行描述和分析，并划分人群、城乡以及省份进行了分类比较。本节将对低收入家庭的基本状况进行小结，深入探讨城乡低收入家庭面临的困难状况，并结合相关结论，提出应关注重疾与劳动力缺乏导致的慢性贫困治理，进一步强化社会救助制度体系应急能力建设，重视后疫情时期社会救助托底保护作用发挥。

一、结论汇总

本部分将从城乡低收入家庭中长期困难情况、突发困难情况、受疫情影响情况三个方面对城乡低收入家庭面临的困难状况进行结论汇总。表 3-5 为城乡低收入家庭困难状况的结论汇总，目标是梳理城乡低收入家庭在多重经济社

① 兰剑，慈勤英：《新时代社会救助政策运行的社会风险及其应对》，载《青海社会科学》2018 年第 2 期，第 125-133 页。

② 周利，周弘，王聪：《收入不确定与中国家庭经济脆弱性：兼论重大突发公共事件的影响》，载《湖南师范大学社会科学学报》2022 年第 2 期，第 67-75 页。

③ 贾玉娇：《疫情防控常态化下如何保基本民生》，载《前线》2020 年第 8 期，第 55-58 页。

会风险下的困难与需求，为未来制定决策提供建议参考。

表 3-5　城乡低收入家庭困难状况结论汇总与若干思考

相关维度	具体结论	若干思考
城乡低收入家庭中长期困难情况	疾病负担重（50.17%）、没有劳动力（43.77%）、劳动就业收入太低（35.59%）是低收入家庭主要面临的中长期困难类型	关注重疾与劳动力缺乏导致的慢性贫困治理
	低保户家庭相比于非低保户家庭人力资本、健康资本更差	
	城市低收入家庭的教育负担、医疗负担更重，就业条件更不稳定、居住条件更差	
	“就业、救助、医疗、资金、教育”是基层民政工作服务人员提及次数最多的五个词汇	
城乡低收入家庭突发困难情况	家庭成员突发重大疾病（27.35%）、因灾因疫导致临时生活困难（22.44%）、短期失业（20.85%）是城乡低收入家庭面临的主要突发困难	进一步强化社会救助制度体系应急能力建设
	非低保户家庭面临的短期失业困难（29.97%）占比高于低保户家庭（17.23%）	
	城市低收入家庭面临的突发困难普遍更多	
城乡低收入家庭受疫情影响情况	59.05%的城乡低收入家庭对新冠疫情影响生活表示担忧	重视后疫情时期社会救助托底保护作用发挥
	城市低收入家庭相比农村低收入家庭更担心新冠疫情影响生活	
	新冠疫情对低收入家庭生活的影响主要表现为收入减少（43.46%）、支出增加（42.28%）、无法外出务工（24.74%）	
	非低保户家庭就业工作与收入受疫情的影响更大	
	疫情对城市低收入家庭生活影响更大	

（一）城乡低收入家庭中长期困难情况

城乡低收入家庭中长期困难情况主要包括以下四个方面的结论。

第一，疾病负担重（50.17%）、没有劳动力（43.77%）、劳动就业收入太低（35.59%）是低收入家庭主要面临的中长期困难类型。将本次调查数据与2016年调查数据对比，此前调查中城乡低收入家庭面临的主要困难前三项为家庭成员疾病负担重（56%）、家庭主要成员没有劳动能力（45%）、家庭主要劳动力没有工作（44%），与本次调查的发现基本一致，可见疾病负担重、劳动与就业能力弱是导致低保户家庭贫困的重要因素。

第二，低保户家庭相比于非低保户家庭的人力资本、健康资本更差。低保户与非低保户家庭面临中长期困难差距较大的项目主要为家里没有劳动力（低保户44.49%，非低保户24.25%）、家庭成员疾病负担重（低保户50.70%，非低保户35.97%），家里有劳动力但找不到工作（低保户15.07%，非低保户19.89%）。人力资本、健康资本较差可能是低保户家庭陷入慢性贫困的重要原因。

第三，城市低收入家庭的教育负担、医疗负担更重，就业条件不稳定、居住条件较差。抽样调查结果显示，28.45%的城市低收入群体、20.36%的农村低收入群体认为子女负担难以承受；53.58%的城市低收入群体、47.88%的农村低收入群体认为家庭成员疾病负担重；33.05%的城市低收入群体、28.23%的农村低收入群体认为家庭成员劳动就业不稳定；22.78%的城市低收入家庭、19.83%的农村低收入家庭认为居住条件差。需从生活条件和家庭需求出发，重视综合性干预帮扶体系，预防中长期困难导致的慢性贫困。

第四，“就业、救助、医疗、资金、教育”是基层民政工作服务人员提及次数最多的五个词汇。通过询问基层民政服务人员“您认为下一步政府最需要向困难群众提供哪方面的帮助?”来侧面反映城乡低收入家庭面临的困难。相关回答包括优化就业支持服务、进行产业帮扶、加强专业技能培训和就业培训、增设公益性就业岗位；扩宽医疗救助、临时救助的覆盖范围；强化资金投入和资金援助；加强子女教育入学保障服务。

（二）城乡低收入家庭突发困难的情况

城乡低收入家庭中长期困难情况主要包括以下三个方面的结论。

第一，家庭成员突发重大疾病（27.35%）、因灾因疫导致临时生活困难（22.44%）、短期失业（20.85%）是城乡低收入家庭面临的主要突发困难。与中长期困难相比，除医疗与就业因素外，自然灾害与突发公共卫生事件影响也是重要的致贫返贫原因。相比而言，面临家庭成员发生意外事故、家庭财产遭受重大损失、主要劳动力去世的城乡低收入家庭占比较低，分别为4.51%、3.78%、3.72%。

第二，非低保户家庭面临的短期失业困难（29.97%）占比高于低保户家庭（17.23%）。这与非低保户家庭有劳动能力的人口数相对更多，家庭人力资本情况更好有关。且非低保户就业人员中灵活就业人员与外出务工人员占比较高，故非低保户家庭面临的短期失业困难比例较高。除此之外，低保户和非低保户家庭面临的其他突发困难情况占比均较为接近。

第三，城市低收入家庭普遍面临更多的突发困难。27.77%的城市低收入家庭因灾因疫导致临时生活困难，相比而言仅 18.85%的农村低收入家庭面临此困难。家庭成员突发重大疾病方面，城市低收入家庭占比较农村低收入家庭而言高 4.72 个百分点。面临短期失业困难的城市低收入家庭占比较农村低收入家庭而言高 9.02 个百分点。应重视对低收入家庭突发困难的帮扶，强化社会救助制度体系的应急能力建设。

（三）城乡低收入家庭受疫情影响情况

城乡低收入家庭中长期困难情况主要包括以下五个方面的结论。

第一，59.05%的城乡低收入家庭对新冠疫情影响生活表示担忧。大多数低收入家庭对新冠疫情影响生活表示担忧，11.56%的低收入家庭表示担忧程度一般，26.78%的低收入家庭表示不担心，2.61%的低收入家庭表示说不清。亦有研究表明，新冠疫情存在风险不平等，低收入群体疫情风险认知更高、情绪更消极、未来预期更悲观①。

第二，城市低收入家庭相比农村低收入家庭更担心新冠疫情影响生活。对新冠疫情影响生活表示担忧的城市低收入家庭（64.02%）比例显著高于农村低收入家庭（55.71%），这可能是由于疫情防控政策对于城市低收入家庭生活影响更大，城市低收入人群在疫情防控期间面临的生活不便更多。

第三，新冠疫情对低收入家庭生活的影响主要表现为收入减少（43.46%）、支出增加（42.28%）、无法外出务工（24.74%）。这一结论能够与低收入家庭收支平衡状况的结论“超四成城乡低收入家庭收不抵支”相对应。疫情风险冲击对居民收入和消费影响较大，导致低收入家庭经济上更脆弱。应重点关注因疫情导致劳动收入中断、基本生活困难的人群。

第四，非低保户家庭就业工作与收入受疫情的影响更大。受疫情影响企业

---

① 王俊秀，张衍：《风险认知、社会情绪和未来预期：疫情不同阶段社会心态的变化》，载《社会科学战线》2022 年第 10 期，第 220-237 页。

停工/倒闭造成失业或找不到工作的非低保户家庭（22.07%）比例显著高于低保户家庭（13.06%）。受疫情影响无法外出务工的非低保户家庭占比 32.15%，低保户家庭占比 24.47%；受疫情影响家庭收入明显减少的非低保户家庭占比 50.95%，低保户家庭占比 41.96%。

第五，新冠疫情对城市低收入家庭生活影响更大。受疫情影响日常生活开销明显升高的城市低收入家庭（53.44%）显著多于农村低收入家庭（36.76%），同时，受疫情影响，企业停工倒闭造成失业或找不到工作、因疫情管控无法正常外出务工、家庭收入明显减少、疫情封控耽搁就医治疗的城市低收入家庭占比均显著高于农村低收入家庭。

二、若干思考

基于上文从城乡低收入家庭中长期困难情况、突发困难情况与受疫情影响情况分析的梳理，以下将提出对社会救助应对城乡低收入家庭各类困难情况的三点思考。

第一，关注重疾与劳动力缺乏导致的慢性贫困治理。一方面，理顺健康贫困的治理路径，强化重疾导致的慢性贫困治理。一是完善城乡初级卫生健康保健，改善卫生环境，控制健康风险的发生，提升低收入家庭健康参与能力、疾病应对能力。二是完善医疗保险与医疗救助，进一步将部分对健康损害大、费用负担重的慢特病门诊费用纳入统筹基金支付，适当调整大病重疾医疗救助的报销比例。三是强化慈善力量与医疗互助作用的发挥，减轻低收入家庭自付治病费用负担。另一方面，完善就业困难的治理机制，注重保障基本与多维干预相结合。通过基本现金补助与生活负担减免保障基本需求，强化制度性救助的兜底功能，强化非正式支持与正式支持双重保障作用，从而提高抗风险能力。通过多维干预，帮助慢性贫困家庭克服结构性劣势，扩展选择机会和选择能力，降低发展脆弱性，通过能力发展型与支持融合型服务相结合，增强脱贫内生动力①。

第二，进一步强化社会救助制度体系应急能力建设。一是完善应急救助的需求识别快速反应机制。重大突发事件往往在短期内导致受灾群众面临严重困难，应健全完善重大突发事件中困难群体兜底保障预案，预先考虑多种可能发

① 霍萱：《农村家庭慢性贫困的生成机制及跨代弱势累积研究》，载《社会保障评论》2021 年第 3 期，第 149-159 页。

生的困难情况，快速进行需求评估、救助审批、待遇给付、服务提供。二是完善应急救助的供给保障机制，重点关注因灾因病因疾风险、高龄和残疾多重脆弱人群、城市相对贫困人群，保障应急物资储备、服务递送。三是完善应急救助的治理协同机制。建立短期应急与长期发展的协同衔接机制，既要保障公共危机中困难群众的短期民生需求，也要通过制度衔接保障危机过后困难群众的长期生计可持续发展。

第三，重视后疫情时期社会救助托底保护作用发挥。一是对感染新冠的低收入群众提供直接的保护性救助。为困难群体提供针对性防护与治疗救助服务，包括提供必要的防护物资、为重症患者及时提供医疗服务，快速办理医疗救助（包括补充性医疗救助）等。二是对有劳动能力的低收入群众进行恢复性救助。当前广大民众正在恢复正常生产生活，困难群体的恢复能力相对较差，需开展针对就业困难人员的就业帮扶，提供返工复工支持，加强就业介绍与资源链接。三是将疫情防控期间的应急性政策转化为稳定的制度安排。如将救助对象逐步从户籍人口扩展到常住人口，紧急情况下将临时滞留人员纳入救助；建立救助标准的自然增长机制和紧急情况下的临时调整机制；优化特殊群体基本社会服务的供给机制，包括失能老人、独居老人、残疾人、困境儿童和孕产妇等①。

① 关信平：《重大突发事件中困难群体兜底保障体系建设思路》，载《中共中央党校（国家行政学院）学报》2020 年第 3 期，第 22–28 页。

第四章　城乡低收入家庭享受社会救助状况

本章将对城乡低收入家庭享受社会救助状况进行分析，具体包括五个部分的内容：第一，城乡低收入家庭享受最低生活保障的状况分析；第二，城乡低收入家庭享受临时救助的状况分析；第三，城乡低收入家庭享受专项救助和其他福利项目的状况分析；第四，城乡低收入家庭享受疫情帮扶政策的状况分析；第五，本章小结，对本章结论进行汇总并提出若干思考。

第一节　城乡低收入家庭享受低保制度的状况分析

本节主要从两方面展开描述，具体包括以下内容：第一，城乡低收入家庭最低生活保障的申请与退出；第二，城乡低收入家庭最低生活保障的核对与发放。

最低生活保障制度，是维护城乡低收入家庭基本生活权益的基础性制度，指国家和社会为生活在最低生活保障线之下的社会成员提供满足最低生活需要的物质帮助的一种社会救助制度安排。二十世纪九十年代初，我国开始探索建立城市低保制度。1997 年，《关于在全国建立城市居民最低生活保障制度的通知》的发布，标志着城市最低生活保障制度框架正式形成并发展起来；1999 年，《城市居民最低生活保障条例》标志着城市低保制度的全面建立，也表明城市低保进入了规范管理的新阶段；2007 年，《国务院关于在全国建立农村最低生活保障制度的通知》的颁布，表明农村最低生活保障政策建立，全国性的城乡低保制度全面建立[①]。

---

① 兰剑，慈勤英：《中国社会救助政策的演进、突出问题及其反贫困突破路向》，载《云南社会科学》2018 年第 4 期，第 32-38 页。

最低生活保障制度由城市居民最低生活保障制度和农村最低生活保障制度组成。在对象方面，城市居民最低生活保障制度的保障对象是家庭人均收入低于当地最低生活保障标准的、持有非农业户口的城市居民；农村最低生活保障对象是家庭年人均纯收入低于当地最低生活保障标准的农村居民。在低保标准方面，城市居民最低生活保障标准由各地人民政府自行确定，并随着物价的变动和人民生活水平的提高适时调整；农村最低生活保障标准由县级以上地方人民政府按照能够维持当地农村居民全年基本生活所必需的吃饭、穿衣、用水、用电等费用确定，并报上一级地方人民政府备案后公布执行，随着物价的变动和人民生活水平的提高适时调整。最低生活保障制度实施以来，城乡最低生活保障标准不断提高，保障对象逐渐扩大，截至2020年底，全国共有城市低保对象488.9万户、805.1万人。全国城市低保平均保障标准677.6元/人·月，比上年增长8.6%，有农村低保对象1985.0万户、3620.8万人。全国农村低保平均保障标准5962.3元/人·年，比上年增长11.7%①。

一、城乡低收入家庭最低生活保障的申请与退出

本部分将介绍城乡低收入家庭最低生活保障的申请与退出状况，主要包括以下内容：第一，城乡低收入家庭最低生活保障的申请状况；第二，城乡低收入家庭最低生活保障的退出状况。

（一）城乡低收入家庭最低生活保障的申请状况

本部分将介绍城乡低收入家庭最低生活保障的申请状况，主要包括两方面内容：第一，城乡低收入家庭最低生活保障网上申请状况；第二，城乡低收入家庭对申请救助帮扶的知情状况。

1. 城乡低收入家庭最低生活保障网上申请状况

推行低保网上申请是促进我国社会救助智慧化发展的有效举措。2020年《民政部　财政部关于进一步做好困难群众基本生活保障工作的通知》提出要"简化优化低保、特困人员救助供养和临时救助审核审批流程，充分运用APP、全流程网上办理等方式快速办理救助申请。"2021年《民政部办公厅关

① 《2020年民政事业发展统计公报》，载中华人民共和国民政部官网https：//images3.mca.gov.cn/www2017/file/202109/1631265147970.pdf。

于进一步做好受灾情疫情影响困难群众基本生活保障工作的通知》再次强调要“积极推行低保、特困人员救助供养等社会救助申请全流程网上办理，提高救助时效”。

表4-1和图4-1描述了城乡低收入家庭低保网上申请办理的状况，并按照人群、城乡、省份进行了分类。根据抽样调查的结果可以发现，我国城乡低收入家庭通过网上进行办理的比例普遍偏低，并且从人群、城乡比较来看，低保户、城市低收入家庭网上办理低保比例相对更低；从省份比较来看，江苏省和河南省低收入家庭网上办理低保比例相对更低。

表4-1　城乡低收入家庭低保网上办理的分布情况（%）

低保网上办理	总体	分人群		分城乡		分省份					
		低保户	非低保	农村	城市	江苏	浙江	河南	湖北	四川	陕西
是	7.52	7.50	7.90	8.71	5.74	2.73	9.46	2.89	11.64	6.72	11.23
否	90.50	91.10	74.39	89.21	92.42	96.62	88.24	95.21	86.22	89.50	87.72
没申请过	1.98	1.40	17.71	2.08	1.84	0.65	2.30	1.91	2.14	3.78	1.04
		chi2=485.505 P=0.000		chi2=32.588 P=0.000		chi2=249.794 P=0.000					

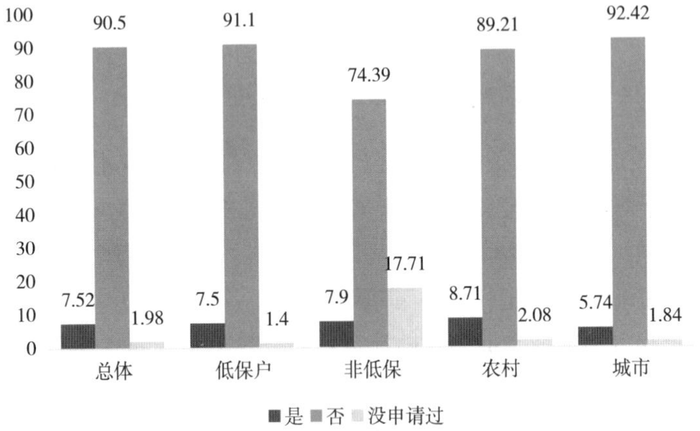

图4-1　城乡低收入家庭低保网上办理的分布情况（%）

首先，从总体情况来看，城乡低收入家庭低保网上申请占比均较低，其中，低保户未通过网上申请低保占比91.10%，非低保户未通过网上申请低保占比 74.39%。[①] 其次，低保网上办理的情况存在显著的城乡差异，但现实状况中，农村和城市低收入家庭未通过网上申请低保的比例均较高，分别为 89.21%和 92.42%。另外，从省份比较来看，网上申请低保具有显著的省份差异，但通过数据来看，各省份未通过网上申请低保的比例均超过 85%，其中江苏、河南这一比重相对较高，分别达到 96.62%、95.21%，这充分体现了我国城乡低收入家庭通过网络申请低保较少的现实状况。

由于我国社会救助数字化发展进程仍在推进，网上低保申请进程仍需进一步加快。祝建华（2022）在研究中指出，部分地方在探索中存在把智慧化等同于简单的信息化和数字化的问题，各个市区县信息化系统重复建设严重，协同性不足，不利于社会救助智慧平台的发展[②]。近年来，部分省市已建立起社会救助网络平台，如 2022 年广州市建立社会救助一体化平台，实现低保业务“全城通办”[③]；2022 年海南省联合省大数据管理局设立网络办理端口，推行低保网上办理审核确认，实现低保、特困、低收入家庭、临时救助“一网通”办理。[④] 虽然部分省市取得一定成就，但我国低保网络办理平台仍未实现全面普及，社会救助的“智慧化”进程仍需进一步加快。

2. 城乡低收入家庭对申请救助帮扶的知情状况

申请最低生活保障一般应同时具备三个条件，即：拥有所在地区的常住户口；家庭成员人均收入低于当地最低生活保障标准；家庭经济情况符合当地人民政府规定条件。在符合以上三个条件的同时，申请家庭应该首先向乡镇或街道民政办提出申请，经过工作人员的初步调查及居民家庭经济状况核对中心的核对，合格的申请家庭将经由民政局审批，正式进入最低生活保障范围，享受最低生活保障相关待遇。

表 4-2 和图 7-2 描述了城乡低收入家庭对申请救助帮扶的知情状况，并且按照人群、城乡、省份进行了分类。根据抽样调查的结果可以发现，多数城

---

① 本报告中的非低保户指的是调查时该家庭为非低保户，并不表示该家庭以前为非低保户，有部分非低保户曾经是低保户，后来因不满足低保制度的条件要求而退出了低保覆盖。这些非低保家庭可能会有申请和退出低保的经历。

② 祝建华：《智慧救助的要素驱动、运行逻辑与实践进路》，载《社会保障评论》2022 年第 2 期，第 105-121 页。

③ 《精准、高效、智慧、温暖广州社会救助为民生兜底为群众解忧》，载中华人民共和国民政部官网 https：//www. mca. gov. cn/article/xw/mtbd/202209/20220900043819. shtml。

④ 《回望 2021 · 海南　全力奋进自贸港　惠民利民谱新篇——二〇二一年海南民政工作综述》，载中华人民共和国民政部官网 https：//www. mca. gov. cn/article/xw/mtbd/202112/20211200038748. shtml。

乡低收入家庭了解如何向政府申请救助帮扶。并且从人群、城乡分别比较来看，非低保户和农村人群了解如何向政府申请救助帮扶的比例更高。

表 4-2　城乡低收入家庭对申请救助帮扶的知情状况（%）

了解如何申请救助帮扶	总体	分人群		分城乡		分省份					
		低保户	非低保	农村	城市	江苏	浙江	河南	湖北	四川	陕西
知道	69.62	69.59	70.30	71.02	67.53	66.51	56.03	65.89	77.56	69.24	81.70
不知道	22.48	22.48	22.62	20.98	24.72	25.96	28.49	29.44	15.47	22.69	13.67
说不清	7.90	7.93	7.08	8.00	7.75	7.53	15.48	4.67	6.97	8.07	4.63
		chi2=0.346 P=0.841		chi2=19.894 P=0.000		chi2=443.158 P=0.000					

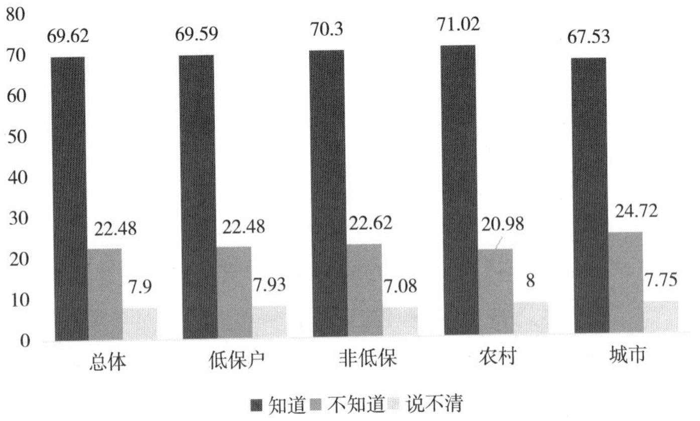

图 4-2　城乡低收入家庭对申请救助帮扶的知情状况（%）

首先，从总体情况来看，城乡低收入家庭了解如何向政府申请救助帮扶的比例为69.62%，不了解如何向政府申请救助帮扶的占比22.48%。其次，从人群比较来看，不具有显著的人群差异，低保户与非低保户了解如何向政府申请救助帮扶的占比均较高，分别为69.59%和70.30%。再次，从城乡比较来看，统计学上具有显著的城乡差异，农村低收入家庭了解如何向政府申请救助帮扶的占比71.02%，城市低收入家庭了解如何向政府申请救助帮扶的占比67.53%，农村低收入家庭了解如何向政府申请救助帮扶的比例高于城市低收入家庭。最后，从省份比较来看，统计学上不具有显著的省份差异，但各省份低收入家庭了解如何向政府申请救助帮扶的占比具有一定差异，其中，浙江省占比最低，为56.03%；陕西省占比最高，为81.70%。这一现象值得关注。

《中国城乡困难家庭社会政策支持研究（2016）》的数据显示，在农村和城市分别有21.4%和18.1%的人群因为“不了解相关政策”而没有申请低保。对比来看，本年度数据中，不了解如何向政府申请救助帮扶的农村和城市低收入家庭占比分别为20.98%和24.72%，总体上变化不大，说明城乡低收入家庭了解如何申请社会救助的比例变动较小。另外，在本研究数据中，农村低收入家庭了解如何向政府申请帮扶的比例大于城市低收入家庭。王伟进（2020）的研究亦指出低保身份资格扮演“绿卡”角色，相比城市家庭来说，农村家庭申请低保获得相关福利更多，印证了本次数据结果①。虽然本次数据显示大部分城乡低收入家庭了解如何向政府申请救助帮扶，但李荣（2022）指出，许多不涉及最低生活保障领域的村民只知道这项政策的存在，但政策的具体内容并不十分清楚②。应加强对困难群众的社会救助政策宣传，使更多群众了解相关政策内容。

（二）城乡低收入家庭最低生活保障的退出状况

本部分将介绍城乡低收入家庭最低生活保障的退出状况，主要包括三个方面内容：第一，城乡低收入家庭最低生活保障退出时间状况；第二，城乡低收入家庭最低生活保障退出原因状况；第三，城乡低收入家庭最低生活保障退出手续状况。

当一个家庭不再符合最低生活保障规定的相关条件时，便会被清退出最低生活保障范围，停止享受最低生活保障相关的最低生活保障金、医疗、取暖、助学等待遇。近年来，我国提出要把低保制度过去的“输血”变为“造血”，使有能力的低保对象通过自立获得足够收入，达到社会所认可的一种平均生活状态，以期合理有效的退出，实现“应退则退、有进有退”的低保制度动态管理（得秋慧，2012）。③ 随着社会发展水平提高，我国城乡低收入家庭退出低保机制正在不断完善。

---

① 王伟进：《城乡困难家庭的求助网络及其政策启示》，载《人口与经济》2016年第3期，第115-125页。

② 李荣：《农村最低生活保障政策执行问题研究》，延安大学2022年硕士学位论文。

③ 得秋慧：《城市居民最低生活保障制度退出机制研究》，华中师范大学2012年硕士学位论文。

当最低生活保障家庭不再符合最低生活保障相应条件时，有两种退出方式，一种是最低生活保障家庭主动上报家庭变化情况，主动申报停止享受最低生活保障待遇。另一种则是民政局及乡镇或街道办事处发现最低生活保障家庭不再符合最低生活保障条件时，强制将其退出最低生活保障范围，并采用书面通知形式告知其原因。刘琳（2008）在研究中指出，退出机制是指政府或公共行为的主体，通过在农村低保制度的运行中制定有效措施，使得农村低保受助者在收入高于一定标准时能够退出，旨在让有限的低保资金应用于最需要人群。① 以下将具体介绍我国城乡低收入家庭最低生活保障的退出状况。

1. 城乡低收入家庭最低生活保障退出时间状况

本部分将介绍城乡低收入家庭最低生活保障的退出时间状况。表 4-3 和图 4-3 显示了城乡低收入家庭退出低保的时间，并且按照人群、城乡、省份进行了分类。首先，从总体情况来看，73.99%的城乡非低保户在 2022 年退出低保，13.93%的城乡低收入家庭在 2021 年退出低保。近年来退出低保人次比例占比较高，也表明近年来扶贫和相关支持制度的持续作用发挥。其次，从城乡比较来看，统计学上具有显著的城乡差异，2022 年农村地区和城市地区退出低保的比例分别为 70.73%、77.36%；2021 年农村地区和城市地区退出低保的比例分别为 10.98%和 16.98%，农村地区退出低保的比例均低于城市地区。另外，从省份比较来看，具有显著的省份差异，2022 年陕西省非低保户退出低保比例最高，为 87.13%，四川省非低保户退出低保比例最低，为 53.66%。

表 4-3　城乡低收入家庭退出低保时间（%）

退出低保时间	总体	分人群		分城乡		分省份					
		低保户	非低保	农村	城市	江苏	浙江	河南	湖北	四川	陕西
1996	0.31		0.31	0.61	0.00	0.00	0.00	0.00	1.41	0.00	0.00
2000	0.31		0.31	0.61	0.00	0.00	1.59	0.00	0.00	0.00	0.00
2010	0.31		0.31	0.61	0.00	0.00	1.59	0.00	0.00	0.00	0.00
2012	0.93		0.93	1.83	0.00	0.00	0.00	2.70	2.82	0.00	0.00

① 刘琳：《我国农村低保制度中退出机制的研究》，贵州大学 2008 年硕士学位论文。

续表

退出低保时间	总体	分人群		分城乡		分省份					
		低保户	非低保	农村	城市	江苏	浙江	河南	湖北	四川	陕西
2014	0.31		0.31	0.61	0.00	0.00	0.00	0.00	0.00	0.00	0.99
2016	0.31		0.31	0.61	0.00	0.00	0.00	0.00	0.00	2.44	0.00
2017	2.17		2.17	3.66	0.63	0.00	0.00	0.00	5.63	4.88	0.99
2018	2.48		2.48	4.88	0.00	0.00	1.59	0.00	1.41	12.20	0.99
2019	2.48		2.48	2.44	2.52	0.00	3.17	5.41	0.00	4.88	1.98
2020	2.48		2.48	2.44	2.52	0.00	1.59	2.70	1.41	4.88	2.97
2021	13.93		13.93	10.98	16.98	20.00	14.29	10.81	25.35	17.07	4.95
2022	73.99		73.99	70.73	77.36	80.00	76.19	78.38	61.97	53.66	87.13
				chi2＝21.504 P＝0.029		chi2＝79.277 P＝0.018					

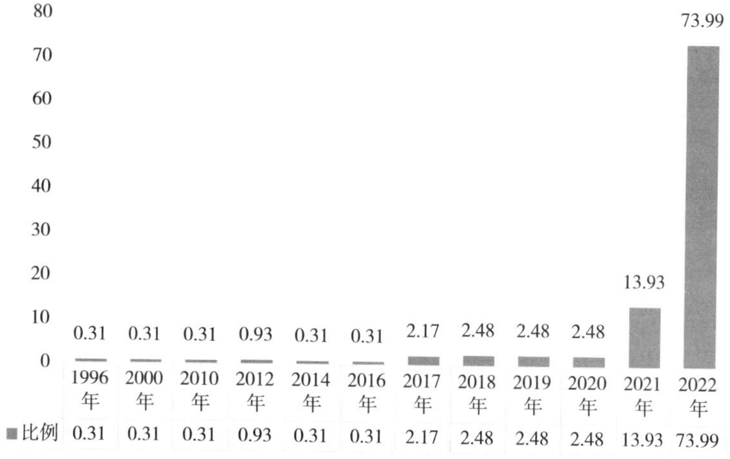

图 4-3　城乡低收入家庭退出低保时间（%）

民政部公开的数据显示，截至 2019 年底，全国共有城市低保对象 524.9 万户、860.9 万人；截至 2020 年底，全国共有城市低保对象 488.9 万户、805.1 万人，除与我国脱贫攻坚成效显著有关外，也与低保退出机制的不断健全有关。根据民政部社会福利民政部社会福利与社会进步研究所主持的“托底性民生保障政策支持系统建设（2017）”的数据，79.92%的低保户从未退保，18.60%的只退出过一次，有2次及以上退出经历的低保户仅占1.48%，印证了本次调查数据中，绝大部分非低保户在2021年之后退出低保，而2021年之前退出低保的家庭相对较少的状况，由此说明近年退出低保的家庭数量增加，从侧面反映出从2017年起我国扶贫力度不断增强，近两年来我国扶贫脱贫效果显著。当然，关于低保退出的问题较为复杂，对此仍需进一步调查与讨论。

2. 城乡低收入家庭最低生活保障退出原因状况

本部分将介绍城乡低收入家庭最低生活保障退出原因状况。表4-4和图4-4描述了我国基层民政工作人员对城乡低收入家庭最低生活保障退出原因状况的认知，并按照省份进行了分类。针对“据您了解，部分低保对象在经济好转后不主动退保的主要原因是什么?”这一问题，基层民政工作人员的看法如下。首先，从总体情况来看，基层民政工作人员认为部分低保对象存在“等靠要”心态的占比最高，为72.25%，占比相对较高的选项还有“低保对象收入不稳定、退出低保后很容易再次陷入生活困难（57.98%）”“低保福利捆绑导致悬崖效应（43.49%）”以及“低保对象困难多，没有低保金，即使经济好转也很难解决这些困难（35.12%）”。而认为“低保标准偏高”“定期审核、退出机制有漏洞”的基层民政工作人员占比较少，分别为11.25%、15.70%。其次，从省份比较来看，各项低保退出原因在统计学上均具有显著的省份差异，其中省份之间差异相对较显著的原因有“低保福利捆绑导致悬崖效应”，湖北省占比最高为53.96%、河南省占比最低为25.52%，两者差值为28.44个百分点。另外，“部分低保对象存在‘等靠要’心态”这一选项的省份差异也相对较大，占比最高的为四川省（84.58%）、最低的为湖南省（62.97），相差21.61个百分点。但总的来看，“部分低保对象存在‘等靠要’心态”和“低保对象收入不稳定、退出低保后很容易再次陷入生活困难”在各省市均为占比最高的两大原因。

表4-4　城乡低收入家庭最低生活保障退出原因状况（%）

退出低保原因	选项	总体	江苏	浙江	河南	湖北	四川	陕西
低保标准偏高	是	11.25	11.40	16.73	6.07	8.92	9.29	14.74
	否	88.75	88.60	83.27	93.93	91.08	90.71	85.26
				chi2=38.915　P=0.000				

续表

退出低保原因	选项	总体	江苏	浙江	河南	湖北	四川	陕西
低保福利捆绑导致悬崖效应	是	43.49	48.80	46.26	25.52	53.96	48.62	37.05
	否	56.51	51.20	53.74	74.48	46.04	51.38	62.95
		chi2 = 105.958　P = 0.000						
定期审核、退出机制有漏洞	是	15.70	10.40	20.08	15.48	14.60	18.77	14.74
	否	84.30	89.60	79.92	84.52	85.40	81.23	85.26
		chi2 = 22.397　P = 0.000						
低保对象收入不稳定、退出低保后很容易再次陷入生活困难	是	57.98	59.80	53.94	62.97	62.47	55.93	53.19
	否	42.02	40.20	46.06	37.03	37.53	44.07	46.81
		chi2 = 18.670　P = 0.002						
低保对象困难多，没有低保金，即使经济好转也很难解决这些困难	是	35.12	40.20	34.45	38.49	36.92	29.25	31.67
	否	64.88	59.80	65.55	61.51	63.08	70.75	68.33
		chi2 = 19.121　P = 0.002						
部分低保对象存在“等靠要”心态	是	72.25	64.20	72.44	62.97	69.57	84.58	79.08
	否	27.75	35.80	27.56	37.03	30.43	15.42	20.92
		chi2 = 88.544　P = 0.000						
其他	是	1.77	2.40	1.38	2.72	1.83	0.79	1.59
	否	98.23	97.60	98.62	97.28	98.17	99.21	98.41
		chi2 = 6.944　P = 0.225						

由本年度数据观之，基层民政工作人员认为部分低保户的心态、低保的福利捆绑效应以及低保对象收入不稳定是低保退出难的主要原因。同时，除以上原因之外，也有一些研究指出低保的“退出难”的其他原因。李烨（2014）通过分析益阳市低保退出机制，指出低保退出机制缺乏过渡性、社会大众的包容心态等降低了低保对象的退出动力。① 刘姣（2021）在对辽宁省低保退出机制的研究中指出，其低保退出工作中存在低保户的小农思想根深

① 李烨：《城市居民最低生活保障对象的退出机制研究》，湖南师范大学 2014 年硕士学位论文。

蒂固、监督机制不健全等问题。[①] 高圆圆等（2019）同样指出低保户存在机会主义心理倾向且退保之后返贫现象较多，阻碍了低保退出的有效施行。[②] 总结低保退出难的原因发现，应着重从低保户的心态、监督机制以及退保之后的防止返贫工作入手，着力改善低保户的“等靠要”心态，同时减轻低保的福利捆绑效应，健全低保实施监督机制，以促进低保退出机制的有效运转。

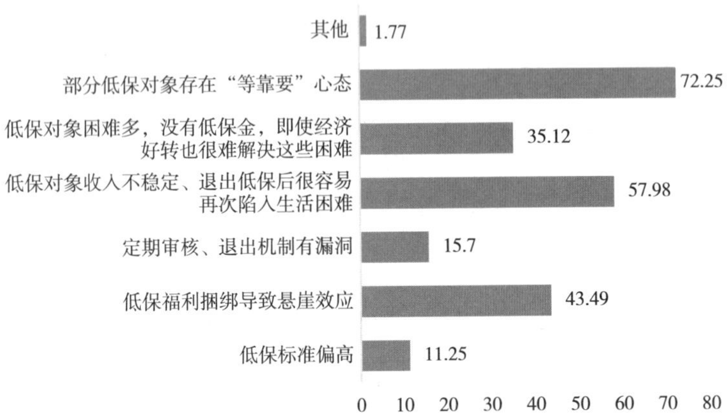

图 4-4　城乡低收入家庭最低生活保障退出原因状况（%）

3. 城乡低收入家庭最低生活保障退出手续状况

本部分将介绍城乡低收入家庭最低生活保障退出手续状况。表 4-5 和图 4-5 描述了我国基层民政工作人员对最低生活保障对象退出手续的看法。针对“遇到低保对象不符合标准的情况，需要履行很多手续才能取消其低保资格”这一问题，有 19. 49%的基层民政干部表示非常同意、23. 25%的基层民政干部表示比较同意，有 19. 56%的民政干部表示一般。说明在基层民政工作的过程当中，低保对象退出低保手续较繁琐，当然，对此问题的认知要审慎，不能简单地批评低保退出制度。另外，从省份比较来看，河南省低保退出手续相对较繁琐，其基层民政工作人员表示“非常同意”和“比较同意”这一说法的比重最大，分别为 29. 30%和 19. 05%。

① 刘姣：《精准扶贫战略下低保退出的实践困境、成因及其制度优化路径》，沈阳师范大学 2021 年硕士学位论文。

② 高圆圆，李雨秋：《可持续脱贫视角下农村低保退出机制的探讨》，载《中国民政》2019 年第 16 期，第 42-43 页。

表 4-5　城乡低收入家庭最低生活保障退出手续状况（%）

	总体	江苏	浙江	河南	湖北	四川	陕西
非常同意	19.49	21.07	20.49	29.30	11.64	13.75	20.93
比较同意	23.25	27.14	27.05	19.05	21.58	22.08	22.79
一般	19.56	25.00	20.90	14.65	19.18	19.58	17.67
不太同意	28.24	21.43	23.77	27.84	34.93	29.58	32.09
很不同意	9.46	5.36	7.79	9.16	12.67	15.00	6.51
				chi2 = 72.579　P = 0.000			

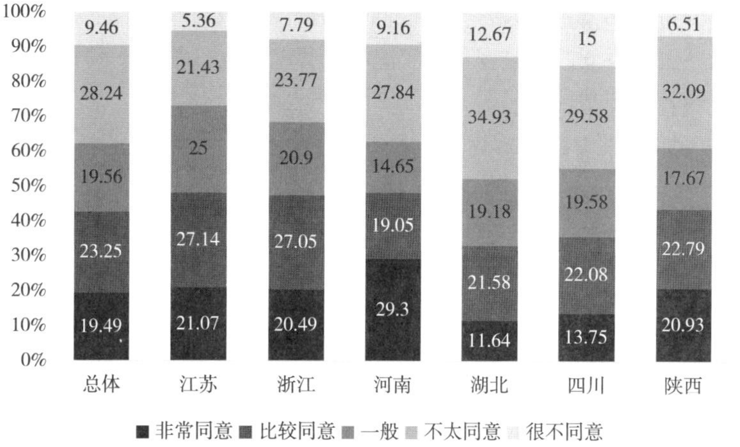

图 4-5　城乡低收入家庭最低生活保障退出手续状况（%）

我国“退保难”体现在多个方面，李靓（2011）指出目前我国低保退出较难，一是退出机制不健全，被保人主动退保困难；二是对被保者缺乏相关的及时性收入调查监督机制。① 乔世东（2009）对济南低保家庭进行实证调查后发现城市低保退出机制中存在众多的问题，如退出机制反应慢，低保对象主动退保难，具体操作随意性大，居委会为了补充工作人手的不足，用低保换雇员的问题，对低保对象的经济收入动态情况缺乏有效监督等问题。② 由此观之，我国低保退出机制还需进一步完善，以实现及时退保、有效救助，全面提升低

① 李靓：《浅谈城市最低生活保障制度退出难的问题》，载《群文天地》2011 年第 8 期，第 196-197 页。

② 乔世东：《城市低保退出机制中存在的问题及对策研究——以济南市为例》，载《东岳论丛》2009 年第 10 期，第 34-38 页。

保治理水平。

二、城乡低收入家庭最低生活保障的核对与发放

本部分将介绍城乡低收入家庭最低生活保障的申请与退出状况，主要包括以下内容：第一，城乡低收入家庭最低生活保障的核对状况；第二，城乡低收入家庭最低生活保障的发放状况。

（一）城乡低收入家庭最低生活保障核对状况

本部分将介绍城乡低收入家庭最低生活保障的核对状况，主要包括两方面内容：第一，城乡低收入家庭经济状况核查频率情况；第二，城乡低收入家庭经济状况核查手续情况。

1. 城乡低收入家庭经济状况核查频率情况

家庭经济收入核查制度是最低生活保障制度实施的重要环节，通过对最低生活保障对象开展经济核查工作能精确瞄准救助对象，提高我国社会救助福利的实施效率。《最低生活保障审核确认办法》第三十一条对低保经济核查频率做出相关规定：“对短期内经济状况变化不大的最低生活保障家庭，乡镇人民政府（街道办事处）每年核查一次；对收入来源不固定、家庭成员有劳动能力的最低生活保障家庭，每半年核查一次。”李迎生等（2015）在研究中指出，社会救助（低保）领域，家庭经济状况核查是指相关机构运用一定的方法，根据特定标准对申请者及其家庭有关收入、财产以及生活支出等方面进行全面审查的程序，从而为社会救助决策提供依据。完善的核查制度涉及的要素包括核查主体、核查内容、核查方式、核查程序、结果评估、核查监督与调整机制等内容。①

表 4-6 和图 4-6 是对工作人员对城乡低保户核查家庭经济状况的频率的描述，并且按照人群、城乡、省份进行了分类。根据抽样调查的结果可以发现，我国对低保户进行家庭经济状况核查工作大部分为每月一次或每季度一次，并且从城乡与省份比较来看，家庭收入财产的核查频率差别不大，说明我国家庭收入财产核查制度的实施在城乡以及区域之间较为统一。首先，从总体情况来看，对低保户进行家庭经济状况核查频率最多的为“每季度一次”，占比 30.61%，其次为“每月一次”，占比为 25.08%。其次，从城

① 李迎生，李泉然：《农村低保申请家庭经济状况核查制度运行现状与完善之策——以 H 省 Y 县为例》，载《社会科学研究》2015 年第 3 期，第 106-114 页。

乡比较来看，存在显著的城乡差异，农村地区对家庭经济状况进行核查的频率最高为“每季度一次”（30.88%），其次为“每月一次”（27.55%）；城市地区对家庭经济状况进行核查的频率最高为“每季度一次”（30.20%），其次为“每月一次”（21.35%），农村地区与城市地区对家庭经济状况进行核查的频率差别较小，且与总体情况一致。另外，从省份比较来看，存在显著的省份差异，陕西省对低保户进行家庭经济状况频率最高，“每月一次”和“每季度一次”占比分别为32.37%和39.16%。

表 4-6 工作人员核查低保户家庭经济状况频率情况（%）

核查家庭经济状况频率	总体	分城乡		分省份					
		农村	城市	江苏	浙江	河南	湖北	四川	陕西
每月一次	25.08	27.55	21.35	18.10	25.33	30.71	22.56	22.09	32.37
每季度一次	30.61	30.88	30.20	27.06	23.72	34.17	31.55	28.26	39.16
半年一次	19.14	18.27	20.44	25.87	16.35	16.02	22.09	17.33	16.86
一年一次	18.55	16.45	21.71	22.88	23.41	10.91	20.80	23.72	8.83
不清楚	0.87	0.86	0.88	0.30	1.92	0.63	0.65	1.63	0.06
		chi2=79.594 P=0.000		chi2=607.821 P=0.000					

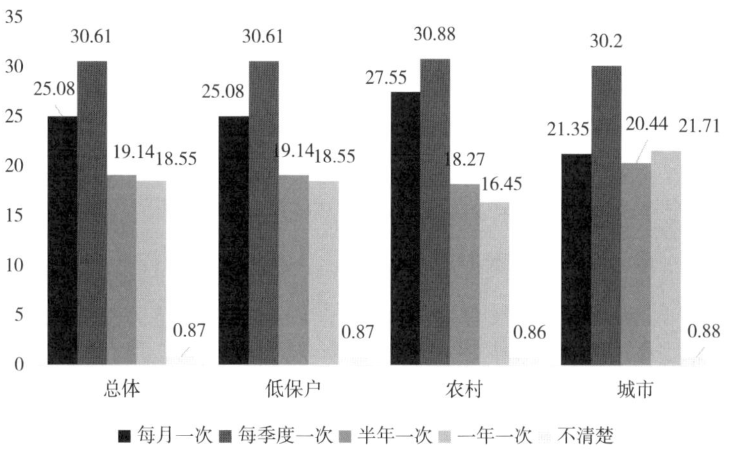

图 4-6 工作人员核查家庭经济状况频率情况（%）

《中国城乡困难家庭社会政策支持系统建设数据分析报告（2015）》的数据显示，城市低保工作人员核查低保家庭收入和财产状况的周期平均月数为5.78个月。与之相比，本年度数据显示城市地区低收入低保户“每半年一次”核查频率的占比为20.44%，家庭财产核查频率相对上升。张开云等（2016）的研究指出加强农村低保的家庭经济核查工作有利于规避低保执行过程中的违法违规行为，促进社会救助公平公正发展。① 但同时，加强核查工作并不等于简单增加核查频次，应分类分情况对低保户的家庭经济状况进行核查，严格落实收入变动不大的低保户每年度核查的有关规定，在严格家庭经济状况核查频率的同时注重减少制度使用成本。

2. 城乡低收入家庭经济状况核查手续情况

享受最低生活保障的家庭应依照家庭经济状况核查手续，配合相关工作人员提供资料。2015年民政部下发的《关于进一步加强农村最低生活保障申请家庭经济状况核查工作的意见》规定“共同生活的家庭成员、家庭收入和家庭财产是认定低保对象、确定救助金额的基本依据。各地在开展农村低保申请家庭经济状况核查时，要将这三个方面信息作为重点核查内容。”同时，也对家庭经济状况核查的基本原则、核算方法以及核查方式等做了明确规定。

表4-7和图4-7描述了我国基层民政人员对家庭收入核查手续的看法。针对“低保户的家庭收入核查太繁琐了，应当简化”这一问题，总体上看，有15.09%的基层民政干部表示非常同意、20.34%的基层民政干部表示比较同意。另外，分别有29.40%和14.64%的民政干部表示不太同意和很不同意，印证了我国家庭收入核查制度在具体实行过程中，存在一定的手续复杂与核查不清的矛盾。

表4-7　城乡低收入家庭经济状况核查手续情况（%）

	总体	江苏	浙江	河南	湖北	四川	陕西
非常同意	15.09	11.79	13.11	20.51	11.64	16.25	18.14
比较同意	20.34	18.21	13.93	23.81	23.63	21.25	20.47
一般	20.08	23.57	18.03	17.58	18.84	17.08	26.05

① 张开云，叶浣儿：《农村低保政策：制度检视与调整路径》，载《吉林大学社会科学学报》2016年第4期，第64-71+189页。

续表

	总体	江苏	浙江	河南	湖北	四川	陕西
不太同意	29.40	29.64	36.07	23.44	31.85	30.00	25.12
很不同意	14.64	16.79	17.62	14.65	13.70	14.17	10.23
				chi2 = 53.344　P = 0.001			

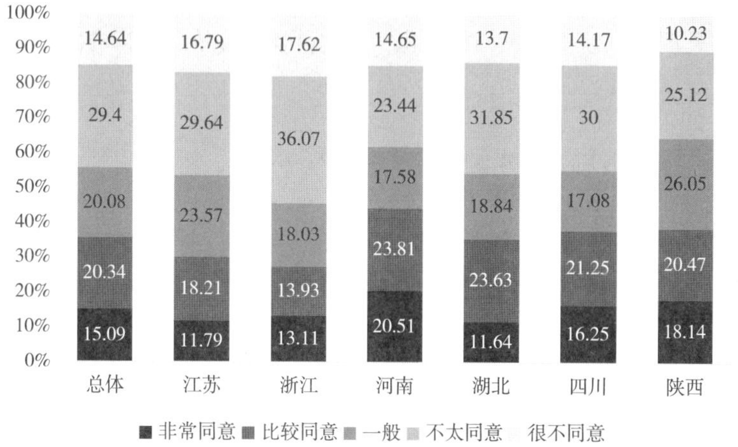

图 4-7　城乡低收入家庭经济状况核查手续情况（%）

《中国城乡困难家庭社会政策支持研究（2016）》中针对家庭收入核查同样提到“城乡困难家庭认为该程序较为繁琐，同时还认为有部分低保户隐瞒了收入，两者似乎产生了矛盾”。国内一些研究表明，目前我国家庭收入核查手续上存在一定困境，一方面，部分工作人员反映难以核对低保家庭准确的经济状况，另一方面，部分低保户和工作人员抱怨家庭经济收入状况核查手续太过繁琐。刘喜堂等（2015）认为农村低保申请家庭经济状况核查工作还存在着很多薄弱环节，部分地区存在不少政策措施不完善、家庭经济核查内容繁琐、操作过程不够规范以及相关管理问题等导致骗保、关系保、人情保的违法违规的问题时有发生。① 李迎生等（2015）亦发现目前低保审查制度存在核查内容错位、核查信息不对称等问题，从而导致“错保、漏保、顶替保问题”。② 祖

① 刘喜堂，李辉：《精准化　科学化　规范化——〈民政部国家统计局关于进一步加强农村最低生活保障申请家庭经济状况核查工作的意见〉解读》，载《中国民政》2015 年第 6 期，第 42-43+32 页。

② 李迎生，李泉然：《农村低保申请家庭经济状况核查制度运行现状与完善之策——以 H 省 Y 县为例》，载《社会科学研究》2015 年第 3 期，第 106-114 页。

俊涛（2020）亦认为农村家庭收入来源多样、隐匿性强、货币化困难的显著特点容易导致“收入测量指标难以在目标识别工作中被广泛推行”。[①] 江治强等（2015）基于“中国困难家庭调查”数据分析中显示，有 23.4%的低保户受访者认为低保收入核查太繁琐，另外还分别有 23.3%、22.9%和 26.7%的工作人员将“低保家庭收入和资产核实不准”作为低保工作中存在的第一、第二和第三严重的问题。[②] 由此观之，我国需要在加强家庭经济状况核查的严格性同时，注重手续的简便化，建立科学、有效、易行的家庭收入核查制度。

（二）城乡低收入家庭最低生活保障发放状况

本部分将介绍城乡低收入家庭最低生活保障的发放状况，主要包括四方面内容：第一，城乡低收入家庭低保享受待遇状况；第二，城乡低收入家庭最低生活保障实际覆盖状况；第三，城乡低收入家庭低保金生活维持状况；第四，城乡低收入家庭 2023 年政府救助预期状况。

1. 城乡低收入家庭低保享受待遇状况

2014 年颁布的《社会救助暂行办法》规定：“最低生活保障标准，由省、自治区、直辖市或者设区的市级人民政府按照当地居民生活必需的费用确定、公布，并根据当地经济社会发展水平和物价变动情况适时调整。”本部分将介绍城乡低收入家庭低保享受待遇状况，主要包括两方面内容：第一，城乡低收入家庭目前享受低保的分布状况；第二，城乡低收入家庭每月领取低保金状况。

（1）城乡低收入家庭目前享受低保的分布状况。

本部分将介绍城乡低收入家庭目前享受低保的分布状况。表 4-8 和图 4-8 描述了城乡低收入家庭目前享受低保的分布状况，并且按照人群、城乡、省份进行了分类。首先，从总体情况来看，96.43%的城乡低收入家庭目前享受低保，仅有 3.57%的城乡低收入家庭目前没有享受低保。其次，从城乡比较来看，农村地区和城市地区分别有 96.85%和 95.81%的低收入家庭目前享受低

---

① 祖俊涛：《“后脱贫时代”农村低保对象精准识别的实现困境与路径优化研究》，安徽财经大学 2020 年硕士学位论文。

② 江治强，王伟进：《城市低保制度管理运行现状与提升路径》，载《调研世界》2015 年第 5 期，第 23-27 页。

保，农村低收入家庭享受低保的占比相对较高。另外，从省份比较来看，各省低收入家庭享受低保的比例均在 90%以上，江苏省（99.23%）占比最高，陕西省（93.75%）占比最低。

表 4-8　城乡低收入家庭目前享受低保的分布状况（%）

目前享受低保	总体	分城乡		分省份					
		农村	城市	江苏	浙江	河南	湖北	四川	陕西
是	96.43	96.85	95.81	99.23	95.45	97.48	95.73	97.07	93.75
否	3.57	3.15	4.19	0.77	4.55	2.52	4.27	2.93	6.25
	chi2 = 10000 P = 0.000	chi2 = 7.706 P = 0.006		chi2 = 89.137 P = 0.000					

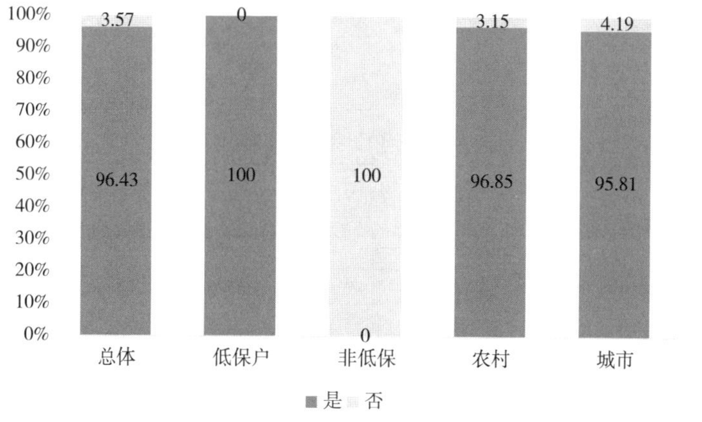

图 4-8　城乡低收入家庭目前享受低保的分布状况（%）

《中国城乡困难家庭社会政策支持系统建设数据分析报（2015）》的数据显示，在城乡困难家庭目前享受低保及领取低保金的状况方面，分别有 55.35%的城市困难家庭和 49.79%的农村困难家庭目前还在享受低保。与本次数据比较来看，城市困难家庭和农村困难家庭享受低保比例，同比分别上升 40.46%和 47.06%。由于数据样本的抽样存在差别，不能依据表面数据进行简单比较，但总的来说，近年来我国低保覆盖范围不断扩大，保障对象不断精准化、科学化。

（2）城乡低收入家庭每月领取低保金状况。

本部分将介绍城乡低收入家庭每月领取低保金的状况。表 4-9 描述了城乡低收入家庭每月领取低保金状况，并通过家庭层面和个人层面进行了分类。首先，从总体情况来看，城乡低收入家庭每月领取低保金额的均值为890.50元，个人每月领取低保金额的均值为401.29元。其次，从城乡比较来看，在统计学上不存在显著的人群差异（见表4-10和图4-9），但比较来看，农村和城市低收入家庭每月领取低保金额的平均值分别为884.64元、899.31元，农村和城市低收入家庭个人每月领取低保金额的平均值分别为387.03元、422.77元，城市低保金额相对较高。另外，分省份进行家庭领取低保金额的比较，存在显著的省份差异，其中，浙江省、江苏省城乡低收入家庭每月领取低保金额的平均值相对较高，分别为1234.75元、1142.48元；河南省城乡低收入家庭每月领取低保金额的平均值最低，为552.15元。分省份进行个人领取低保金额平均值的比较，与家庭领取低保金状况一致，浙江省（621.28元）、江苏省（569.85元）相对较高，河南省（209.99元）最低，我国各省市平均每月领取低保金额差距较大，说明我国最低生活保障金标准与各省的经济发展状况紧密相关。

表4-9　城乡低收入家庭每月领取低保金状况（元）

每月领取低保金状况		家庭层面			个体层面		
		均值	标准差	显著程度	均值	标准差	显著程度
总体		890.50	517.61	/	401.29	287.87	/
分人群	低保户	890.50	517.61	/	401.29	287.88	
	非低保	/	/		/	/	
分城乡	农村	884.64	530.04	t=-1.400 P=0.162	387.03	277.81	
	城市	899.31	498.24		422.77	301.16	
分省份	江苏	1142.48	502.90	F=647.380 P=0.000	569.85	320.74	
	浙江	1234.75	484.09		621.28	329.60	
	河南	552.15	357.26		209.99	144.26	
	湖北	824.84	449.74		346.28	219.32	
	四川	596.79	379.80		252.20	159.14	
	陕西	999.05	501.37		411.20	233.99	

表 4-10 城乡低收入家庭每月人均领取低保金情况（元）

人均领取低保金		均值	标准差	最小值	最大值	峰度	偏度
总体		401.29	287.88	100	2000	7.705	1.795
分城乡	农村	387.03	277.81	100	2000	8.375	1.871
	城市	422.77	301.16	100	2000	6.881	1.685

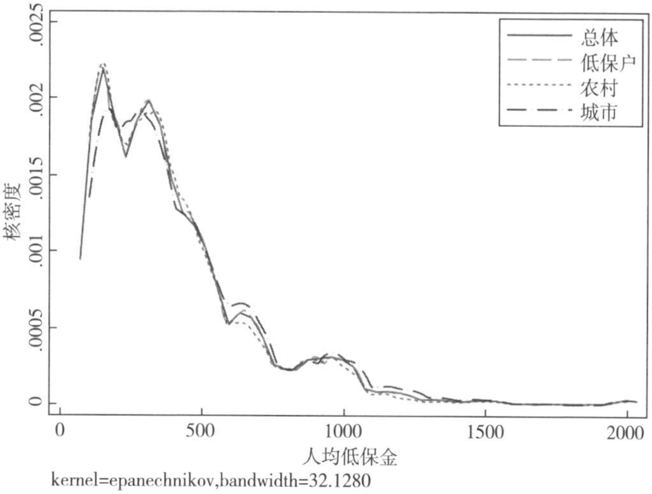

图 4-9 城乡低收入家庭每月人均领取低保金情况（元）

《中国城乡困难家庭社会政策支持系统建设数据分析报告（2015）》的数据显示，城市地区家庭平均每月领取低保金金额为 596.85 元，农村家庭平均每月领取低保金金额为 314.63 元。与本次调查对比来看，城市地区和农村地区家庭平均每月领取低保金分别为 899.31 元、884.64 元，分别上升 302.46 元、570.01 元。说明我国低保金发放金额标准不断提高，社会救助发展水平不断上升，但仍存在城乡差距。杨穗（2018）的研究亦指出，地区发展不平衡、公平性不足是中国社会救助制度改革和发展中面临的重要问题之一。[①] 因此，应推进社会救助的城乡统筹改革，减少出现因区域划分造成的救助权益不平等现象。

① 杨穗，鲍传健：《改革开放 40 年中国社会救助减贫：实践、绩效与前瞻》，载《改革》2018 年第 12 期，第 112-122 页。

2. 城乡低收入家庭最低生活保障实际覆盖状况

精准地了解困难群体的家庭需求、分布特点以及困难情况，有利于我国最低生活保障制度能够更加精准地覆盖到困难群众，提高资源的有效利用率。近年来，我国城市低保制度覆盖人群扩大、补助水平不断提高，整体管理运行良好（江治强等，2015）①。

表 4-11 和图 4-10 是对城乡困难家庭最低生活保障覆盖状况的描述，并按照人群、城乡、省份进行了分类。首先，从总体情况来看，57.73%的城乡低收入家庭认为其周围的困难家庭能够享受低保，认为“不能”和“说不清”的分别占比 9.15%和 33.12%。其次，从人群比较来看，不存在显著的人群差异，低保户与非低保户认为周围困难家庭能够享受低保的占比均超过半数。另外，从城乡比较来看，存在显著的城乡差异，农村低收入家庭认为其周围家庭能够享受低保的占比为 61.50%，城市低收入家庭这一比重为 52.11%。但城市低收入家庭认为其周围家庭不能享受低保的待遇为 8.69%，农村低收入这一比重为 9.46%，城市地区较农村地区更低。再次，城市低收入家庭选择“说不清”的占比为 39.20%，显著高于农村低收入家庭占比 29.04%，这可能与城乡人际关系网络的差别有关，农村地区困难家庭之间的了解与联系程度更为紧密。最后，省份比较来看，存在显著的省份差异，陕西省低保实际覆盖率相对较高，其城乡低收入家庭认为周围困难家庭能享受低保的占比 72.61%，而浙江省这一比例相对较低，为 43.44%。

表 4-11　城乡困难家庭最低生活保障实际覆盖状况（%）

周围困难家庭享受低保	总体	分人群		分城乡		分省份					
		低保户	非低保	农村	城市	江苏	浙江	河南	湖北	四川	陕西
能	57.73	57.77	56.68	61.50	52.11	54.00	43.44	56.55	59.84	59.37	72.61
不能	9.15	9.11	10.35	9.46	8.69	9.01	8.92	10.20	11.75	8.97	6.02
说不清	33.12	33.13	32.97	29.04	39.20	36.99	47.64	33.25	28.40	31.66	21.37
		chi2=0.678 P=0.713		chi2=116.336 P=0.000		chi2=366.960 P=0.000					

① 江治强，王伟进：《城市低保制度管理运行现状与提升路径》，载《调研世界》2015 年第 5 期，第 23-27 页。

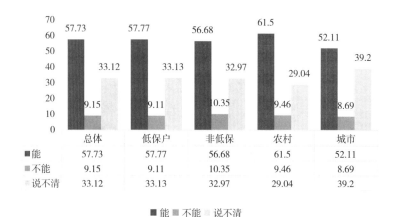

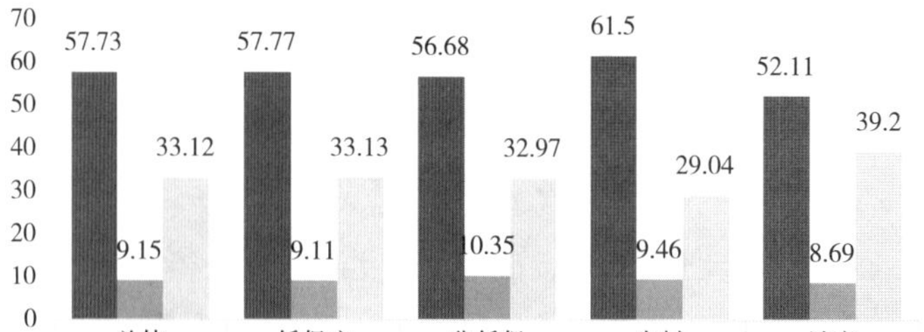

	总体	低保户	非低保	农村	城市
■能	57.73	57.77	56.68	61.5	52.11
■不能	9.15	9.11	10.35	9.46	8.69
说不清	33.12	33.13	32.97	29.04	39.2

■能 ■不能 说不清

图 4-10　城乡困难家庭最低生活保障实际覆盖状况（%）

以上数据表明，我国最低生活保障制度在瞄准方面虽已取得一定成就，但仍存在改进的空间。一些研究同样证实了上述结论，韩华为（2018）的研究提出中国农村低保在实施过程中由于收入误判、农村精英俘获等原因低保瞄准偏误不断增加。有效提升低保覆盖率能够促进减贫工作的有效进行。Golan 等（2017）的研究发现，与增加转移金额相比，扩大低保制度的覆盖率可能会达到更有效的减贫效果。[①] Evans 等（2019）利用 2005—2016 非洲的数据研究发现，随着政府对社会保障覆盖面的扩大，整个非洲农民对政府工作能力的正面评价显著上升。[②] 因此，我国需要进一步完善低保瞄准制度，促进困难群众低保资格的实际覆盖率有效提升。

3. 城乡低收入家庭低保金生活维持状况

低保金额能否维持基本生活是最低生活保障制度实施效果的一项重要评价指标。近年来，随着经济社会不断发展，我国社会救助水平不断提高，各地最低生活保障发放标准不断提高。根据民政部数据，2021 年 1—11 月，全国共有城乡低保对象 4223.8 万人，已累计发放低保资金 1670.6 亿元。[③]

① Jennifer Golan, Terry Sicular, Nithin Umapathi. Unconditional Cash Transfers in China: Who Benefits from the Rural Minimum Living Standard Guarantee (Dibao) Program? [J]. *World Development*, 2017, 93.

② David K. Evans, Brian Holtemeyer, Katrina Kosec. Cash transfers increase trust in local government [J]. *World Development*, 2019, 114.

③ 《累计发放低保资金 1670.6 亿元民政兜底保障更加有力》载中华人民共和国民政部官网 https://www.mca.gov.cn/article/xw/mtbd/202201/20220100039047.shtml。

2018 年，“城乡困难家庭社会政策支持系统建设”课题组的研究中提出，如果把家庭人均收入达到乃至超过低保标准视为满足城乡困难家庭最低生活保障需要的物质条件，那么现行最低生活保障制度已经达到了其既定的政策目标。①

表 4-12 和图 4-11 是对城乡低收入家庭低保金基本生活维持状况的描述，并按照人群、城乡、省份进行了分类。首先，从总体情况看，有 51.31%的城乡低收入家庭表示目前低保金能够维持基本生活，42.65%的城乡低收入家庭表示目前低保金不能维持基本生活。其次，从人群比较来看，存在显著的人群差异，51.54%的低保户认为低保金能够维持基本生活，44.96%的非低保户认为领取的低保金能够维持基本生活，低保户认为低保金能维持基本生活的占比相对较高。另外，从城乡比较来看，统计学上存在显著的城乡差异，61.06%的农村低收入家庭认为低保金能够维持基本生活，36.78%的城市低收入家庭认为低保金能够维持基本生活，同比之下，农村地区认为低保金能够维持基本生活的低收入家庭显著高于城市地区，占比差额为 24.28%。最后，从省份比较来看，存在显著的省份差异，其中，陕西省认为目前低保金能够维持基本生活的城乡低收入家庭占比为 70.93%，河南省、四川省这一比重相对较低，分别为 41.43%、43.17%，这可能与我国各地低保金额发放标准不同以及经济社会发展水平有关。

表 4-12　城乡低收入家庭低保金基本生活维持状况（%）

低保金生活维持	总体	分人群		分城乡		分省份					
		低保户	非低保	农村	城市	江苏	浙江	河南	湖北	四川	陕西
能	51.31	51.54	44.96	61.06	36.78	52.93	47.34	41.43	51.63	43.17	70.93
不能	42.65	43.02	32.70	33.30	56.59	40.66	43.62	55.50	40.10	50.28	26.35
说不清	6.04	5.44	22.34	5.64	6.63	6.40	9.04	3.07	8.27	6.55	2.72
		chi2 = 179.358 P = 0.000		chi2 = 602.133 P = 0.000		chi2 = 485.209 P = 0.000					

① “城乡困难家庭社会政策支持系统建设”课题组，赵卫华，韩克庆，唐钧：《城乡困难家庭：研究发现与政策建议》，载《国家行政学院学报》2018 年第 1 期，第 74-81+150 页。

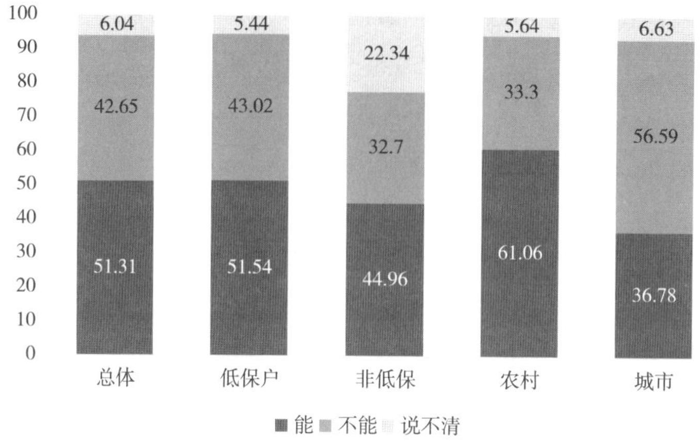

图 4-11　城乡低收入家庭低保金基本生活维持状况（%）

就以上数据来看，我国最低生活保障制度对城乡低收入家庭的基本生活维持方面虽然已取得一定效果，但仍需进一步提高低保金额发放标准。2015 年中国城乡困难家庭社会政策支持系统建设项目调查中，分别有 57.04%和 56.26%的城市贫困家庭和农村贫困家庭表示“最低生活保障金额太少”。刘丽娟（2017）提出可以通过提高低保户资产性收入、加强低保户人力资本积累等方式促进低保制度赋能。① 未来，应从各方面提高低保户能力，避免依靠单一资金救助造成低保金额难以维持生活的状况。

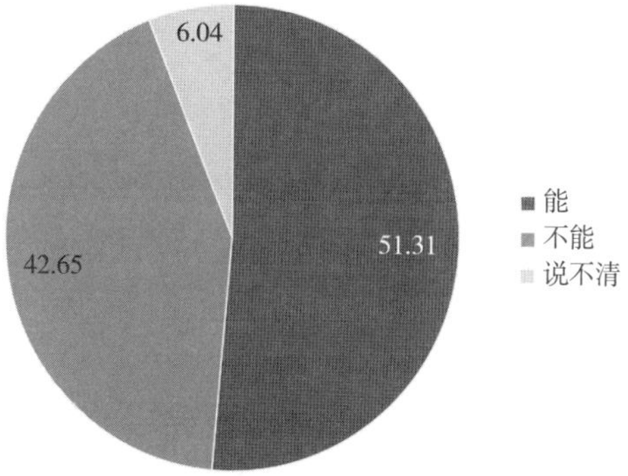

图 4-12　城乡低收入家庭总体低保金基本生活维持状况（%）

① 刘丽娟：《我国城乡低保家庭基本状况分析——基于 2016 年“中国城乡困难家庭社会政策支持系统建设项目”的调查》，载《中国民政》2017 年第 21 期，第 49-51 页。

4. 城乡低收入家庭2023年政府救助预期状况

最低生活保障制度作为我国社会救助的兜底网，在保障困难群众基本生活方面发挥了巨大作用，多数困难群众通过低保资金支持解决生活困境。张栋（2020）的研究显示，最低生活保障制度能够显著提高困难群众的幸福感和获得感。[①] 困难群众对政府救助的预期情况也能够较好地反映其对社会救助的需求和期望程度，促进我国社会救助的进一步发展。

表4-13和图4-13是对城乡低收入家庭2023年政府救助预期状况的描述，并按照人群、城乡、省份进行了分类。首先，从总体情况来看，53.86%的城乡低收入家庭认为2023年其得到的政府救助会增加，15.92%的城乡困难家庭认为其2023年得到的政府救助基本不变。其次，从人群比较来看，存在显著的人群差异，分别有54.55%的低保户和35.15%非低保户认为其2023年得到的政府救助会增加，可以看出，低保户对政府救助的预期高于非低保户。另外，从城乡比较来看，存在显著的城乡差异，农村地区和城市地区分别有52.66%和55.64%的低收入家庭认为其2023年得到的政府救助会增加，预期情况总体差别不大，但城市地区相对较高。最后，从省份比较来看，存在显著的省份差异，其中，江苏省低收入家庭对政府救助预期最高，认为其2023年得到的政府救助会增加的占比60.17%，这一比重四川省最低，为47.01%。

表4-13　城乡低收入家庭2023年政府救助预期状况（%）

2023年政府救助预期	总体	分人群		分城乡		分省份					
		低保户	非低保	农村	城市	江苏	浙江	河南	湖北	四川	陕西
增加	53.86	54.55	35.15	52.66	55.64	60.17	49.29	56.30	55.06	47.01	55.65
基本不变	15.92	16.05	12.26	16.98	14.33	12.03	13.89	12.54	16.14	20.60	19.86
减少	1.65	1.22	13.35	1.63	1.69	1.48	2.42	1.35	1.46	1.02	2.20
不确定	28.57	28.18	39.24	28.73	28.33	26.32	34.40	29.81	27.33	31.38	22.29
		chi2=358.118 P=0.000		chi2=15.198 P=0.002		chi2=179.863 P=0.000					

① 张栋：《低保制度提升贫困群体主观幸福感、获得感、安全感了吗？——基于CFPS面板数据的实证分析》，载《商业研究》2020年第7期，第136-144页。

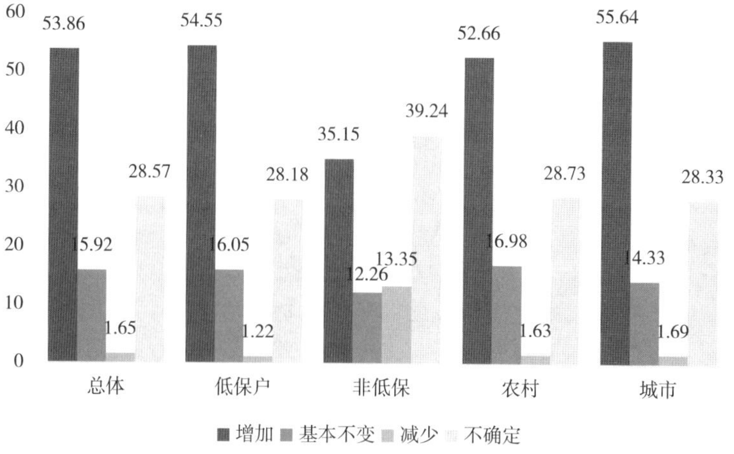

图 4-13　城乡低收入家庭 2023 年政府救助预期状况（%）

根据本次调查数据，超过半数的城乡低收入家庭对 2023 年政府救助预期持乐观态度，说明近年来我国政府的社会救助能力还在不断增强。在社会救助高质量发展的背景之下，我国各省份应因地制宜继续提升最低生活保障标准，进一步提升低收入家庭生活幸福感。

第二节　城乡低收入家庭享受临时救助的状况分析

本节主要从两方面展开描述，具体包括以下内容：第一，城乡低收入家庭临时救助的申请与发放；第二，城乡低收入家庭临时救助的运行成效。

临时救助是社会救助体系的重要组成部分，是保障困难群众基本生活权益的托底性制度安排。2014 年《社会救助暂行办法》首次以国家立法的形式对临时救助进行了规定，其中规定“对因火灾、交通事故等意外事件，家庭成员突发重大疾病等原因，导致基本生活暂时出现严重困难的家庭，或者因生活必需支出突然增加超出家庭承受能力，导致基本生活暂时出现严重困难的最低生活保障家庭，以及遭遇其他特殊困难的家庭，给予临时救助。”2014 年《国务院关于全面建立临时救助制度的通知》，全面推进了临时救助制度的建立和实施，较好地化解了城乡居民突发性、紧迫性、临时性的基本生活困难，在兜住民生底线、开展救急解难等方面发挥了重要作用。2015年，民政部会同财政部在全国300个单位部署开展“救急难”综合试点，在此基础上于2018年联合印发《关于进一步加强和改进临时救助工作的意见》，对进一步明确对象范围和类别、简化优化审核审批程序、科学制定救助标准、拓展完善救助方式等提出明确要求，以下将介绍城乡低收入家庭享受临时救助的状况。

一、城乡低收入家庭临时救助的申请发放

本部分将介绍城乡低收入家庭临时救助的申请与发放情况，主要包括以下内容：第一，城乡低收入家庭临时救助的申请状况；第二，城乡低收入家庭临时救助发放情况。

（一）城乡低收入家庭临时救助申请状况

本部分将介绍城乡低收入家庭临时救助申请状况，主要包括两方面内容：第一，城乡低收入家庭临时救助申请方式情况；第二，城乡低收入家庭临时救助申请原因状况。

1. 城乡低收入家庭临时救助申请方式状况

临时救助的申请方式主要有两种，主要为自身主动申请和相关工作人员帮助申请。同时，在临时救助的申请与受理相关规定中，在2014年《国务院关于全面建立临时救助制度的通知》中将临时救助的申请受理方式，分为“依申请受理”和“主动发现受理”两种。

表4-14和图4-14描述了城乡低收入家庭临时救助申请方式状况，并按照人群、城乡、省份进行了分类。首先，从总体情况来看，26.23%的城乡低收入家庭为自己或亲友主动申请临时救助，73.77%的城乡低收入家庭是由乡镇人民政府等相关机构帮助申请。其次，分人群来看，统计学上不存在显著的人群差异，但比较来看有26.09%的低保户是由自己或亲友主动申请临时救助，非低保户这一比重则为30.77%，略高于低保户。另外，从城乡比较来看，存在显著的城乡差异，有23.22%的农村地区低收入家庭是自己或亲友主动申请临时救助，城市地区这一比重为31.02%，略高于农村地区。最后，从省份比较来看，存在显著的省份差异，各省份临时救助的申请方式差别不大，多数省份低收入家庭由相关机构帮助申请临时救助，占比均在七成左右。其中河南省

这一比重最高，为78.32%，而四川省低收入家庭自己主动申请临时救助的占比最高，达到33.70%。

表4-14 城乡低收入家庭临时救助申请方式状况（%）

临时救助申请方式	总体	分人群		分城乡		分省份					
		低保户	非低保	农村	城市	江苏	浙江	河南	湖北	四川	陕西
自己或亲友主动申请	26.23	26.09	30.77	23.22	31.02	28.07	23.60	21.68	23.01	33.70	27.76
乡镇/街道、村居帮助申请	73.77	73.91	69.23	76.78	68.98	71.93	76.40	78.32	76.99	66.30	72.24
		chi2=0.999 P=0.318		chi2=24.010 P=0.000		chi2=28.060 P=0.000					

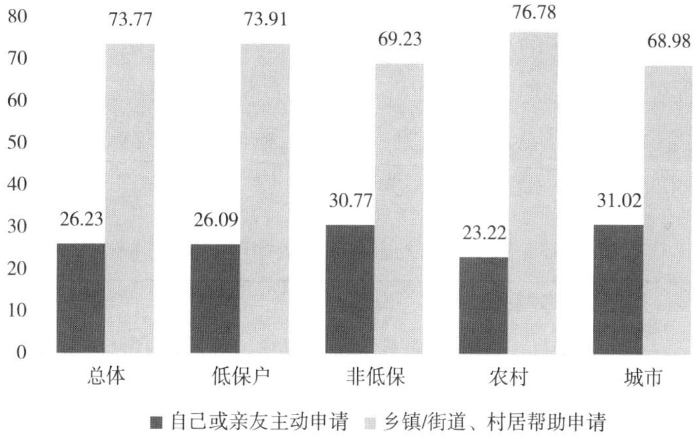

图4-14 城乡低收入家庭临时救助申请方式状况（%）

由本次样本调查数据得出，不管从人群、城乡还是省份分类的角度，由基层渠道帮助申请临时救助的比例显著高于自己或亲友主动申请临时救助的比例，这说明我国临时救助的主动发现机制运行良好，多数获得临时救助的城乡低收入家庭是通过政府帮助进行的申请工作，也从侧面说明我国城乡低收入家庭对临时救助相关政策了解程度不够，自主申请能力有待提升。有学者的研究亦证明了本次数据结果，沈丹（2018）通过实地调查“温州模式”，发现我国临时救助政策知晓率偏低。[1] 于知琳（2019）认为我国临时救助政策制度不完善、宣传不到位等问题。[2] 因此，也可以说明需要对我国临时救助的政策宣传仍需进一步加强。

2. 城乡低收入家庭临时救助申请原因状况

临时救助原因分为急难型情况与支出型情况。2018 年 1 月民政部发布《民政部　财政部关于进一步加强和改进临时救助工作的意见》将临时救助的对象具体分为“急难型救助对象”和“支出型救助对象”，急难型申请原因包括“因火灾、交通事故等意外事件”“家庭成员突发重大疾病”等，支出型申请原因包括“生活必需支出突然增加超出家庭承受能力（如教育负担）”等。

表 4-15、图 4-15 和图 4-16 是对城乡低收入家庭临时救助申请原因状况的描述，并按照人群、城乡、省份进行了分类。首先，从总体情况来看，因家庭成员突发重大疾病申请临时救助的占比最高，为 63.50%，因火灾、交通事故等意外事件申请临时救助的占比最少，为 4.31%。其次，从人群比较来看，不存在显著的城乡差异，低保户和非低保户因家庭成员突发重大疾病申请临时救助的占比最高，均达到六成以上，分别为 63.40%和 67.03%。另外，从城乡比较来看，不存在显著的城乡差异，农村地区与城市地区临时救助申请原因各项比例差别不大，差值均不超过 2%。最后，省份比较来看，存在显著的省份差异，其中，江苏省因家庭成员突发重大疾病申请临时救助占比最高，为 70.75%，而四川省这一比重最低，为 61.48%。

表 4-15　城乡低收入家庭临时救助申请原因（%）

临时救助申请原因	总体	分人群		分城乡		分省份					
		低保户	非低保	农村	城市	江苏	浙江	河南	湖北	四川	陕西
因火灾、交通事故等意外事件	4.31	4.44	0.00	4.75	3.63	4.72	3.50	4.74	3.31	5.93	3.90
家庭成员突发重大疾病	63.50	63.40	67.03	63.00	64.30	70.75	60.51	64.48	62.56	61.48	62.50
生活必需支出突然增加超出家庭承受能力	23.40	23.38	24.18	22.92	24.17	18.87	27.10	20.77	24.81	23.15	25.00

① 沈丹：《社会力量参与临时救助思考》，载《合作经济与科技》2018 年第 8 期，第 129-131 页。

② 于知琳：《关于加强和改进临时救助工作的思考》，载《劳动保障世界》2019 年第 11 期，第 65 页。

续表

临时救助申请原因	总体	分人群		分城乡		分省份					
		低保户	非低保	农村	城市	江苏	浙江	河南	湖北	四川	陕西
其他突发困难	8.78	8.78	8.79	9.34	7.90	5.66	8.88	10.02	9.32	9.44	8.60
		chi2 = 4.248 P = 0.236		chi2 = 4.740 P = 0.192		chi2 = 26.123 P = 0.037					

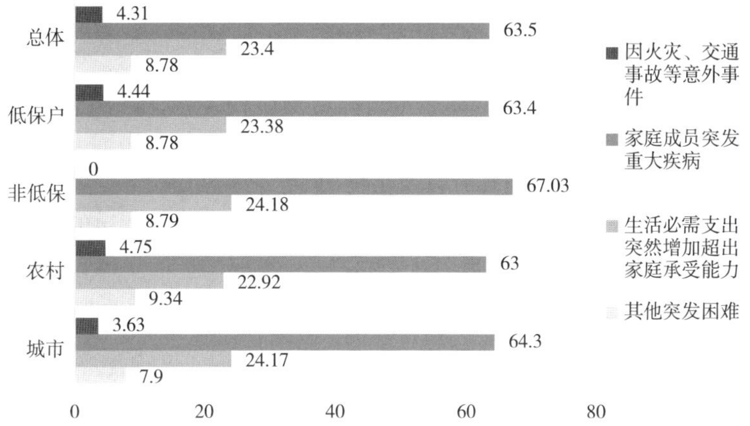

图 4-15　城乡低收入家庭临时救助申请原因（%）

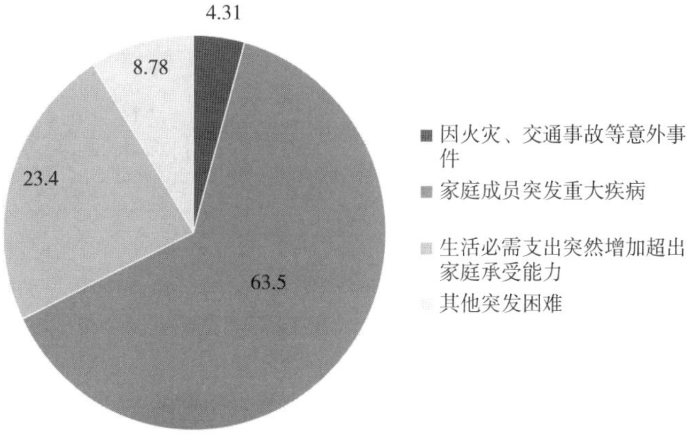

图 4-16　城乡低收入家庭总体临时救助申请原因（%）

《中国城乡困难家庭社会政策支持研究（2016）》中的数据显示，806 个城市困难家庭和 596 个农村困难家庭中有重大成员突发疾病，均达到受访家庭总数的 20%左右。在本次调查中，“因家庭成员突发重大疾病申请临时救助”的原因占比仍然最大，说明疾病仍然是低收入家庭面临的重要困境。张仲芳（2017）的研究也证实了此点，认为因病致贫、因病返贫仍然是农村贫困的主因。[①] 对此，我国仍需进一步完善困难群众医疗保险制度，推动临时救助与重大疾病医疗制度的后续保障相结合。

（二）城乡低收入家庭临时救助发放状况

本部分将介绍城乡低收入家庭临时救助的发放情况，主要包括以下内容：第一，城乡低收入家庭享受临时救助状况；第二，城乡低收入家庭临时救助获得形式状况。

1. 城乡低收入家庭享受临时救助状况

临时救助是城市最低生活保障制度的重要补充，帮助城市居民解决因病或因灾引起的临时性困难，保证其日常生活。

表 4-16 和图 4-17 是对城乡低收入家庭享受临时状况的描述，并按照人群、城乡、省份进行了分类。首先，从总体情况来看，有 29. 70%的城乡低收入家庭申请并获得过临时救助，1. 63%的城乡低收入家庭曾申请临时救助但没有获批，知道这项制度但没申请过的占比最多，为 41. 17%。其次，从人群比较来看，统计学上存在显著差异，申请并获得过临时救助的低保户占比 29. 94%，非低保户占比为 23. 16%，申请并获得过临时救助的低保户同比高出 6. 78 个百分点。再者，知道这项制度但没有申请过的非低保户人群占比较大，为 51. 5%，同比低保户高出 10. 72 个百分点。另外，从城乡比较来看，统计学上存在显著的城乡差异，但比较来看，申请并获得过临时救助的城乡差距较小，均达到三成左右。最后，从省份比较来看，存在显著的省份差异，其中，湖北省、陕西省申请并获得过临时救助的城乡低收入家庭占比相对较高，分别为 35. 60%和 34. 63%，河南省不知道这项制度的城乡低收入家庭占比最高，为 40. 32%。

① 张仲芳：《精准扶贫政策背景下医疗保障反贫困研究》，载《探索》2017 年第 2 期，第 81-85 页。

表 4-16　城乡低收入家庭享受临时救助状况（%）

享受临时救助	总体	分人群		分城乡		分省份					
		低保户	非低保	农村	城市	江苏	浙江	河南	湖北	四川	陕西
申请并获得过	29.70	29.94	23.16	30.65	28.28	24.18	23.88	31.71	35.60	27.93	34.63
申请过但没有获批	1.63	1.63	1.63	1.54	1.77	0.95	1.42	2.03	1.80	2.54	1.04
知道有这项制度但没有申请过	41.17	40.78	51.50	41.00	41.40	37.94	37.65	25.94	46.23	49.83	48.00
不知道这项制度	27.50	27.64	23.71	26.80	28.55	36.93	37.06	40.32	16.37	19.70	16.33
		chi2 = 17.345 P = 0.001		chi2 = 8.273 P = 0.041		chi2 = 665.153 P = 0.000					

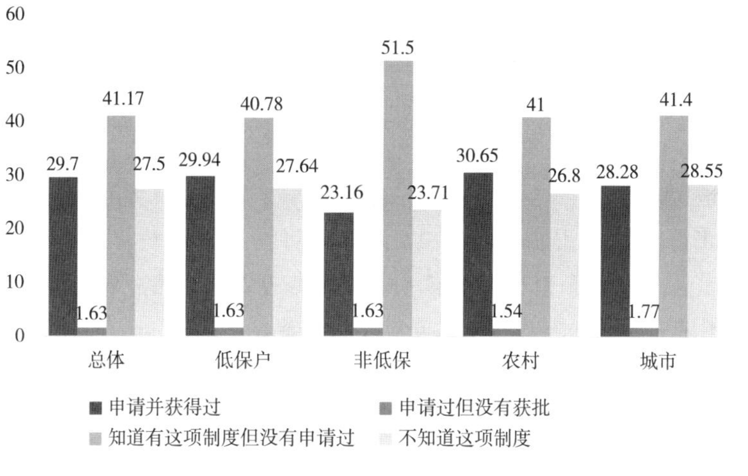

图 4-17　城乡低收入家庭享受临时救助状况（%）

《中国城乡困难家庭社会政策支持系统建设数据分析报告（2015）》数据显示 9.03%的城市困难家庭表示曾经享受过临时救助，7.18%的农村困难家庭表示曾经享受过临时救助。对比本次调查结果，申请并获得过临时救助的农村与城市低收入家庭都有显著增加，说明我国临时救助水平不断提高。但总体上，

“不知道这项制度”的占比达到27.50%，说明我国临时救助制度的普及程度仍需进一步加强。张英硕（2022）对H县的研究中发现当地临时救助政策的知晓度低，使得发生困难的群众不能第一时间申请救助，而政府部门不能及时了解到情况，从而耽误救助。[①] 卢爱芳（2018）的研究中同样指出，我国临时救助制度宣传力度不够，在宣传方式、宣传内容、宣传手段等方面还需进一步加强。[②]

2. 城乡低收入家庭临时救助获得形式状况

临时救助获得形式一般有三种，分别是发放临时救助金、发放实物以及帮忙申请其他救助政策。根据《国务院关于全面建立临时救助制度的通知》规定，临时救助方式共有以下三种：发放临时救助金、发放实物和提供转介服务。

表4-17、图4-18和图4-19描述了我国城乡低收入家庭临时救助获得形式的状况，并按照人群、城乡、省份进行了分类。首先，从总体情况来看，有69.52%的城乡低收入家庭获得临时救助金、46.20%的城乡低收入家庭获得实物发放、33.56%的城乡低收入家庭获得帮忙申请其他救助政策。其次，从人群比较来看，发放临时救助金与提供转介服务不存在显著的人群差异，而发放实物这一形式则存在显著的人群差异，比较来看，获得实物救助的非低保户占比为31.76%，低保户这一比重则为46.62%，低保户高出14.86个百分点。另外，从城乡比较来看，发放临时救助金与提供转介服务不存在显著的城乡差异，而发放实物这一形式存在显著的城乡差异，具体而言，农村低收入家庭获得实物救助占比44.70%，城市低收入家庭获得实物救助占比48.63%，城市地区高出3.93个百分点。但依据数据来看，农村地区与城市地区获得临时救助的方式分布都较为多元。最后，从省份比较来看，各种方式均存在显著的省份差异，其中，陕西省城乡低收入家庭获得临时救助金的占比最高，为51.84%；河南省城乡低收入家庭获得实物救助的占比最高，为82.27%；河南省低收入家庭获得实物救助占比最高，为57.36%；而湖北省城乡低收入家庭获得转介服务的占比最高，为44.39%。

---

① 张英硕：《网络化治理视角下临时救助政策执行与协同问题研究》，广西大学2022年硕士学位论文。

② 卢爱芳：《现行临时救助制度执行中的存在问题及对策研究》，重庆大学2018年硕士学位论文。

表 4-17　城乡低收入家庭临时救助获得形式状况（%）

获得形式	选项	总体	分人群		分城乡		分省份					
			低保户	非低保	农村	城市	江苏	浙江	河南	湖北	四川	陕西
发放临时救助金	是	69.52	69.69	63.53	69.25	69.95	76.47	71.04	67.64	63.03	57.37	82.27
	否	30.48	30.31	36.47	30.75	30.05	23.53	28.96	32.36	36.97	42.63	17.73
			chi2=1.478 P=0.224		chi2=0.1675 P=0.682		chi2=103.540 P=0.000					
发放实物（衣物、食品、饮用水，提供临时住所等方式予以救助）	是	46.20	46.62	31.76	44.70	48.63	54.66	36.63	57.36	54.50	37.78	35.45
	否	53.80	53.38	68.24	55.30	51.37	45.34	63.37	42.64	45.50	62.22	64.55
			chi2=7.332 P=0.007		chi2=4.487 P=0.034		chi2=111.966 P=0.000					
帮忙申请其他救助政策	是	33.56	33.58	32.94	33.83	33.13	34.56	28.22	25.97	44.39	40.20	26.09
	否	66.44	66.42	67.06	66.17	66.87	65.44	71.78	74.03	55.61	59.80	73.91
			chi2=0.015 P=0.902		chi2=0.156 P=0.693		chi2=76.766 P=0.000					

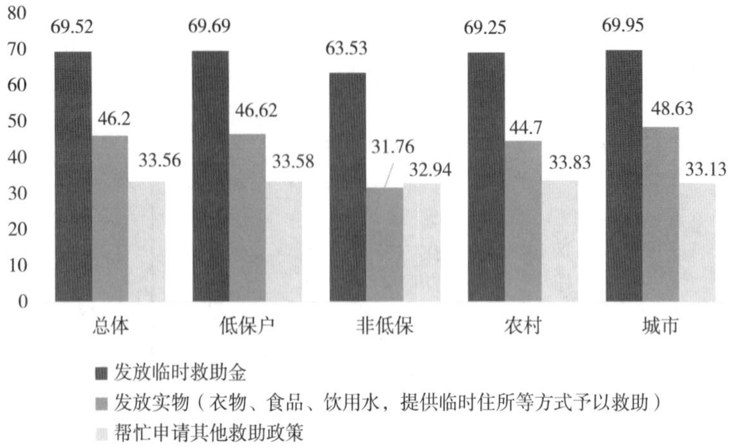

图 4-18　城乡低收入家庭临时救助获得形式状况（%）

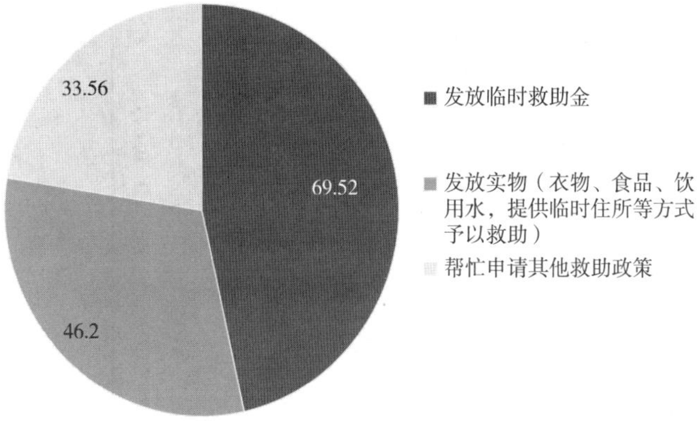

图 4-19　城乡低收入家庭总体临时救助获得形式状况（%）

由以上数据观之，我国临时救助发放形式日渐丰富。近年来我国临时救助方式不断优化改进，除现金救助之外，提高了实物救助以及转介救助水平。李娜（2015）对 Y 市的调查分析中发现 Y 市临时救助多以现金救助为主，辅之以一些实物救助，并未涉及服务救助。① 但从本年度的调查数据来看，我国临时救助形式在实践中不断完善，其三种救助方式比例逐渐均衡，有效促进了临时救助工作的高质量发展，当然，未来还需要不断发展内容更为丰富的

① 李娜：《临时社会救助制度的实践与展望——基于 Y 市的调查分析》，载《社会福利（理论版）》2015 年第 6 期。

服务型救助。

二、城乡低收入家庭临时救助的运行成效

本部分将介绍城乡低收入家庭临时救助的运行成效，主要包括以下内容：第一，城乡低收入家庭临时救助的覆盖状况；第二，城乡低收入家庭临时救助运行状况。

（一）城乡低收入家庭临时救助覆盖状况

临时救助是指国家对遭遇突发事件、意外伤害、重大疾病或其他特殊原因导致基本生活陷入困境，其他社会救助制度暂时无法覆盖或救助之后基本生活仍有严重困难的家庭或个人给予的应急性、过渡性的救助。临时救助制度在我国社会救助体系中应发挥兜底性作用，建立临时救助制度是填补社会救助体系空白的重要举措，故临时救助困难群众覆盖率对我国社会救助事业的高质量发展有非常重要的作用。

表 4-18 和图 4-20 描述了我国基层民政工作人员对城乡低收入家庭临时救助覆盖情况的看法。针对"在您所在区县/街镇/村居，急难救助/临时救助覆盖了所有有需求的人吗?"这一问题，总体上看，有 54.17%的基层民政干部表示非常同意、38.13%的基层民政干部表示比较同意，说明我国多数基层民政工作人员认为我国临时救助的覆盖率良好。另外，从省份比较来看，从基层民政工作人员看法这一维度上，河南省、陕西省临时救助覆盖率相对较高，其基层民政工作人员表示"非常同意"这一说法的比重最大，分别为 62.55%和 60.36%。

表 4-18　城乡低收入家庭临时救助覆盖情况（%）

	总体	江苏	浙江	河南	湖北	四川	陕西
非常同意	54.17	56.20	42.13	62.55	54.56	49.80	60.36
比较同意	38.13	38.20	49.02	29.71	37.93	41.30	32.07
一般	5.99	5.00	6.89	7.11	5.27	6.32	5.38
不太同意	1.57	0.60	1.77	0.42	2.23	2.57	1.79
很不同意	0.13	0.00	0.20	0.21	0.00	0.00	0.40
	chi2 = 76.595　Pr = 0.000						

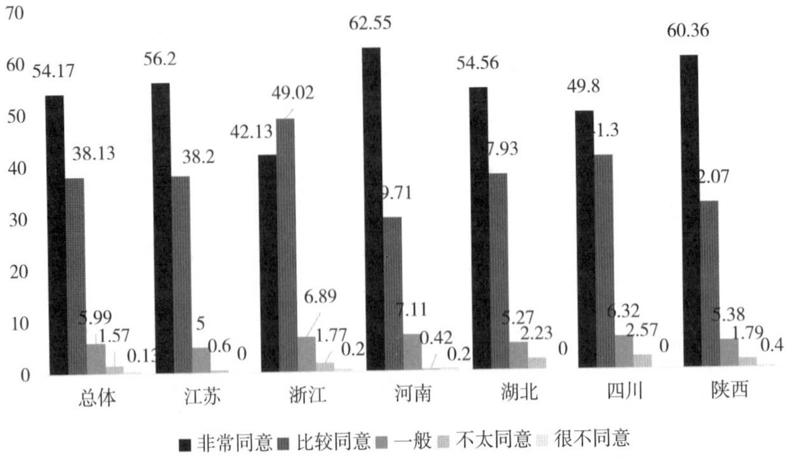

图 4-20　城乡低收入家庭临时救助覆盖情况（%）

总的来说，根据本次调查数据来看，多数有需要的低收入家庭都能够获得临时救助，说明近年来我国临时救助的申请机制、主动发现机制等运行相对良好，有利于低收入家庭享受相应的救助政策。然而，也有研究表明我国临时救助覆盖范围存在一定问题。如刘广（2019）在其研究中提出临时救助的覆盖范围不明确。① 韩君玲（2021）指出，临时救助往往需要本地户籍，从而导致不具备本地户籍的低收入人群难以获得救助。② 现阶段，虽然我国在总体规划中提出要逐步取消临时救助的户籍地限制，但并未实现有机统一，故在临时救助覆盖范围上仍需进一步完善。

（二）城乡低收入家庭临时救助运行状况

本部分将介绍城乡低收入家庭临时救助的运行状况，主要包括以下内容：第一，城乡低收入家庭每次领取临时救助金状况；第二，城乡低收入家庭临时救助效果状况。

1. 城乡低收入家庭每次领取临时救助金状况

我国临时救助制度实行地方各级人民政府负责制，对于临时救助金额标准，县级以上地方人民政府要根据救助对象困难类型、困难程度，统筹考虑其

① 刘广：《临时救助制度“救急难”功能提升研究》，西南政法大学 2021 年硕士学位论文。

② 韩君玲：《中国临时救助制度的法学检视》，载《社会保障评论》2021 年第 2 期，第 110-122 页。

他社会救助制度保障水平，合理确定临时救助标准，并适时调整。

表 4-19 和表 4-20 描述了城乡低收入家庭领取临时救助金的状况，并通过家庭层面和个人层面进行了分类。首先，从总体情况来看，城乡低收入家庭每次领取临时救助金额的均值为 1796.56 元，个人每次领取临时救助金额的均值为 804.46 元。其次，从人群比较来看，家庭层面不存在显著的人群差异，但个人层面存在显著的人群差异，具体而言，低保户家庭每次领取临时救助金的均值为 1778.93 元、个人为 792.49 元，非低保户家庭每次领取临时救助金的均值为 2514.78 元、个人为 1292.10 元，非低保户平均每次领取的临时救助金额显著高于低保户。另外，从城乡比较来看，家庭层面不存在显著的城乡差异，个人层面则存在显著的城乡差异，具体而言，农村和城市低收入家庭每次领取临时救助金的均值分别为 1781.55 元、1819.62 元，农村和城市低收入家庭个人每次领取低保金额的均值分别为 766.00 元、863.56 元，城市临时救助额相对较高。最后，分省份进行家庭领取临时救助金额的比较，领取临时救助金状况存在显著的省份差异，浙江省城乡低收入家庭每次领取临时救助金额的均值最高，为 2730.27 元；河南省城乡低收入家庭每次领取临时救助金额的均值最低，为 1192.59 元。分省份进行个人领取临时救助金额均值的比较，与家庭领取临时救助金的状况一致，分别为浙江省（1322.41 元）最高，河南省（471.88 元）最低，我国各省市平均每次领取临时救助的金额差距较大，说明我国临时救助金额发放与各省的经济发展状况紧密相关。

表 4-19　城乡低收入家庭领取临时救助金情况（元）

低收入家庭领取临时救助金情况		家庭层面			个体层面		
		均值	标准差	显著程度	均值	标准差	显著程度
总体		1796.56	2096.19	/	804.46	1138.17	/
分人群	低保户	1778.93	2079.88	t=-1.901	792.49	1125.13	t=-2.218
	非低保	2514.78	2605.22	P=0.064	1292.10	1517.90	P=0.032
分城乡	农村	1781.55	2054.41	t=-0.389	766.00	1067.07	t=-1.780
	城市	1819.62	2159.97	P=0.697	863.56	1237.89	P=0.075
分省份	江苏	1819.64	2273.90	F=22.410 P=0.000	892.54	1396.46	F=22.780 P=0.000
	浙江	2730.27	2820.88		1322.41	1481.40	
	河南	1192.59	1608.44		471.88	811.61	

续表

低收入家庭领取临时救助金情况		家庭层面			个体层面		
		均值	标准差	显著程度	均值	标准差	显著程度
分省份	湖北	1658.31	1761.80	F=22.410 P=0.000	693.85	860.16	F=22.780 P=0.000
	四川	1331.85	1817.19		568.58	954.08	
	陕西	2104.21	1981.43		943.19	1124.57	

表 4-20　城乡低收入家庭人均享有临时救助金情况（元）

人均临时救助金		均值	标准差	最小值	最大值	峰度	偏度
总体		804.46	1138.17	16.67	10000.00	25.776	4.010
分人群	低保户	792.49	1125.13	16.67	10000.00	27.330	4.141
	非低保	1292.10	1517.90	60.00	5000.00	3.877	1.465
分城乡	农村	766.00	1067.07	16.67	10000.00	30.288	4.312
	城市	863.56	1237.89	16.67	10000.00	20.894	3.633

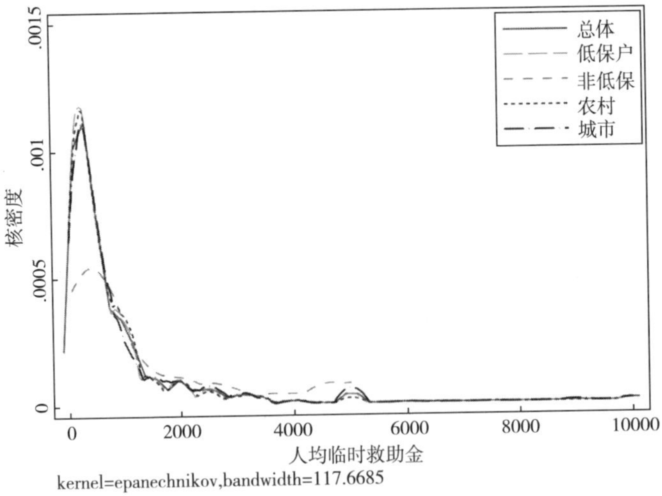

图 4-21　城乡低收入家庭人均临时救助金情况（元）

《中国城乡困难家庭社会政策支持系统建设数据分析报告（2015）》的数据显示，城市困难家庭享受临时救助的平均水平为 1012.10 元，农村困难家庭享受临时救助的平均水平为 830.97 元。与本年度数据比较来看，农村和城市临时救助金额显著上升，说明我国临时救助发放金额标准不断提高，临时救助水平不断提升。

2. 城乡低收入家庭临时救助效果状况

临时救助对象的主观评价能够反映我国目前临时救助的实施效果。表 4-21 和图 4-22、图 4-23 是对我国城乡低收入家庭临时救助实施效果状况的描述，并按照人群、城乡、省份进行了分类。首先，从总体情况来看，认为临时救助实施有效果的城乡低收入家庭占比为 96.04%，认为效果一般的占比 3.08%，认为没有帮助的仅占比 0.88%。其次，从人群比较来看，统计学上不存在显著的人群差异，但数据显示，认为临时救助有帮助的低保户和非低保户占比分别为 96.16% 和 91.76%，认为临时救助有帮助的低保户占比相对较高。另外，从城乡比较来看，统计学上不存在显著的城乡差异，农村地区和城市地区认为临时救助有帮助的低收入家庭占比分别为 96.50% 和 95.29%，城乡低收入家庭认为临时救助没有帮助的比例均未超过 1%。最后，从省份比较来看，统计学上存在显著的省份差异，但各省份认为临时救助有帮助的城乡低收入家庭占比均达到 90% 以上，其中，河南省城乡低收入家庭认为临时救助有帮助的比例最高，为 98.06%，充分说明了我国临时救助的实施效果良好。

表 4-21　城乡低收入家庭临时救助效果状况（%）

临时救助效果	总体	分人群		分城乡		分省份					
		低保户	非低保	农村	城市	江苏	浙江	河南	湖北	四川	陕西
有帮助	96.04	96.16	91.76	96.50	95.29	95.34	93.56	98.06	95.10	95.56	97.83
一般	3.08	3.00	5.88	2.60	3.85	3.43	4.70	1.16	4.11	3.84	1.67
没帮助	0.88	0.84	2.35	0.90	0.86	1.23	1.73	0.78	0.79	0.61	0.50
		chi2 = 4.534 P = 0.104		chi2 = 3.816 P = 0.148		chi2 = 22.879 P = 0.011					

《中国城乡困难家庭社会政策支持系统建设数据分析报告（2015）》的数据显示城市困难家庭认为临时救助所起作用“很大”的比例为 40.21%，认为作用“较大”的比例为 25.95%；农村困难家庭认为临时救助所起作用“很大”的比例为 40.07%，认为作用“较大”的比例为 24.50%。比较本年度调查数据来看，认为临时救助有作用的比例显著上升，说明近年来我国临时救助的实际帮扶效果不断提高。

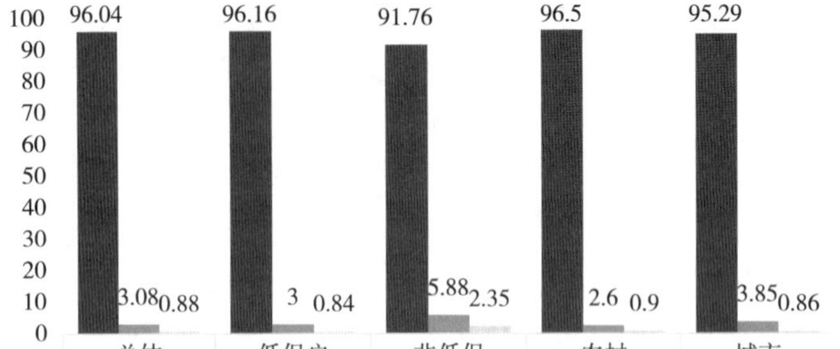

	总体	低保户	非低保	农村	城市
■有帮助	96.04	96.16	91.76	96.5	95.29
■一般	3.08	3	5.88	2.6	3.85
■没帮助	0.88	0.84	2.35	0.9	0.86

图 4-22　城乡低收入家庭临时救助效果状况（%）

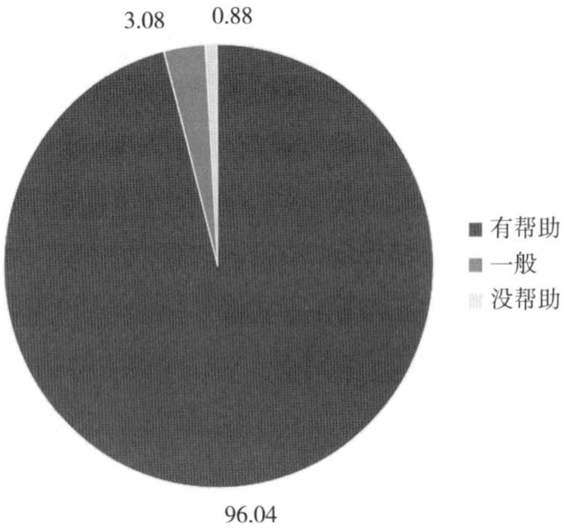

图 4-23　城乡低收入家庭总体临时救助效果状况（%）

第三节　享受专项救助和其他福利项目的状况分析

本节主要从六个方面对城乡低收入家庭享受专项救助和其他福利项目的情况进行分析，主要内容为：第一，城乡低收入家庭享受各类专项救助的状况；第二，城乡低收入家庭享受其他福利项目的状况；第三，城乡低收入家庭享受社会力量救助的状况。

低保制度的实施初步解决了城乡低收入家庭的生存问题，但低保制度无法满足其在医疗、教育、就业以及住房等方面的专门性需求，为此，各种专项社会救助制度的完善对城乡最低生活保障制度形成了有效的补充。2014年《社会救助暂行办法》的颁布标志着我国确立了民政统筹、分工负责、相互衔接、具有中国特色的8+1社会救助体系（范丛，2021）。[①] 2020年中共中央办公厅、国务院办公厅《关于改革完善社会救助制度的意见》规定，“对不符合低保或特困供养条件的低收入家庭和刚性支出较大导致基本生活出现严重困难的家庭，根据实际需要给予相应的医疗、住房、教育、就业等专项社会救助或实施其他必要救助措施。”

专项救助制度针对医疗救助、教育救助、住房救助和就业救助等专项需求，是我国社会救助体系的重要组成部分。近年来随着我国社会救助水平的不断提高，社会救助制度不断完善发展，社会福利水平不断提升。以下将对城乡低收入家庭享受专项救助和其他福利项目的状况进行分析。

一、城乡低收入家庭享受各类专项救助的状况

本部分将介绍城乡低收入家庭享受各类专项救助的状况，包括医疗救助、教育救助、住房救助、就业援助的状况。

（一）城乡低收入家庭享受医疗救助的状况

“城乡医疗救助制度是指，通过政府拨款和社会捐助等多渠道筹资并建立基金，对患大病的农村五保户和贫困农村家庭、城市居民最低生活保障对象中未参加城镇职工基本医疗保险人员、已参加城镇职工基本医疗保险但个人负担仍然较重的人员以及其他特殊困难群众给予医疗费用补助（农村医疗救助也可以资助救助对象参加当地新型农村合作医疗）的救助制度。”[②] 2009年，《民政部、卫生部、财政部、人力资源和社会保障部关于进一步完善城乡医疗救助制度的意见》提出“切实将城乡低保家庭成员和五保户纳入医疗救助范围的基础上，逐步将其他经济困难家庭人员纳入医疗救助范围。”2017年社会救助司

① 范丛：《低保边缘家庭社会救助问题研究》，山东大学2021年硕士学位论文。

② 赖志杰：《城乡医疗救助制度的现状、主要问题与建设重点》，载《当代经济管理》2014年第7期，第53-56页。

《关于进一步加强医疗救助与城乡居民大病保险有效衔接的通知》要求"全面落实资助困难群众参保政策。对于低保对象、建档立卡贫困人口给予定额资助。"

表4-22和图4-24、图4-25是对城乡低收入家庭享受医疗救助情况的描述，并按照人群、城乡、省份进行了分类。首先，从总体情况来看，有80.12%的城乡低收入家庭享受过医疗救助，17.41%的城乡低收入家庭没有享受过医疗救助。其次，从人群比较来看，统计学上存在显著的人群差异，80.51%的低保户享受过医疗救助，69.75%的非低保户享受过医疗救助，享受医疗救助的低保户占比相对较高。另外，从城乡比较来看，存在显著的城乡差异，农村地区和城市地区分别有84.95%和72.93的低收入家庭享受过医疗救助，分别有12.61%和24.55%的低收入家庭没有享受过医疗救助。最后，从省份比较来看，统计学上存在显著的省份差异，但各省份城乡低收入家庭的医疗救助享受状况总体上差别较小，各省享受过医疗救助的城乡低收入家庭均在八成左右，其中湖北省、四川省享受过医疗救助的城乡低收入家庭占比相对较高，分别为86%和83.41%。

表4-22 城乡低收入家庭享受医疗救助状况（%）

享受医疗救助	总体	分人群		分城乡		分省份					
		低保户	非低保	农村	城市	江苏	浙江	河南	湖北	四川	陕西
有	80.12	80.51	69.75	84.95	72.93	78.84	76.30	78.00	86.00	83.41	77.71
没有	17.41	17.06	26.70	12.61	24.55	19.50	18.20	19.91	11.42	14.50	21.37
不知道	2.47	2.43	3.54	2.44	2.52	1.66	5.50	2.09	2.59	2.09	0.93
		chi2=25.769 P=0.000		chi2=247.034 P=0.000		chi2=173.156 P=0.000					

《中国城乡困难家庭社会政策支持系统建设数据分析报告（2015）》的数据显示，城市困难家庭表示曾享受过医疗救助的比例为24.18%，农村困难家庭表示曾享受过医疗救助的比例为23.90%，表明在当时我国医疗救助水平仍需进一步提升。同时，也有研究表明，我国医疗救助制度存在一定的问题。任玙等（2015）指出，我国医疗救助制度在取得成就的同时，存在政策导向偏差、救助对象覆盖不全面以及资金筹集机制单一等问题。① 江治强（2018）认为我国医疗

① 任玙，曾理斌，杨晓胜：《城乡医疗救助制度之现状、问题与对策》，载《南京医科大学学报（社会科学版）》2015年第1期，第11-14页。

救助的覆盖面虽然有所扩大，但医疗救助标准仍需提高。以上研究与本年度数据对比来看，本年度享受过医疗救助的城乡低收入家庭比例大幅增加。虽然数据样本抽样存在差别，不能依据表面数据差异进行简单对比，但本年度调查数据一定程度上表明我国医疗救助制度不断完善，医疗救助水平不断提高。

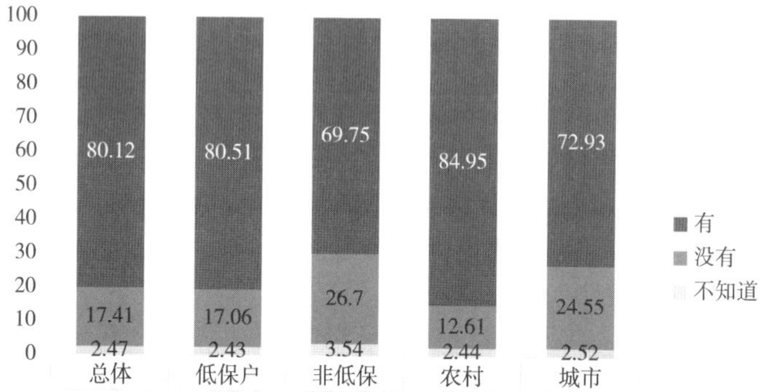

	总体	低保户	非低保	农村	城市
有	80.12	80.51	69.75	84.95	72.93
没有	17.41	17.06	26.7	12.61	24.55
不知道	2.47	2.43	3.54	2.44	2.52

图 4-24　城乡低收入家庭享受医疗救助状况（%）

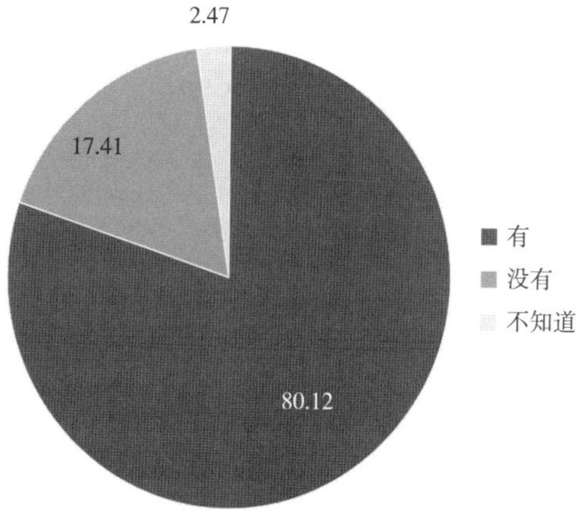

图 4-25　城乡低收入家庭总体享受医疗救助状况（%）

（二）城乡低收入家庭享受教育救助的状况

本部分将介绍城乡低收入家庭享受教育救助的状况。教育救助制度是国家和社会为贫困地区、贫困家庭学生提供资金、物质和人才等方面帮助和支持的制度。2014年《社会救助暂行办法》规定“国家对在义务教育阶段就学的最低生活保障家庭成员、特困供养人员，给予教育救助”。王力（2010）在其研究中根据教育救助实施过程中的主体和客体，将教育救助分为对贫困家庭子女的整体救助、对贫困地区的整体性救助和对贫困落后国家的救助三个层面。并将教育救助的定义表述为“国家、社会团体和个人为保障适龄学生获得接受教育的机会，从物质和资金上对贫困地区和贫困学生所提供的援助。”①

表4-23和图4-26、图4-27是对城乡低收入家庭享受教育救助情况的描述，并按照人群、城乡、省份进行了分类。首先，从总体情况来看，有36.23%的城乡低收入家庭享受过教育救助，61.31%的城乡低收入家庭没有享受过教育救助，享受过教育救助的比例较少。其次，从人群比较来看，统计学上存在显著的人群差异，分别有36.16%的低保户和38.15%的非低保户享受过教育救助，61.46%的低保户和57.49%的非低保户未享受过教育救助。另外，从城乡比较来看，存在显著的城乡差异，农村地区享受过教育救助的低收入家庭占比为37.49%，城市地区享受过教育救助的低收入家庭占比为34.36%，农村地区未享受过教育救助的占比为59.92%，城市地区未享受过教育救助的占比为34.36%。最后，从省份比较来看，各省市享受教育救助的城乡低收入家庭均未超过45%，其中陕西省、河南省享受过教育救助的城乡低收入家庭占比相对较多，分别为43.43%和42.90%。

表4-23　城乡低收入家庭享受教育救助状况（%）

享受教育救助	总体	分人群		分城乡		分省份					
		低保户	非低保	农村	城市	江苏	浙江	河南	湖北	四川	陕西
有	36.23	36.16	38.15	37.49	34.36	34.14	22.99	42.90	37.46	36.51	43.43
没有	61.31	61.46	57.49	59.92	63.39	64.73	72.99	55.81	59.45	59.54	55.47
不知道	2.45	2.38	4.36	2.58	2.25	1.13	4.02	1.29	3.09	3.95	1.10
		chi2=6.950 P=0.031		chi2=12.666 P=0.002		chi2=259.844 P=0.000					

① 王力：《中国城乡教育救助问题研究》，武汉科技大学2010年硕士学位论文。

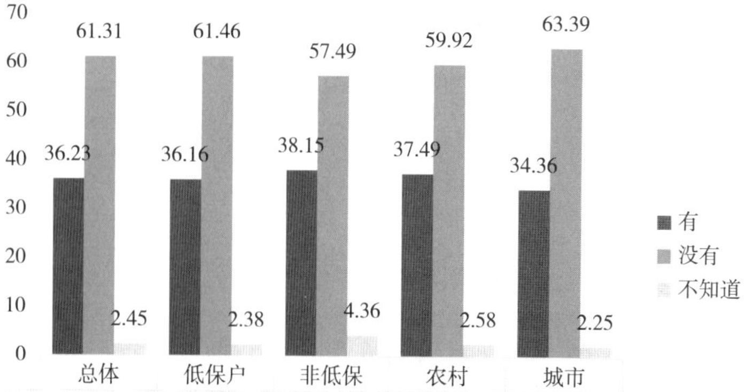

	总体	低保户	非低保	农村	城市
有	36.23	36.16	38.15	37.49	34.36
没有	61.31	61.46	57.49	59.92	63.39
不知道	2.45	2.38	4.36	2.58	2.25

图 4-26　城乡低收入家庭享受教育救助状况（%）

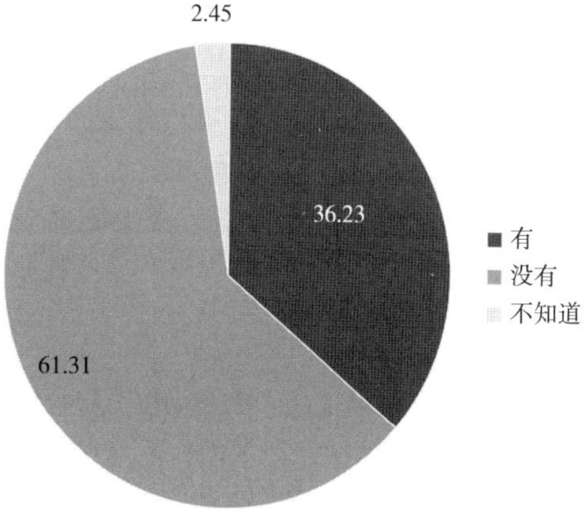

图 4-27　城乡低收入家庭总体享受教育救助状况（%）

《中国城乡困难家庭社会政策支持系统建设数据分析报告（2015）》的数据显示，农村困难家庭 2014 全年享受教育救助的比例为 9. 59%，城市流动人口家庭在现居住地获得教育救助的比例为 6. 62%、在户籍地获得教育救助的比例为 5. 43%。与本年度数据比较来看，本年度城乡低收入家庭接受教育救助的比例有所上升，虽然由于数据样本抽样存在差别，不能根据表面数据直接比较，但一定程度上能够体现出我国接受教育救助的困难群众数量增多，教育救助水平有所上升。但同时研究指出，我国教育救助存在一定的问题。杨娣（2016）指出我国教育救助存在管理体制障碍、管理主体问责机制不健全以及教育救助方式单一等问题①。武建（2022）的研究中指出目前教育救助存在救助对象不清晰、救助程序不科学等问题②。由此观之，近年来，虽然我国教育救助已经取得一定成就，但仍需在完善救助制度、拓展资金来源、加大政策宣传力度等方面进一步提升我国教育救助的普及程度和救助水平。

（三）城乡低收入家庭享受住房救助的状况

本部分将介绍城乡低收入家庭享受住房救助的状况。住房救助制度主要是指对城乡特殊困难居民和因灾倒房户在住房修缮、重建和租房方面给予现金与物质补助的制度。住房救助采用政府救助和社会帮扶相结合的方式进行。在农村，住房救助的主要内容是资助农村特殊困难农民搬迁、修缮和新建住房，资助因灾倒房户恢复重建。而在城市，住房救助主要是采用廉租住房制度，对城镇中经济收入特别困难人群或家庭提供低廉租金的住房或房租补贴，其实质是由政府承担租房费用与居民支付能力之间的差额，从而解决部分经济困难居民因住房支付能力不足导致无处安身的问题。

表4-24和图4-28、图4-29是对城乡低收入家庭享受住房救助情况的描述，并按照人群、城乡、省份进行了分类。首先，从总体情况看，享受住房援助的城乡低收入家庭较少，各项住房援助获得形式占比均不超过20%，其中，通过农村危房改造获得住房援助的城乡低收入家庭占比最多，达到19.41%。其次，进行城乡低收入家庭住房援助获得形式的人群对比，人群维度上除发放住房租赁补贴这一项具有显著的人群差异外，其余三项住房救助形式均不具有显著的人群差异，具体比较而言，公共租赁住房非低保户获得比例高于低保户，其余三项均为低保户家庭获得比例较低收入家庭多。与总体情况一致的是，通过农村危房改造获取住房援助的低保户和非低保户比例均最高，分别为19.47%、17.71%。另外，进行城乡低收入家庭住房援助获得形式的城乡比较分析，总的来看，住房援助的获得形式均具有显著的城乡差异，具体而言，在“公共租赁住房”和“农村危房改造”两项上差异较为显著，其中通过公共租赁住房获得住房援助的农村低收入家庭占比1.19%，城市低收入家庭

① 杨娣：《我国教育救助法律困境及其制度完善》，江西财经大学2016年硕士学位论文。

② 武健：《我国教育救助立法探究》，山西大学2021年硕士学位论文。

表 4-24　城乡低收入家庭住房援助获得形式状况（%）

获得形式	选项	总体	分人群		分城乡		分省份					
			低保户	非低保	农村	城市	江苏	浙江	河南	湖北	四川	陕西
公共租赁住房	是	7.90	7.87	8.72	1.19	17.89	5.87	9.28	3.38	7.09	9.99	11.46
	否	92.10	92.13	91.28	98.81	82.11	94.13	90.72	96.62	92.91	90.01	88.54
			chi2=0.354 P=0.552		chi2=948.428 P=0.000		chi2=102.117 P=0.000					
发放住房租赁补贴	是	4.19	4.20	4.09	1.37	8.40	2.49	6.56	2.64	3.37	4.85	5.15
	否	95.81	95.80	95.91	98.63	91.60	97.51	93.44	97.36	96.63	95.15	94.85
			chi2=0.010 P=0.000		chi2=304.719 P=0.000		chi2=54.393 P=0.000					
农村危房改造	是	19.41	19.47	17.71	29.22	4.79	10.08	12.77	24.09	21.15	29.57	18.41
	否	80.59	80.53	82.29	70.78	95.21	89.92	87.23	75.91	78.85	70.43	81.59
			chi2=0.703 P=0.402		chi2=942.651 P=0.000		chi2=285.982 P=0.000					
其他	是	5.71	5.77	4.09	6.91	3.92	3.62	5.08	2.03	6.75	7.51	8.92
	否	94.29	94.23	95.91	93.09	96.08	96.38	94.92	97.97	93.25	92.49	91.08
			chi2=1.859 P=0.173		chi2=40.900 P=0.000		chi2=103.139 P=0.000					

占比 17.89%，城市低收入家庭同比高出 16.7%；而通过农村危房改造获得住房援助的城市家庭占比 4.79%，农村低收入家庭占比 29.22%，农村低收入家庭高出 24.43 个百分点，这与城乡住房形式的现实情况差异有关。最后，进行城乡低收入家庭获得住房援助形式的省份比较分析，各省份城乡低收入家庭在住房救助的获取方式上占比分布相对一致，具体而言，各省份均为获得农村危房改造的占比最高，其余三项则占比相对较低，其中，四川省城乡低收入家庭通过农村危房改造获得住房援助的占比最大，为 29.57%。

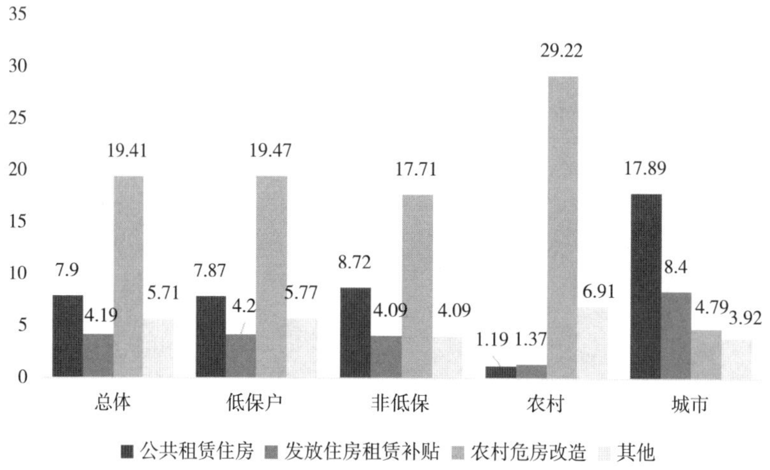

图 4-28　城乡低收入家庭享受住房援助状况（%）

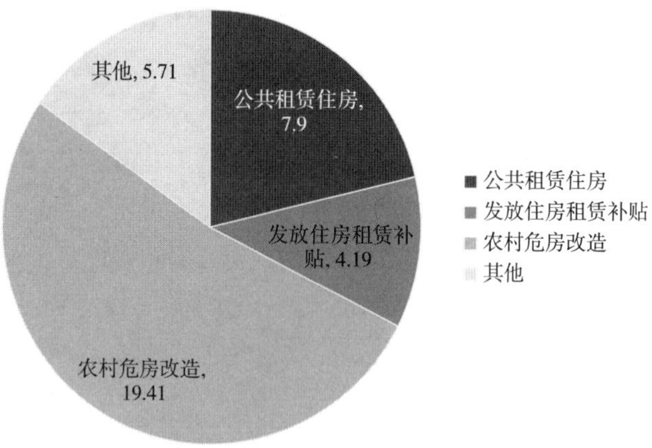

图 4-29　城乡低收入家庭总体享受住房援助状况（%）

《中国城乡困难家庭社会政策支持系统建设数据分析报告（2015）》的结论显示，城市困难家庭享受住房补贴的比例明显高于农村困难家庭，虽然数据样本抽样存在差异，但与本年度数据对比来看，目前住房救助仍然存在较大的城乡差异，我国住房援助的普及化程度还需要进一步提升。一些学者的研究亦表明我国住房救助制度目前存在一些问题。如赵伟等（2010）认为，我国廉租房和经济适用房制度保障在享受住房救助资格方面不能做到相互衔接，导致我国住房救助制度边缘群体覆盖不到位。① 吴婷（2012）通过对兰州市中低收入家庭住房救助政策的研究，发现兰州市住房保障政策建设中存在保障性住房供应不足、存在大量“夹心层”群体等问题。② 对此，我国应进一步扩大住房救助的覆盖人群，完善住房救助政策。另外，也有学者指出住房救助应与就业救助相结合，李梦玄等（2013）提出建设保障性住房和商品房的混合社区，避免保障性住房集中分布在偏远地区，从而促进住房救助对就业的激励作用。③ 师文文（2021）认为应完善针对住房救助受助者的就业激励制度。④ 总的来说，我国在提升住房救助水准的同时，应注重避免住房救助对就业的负向激励作用，通过发挥住房救助的优势促进城乡低收入家庭幸福感与获得感。

（四）城乡低收入家庭享受就业援助的状况

本部分将介绍城乡低收入家庭享受就业援助的状况，主要分为两个方面：第一，城乡低收入家庭享受就业援助状况；第二，城乡低收入家庭享受就业援助形式状况。

1. 城乡低收入家庭享受就业援助状况

对城乡困难群众进行就业援助是促进其自力更生，巩固脱贫成果的重要举措。2014 年《社会救助暂行办法》规定：“国家对最低生活保障家庭中有劳动能力并处于失业状态的成员，通过贷款贴息、社会保险补贴、岗位补贴、培训补贴、费用减免、公益性岗位安置等办法，给予就业救助。”民政部指出，应加强低保等基本生活救助政策与就业救助等政策的协同联动，指导地方激活低

① 赵伟，曾繁杰：《我国住房保障体系的症结与改革思路》，载《甘肃社会科学》2010 年第 4 期，第 78-81 页。

② 吴婷：《兰州市中低收入家庭住房保障政策研究》，甘肃农业大学 2012 年硕士学位论文。

③ 李梦玄，周义，胡培：《保障房社区居民居住——就业空间失配福利损失研究》，载《城市发展研究》2013 年第 10 期，第 63-68 页。

④ 师文文：《城镇住房救助对受助者就业的影响研究》，山东财经大学 2021 年硕士学位论文。

保对象参与就业的内生动力，激励有劳动条件的困难群众实现就业。

表4-25和图4-30、图4-31是对城乡低收入家庭享受就业援助状况的描述，并按照人群、城乡、省份进行了分类。首先，从总体情况看，有19.51%的城乡低收入家庭享受过就业援助，76.01%的城乡低收入家庭没有享受过就业援助。其次，从人群比较来看，不具有显著的人群差异，具体而言，有19.57%的低保户享受过就业援助、17.71%的非低保户享受过就业援助；76.01%的低保户没有享受过就业援助、76.02%的非低保户没有享受过就业援助。另外，从城乡比较来看，具有显著的城乡差异，有23.26%的农村低收入家庭享受过就业援助，13.92%的城市低收入家庭享受过就业援助，享受过就业援助的农村家庭占比相对较高。最后，从省份比较来看，具有显著的省份差异，其中陕西省获得过就业援助的低收入家庭占比最高，为29.42%；江苏省获得过就业援助的低收入家庭占比最低，为7.41%。可以看出，享受过就业援助的城乡低收入家庭占比不超过两成，我国就业援助的覆盖面仍需进一步提高。

表4-25　城乡低收入家庭享受就业援助状况（%）

享受就业援助	总体	分人群		分城乡		分省份					
		低保户	非低保	农村	城市	江苏	浙江	河南	湖北	四川	陕西
有	19.51	19.57	17.71	23.26	13.92	7.41	8.92	23.79	23.23	23.81	29.42
没有	76.01	76.01	76.02	71.96	82.03	88.86	83.98	74.00	71.82	69.75	68.27
不知道	4.48	4.42	6.27	4.78	4.04	3.73	7.09	2.21	4.95	6.43	2.32
		chi2 = 3.331 P = 0.189		chi2 = 146.315 P = 0.000		chi2 = 514.339 P = 0.000					

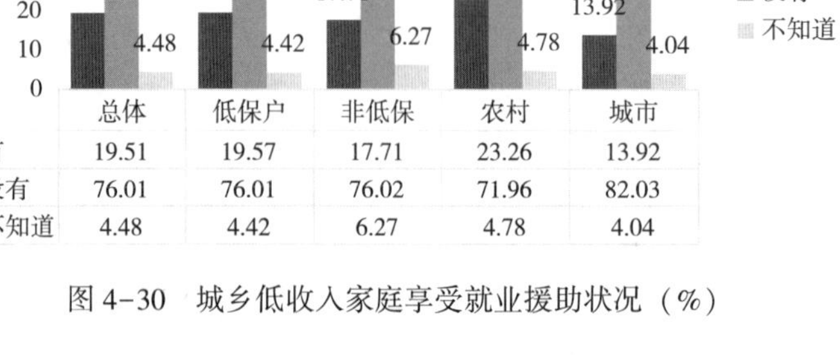

	总体	低保户	非低保	农村	城市
有	19.51	19.57	17.71	23.26	13.92
没有	76.01	76.01	76.02	71.96	82.03
不知道	4.48	4.42	6.27	4.78	4.04

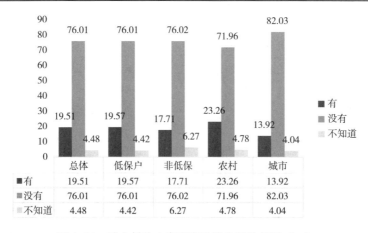

图4-30　城乡低收入家庭享受就业援助状况（%）

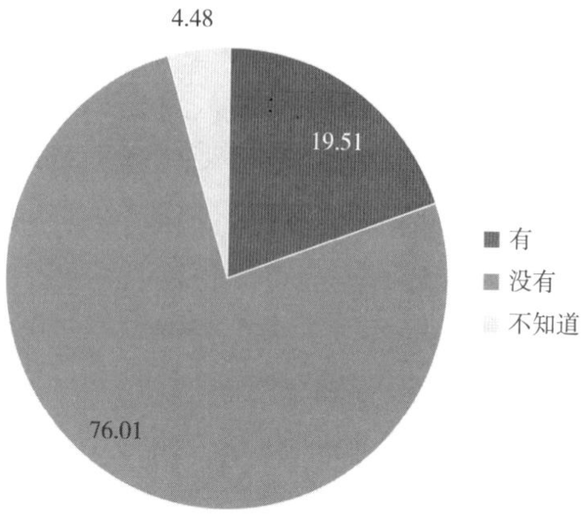

图 4-31　城乡低收入家庭总体享受就业援助状况（%）

2. 城乡低收入家庭获得就业援助形式状况

表 4-26 和图 4-32 是对城乡低收入家庭获得就业援助形式状况的描述，并按照人群、城乡、省份进行了分类。首先，从总体情况来看，城乡低收入家庭获得就业援助的形式的比例分布差异较大，就业援助形式占比较高的为“公益性岗位安置（45.31%）”“免费职业培训（44.67%）”以及“职业介绍（39.58%）”，通过税费减免获得就业援助的城乡低收入家庭占比最少，为 4.29%。其次，进行城乡低收入家庭享受就业援助形式的人群比较分析，在就业援助形式的获得上，获得职业介绍的占比具有显著的人群差异，具体表现在：通过职业介绍获得就业援助的非低保户占比 60.00%、低保户占比 38.90%，非低保户高出 21.1 个百分点。另外，进行城乡低收入家庭获得就业援助形式的城乡比较分析，在就业援助形式的获得上，通过职业介绍、公益性岗位安置、贷款贴息、岗位补贴以及培训补贴获得就业援助的占比均具有显著的城乡差异，具体表现在：通过职业介绍获得就业援助的农村家庭占比 33.96%、城市家庭占比 53.57%，城市家庭高出 19.61 个百分点；通过公益性岗位安置获得就业援助的农村家庭占比 51.43%、城市家庭占比 30.09%，农村家庭高出 21.34 个百分点；通过贷款贴息获得就业援助的农村家庭占比 23.27%、城市家庭占比 5.74%，农村家庭高出 17.53 个百分点。最后，进行城乡低收入家庭获得就业援助形式的省份比较分析，同样地，城乡低收入家庭获得就业援助形式维度上存在一定的省份差异，除税费减免这一项外，其余各项均具有较显著的省份差异，其中，通过公益性岗位安置这一形式获得就业援

表 4-26　城乡低收入家庭就业援助获得形式状况（%）

获得形式	选项	总体	分人群		分城乡		分省份					
			低保户	非低保	农村	城市	江苏	浙江	河南	湖北	四川	陕西
职业介绍	是	39.58	38.90	60.00	33.96	53.57	52.80	50.33	22.48	43.58	31.75	49.41
	否	60.42	61.10	40.00	66.04	46.43	47.20	49.67	77.52	56.42	68.25	50.59
			chi2 = 11.712 P = 0.001		chi2 = 65.911 P = 0.000		chi2 = 97.851 P = 0.000					
公益性岗位安置	是	45.31	45.49	40.00	51.43	30.09	17.60	37.75	70.28	36.32	48.10	40.35
	否	54.69	54.51	60.00	48.57	69.91	82.40	62.25	29.72	63.68	51.90	59.65
			chi2 = 0.766 P = 0.382		chi2 = 75.420 P = 0.000		chi2 = 159.458 P = 0.000					
免费职业培训	是	44.67	44.15	60.00	44.65	44.70	30.40	29.14	44.44	43.34	43.36	55.12
	否	55.33	55.85	40.00	55.35	55.30	69.60	70.86	55.56	56.66	56.64	44.88
			chi2 = 1.752 P = 0.186		chi2 = 0.000 P = 0.986		chi2 = 48.067 P = 0.000					
贷款贴息	是	18.25	18.50	10.77	23.27	5.74	8.80	3.97	27.65	18.89	17.77	17.52
	否	81.75	81.50	89.23	76.73	94.26	91.20	96.03	72.35	81.11	82.23	82.48
			chi2 = 2.517 P = 0.113		chi2 = 84.517 P = 0.000		chi2 = 51.392 P = 0.000					

续表

获得形式	选项	总体	分人群		分城乡		分省份					
			低保户	非低保	农村	城市	江苏	浙江	河南	湖北	四川	陕西
社会保险补贴	是	19.54	19.73	13.85	19.43	19.83	21.60	20.53	18.35	24.70	22.51	12.99
	否	80.46	80.27	86.15	80.57	80.17	78.40	79.47	81.65	75.30	77.49	87.01
			chi2 = 1.386 P = 0.239		chi2 = 0.042 P = 0.838		chi2 = 23.992 P = 0.000					
岗位补贴	是	9.67	9.63	10.77	11.81	4.35	3.20	4.64	16.80	9.20	5.69	11.02
	否	90.33	90.37	89.23	88.19	95.65	96.80	95.36	83.20	90.80	94.31	88.98
			chi2 = 0.093 P = 0.761		chi2 = 26.146 P = 0.000		chi2 = 41.698 P = 0.000					
培训补贴	是	18.39	18.70	9.23	21.38	10.96	7.20	2.65	23.00	18.40	17.77	22.83
	否	81.61	81.30	90.77	78.62	89.04	92.80	97.35	77.00	81.60	82.23	77.17
			chi2 = 3.758 P = 0.053		chi2 = 29.709 P = 0.000		chi2 = 47.617 P = 0.000					
税费减免	是	4.29	4.22	6.15	4.61	3.48	5.60	2.65	5.43	4.84	2.61	4.53
	否	95.71	95.78	93.85	95.39	96.52	94.40	97.35	94.57	95.16	97.39	95.47
			chi2 = 0.571 P = 0.450		chi2 = 1.285 P = 0.257		chi2 = 6.023 P = 0.304					

续表

获得形式	选项	总体	分人群		分城乡		分省份					
			低保户	非低保	农村	城市	江苏	浙江	河南	湖北	四川	陕西
其他	是	4. 29	4. 38	1. 54	4. 61	3. 48	5. 60	7. 95	3. 88	5. 08	2. 84	3. 74
	否	95. 71	95. 62	98. 46	95. 39	96. 52	94. 40	92. 05	96. 12	94. 92	97. 16	96. 26
			chi2 = 1. 237 P = 0. 266		chi2 = 1. 285 P = 0. 257		chi2 = 8. 767 P = 0. 119					

助的省份差异较大：河南省占比最高，达到70.28%；江苏省占比最低，为17.60%。总的来看，陕西省、湖北省就业援助实施措施分布占比多数位于前列。

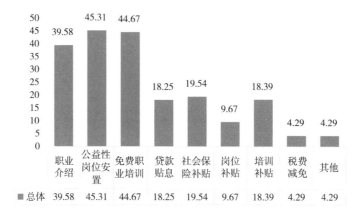

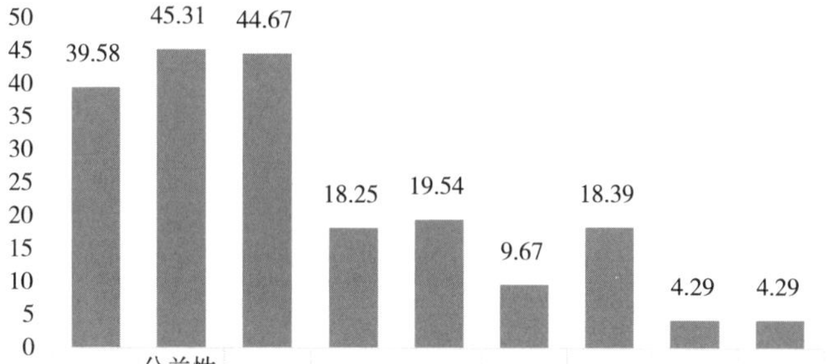

	职业介绍	公益性岗位安置	免费职业培训	贷款贴息	社会保险补贴	岗位补贴	培训补贴	税费减免	其他
■总体	39.58	45.31	44.67	18.25	19.54	9.67	18.39	4.29	4.29

图4-32　城乡低收入家庭就业援助获得形式状况（%）

《中国城乡困难家庭社会政策支持系统建设数据分析报告（2015）》的数据显示，通过职业介绍获得就业援助的城市家庭占比29.21%、农村家庭占比12.52%；通过免费职业培训获得就业援助的城市家庭占比30.17%、农村家庭占比27.26%。以此两项为例，与本年度数据对比来看，获得此两项就业援助的城乡困难家庭比例均有大幅度上升，虽然由于数据样本抽样存在差异，不能依据表面数据进行直接对比，但总的来说，说明近年来我国就业援助的实施取得了一定的成效。但与此同时，也有一些研究表明我国就业援助仍存在一些问题。李媛（2019）在其研究中指出，我国就业援助仍存在相关法律制度不完善、政策制定不合理、政策宣传力度不足等问题。[①] 唐钧（2017）在其研究中指出，我国就业援助政策对城乡困难户的帮助效果不明显，需要在政策理念和具体举措上进一步改进。[②] 综上所述，我国就业援助政策在城乡低收入家庭中的普及程度仍需进一步提升，对困难家庭的就业支持仍需向精准化、科学化迈进。

二、城乡低收入家庭享受其他福利项目的状况

本部分将介绍城乡低收入家庭享受其他福利项目的状况，具体包括四个方

① 李媛：《城镇困难群体就业援助问题研究》，云南财经大学2019年硕士学位论文。

② 唐钧：《论城乡困难家庭就业救助精准化》，载《党政研究》2017年第5期，第121-125页。

面的内容：第一，城乡低收入家庭享受水电、燃料、取暖费减免状况；第二，城乡低收入家庭享受物价补贴或节假日一次性救助状况；第三，城乡低收入家庭享受残疾人生活补贴状况；第四，城乡低收入家庭享受老人补贴相关政策状况。

（一）城乡低收入家庭享受水电、燃料、取暖费减免状况

本部分将介绍城乡低收入家庭享受水电、燃料、取暖费减免的状况。根据各地方的最低生活保障标准以及水电、燃料、取暖费的收费标准，给予符合条件的家庭水电、燃料以及取暖费的一定的减免优惠，能够帮助城乡低收入家庭减轻生活负担。

表4-27和图4-33、图4-34是对城乡低收入家庭享受水电、燃料、取暖费减免状况的描述，并按照人群、城乡、省份进行了分类。首先，从总体情况来看，58.76%的城乡低收入家庭享受过此项政策，37.79%的城乡低收入家庭没有享受过此项政策。其次，从人群比较来看，存在显著的人群差异，分别有59.23%和46.05%的低保户和非低保户享受过水电、燃料、取暖费减免政策，低保户享受此项政策的占比相对较高。另外，分城乡比较来看，统计学上存在显著的城乡差异，具体而言，农村地区享受过此项政策的低收入家庭占比为62.00%，城市地区为53.92%，农村低收入家庭高出8.08个百分点。最后，从省份比较来看，存在显著的省份差异，其中，江苏省享受过水电、燃料、取暖费减免政策的城乡低收入家庭占比最高，达到71.67%，湖北省享受过此项政策的城乡低收入家庭占比最低，为38.81%，这可能与区域具体供暖状况的不同有关。

表4-27　城乡低收入家庭享受水电、燃料、取暖费减免状况（%）

享受水电、燃料、取暖费减免	总体	分人群		分城乡		分省份					
		低保户	非低保	农村	城市	江苏	浙江	河南	湖北	四川	陕西
有	58.76	59.23	46.05	62.00	53.92	71.67	75.41	63.18	38.81	46.33	58.95
没有	37.79	37.29	51.23	34.58	42.57	25.49	19.80	34.17	56.97	49.38	39.20
不知道	3.45	3.48	2.72	3.41	3.51	2.85	4.79	2.64	4.22	4.29	1.85
		chi2=29.224 P=0.000		chi2=69.188 P=0.000		chi2=788.335 P=0.000					

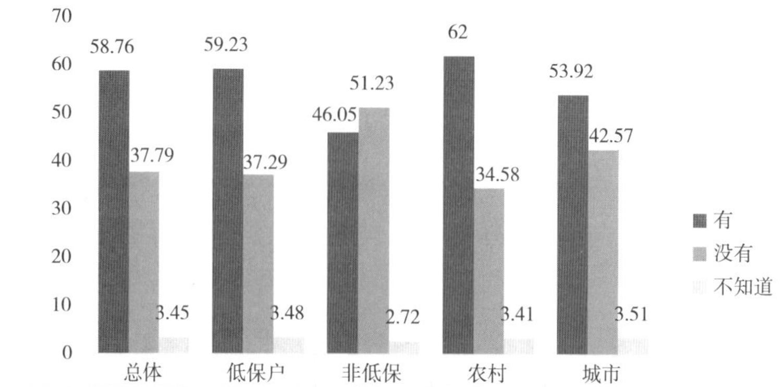

	总体	低保户	非低保	农村	城市
有	58.76	59.23	46.05	62	53.92
没有	37.79	37.29	51.23	34.58	42.57
不知道	3.45	3.48	2.72	3.41	3.51

图 4-33　城乡低收入家庭享受水电、燃料、取暖费减免状况（%）

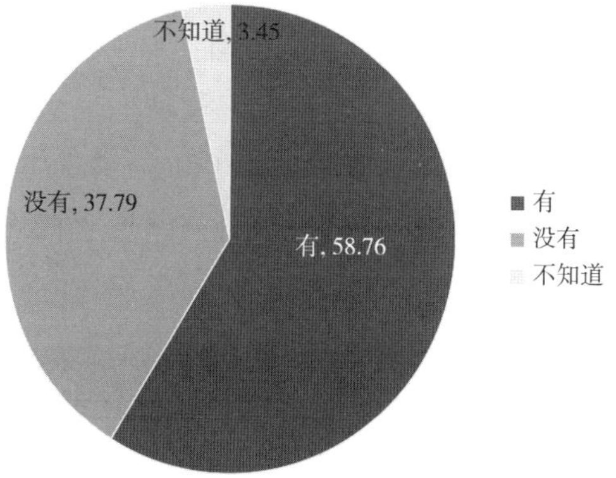

图 4-34　城乡低收入家庭总体享受水电、燃料、取暖费减免状况（%）

《中国城乡困难家庭社会政策支持研究（2016）》的数据显示，享受水电、燃料、取暖费减免政策的城市低保户占比 28.6%、农村低保户占比 18.0%，与本年度数据对比来看，享受水电、燃气、取暖费减免的低保家庭占比显著上升，说明我国此项福利政策的实施情况在稳步提升，也从侧面表明了近年来我国社会救助水平在不断提高。

（二）享受物价补贴或节假日一次性救助的状况

本部分将介绍城乡低收入家庭享受物价补贴或节假日一次性救助的状况。

2020年《关于改革完善社会救助制度的意见》中明确要求“进一步完善社会救助和保障标准与物价上涨挂钩的联动机制。”同时，为低保对象、特困人员增发一次性生活补贴。2020年《民政部、财政部关于进一步做好困难群众基本生活保障工作的通知》中也明确要求“严格落实社会救助和保障标准与物价上涨挂钩联动机制，依规发放价格临时补贴。”对困难群众发放物价补贴以及节假日一次性救助金能够有效缓解由于物价上涨或节假日支出增加带来的生活压力。

表4-28和图4-35、图4-36是对城乡低收入家庭享受物价补贴或节假日一次性救助状况的描述，并按照人群、城乡、省份进行了分类。首先，从总体情况来看，有44.78%的城乡低收入家庭享受过此项政策，49.44%的城乡低收入家庭未曾享受过此项政策。其次，从人群比较来看，存在显著的人群差异，其中，45.14%的低保户享受过物价补贴或节假日一次性救助，35.15%的非低保户享受过物价补贴或节假日一次性救助，享受过此项政策的低保户高出9.99个百分点。另外，从城乡比较来看，分别有44.21%、45.64%的农村低收入家庭和城市低收入家庭享受过此项政策，49.34%、49.5%的农村低收入家庭和城市低收入家庭没有享受过此项政策。最后，从省份比较来看，存在显著的省份差异，其中，江苏省享受此项政策的城乡低收入家庭占比最高，为64.20%，湖北省享受过此项政策的城乡低收入家庭占比最低，为30.76%。

表4-28　城乡低收入家庭享受物价补贴或节假日一次性救助状况（%）

享受物价补贴或节假日一次性救助	总体	分人群		分城乡		分省份					
		低保户	非低保	农村	城市	江苏	浙江	河南	湖北	四川	陕西
有	44.78	45.14	35.15	44.21	45.64	64.20	48.23	33.25	30.76	43.54	44.78
没有	49.44	48.99	61.58	49.34	49.59	32.25	42.97	61.52	62.75	52.35	49.44
不知道	5.78	5.87	3.27	6.45	4.77	3.56	8.81	5.22	6.49	4.11	5.78
		chi2=23.370 P=0.000		chi2=13.273 P=0.001		chi2=570.503 P=0.000					

《中国城乡困难家庭社会政策支持研究（2016）》的数据显示，有22.7%的城市低保户享受过物价补贴或节假日救助，9.2%的农村低保户享受过物价补

贴或节假日救助。与本年度数据对比来看，享受物价补贴或节假日一次性救助的城乡低保户占比均上升一倍以上，尤其是农村低保户占地提升了近四倍，最大缩小了城乡差距，说明我国享受物价补贴或节假日一次性救助的覆盖人群在不断扩大，近年来国家相关政策的出台与实施取得了一定效果。

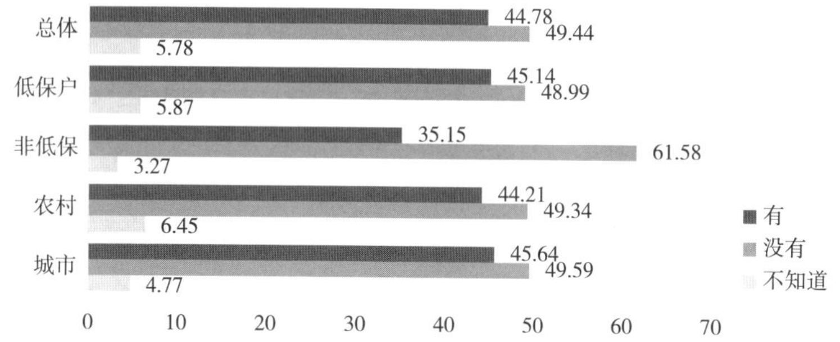

	城市	农村	非低保	低保户	总体
有	45.64	44.21	35.15	45.14	44.78
没有	49.59	49.34	61.58	48.99	49.44
不知道	4.77	6.45	3.27	5.87	5.78

图 4-35　城乡低收入家庭享受物价补贴或节假日一次性救助状况（%）

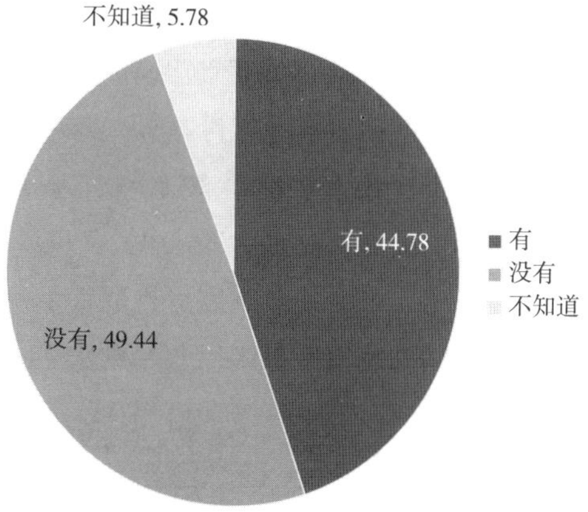

图 4-36　城乡低收入家庭总体享受物价补贴或节假日一次性救助状况（%）

（三）城乡低收入家庭享受残疾人生活补贴状况

本部分将介绍城乡低收入家庭享受残疾人生活补贴的状况，主要分为两个方面：第一，城乡低收入家庭享受困难残疾人生活补贴状况；第二，城乡低收入家庭享受重度残疾人生活补贴状况。2016 年，国务院全面建立了困难残疾人生活补贴和重度残疾人护理补贴制度，对残疾人实施补贴能够减轻残疾人生活负担，促进巩固脱贫成果。此项制度也日益成为保障基本民生、维护社会稳定、体现社会主义制度优越性的重要民生保障制度安排。

1. 城乡低收入家庭享受困难残疾人生活补贴状况

本部分将介绍城乡低收入家庭享受困难残疾人生活补贴的状况，困难残疾人生活补贴主要补助最低生活保障家庭中的残疾人，有条件的地方可逐步拓展到低收入及其他困难残疾人。

表 4-29 和图 4-37、图 4-38 是对城乡低收入家庭享受困难残疾人生活补贴状况的描述，并按照人群、城乡、省份进行了分类。首先，从总体情况来看，46.01%的城乡低收入家庭享受过困难残疾人生活补贴，24.51%的城乡低收入家庭没有享受过困难残疾人补贴，27.46%的家中无残疾人，不适用此项政策。其次，从人群比较来看，存在显著的人群差异，有 46.49%的低保户享受过困难残疾人生活补贴，32.97%的非低保户享受过此项政策，低保户高出 13.52 个百分点。另外，从城乡比较来看，统计学上存在显著的城乡差异，分别有 47.94%和 43.12%的农村家庭和城市家庭享受过困难残疾人生活补贴，分别有 23.48%和 26.03%的农村家庭和城市家庭没有享受过困难残疾人生活补贴。最后，从省份比较来看，存在显著的省份差异，其中，浙江省享受困难残疾人生活补贴的低收入家庭占比最多，达到 57.57%，江苏省、四川省享受困难残疾人生活补贴的占比相对较低，分别为 36.10%、37.36%。由本年度数据可以得出，目前我国困难残疾人生活补贴制度运行取得了一定成效，但仍需进一步提高困难残疾人生活补贴制度覆盖范围以及补助水平。

表 4-29　城乡低收入家庭享受困难残疾人生活补贴状况（%）

享受困难残疾人生活补贴	总体	分人群		分城乡		分省份					
		低保户	非低保	农村	城市	江苏	浙江	河南	湖北	四川	陕西
有	46.01	46.49	32.97	47.94	43.12	36.10	57.57	47.63	52.76	37.36	44.76
没有	24.51	24.20	32.70	23.48	26.03	31.24	17.61	25.26	22.72	25.00	25.30
不知道	2.02	2.05	1.36	2.15	1.84	2.55	3.31	1.41	2.70	1.35	0.81
不适用	27.46	27.26	32.97	26.43	29.01	30.11	21.51	25.69	21.82	36.29	29.13

续表

享受困难残疾人生活补贴	总体	分人群		分城乡		分省份					
		低保户	非低保	农村	城市	江苏	浙江	河南	湖北	四川	陕西
		chi2 = 29. 505 P = 0. 000		chi2 = 26. 144 P = 0. 000		chi2 = 340. 567 P = 0. 000					

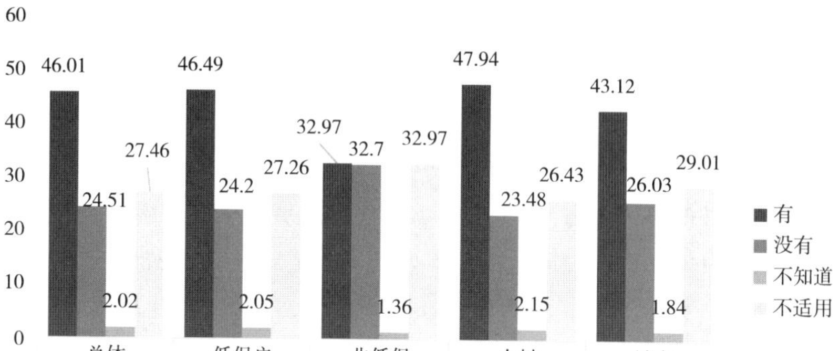

	总体	低保户	非低保	农村	城市
有	46.01	46.49	32.97	47.94	43.12
没有	24.51	24.2	32.7	23.48	26.03
不知道	2.02	2.05	1.36	2.15	1.84
不适用	27.46	27.26	32.97	26.43	29.01

图 4-37　城乡低收入家庭享受困难残疾人生活补贴状况（%）

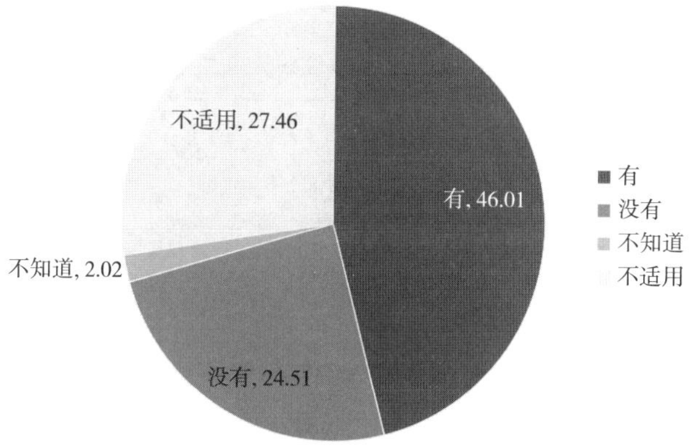

图 4-38　城乡低收入家庭总体享受困难残疾人生活补贴状况（%）

2. 城乡低收入家庭享受重度残疾人生活补贴状况

本部分将介绍城乡低收入家庭享受重度残疾人生活补贴的状况。重度残疾人护理补贴主要补助残疾等级为一级、二级需要长期照护的重度残疾人，有条件的地方拓展到非重度智力、精神残疾人或其他残疾人，推动形成面向所有需要长期照护残疾人的护理补贴制度。

表 4-30 和图 4-39、图 4-40 是对城乡低收入家庭享受重度残疾人生活补贴状况的描述，并按照人群、城乡、省份进行了分类。首先，从总体情况来看，有 28.10%的城乡低收入家庭享受过重度残疾人生活补贴，40.56%的城乡低收入家庭没有享受过重度残疾人生活补贴。与困难残疾人生活补贴享受情况相比，享受重度残疾人生活补贴的占比相对较少，这可能与城乡低收入家庭中困难残疾人相对重度残疾人数量更多有关。其次，从人群比较来看，存在显著的人群差异，分别有 28.55%的低保户和 16.08%的非低保户享受过重度残疾人生活补贴，低保户同比高出 12.47%。再次，从城乡比较来看，存在显著的城乡差异，农村地区享受过重度残疾人生活补贴的占比为 29.86%，城市地区享受过重度残疾人生活补贴的占比为 25.50%，农村地区占比高出 4.36 个百分点。最后，从省份比较来看，存在显著的省份差异，其中浙江省享受此项政策的城乡低收入家庭占比最高，达到 36.35%，江苏省、四川省、陕西省享受此项政策的城乡低收入家庭占比相对较低，分别为 23.47%、23.98%、23.05%。与困难残疾人生活补贴制度相比，享受重度残疾人生活补贴的困难家庭占比明显较少，除了政策对象本身数量较少的原因之外，也说明我国重度残疾人生活补贴制度仍需进一步完善。

表 4-30　城乡低收入家庭享受重度残疾人生活补贴状况（%）

享受重度残疾人生活补贴	总体	分人群		分城乡		分省份					
		低保户	非低保	农村	城市	江苏	浙江	河南	湖北	四川	陕西
有	28.10	28.55	16.08	29.86	25.50	23.47	36.35	28.95	32.90	23.98	23.05
没有	40.56	40.30	47.68	39.88	41.57	42.86	36.58	42.35	40.89	36.57	44.30
不知道	2.12	2.16	1.09	2.29	1.86	2.02	4.37	1.29	2.25	1.86	0.93
不适用	29.21	28.99	35.15	27.97	31.07	31.65	22.70	27.41	23.96	37.58	31.73
		chi2=30.847 P=0.000		chi2=28.681 P=0.000		chi2=269.312 P=0.000					

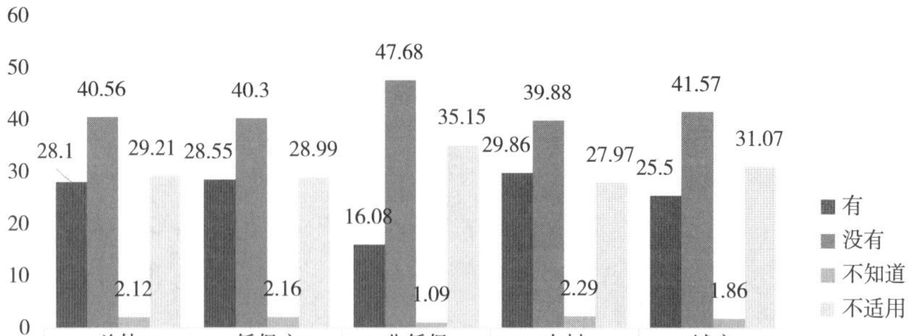

	总体	低保户	非低保	农村	城市
有	28.1	28.55	16.08	29.86	25.5
没有	40.56	40.3	47.68	39.88	41.57
不知道	2.12	2.16	1.09	2.29	1.86
不适用	29.21	28.99	35.15	27.97	31.07

图 4-39　城乡低收入家庭享受重度残疾人生活补贴状况（%）

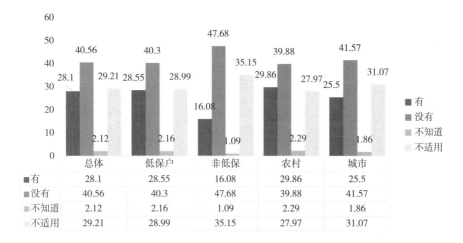

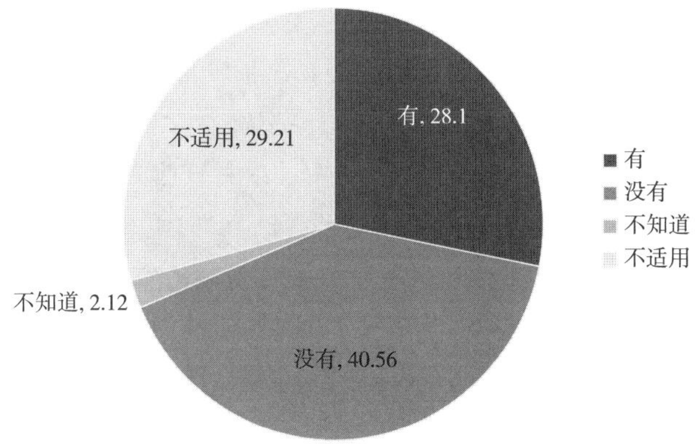

图 4-40　城乡低收入家庭总体享受重度残疾人生活补贴状况（%）

（四）城乡低收入家庭享受老人补贴相关政策状况

本部分将介绍城乡低收入家庭享受老人补贴的相关政策状况，具体分为三个方面：第一，城乡低收入家庭享受老人高龄津贴状况；第二，城乡低收入家庭享受老人护理补贴状况；第三，城乡低收入家庭享受养老服务补贴状况。2014 年财政部印发《关于建立健全经济困难的高龄、失能等老年人补贴制度的通知》推动各地建立针对经济困难的高龄、失能等老年人补贴制度，不断提升老年人生活质量。此后，根据民政部的相关通知，各省份健全完善配套政策，实现经济困难的高龄、失能等老年人补贴制度的全覆盖，初步形成老年人社会救助、社会福利和社会保险相衔接的保障体系。民政部的数据显示，截至2019年底，全国共有2865万老年人享受高龄津贴，519万老年人纳入经济困难老年人护理补贴和服务补贴范围。①

1. 城乡低收入家庭享受老人高龄津贴状况

本部分将介绍城乡低收入家庭享受老人高龄津贴的状况。以北京市《关于印发北京市高龄老年人津贴发放办法的通知》为例，其对90周岁至99周岁的老年人，每人每月享受100元高龄老年人津贴；100周岁及以上的老年人，每人每月享受200元高龄老年人津贴。城乡低收入家庭中老人享受高龄津贴有助于减轻其高龄老人的赡养负担，提高生活活力。

表4-31和图4-41、图4-42是对城乡低收入家庭老人享受高龄津贴状况的描述，并按照人群、城乡、省份进行了分类。首先，从总体情况来看，有20.65%的城乡低收入家庭享受高龄津贴，37.54%的城乡低收入家庭没有享受过高龄津贴，其中39.59%的城乡低收入家庭不适用此项政策。其次，从人群比较来看，统计学上存在显著的人群差异，分别有20.50%的低保户和24.52%的非低保户老人享受高龄津贴，非低保户享受高龄津贴的占比相对较大。另外，从城乡比较来看，存在显著的城乡差异，农村低收入家庭享受高龄津贴占比23.13%，城市低收入家庭享受高龄津贴占比16.95%，农村低收入家庭高出6.18个百分点。最后，从省份比较来看，城乡低收入家庭享受高龄津贴的状况存在显著的省份差异，其中，陕西省享受高龄津贴的城乡低收入家庭占比最高，达到40.71%，浙江省享受高龄津贴的城乡低收入家庭占比最低，为12.59%。目前我国各省仍需进一步完善高龄津贴制度，因地制宜给予低收入高龄老人一定的政策倾斜，减轻低收入家庭养老负担。

表4-31　城乡低收入家庭老人享受高龄津贴状况（%）

享受高龄津贴	总体	分人群		分城乡		分省份					
		低保户	非低保	农村	城市	江苏	浙江	河南	湖北	四川	陕西
有	20.65	20.50	24.52	23.13	16.95	17.84	12.59	17.39	15.92	19.19	40.71
没有	37.54	37.47	39.24	36.06	39.73	36.69	45.21	38.72	44.66	33.58	26.46

① 《民政部关于进一步积极应对老龄化，加快完善我国城乡失智失能老人养老照护体系的提案答复的函》，载中华人民共和国民政部官网 https://xxgk.mca.gov.cn：8445/gdnps/pc/content.jsp？mtype=4&id=14755。

续表

享受高龄津贴	总体	分人群		分城乡		分省份					
		低保户	非低保	农村	城市	江苏	浙江	河南	湖北	四川	陕西
不知道	2.23	2.28	0.82	2.10	2.42	1.78	4.79	1.35	2.81	2.03	0.58
不适用	39.59	39.74	35.42	38.71	40.90	43.69	37.41	42.53	36.61	45.20	32.25
		chi2 = 8.129 P = 0.043		chi2 = 58.695 P = 0.000		chi2 = 676.319 P = 0.000					

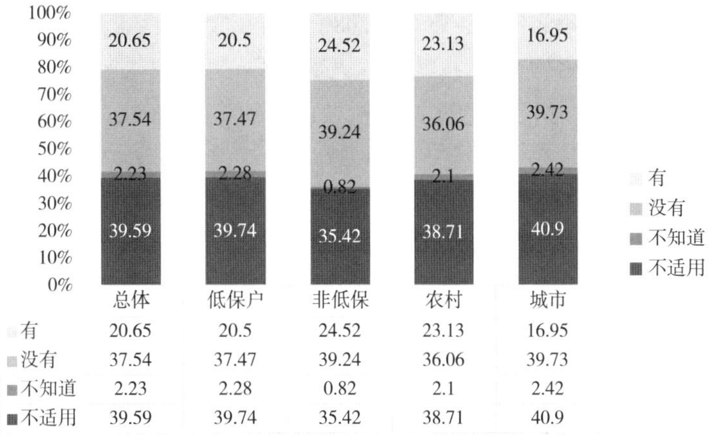

图 4-41　城乡低收入家庭老人享受高龄津贴状况（%）

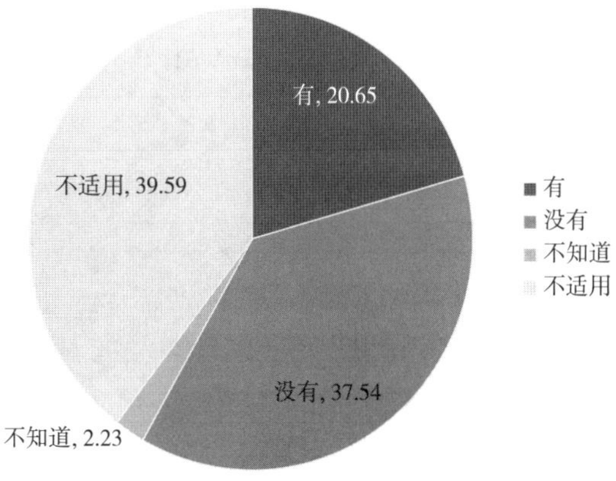

图 4-42　城乡低收入家庭老人总体享受高龄津贴状况（%）

2. 城乡低收入家庭享受老人护理补贴状况

本部分将介绍城乡低收入家庭享受老人护理补贴的状况。以《北京市人民政府办公厅转发市民政局市残联关于北京市市民居家养老（助残）服务办法的通知》为例，其规定对 60 至 79 周岁的重度残疾人每人每月发放 100 元；80 周岁及以上老年人每人每月发放 100 元，城乡低收入家庭享受护理补贴有助于减轻家庭老人护理负担，提升老人幸福感。

表 4-32 和图 4-43、图 4-44 是对城乡低收入家庭老人享受护理补贴状况的描述，并按照人群、城乡、省份进行了分类。首先，从总体情况来看，有 5.56%的城乡低收入家庭老人享受护理补贴，50.14%的城乡低收入家庭老人没有享受过护理补贴，其中，还有 42.08%的城乡低收入家庭不适用此项政策。其次，分人群比较来看，存在显著的人群差异，分别有 5.59%的低保户和 4.90%的非低保户老人享受过护理补贴，分别有 49.86%的低保户老人和 57.77%的非低保户老人没有享受过护理补贴，享受过老人护理补贴的低保户占比相对较高。另外，从城乡比较来看，具有显著的城乡差异，分别有 7.20%的农村低收入家庭和 3.12%的城市低收入家庭享受过老人护理补贴，分别有 49.34%农村低收入家庭和 51.33%的城市低收入家庭没有享受过老人护理补贴，农村低收入家庭享受老人护理补贴的占比相对较高。最后，从省份比较来看，各省份的城乡低收入家庭享受老人护理补贴的比例均未超过 8%，这也说明我国对城乡低收入家庭老人护理补贴制度惠及范围较小，普及程度不够，仍需进一步建立完善护理补贴制度，扩大受惠人群，提高城乡低收入家庭老人护理补贴水平。

表 4-32　城乡低收入家庭老人享受护理补贴状况（%）

享受护理补贴	总体	分人群		分城乡		分省份					
		低保户	非低保	农村	城市	江苏	浙江	河南	湖北	四川	陕西
有	5.56	5.59	4.90	7.20	3.12	5.99	5.08	4.30	4.95	5.36	7.64
没有	50.14	49.86	57.77	49.34	51.33	47.60	50.71	50.71	54.67	43.74	53.45
不知道	2.22	2.25	1.36	2.52	1.77	1.60	3.72	1.54	2.59	2.60	1.22
不适用	42.08	42.31	35.97	40.94	43.78	44.81	40.48	43.45	37.80	48.31	37.70
		chi2=9.341 P=0.025		chi2=86.795 P=0.000		chi2=118.960 P=0.000					

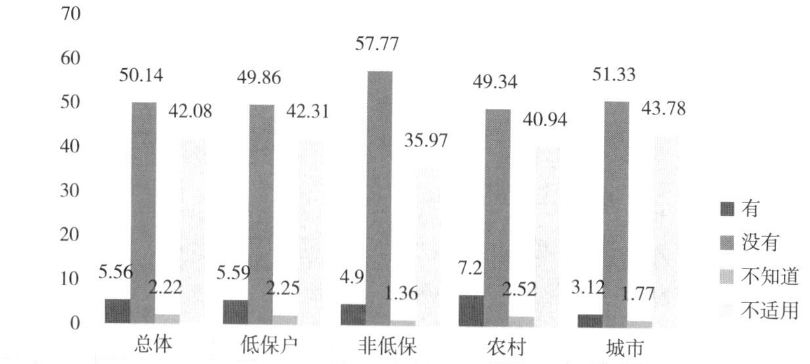

	总体	低保户	非低保	农村	城市
有	5.56	5.59	4.9	7.2	3.12
没有	50.14	49.86	57.77	49.34	51.33
不知道	2.22	2.25	1.36	2.52	1.77
不适用	42.08	42.31	35.97	40.94	43.78

图 4-43　城乡低收入家庭老人享受护理补贴状况（%）

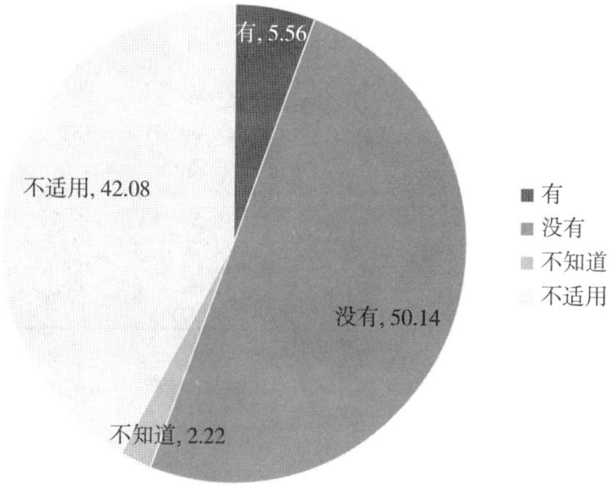

图 4-44　城乡低收入家庭老人总体享受护理补贴状况（%）

3. 城乡低收入家庭享受养老服务补贴状况

本部分将介绍城乡低收入家庭享受养老服务补贴的状况。以《北京市人民政府办公厅转发市民政局市残联关于北京市市民居家养老（助残）服务办法的通知》为例，其规定对 60 至 79 周岁的重度残疾人每人每月 100 元，80 周岁及以上老年人每人每月发放 100 元。对城乡低收入家庭发放养老服务补贴有助于减轻家庭赡养负担，提升养老水平。

表 4-33 和图 4-45、图 4-46 是对城乡低收入家庭老人享受养老服务补贴状

况的描述，并按照人群、城乡、省份进行了分类。首先，从总体情况来看，有22.04%的城乡低收入家庭享受过养老服务补贴，42.83%的城乡低收入家庭没有享受过养老服务补贴，其中，有31.53%的城乡低收入家庭不适用这一政策。其次，从人群比较来看，不存在显著的人群差异，有22.00%的低保户享受养老服务补贴，22.89%的非低保户享受过养老服务补贴。另外，从城乡比较来看，存在显著的城乡差异，有27.12%的农村低收入家庭享受过养老服务补贴，14.46%的城市低收入家庭享受过养老服务补贴，农村地区高出12.66个百分点。最后，从省份比较来看，存在显著的省份差异，其中，陕西省城乡低收入家庭享受养老服务补贴的占比最高，达到37.81%，江苏省、浙江省城乡低收入家庭享受养老服务补贴的占比相对较低，分别为13.93%、12.17%。由此说明，目前我国养老服务补贴的发放需要减少城乡以及地区的差异，其普及程度仍需进一步完善。

表4-33　城乡低收入家庭老人享受养老服务补贴状况（%）

享受养老服务补贴	总体	分人群		分城乡		分省份					
		低保户	非低保	农村	城市	江苏	浙江	河南	湖北	四川	陕西
有	22.04	22.00	22.89	27.12	14.46	13.93	12.17	29.56	20.70	18.23	37.81
没有	42.83	42.65	47.68	40.05	46.97	44.99	51.65	38.72	45.44	43.00	33.06
不知道	3.61	3.62	3.27	3.82	3.29	2.55	6.15	3.01	4.44	3.72	1.74
不适用	31.53	31.73	26.16	29.01	35.28	38.53	30.02	28.70	29.42	35.05	27.39
		chi2=5.822 P=0.121		chi2=240.406 P=0.000		chi2=563.027 P=0.000					

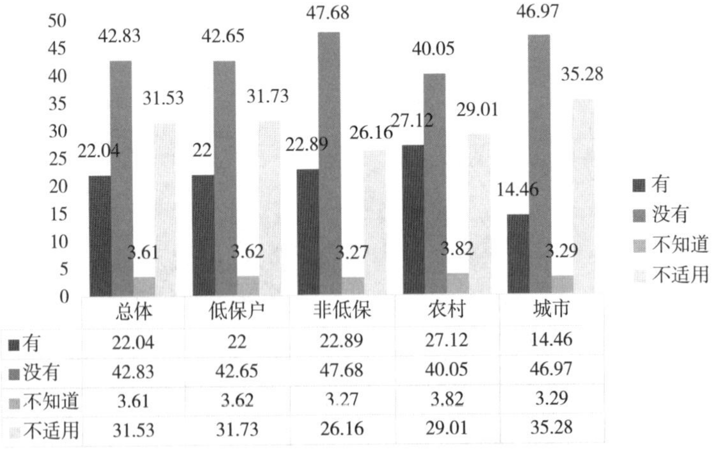

图4-45　城乡低收入家庭老人享受养老服务补贴状况（%）

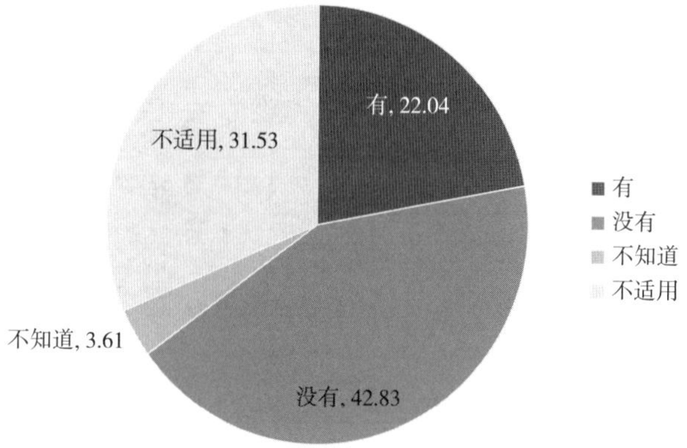

图 4-46　城乡低收入家庭老人总体享受养老服务补贴状况（%）

三、城乡低收入家庭享受社会力量救助的状况

本部分将介绍城乡低收入家庭享受社会力量提供的救助状况。社会力量参与困难群众的社会救助有利于减轻政府负担，促进社会救助精准化、专业化。民政部指出，要积极建立健全社会应急力量参与困难群众的社会救助机制，动员引导社会组织、志愿服务组织、社会工作服务机构等有序参与、协同开展社会救助工作。引导和支持慈善组织通过建立专项基金、设立慈善项目、发动社会募捐等方式，积极参与对困难群众的救助帮扶。

表 4-34 和图 4-47、图 4-48 是对城乡低收入家庭享受社会力量提供救助状况的描述，并按照人群、城乡、省份进行了分类。首先，从总体情况来看，有 30.50%的城乡低收入家庭享受过社会力量提供的救助，63.20%的城乡低收入家庭没有享受过社会力量提供的救助。其次，从人群比较来看，存在显著的人群差异，分别有 30.74%的低保户和 23.98%的非低保户享受过社会力量提供的救助，享受过社会力量提供救助的低保户占比相对较高。另外，从城乡比较来看，存在显著的城乡差异，有 32.23%的农村低收入家庭享受过社会力量提供的救助，27.92%的城市低收入家庭享受过社会力量提供的救助，农村低收入家庭高出 4.31 个百分点。最后，从省份比较来看，城乡低收入家庭享受社会力量救助的状况存在明显的统计学差异，其中，湖北省享受过社会力量救助的城乡低收入家庭占比最多，为 38.41%，河南省享受过社会力量救助的城乡低收入家庭占比最少，占比 21.33%。

表 4-34　城乡低收入家庭享受社会力量提供救助状况（%）

享受社会力量救助	总体	分人群		分城乡		分省份					
		低保户	非低保	农村	城市	江苏	浙江	河南	湖北	四川	陕西
有	30.50	30.74	23.98	32.23	27.92	34.14	35.52	21.33	38.41	26.58	26.52
没有	63.20	62.92	70.84	60.85	66.71	61.23	57.03	71.79	53.77	65.58	70.35
不知道	6.30	6.34	5.18	6.92	5.38	4.62	7.45	6.88	7.82	7.84	3.13
		chi2=9.585 P=0.008		chi2=37.876 P=0.000		chi2=244.150 P=0.000					

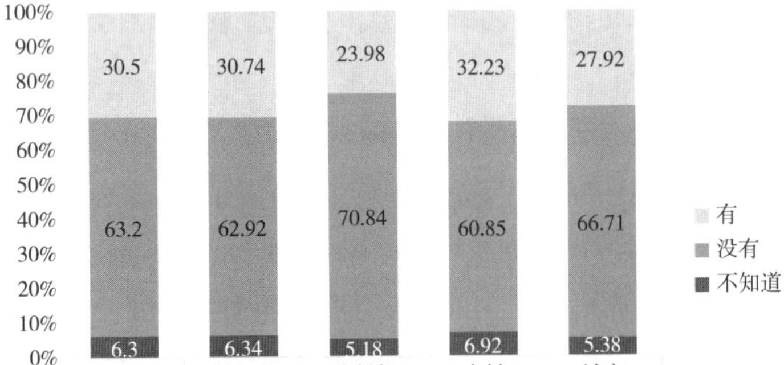

	总体	低保户	非低保	农村	城市
有	30.5	30.74	23.98	32.23	27.92
没有	63.2	62.92	70.84	60.85	66.71
不知道	6.3	6.34	5.18	6.92	5.38

图 4-47　城乡低收入家庭享受社会力量提供救助状况（%）

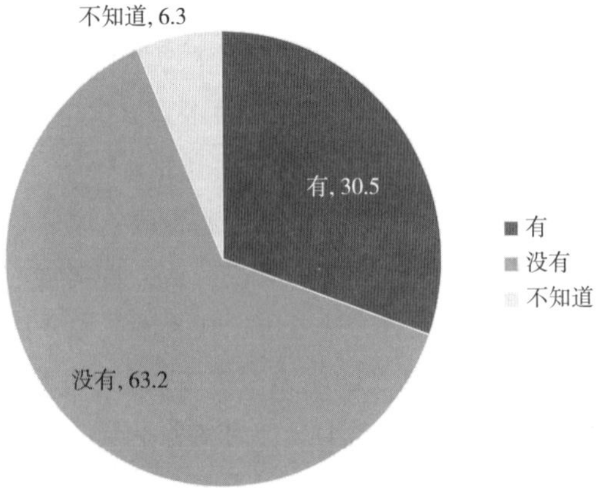

图 4-48　城乡低收入家庭总体享受社会力量提供救助状况（%）

从以上数据来看，我国没有享受过社会力量救助的城乡低收入家庭占比是享受过社会力量救助的城乡低收入家庭的两倍，表明我国社会力量参与社会救助仍需进一步加强。

第四节　城乡低收入家庭疫情帮扶政策的状况分析

本部分将介绍城乡低收入家庭疫情帮扶政策的状况，具体包括两个方面的内容：第一，城乡低收入家庭疫情帮扶政策的运行情况；第二，城乡低收入家庭疫情帮扶政策的需求情况。

重大疫情的发生是指《突发公共卫生事件应急条例》第 2 条中规定的“突然发生，造成或者可能造成社会公众健康严重损害的重大传染病疫情、群体性不明原因疾病、重大食物和职业中毒以及其他严重影响公众健康的事件。”

在此次新冠疫情期间，我国社会救助制度发挥了巨大作用，大批针对困难群众的社会救助在疫情防控期间得到了集中完善与发展。同时，一些研究也证明，疫情防控期间我国各类社会救助制度不断发挥作用。崔群等（2021）指出我国最低生活保障制度不断调整，在兜住民生底线、增进人民福祉、防范与化解风险方面取得了一定成效。① 韩君玲（2021）指出，临时救助制度不断发挥其社会救助的补充作用，救急难功能提升。② 孔卫拿等（2020）指出各类专项救助制度在疫情防控期间不断发挥作用，对各类困难人群提供的医疗救助、就业救助、住房救助、生活救助等基本保障了我国困难群众的生活需要。③ 以下将对我国新冠疫情期间的城乡低收入家庭帮扶政策的运行成效以及需求进行介绍。

一、城乡低收入家庭疫情帮扶政策的实施状况

本部分将介绍城乡低收入家庭新冠疫情困难帮扶状况，具体包括两个方

① 崔群，赵立波：《后疫情时期最低生活保障标准调整机制研究》，载《学术探索》2021 年第 12 期，第 84-91 页。

② 韩君玲：《中国临时救助制度的法学检视》，载《社会保障评论》2021 年第 2 期，第 110-122 页。

③ 孔卫拿，黄晓媛：《重大突发公共卫生事件中的社会救助解析——以抗击新冠肺炎疫情为例》，载《社会福利（理论版）》2020 年第 7 期，第 16-20+63 页。

面：第一，城乡低收入家庭享受新冠疫情困难帮扶状况；第二，城乡低收入家庭新冠疫情困难帮扶措施状况。城乡低收入家庭由于家底薄、文化水平相对较低、生活环境相对恶劣等特点，其应对突发公共危机的能力相对较弱。对城乡低收入家庭进行新冠疫情帮扶，能够帮助城乡低收入家庭应对突发危机、解决家庭困难，巩固我国脱贫攻坚的成果，防止因病、因灾返贫。以下将介绍城乡低收入家庭新冠疫情帮扶状况。

（一）城乡低收入家庭享受疫情困难帮扶状况

本部分将介绍城乡低收入家庭享受疫情帮扶状况。表4-35和图4-49、图4-50是对城乡低收入家庭享受疫情困难帮扶状况的描述，并按照人群、城乡、省份进行了分类。首先，从总体情况来看，有54.36%的城乡低收入家庭享受过疫情困难帮扶政策，45.64%的城乡低收入家庭没有享受过疫情困难帮扶政策，享受过疫情困难帮扶政策的城乡低收入家庭占比相对较高。其次，分人群来看，存在一定的人群差异，有54.58%的低保户享受过疫情困难帮扶，48.50%的非低保户享受过疫情困难帮扶，享受过疫情困难帮扶的低保户高出6.3个百分点。再次，从城乡比较来看，有57.94%的农村低收入家庭享受过疫情困难帮扶，49.03%的城市低收入家庭享受过疫情困难帮扶，农村低收入家庭高出8.91个百分点，存在一定的城乡差异。另外，从省份比较来看，享受疫情困难帮扶政策维度上存在较大的省份差异，其中湖北省享受疫情困难帮扶政策的城乡低收入家庭占比最高，达到81.89%，浙江省享受疫情困难帮扶政策的城乡低收入家庭的占比最少，为34.99%。

表4-35 城乡低收入家庭享受疫情帮扶状况（%）

享受新冠疫情帮扶	总体	分人群		分城乡		分省份					
		低保户	非低保	农村	城市	江苏	浙江	河南	湖北	四川	陕西
是	54.36	54.58	48.50	57.94	49.03	53.11	34.99	45.36	81.89	47.18	62.07
否	45.64	45.42	51.50	42.06	50.97	46.89	65.01	54.64	18.11	52.82	37.93
		chi2=5.268 P=0.022		chi2=79.037 P=0.000		chi2=931.503 P=0.000					

以上数据说明，我国超过半数的城乡低收入家庭享受过疫情困难帮扶政

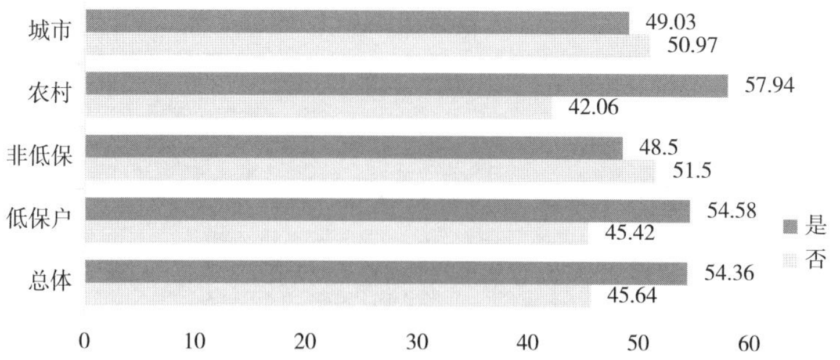

	总体	低保户	非低保	农村	城市
是	54.36	54.58	48.5	57.94	49.03
否	45.64	45.42	51.5	42.06	50.97

图 4-49　城乡低收入家庭享受疫情帮扶状况（%）

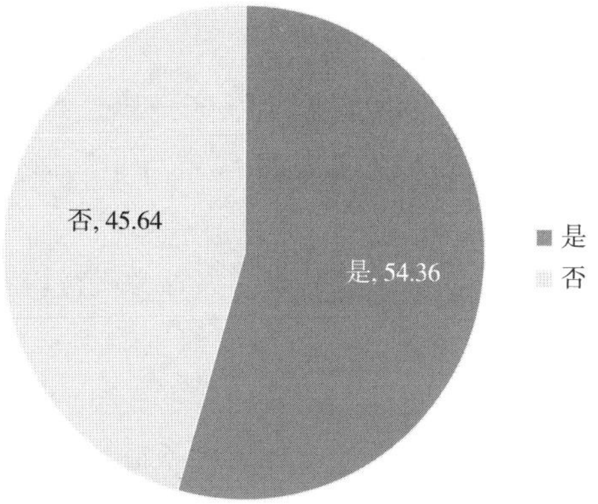

图 4-50　城乡低收入家庭总体享受疫情帮扶状况（%）

策，新冠疫情期间的社会救助取得了一定成就，但社会救助水平也存在一定的城乡、地区差异，也说明了我国各省市的社会救助水准存在差异。同时，一些学者的研究亦表明此次新冠疫情也暴露出我国社会救助存在的一些问题。杨谢炜（2021）的研究中指出传统社会救助制度在应对突发危机事件时具有反应不及时、救助周期长等问题。[①] 宋元盛等（2022）也指出在疫情常态化防控阶段，我国社会救助面临救助对象增多、应急机制不健全、救助资金可持续性低

① 杨谢炜：《新冠疫情中的社会救助：实践逻辑和优化路径》，载《黑龙江人力资源和社会保障》2021 年第 10 期，第 23-26 页。

等问题。[①] 故应着力总结和学习新冠疫情期间社会救助的实践经验，注重缩小社会救助的城乡差异、地区差异，完善社会救助应急制度，加大公共突发事件期间对困难群众的帮扶力度。

（二）城乡低收入家庭疫情困难帮扶措施状况

本部分将介绍城乡低收入家庭疫情困难帮扶措施状况。表 4-36 是对城乡低收入家庭疫情困难帮扶措施状况的描述，并按照人群、城乡、省份进行了分类。首先，从总体情况看，城乡低收入家庭获得各项帮扶措施的占比存在较大差异。其中，得到免费发放物资的城乡低收入家庭占比最大，为 66.83%，之后分别是疫情防控期间社区帮忙采购生活物品（41.38%）和作为低保对象得到一次性生活补贴（32.02%）。其次，进行城乡低收入家庭新冠疫情困难帮扶措施状况的人群比较分析。总的来看，城乡低收入家庭享受新冠病毒感染困难帮扶措施状况存在一定人群差异，但差异不大，具体表现在，得到免费发放物资的低保户与低收入家庭占比最大，分别为 66.93%、64.04%，其次是社区帮忙采购生活用品，得到此项帮扶措施的低保户与非低保户分别占比 41.37%、41.57%，在获得价格临时补贴这一项措施中，低保户占比 22.43%，非低保户占比 13.48%，低保户高出 8.95 个百分点。另外，进行城乡低收入家庭新冠疫情困难帮扶措施的城乡比较分析，在新冠疫情困难帮扶措施的城乡维度比较上，存在一定的城乡差异，但总体上差异相对不显著，具体表现在农村和城市低收入家庭都为获得免费发放物资的占比最高，分别为 66.59%、67.26%，其次是社区帮忙采购生活必需品，获得此项帮扶措施的农村与城市低收入家庭占比分别为 39.02%、45.53%，在获得政府解决劳动就业帮扶的情况中，农村低收入家庭占比 18.49%，城市低收入家庭占比 9.78%，农村低收入家庭高出 8.71 个百分点。最后，进行城乡低收入家庭新冠疫情困难帮扶措施的省份比较研究分析。各省份城乡低收入家庭获得新冠疫情困难帮扶措施的占比与总体情况相一致，省份之间差异较小，在各省城乡低收入家庭享受的疫情帮扶措施中，获得一次性生活补贴、免费防疫物资以及社区帮忙采购生活必需品的占比相对较大，获得临时救助、社区照顾、就业帮扶的人群占比相对较少。充分体现了我国新冠疫情困难帮扶措施不够全面的现实状况。

---

① 宋元盛，张静：《疫情防控常态化下社会救助机制面临的挑战及对策研究》，载《经济研究导刊》2022 年第 5 期，第 63-66 页。

表 4-36　城乡低收入家庭新冠疫情困难帮扶措施状况（%）

帮扶措施	选项	总体	分人群		分城乡		分省份					
			低保户	非低保	农村	城市	江苏	浙江	河南	湖北	四川	陕西
作为低保对象或特困人员得到一次性生活补贴	是	32.02	32.32	23.03	31.53	32.89	31.58	28.55	29.95	36.20	28.23	33.02
	否	67.98	67.68	76.97	68.47	67.11	68.42	71.45	70.05	63.80	71.77	66.98
			chi2 = 6.823 P = 0.009		chi2 = 1.098 P = 0.295		chi2 = 22.488 P = 0.000					
政府帮您家的劳动力解决就业问题	是	15.33	15.41	12.92	18.49	9.78	3.57	7.94	22.22	12.84	19.50	24.63
	否	84.67	84.59	87.08	81.51	90.22	96.43	92.06	77.78	87.16	80.50	75.37
			chi2 = 0.822 P = 0.364		chi2 = 75.434 P = 0.000		chi2 = 236.859 P = 0.000					
家庭成员就业导致收入超过低保标准，但政府给予了一定渐退期	是	3.11	2.83	11.80	3.51	2.42	0.67	1.52	4.34	2.61	3.71	5.41
	否	96.89	97.17	88.20	96.49	97.58	99.33	98.48	95.66	97.39	96.29	94.59
			chi2 = 45.985 P = 0.000		chi2 = 5.056 P = 0.025		chi2 = 47.343 P = 0.000					
价格临时补贴	是	22.15	22.43	13.48	21.09	24.00	19.98	19.09	19.92	25.89	25.00	19.87
	否	77.85	77.57	86.52	78.91	76.00	80.02	80.91	80.08	74.11	75.00	80.13
			chi2 = 8.004 P = 0.005		chi2 = 6.325 P = 0.012		chi2 = 26.805 P = 0.000					

续表

帮扶措施	选项	总体	分人群		分城乡		分省份					
			低保户	非低保	农村	城市	江苏	浙江	河南	湖北	四川	陕西
一次性临时救助金	是	18.89	19.16	10.67	19.61	17.63	15.40	15.20	16.12	22.32	16.75	22.76
	否	81.11	80.84	89.33	80.39	82.37	84.60	84.80	83.88	77.68	83.25	77.24
			chi2=8.101 P=0.004		chi2=3.297 P=0.069		chi2=40.233 P=0.000					
临时救助	是	3.01	3.03	2.25	2.25	3.41	2.12	2.20	5.69	3.43	2.87	1.87
	否	96.99	96.97	97.75	97.75	96.59	97.88	97.80	94.31	96.57	97.13	98.13
			chi2=0.362 P=0.547		chi2=1.761 P=0.185		chi2=27.745 P=0.000					
得到了免费发放的防疫物资	是	66.83	66.93	64.04	66.59	67.26	76.34	65.54	57.99	77.95	58.13	57.37
	否	33.17	33.07	35.96	33.41	32.74	23.66	34.46	42.01	22.05	41.87	42.63
			chi2=0.645 P=0.422		chi2=0.260 P=0.610		chi2=216.063 P=0.000					
封控期间社区帮忙采购生活必需品	是	41.38	41.37	41.57	39.02	45.53	28.24	17.40	37.53	75.76	26.08	33.49
	否	58.62	58.63	58.43	60.98	54.47	71.76	82.60	62.47	24.24	73.92	66.51
			chi2=0.003 P=0.957		chi2=22.582 P=0.000		chi2=1000.000 P=0.000					

续表

帮扶措施	选项	总体	分人群		分城乡		分省份					
			低保户	非低保	农村	城市	江苏	浙江	河南	湖北	四川	陕西
封控期间政府或社区帮忙解决“看病难”	是	23.49	23.56	21.35	24.29	22.07	10.38	10.14	24.93	40.11	17.46	22.95
	否	76.51	76.44	78.65	75.71	77.93	89.62	89.86	75.07	59.89	82.54	77.05
			chi2=0.469 P=0.494		chi2=3.534 P=0.060		chi2=386.159 P=0.000					
封控期间社区帮忙照料家里的老人或小孩儿	是	6.23	6.26	5.06	6.98	4.89	2.68	1.86	8.13	8.59	5.38	7.74
	否	93.77	93.74	94.94	93.02	95.11	97.32	98.14	91.87	91.41	94.62	92.26
			chi2=0.430 P=0.512		chi2=9.716 P=0.002		chi2=62.367 P=0.000					
有关政府部门或社区干部到您家走访慰问	是	65.01	65.02	64.61	65.69	63.80	58.37	61.82	58.13	68.68	67.22	70.34
	否	34.99	34.98	35.39	34.31	36.20	41.63	38.18	41.87	31.32	32.78	29.66
			chi2=0.013 P=0.909		chi2=2.032 P=0.154		chi2=59.159 P=0.000					
其他	是	1.81	1.83	1.12	1.43	2.47	2.68	0.68	6.37	0.89	0.96	0.47
	否	98.19	98.17	98.88	98.57	97.53	97.32	99.32	93.63	99.11	99.04	99.53
			chi2=0.484 P=0.487		chi2=7.851 P=0.005		chi2=115.784 P=0.000					

新冠疫情期间，我国社会救助虽然取得了一定的成就，但根据本年度调查数据可以看出，疫情防控期间城乡低收入家庭享受的新冠疫情困难帮扶措施较为集中，也暴露出我国社会救助在救助措施的提供上仍需进一步完善。同样地，亦有学者研究指出，新冠疫情下的我国社会救助制度体系存在一些问题，后疫情时代应着重改良我国社会救助制度，丰富相关救助措施。朱萌等（2020）认为我国在疫情防控期间出台的部分应急制度应嵌入到当下的社会保障制度当中，以增加社会保障制度的预防性。① 孔卫拿等（2020）指出，应加大政府购买服务力度，利用互联网+社会救助，推动提高社会救助的智能化水平。② 结合本次抽样调查结果来看，我国应继续丰富社会救助的政策帮扶措施，健全社会力量参与机制，提高重大突发公共安全事件下社会救助体制机制的应急能力。

二、城乡低收入家庭疫情帮扶政策的供需状况

本部分将介绍城乡低收入家庭疫情帮扶政策的供需状况，具体包括三个方面的内容：第一，城乡低收入家庭新冠疫情服务项目需求状况；第二，城乡低收入家庭新冠疫情服务项目供给状况；第三，城乡低收入家庭新冠疫情服务项目供需状况。

（一）城乡低收入家庭新冠疫情服务项目需求状况

本部分将介绍城乡低收入家庭疫情帮扶政策的需求状况。新冠疫情期间，城乡低收入家庭作为社会弱势群体，在面临突发公共危机状况时较一般家庭相比更为脆弱，故应做好疫情防控期间城乡低收入家庭的社会救助帮扶工作，而有效掌握城乡低收入家庭的实际需求是对其有效提供帮扶的重要保障，能够有效使政府在社会救助层面化被动为主动，巩固我国脱贫成果，提升困难群众生活质量。王立剑（2010）指出城乡低收入家庭社会救助需求的供给与差异是城乡低收入家庭社会保障的主要矛盾。③ 王正攀（2021）对重庆市城市非低保户的调查发现，政府存在社会救助供需匹配不足、救助制度

---

① 朱萌，严新明：《重大突发公共卫生事件临时救助制度完善路径——以中国抗击新冠肺炎疫情为例》，载《中共宁波市委党校学报》2020 年第 4 期，第 42-50 页。

② 孔卫拿，黄晓媛：《重大突发公共卫生事件中的社会救助解析——以抗击新冠肺炎疫情为例》，载《社会福利（理论版）》2020 年第 7 期，第 16-20+63 页。

③ 王立剑：《城镇非低保户社会救助需求的微观影响因素研究——基于苏州、深圳调查数据的分析》，载《华东经济管理》2010 年第 5 期，第 36-39 页。

不够完善的问题。① 以下将介绍本次调查中城乡低收入家庭对新冠疫情服务项目的需求情况。

表4-37是对城乡低收入家庭新冠疫情服务项目需求状况的描述，并按照人群、城乡、省份进行了分类。首先，从总体情况来看，表示需要办理社会保障服务的城乡低收入家庭占比最高，为69.71%，表示需要社区养老服务（41.93%）、助残服务（43.92%）、入户探访（44.47%）、劳动就业服务（42.93%）、社区康复服务（40.50%）、公共事业服务（46.10%）、文化体育科普等公共服务（44.36%）的占比均达到40%以上，表示需要幼儿托护的城乡低收入家庭占比最少，为8.50%。其次，进行城乡低收入家庭新冠疫情服务项目需求状况的人群比较分析，表示需要助残服务、劳动就业服务和社区康复服务的具有显著的人群差异，具体表现在需要助残服务的低保户占比44.27%、非低保户占比33.15%，低保户高出11.12个百分点；需要劳动就业服务的低保户占比42.61%、非低保户占比52.81%，非低保户高出10.20个百分点；需要社区康复服务的低保户占比40.78%、非低保户占比32.02%，低保户高出8.76个百分点。另外，进行城乡低收入家庭新冠疫情服务项目需求状况的城乡比较分析，表示需要社区养老服务、助残服务、入户探访、生活性服务的项目具有显著的城乡差异，其中，表示入户探访和生活性服务项目的需求具有相对更显著的城乡差异，具体表现在，需要入户探访的农村低收入家庭占比47.94%、城市低收入家庭占比38.37%，农村低收入家庭高出9.57个百分点；需要生活性服务的农村低收入家庭占比31.78%、城市低收入家庭占比46.96%，城市低收入家庭高出15.18个百分点。最后，进行城乡低收入家庭疫情服务项目需求状况的省份比较分析，根据数据结果可以看出，各项城乡低收入家庭疫情帮扶需求项目均具有显著的省份差异，其中，需要入户探访的省份差异最为显著，陕西省占比最高为88.90%、河南省占比最低，为30.35%，陕西省需求占比较河南省高出58.55个百分点；同样省份差异较显著的还有劳动就业服务、公共事业服务以及公共服务，其占比最高省份与最低省份的差值分别为31.83%、29.74%以及20.69%。

由以上数据可以看出，我国城乡低收入家庭对各项社会救助的服务项目均有所需求，对各类服务项目的需求占比均接近半数，以此也表明我国应继续保持社会服务项目的多元化供给，注重满足群众的多元化需求。

① 王正攀：《城市低收入群体的困难程度、社会救助供需现状及其意愿——基于841个样本的调查分析》，载《重庆理工大学学报（社会科学）》2021年第8期，第83-92页。

表 4-37　城乡低收入家庭新冠疫情服务项目需求状况（%）

帮扶措施	选项	总体	分人群		分城乡		分省份					
			低保户	非低保	农村	城市	江苏	浙江	河南	湖北	四川	陕西
社区养老服务	是	41.93	42.04	38.76	42.92	40.20	40.74	44.26	39.70	38.87	45.45	44.59
	否	58.07	57.96	61.24	57.08	59.80	59.26	55.74	60.30	61.13	54.55	55.41
			chi2 = 0.758 P = 0.384		chi2 = 3.923 P = 0.048		chi2 = 16.310 P = 0.006					
幼儿托护	是	8.50	8.48	8.99	8.75	8.05	4.35	4.73	5.42	8.97	8.97	12.03
	否	91.50	91.52	91.01	91.25	91.95	95.65	95.27	94.58	91.03	91.03	87.97
			chi2 = 0.057 P = 0.811		chi2 = 0.819 P = 0.365		chi2 = 71.405 P = 0.000					
助残服务	是	43.92	44.27	33.15	44.91	42.17	36.27	52.20	42.95	49.93	39.35	55.41
	否	56.08	55.73	66.85	55.09	57.83	63.73	47.80	57.05	50.07	60.65	44.59
			chi2 = 8.661 P = 0.003		chi2 = 3.925 P = 0.048		chi2 = 127.160 P = 0.000					
入户探访（主要针对独居、高龄、特殊困境老年人）	是	44.47	44.66	38.76	47.94	38.37	44.98	50.51	30.35	43.20	40.31	88.90
	否	55.53	55.34	61.24	52.06	61.63	55.02	49.49	69.65	56.80	59.69	11.10
			chi2 = 2.426 P = 0.119		chi2 = 47.875 P = 0.000		chi2 = 125.952 P = 0.000					

续表

帮扶措施	选项	总体	分人群		分城乡		分省份					
			低保户	非低保	农村	城市	江苏	浙江	河南	湖北	四川	陕西
办理社会保障服务	是	69.71	69.72	69.66	70.21	68.84	57.25	68.92	68.02	72.18	76.67	72.95
	否	30.29	30.28	30.34	29.79	31.16	42.75	31.08	31.98	27.82	23.33	27.05
			chi2 = 0.000 P = 0.988		chi2 = 1.150 P = 0.284		chi2 = 95.758 P = 0.000					
劳动就业服务	是	42.93	42.61	52.81	42.36	43.95	23.77	30.74	42.41	43.48	55.38	55.60
	否	57.07	57.39	47.19	57.64	56.05	76.23	69.26	57.59	56.52	44.62	44.40
			chi2 = 7.318 P = 0.007		chi2 = 1.340 P = 0.247		chi2 = 293.480 P = 0.000					
社区老年餐桌	是	22.92	23.12	16.85	23.11	22.57	20.87	30.74	24.53	20.26	17.82	26.77
	否	77.08	76.88	83.15	76.89	77.43	79.13	69.26	75.47	79.74	82.18	73.23
			chi2 = 3.825 P = 0.051		chi2 = 0.218 P = 0.641		chi2 = 50.849 P = 0.000					
社区康复服务	是	40.50	40.78	32.02	40.08	41.23	35.04	46.28	39.57	41.55	39.23	42.07
	否	59.50	59.22	67.98	59.92	58.77	64.96	53.72	60.43	58.45	60.77	57.93
			chi2 = 5.484 P = 0.019		chi2 = 0.709 P = 0.400		chi2 = 21.873 P = 0.001					

续表

帮扶措施	选项	总体	分人群		分城乡		分省份					
			低保户	非低保	农村	城市	江苏	浙江	河南	湖北	四川	陕西
社区物业、维修、家政、餐饮、零售、美容美发等生活性服务业	是	37.28	37.27	37.64	31.78	46.96	39.62	43.75	23.98	34.20	42.94	40.67
	否	62.72	62.73	62.36	68.22	53.04	60.38	56.25	76.02	65.80	57.06	59.33
			chi2 = 0.010 P = 0.920		chi2 = 127.301 P = 0.000		chi2 = 91.130 P = 0.000					
邮政、金融、电信、供销、广播电视等公共事业服务	是	46.10	46.08	46.63	45.27	47.56	34.93	52.36	31.98	46.09	61.72	49.53
	否	53.90	53.92	53.37	54.73	52.44	65.07	47.64	68.02	53.91	38.28	50.47
			chi2 = 0.021 P = 0.886		chi2 = 2.707 P = 0.100		chi2 = 200.747 P = 0.000					
精神慰藉、心理疏导、心理咨询、聊天解闷	是	37.96	37.90	39.89	37.14	39.41	35.94	41.89	25.07	42.86	37.20	40.30
	否	62.04	62.10	60.11	62.86	60.59	64.06	58.11	74.93	57.14	62.80	59.70
			chi2 = 0.290P = 0.590		chi2 = 2.822 P = 0.093		chi2 = 75.048 P = 0.000					
适老化改造（老旧小区加装电梯）	是	18.91	18.96	17.42	14.19	27.21	22.66	21.62	12.87	19.02	16.51	20.15
	否	81.09	81.04	82.58	85.81	72.79	77.34	78.38	87.13	80.98	83.49	79.85
			chi2 = 0.267 P = 0.605		chi2 = 142.696 P = 0.000		chi2 = 32.817 P = 0.000					

续表

帮扶措施	选项	总体	分人群		分城乡		分省份					
			低保户	非低保	农村	城市	江苏	浙江	河南	湖北	四川	陕西
文化、体育、科普等公共服务	是	44.36	44.29	46.63	43.06	46.67	34.93	41.89	35.64	45.33	55.62	49.53
	否	55.64	55.71	53.37	56.94	53.33	65.07	58.11	64.36	54.67	44.38	50.47
			chi2 = 0.382 P = 0.537		chi2 = 6.816 P = 0.009		chi2 = 111.611 P = 0.000					

（二）城乡低收入家庭新冠疫情服务项目供给状况

本部分将介绍我国城乡低收入家庭新冠疫情服务项目供给状况。新冠疫情期间对城乡低收入家庭进行服务项目的有效供给，在一定程度上能够有效提升困难群众的生活幸福感，提升我国社会救助精准化服务水平。张曙光（1992）认为，制度供给一般是指制度决定者的供给，是由制度决定者“生产”和提供的。[①] 同样地，在本次调查中的服务项目供给均来自各级政府制定与主导的社会救助帮扶项目，以下将介绍城乡低收入家庭新冠疫情服务项目供给状况。

表4-38是对城乡低收入家庭新冠疫情服务项目供给状况的描述，并按照人群、城乡、省份进行了分类。首先，从总体情况来看，社区提供办理社会保障服务的城乡低收入家庭占比最多，为86.82%，其次是入户探访与劳动就业服务，分别占比81.36%、76.21%，社区提供社区老年餐桌的供给占比最少，为33.69%。其次，进行城乡低收入家庭新冠疫情服务项目供给状况的人群比较分析，除生活性服务供给、公共事业服务供给、公共服务供给在统计学上存在显著差异之外，其余供给项目在人群维度上均不存在显著性差异。其中，低保户与非低保户表示服务项目供给占比最高的均为办理社会保障服务，占比分别为86.71%、89.89%，低保户与非低保户表示社区服务项目供给占比最低的均为社区老年餐桌，占比分别为33.83%、29.91%。另外，进行城乡低收入家庭新冠疫情服务项目供给状况的城乡比较分析，在城乡维度上各项服务项目供给状况在统计学上均具有显著差异，其中，社区物业、维修、家政、餐饮、零售、美容美发等生活性服务业项目供给的城乡差异最大，农村低收入家庭占比43.98%，城市低收入家庭占比75.26%，城市地区高出31.28个百分点，城乡差异较大的还有适老化改造、幼儿托护以及社区康复服务，均为城市低收入家庭占比高于农村低收入家庭，比例差值分别为25.56、21.36以及20.09个百分点。最后，进行城乡低收入家庭疫情服务项目供给状况的省份比较分析，由数据可以看出，各帮扶项目供给状况在统计学上均具有显著的省份差异，其中，社区老年餐桌供给状况的差异较为显著，浙江省供给占比最高（51.35%），四川省供给占比最低（14.47%），差值为36.88个百分点。省份差异较高的供给项目还有适老化改造、精神慰藉、心理疏导、心理咨询、聊天解闷等，以上均表明我国新冠疫情中的服务项目供给状况具有较大的省份差异与城乡差异。

---

① 张曙光：《论制度均衡和制度变革》，载《经济研究》1992年第6期，第30-36页。

表 4-38　城乡低收入家庭新冠疫情服务项目供给状况（%）

帮扶措施	选项	总体	分人群		分城乡		分省份					
			低保户	非低保	农村	城市	江苏	浙江	河南	湖北	四川	陕西
社区养老服务	是	64. 47	64. 38	67. 42	59. 58	73. 09	79. 80	68. 24	61. 92	57. 01	52. 51	70. 80
	否	35. 53	35. 62	32. 58	40. 42	26. 91	20. 20	31. 76	38. 08	42. 99	47. 49	29. 20
			chi2 = 0. 695 P = 0. 404		chi2 = 102. 864 P = 0. 000		chi2 = 204. 060 P = 0. 000					
幼儿托护	是	41. 54	41. 41	45. 51	33. 80	55. 16	48. 21	33. 45	46. 34	37. 57	31. 82	50. 09
	否	58. 46	58. 59	54. 49	66. 20	44. 84	51. 79	66. 55	53. 66	62. 43	68. 18	49. 91
			chi2 = 1. 192 P = 0. 275		chi2 = 242. 628 P = 0. 000		chi2 = 113. 702 P = 0. 000					
助残服务	是	67. 01	66. 98	67. 98	63. 00	74. 07	77. 01	68. 41	55. 28	67. 79	59. 69	70. 62
	否	32. 99	33. 02	32. 02	37. 00	25. 93	22. 99	31. 59	44. 72	32. 21	40. 31	29. 38
			chi2 = 0. 078 P = 0. 781		chi2 = 71. 626 P = 0. 000		chi2 = 113. 923 P = 0. 000					
入户探访（主要针对独居、高龄、特殊困境老年人）	是	81. 36	81. 45	78. 65	78. 68	86. 07	85. 38	81. 59	70. 73	82. 14	75. 24	88. 90
	否	18. 64	18. 55	21. 35	21. 32	13. 93	14. 62	18. 41	29. 27	17. 86	24. 76	11. 10
			chi2 = 0. 889 P = 0. 346		chi2 = 46. 536 P = 0. 000		chi2 = 125. 952 P = 0. 000					

续表

帮扶措施	选项	总体	分人群		分城乡		分省份					
			低保户	非低保	农村	城市	江苏	浙江	河南	湖北	四川	陕西
办理社会保障服务	是	86.82	86.71	89.89	85.64	88.89	85.71	84.12	81.84	87.16	87.20	91.88
	否	13.18	13.29	10.11	14.36	11.11	14.29	15.88	18.16	12.84	12.80	8.12
			chi2 = 1.516 P = 0.218		chi2 = 11.923 P = 0.001		chi2 = 44.966 P = 0.000					
劳动就业服务	是	76.21	76.05	80.90	73.63	80.74	77.90	65.03	70.05	77.61	75.60	83.77
	否	23.79	23.95	19.10	26.37	19.26	22.10	34.97	29.95	22.39	24.40	16.23
			chi2 = 2.232 P = 0.135		chi2 = 35.988 P = 0.000		chi2 = 93.146 P = 0.000					
社区老年餐桌	是	33.69	33.83	29.21	27.83	44.00	46.76	51.35	31.98	25.00	14.47	40.95
	否	66.31	66.17	70.79	72.17	56.00	53.24	48.65	68.02	75.00	85.53	59.05
			chi2 = 1.646 P = 0.200		chi2 = 151.236 P = 0.000		chi2 = 364.909 P = 0.000					
社区康复服务	是	52.08	52.09	51.69	44.80	64.89	65.40	49.66	49.73	51.79	37.20	55.88
	否	47.92	47.91	48.31	55.20	35.11	34.60	50.34	50.27	48.21	62.80	44.12
			chi2 = 0.011 P = 0.916		chi2 = 208.900 P = 0.000		chi2 = 147.138 P = 0.000					

续表

帮扶措施	选项	总体	分人群		分城乡		分省份					
			低保户	非低保	农村	城市	江苏	浙江	河南	湖北	四川	陕西
社区物业、维修、家政、餐饮、零售、美容美发等生活性服务业	是	55.31	55.04	63.48	43.98	75.26	66.29	62.67	43.22	52.75	49.88	58.12
	否	44.69	44.96	36.52	56.02	24.74	33.71	37.33	56.78	47.25	50.12	41.88
			chi2 = 4.965 P = 0.026		chi2 = 511.081 P = 0.000		chi2 = 117.569 P = 0.000					
邮政、金融、电信、供销、广播电视等公共事业服务	是	69.28	68.98	78.65	65.25	76.40	69.75	67.91	57.59	68.20	72.01	77.05
	否	30.72	31.02	21.35	34.75	23.60	30.25	32.09	42.41	31.80	27.99	22.95
			chi2 = 7.581 P = 0.006		chi2 = 75.440 P = 0.000		chi2 = 82.180 P = 0.000					
精神慰藉、心理疏导、心理咨询、聊天解闷	是	53.58	53.44	57.87	48.11	63.21	67.97	55.74	37.40	56.46	41.75	56.81
	否	46.42	46.56	42.13	51.89	36.79	32.03	44.26	62.60	43.54	58.25	43.19
			chi2 = 1.359 P = 0.244		chi2 = 118.442 P = 0.000		chi2 = 209.798 P = 0.000					
适老化改造（老旧小区加装电梯）	是	31.70	31.63	33.71	22.44	48.00	50.78	38.68	20.33	28.91	22.25	30.88
	否	68.30	68.37	66.29	77.56	52.00	49.22	61.32	79.67	71.09	77.75	69.12
			chi2 = 0.343 P = 0.558		chi2 = 389.677 P = 0.000		chi2 = 248.153 P = 0.000					

续表

帮扶措施	选项	总体	分人群		分城乡		分省份					
			低保户	非低保	农村	城市	江苏	浙江	河南	湖北	四川	陕西
文化、体育、科普等公共服务	是	74.15	73.91	81.46	70.32	80.89	79.35	74.49	67.07	71.36	72.61	79.48
	否	25.85	26.09	18.54	29.68	19.11	20.65	25.51	32.93	28.64	27.39	20.52
			chi2 = 5.126 P = 0.019		chi2 = 75.223 P = 0.000		chi2 = 54.797 P = 0.000					

以上数据表明，在新冠疫情期间我国社会服务项目的供给情况取得了一定成效，大部分服务项目的供给情况均超过半数，也显示出我国对城乡低收入家庭支持政策不断完善的现实状况。但我国社会救助在供给方面也存在基本服务多、扩展性服务少的现实状况。故在对城乡低收入家庭进行服务项目供给的同时，应着力加强项目多元化、政府与社会力量相结合。市场引导与政府当前的社会救助项目相结合的方式是使低收入者摆脱困境的最有效途径。[①] 应着力了解困难群众的需求状况，提高社会救助服务项目的供给水平。

（三）城乡低收入家庭新冠疫情服务项目供需状况

本部分将介绍城乡低收入家庭新冠疫情服务项目供需状况。匡亚林（2021）指出我国当前的社会救助体系处于“救助需求承接、资源优化整合和扩容增幅的过渡期”，一定程度上存在“瞄不准、接不上以及不主动”等一些社会救助供需错位的问题。[②] 探究我国城乡低收入家庭新冠疫情服务项目的供需状况，能有效检验我国社会救助的救助水平。

表 4-39 是对城乡低收入家庭新冠疫情服务项目供需状况的分析，通过分析各项目的供需差额展示我国新冠疫情服务项目的供需状况。从总体情况来看，所有帮扶项目的供给均大于需求，其中供需差最大的服务项目是入户探访，为 36.89%。其次分别是劳动就业服务（33.28%），幼儿托护（33.04%），文化、体育、科普等公共服务（29.79%），邮政、金融、电信、供销、广播电视等公共事业服务（23.18%），助残服务（23.09%）和社区养老服务（22.54%）。

表 4-39 城乡低收入家庭新冠疫情服务项目供需状况（%）

服务项目	需求状况	供给状况	供需差
社区养老服务	41.93	64.47	22.54
幼儿托护	8.50	41.54	33.04
助残服务	43.92	67.01	23.09

① Hans-Werner Sinn. Migration and Social Replacement Incomes: How to Protect Low-Income Workers in the Industrialized Countries Against the Forces of Globalization and Market Integration [J]. *International Tax and Public Finance*, 2005, 12 (4): 375-393.

② 匡亚林：《需求侧管理视角下社会救助体系分层分类改革研究》，载《河海大学学报（哲学社会科学版）》2021 年第 2 期，第 96-104+108 页。

续表

服务项目	需求状况	供给状况	供需差
入户探访（主要针对独居、高龄、特殊困境老年人）	44.47	81.36	36.89
办理社会保障服务	69.71	86.82	17.11
劳动就业服务	42.93	76.21	33.28
社区老年餐桌	22.92	33.69	10.77
社区康复服务	40.50	52.08	11.58
社区物业、维修、家政、餐饮、零售、美容美发等生活性服务业	37.28	55.31	18.03
邮政、金融、电信、供销、广播电视等公共事业服务	46.10	69.28	23.18
精神慰藉、心理疏导、心理咨询、聊天解闷	37.96	53.58	15.62
适老化改造（老旧小区加装电梯）	18.91	31.70	12.79
文化、体育、科普等公共服务	44.36	74.15	29.79

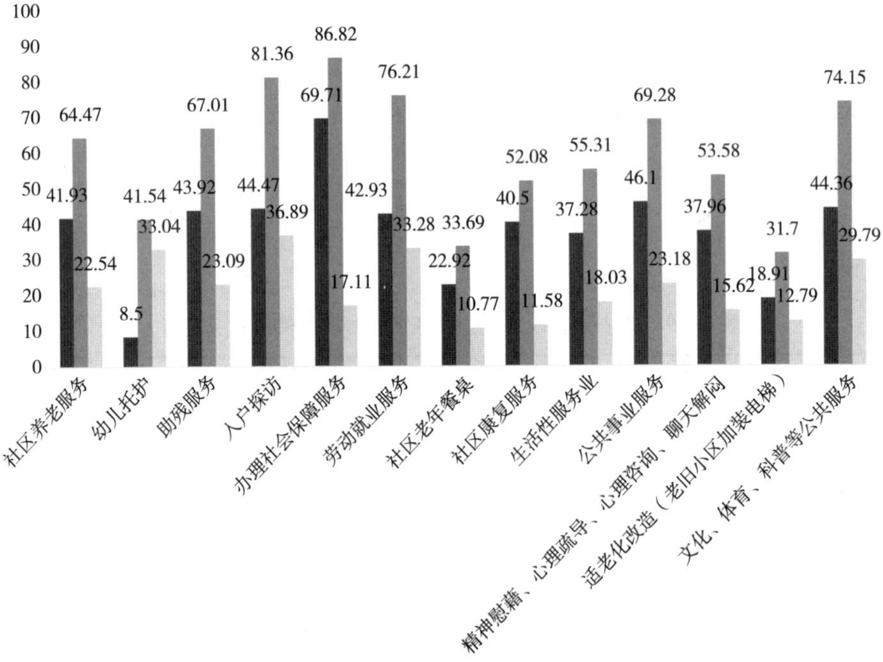

图 4-51　城乡低收入家庭新冠疫情服务项目供需状况（%）

以上数据表明我国新冠疫情的服务项目的供给状况较好，在满足城乡低收入家庭的需求上，服务项目的供给比例相对较高，表明我国社会救助的供给侧水平取得了显著成就。但同时，我国社会救助项目的供需存在一定局限性。首先，各项目的供给占比大于需求占比，是面向所有家庭（包括非低收入家庭）的服务供给超过了低收入家庭的需求，这并不代表在社会服务资源的分配当中低收入家庭在现实中真的能够获得足够的服务供给。当然，这种情况也表明，我国现有的服务项目供给体系一定程度上具备服务于城乡低收入家庭需求的能力，如果政府通过购买服务优先向低收入家庭供给各类基本服务的方式，具有可行性以及提供相应服务的基础。因此，政府在服务项目的提供层面应着重考虑提供“低偿性”的服务，使我国社会救助发展成果惠及更多低收入家庭。

第五节　本章小结

本章主要从城乡低收入家庭享受最低生活保障状况、临时救助状况、专项救助以及其他福利项目状况、新冠疫情帮扶政策状况对城乡低收入家庭享受社会救助状况展开描述和分析，按照人群、城乡以及省份进行了分类比较，并与本项目之前的数据进行了垂直对比与分析。本节为本章小结，以下将对研究结论以及得到的若干思考进行归纳与汇总。

一、结论汇总

本部分将从城乡低收入家庭享受最低生活保障、临时救助、专项救助和其他福利项目、新冠疫情帮扶状况四个方面对城乡低收入家庭享受社会救助的状况进行结论汇总。表 4-40 为城乡低收入家庭享受社会救助状况的结论汇总，分别沿革社会救助项目、相关维度以及得到的具体结论进行描述介绍，目的为归纳本年度调查中城乡低收入家庭享受社会救助的状况的相关发现，通过对结论进行描述，分析我国目前城乡低收入家庭享受社会救助过程中取得的成就以及存在的问题，为我国社会救助事业的高质量发展提供参考。

表 4-40　城乡低收入家庭享受社会救助状况

社会救助项目	相关维度	具体结论
最低生活保障	低保网络申请相关结论	社会救助智能化水平有所提升
		低保户网络申请占比仍较低
	低保退出机制相关结论	低保人群呈现低流动性、潜在固化的特征
		低保制度仍面临福利依赖的潜在风险
	低保核查制度相关结论	约五成的低保户每半年或一季度审核一次
		35.43%工作人员认为核查手续相对烦琐
		低保家庭经济核查制度面临实效挑战
	低保发放相关结论	低保金额发放标准不断提高
		51.31%的低保户认为目前低保金能维持基本生活
		53.86%的低收入家庭预期 2023 年政府救助会增加
临时救助	临时救助申请相关结论	73.77%的低收入家庭依靠基层渠道协助申请临时救助
		63.50%的临时救助申请源于突发重大疾病
		临时救助的政策知晓率需进一步提升
	临时救助运行相关结论	低收入家庭平均临时救助金额约 1800 元
		临时救助形式日益多样
		92.30%的工作人员认为临时救助实现有效覆盖
专项救助	专项救助制度相关结论	80.12%的低收入家庭享受过医疗救助
		36.23%的低收入家庭享受过教育救助
		37.21%的低收入家庭享受过住房救助
		19.51%的低收入家庭享受过就业援助
其他福利项目及社会力量帮扶	其他福利项目相关结论	58.76%的低收入家庭享受水电费等费用减免政策
		44.78%的低收入家庭享受物价补贴或一次性救助
		46.01%的低收入家庭享受困难残疾人生活补贴
		28.10%的低收入家庭享受重度残疾人生活补贴
		20.65%的低收入家庭享受高龄津贴
		5.56%的低收入家庭老人享受护理补贴
		22.04%的低收入家庭老人享受养老服务补贴
	社会力量帮扶相关结论	30.50%的城乡低收入家庭享受过社会力量救助

续表

社会救助项目	相关维度	具体结论
疫情帮扶	疫情帮扶项目实施相关结论	54.36%的城乡低收入家庭享受过疫情帮扶
		32.02%的低收入家庭获得一次性生活补贴
		15.33%的低收入家庭获得政府帮助解决就业问题
		3.11%的低收入家庭享受就业渐退期
		22.15%的低收入家庭享受价格临时补贴
		18.89%的低收入家庭获得一次性临时救助金
		3.01%的低收入家庭获得临时救助
疫情帮扶	疫情帮扶项目实施相关结论	66.83%的低收入家庭得到免费发放的防疫物资
		41.38%的低收入家庭得到社区帮忙采购生活必需品服务
		23.49%的低收入家庭封控期间获得看病帮扶
		6.23%的低收入家庭封控期间获得社区照料帮扶
		65.01%的低收入家庭获得走访慰问服务
	疫情帮扶项目供需相关结论	低收入家庭疫情服务项目需求多元
		多数服务在空间配置具有可及性
		供给体系能够满足低收入家庭基本需求

（一）城乡低收入家庭享受低保制度状况

本部分将介绍城乡低收入家庭享受最低生活保障状况的结论汇总，具体将从低保的网络申请、低保退出、低保核查以及低保发放四个方面进行相关结论的汇总归纳。

1. 低保网络申请相关结论

第一，我国社会救助的智能化水平有所提升。通过网络申请低保是我国社会救助智能化发展的重要制度举措，通过网络申请低保能够提高低保申请效率，节省人力、物力以及时间成本。近年来我国社会救助的智能化水平有所提升，部分地区推行社会救助智能化申请平台，低保网络申请部分也取得了一定成就，目前我国部分省市已建立起低保网络申请平台，如广州市建立社会救助一体化平台，海南省推进低保网上办理审核确认，建立“一网通”社会救助办理平台，我国社会救助的智能化水平不断提高。

第二，低保户网络申请占比仍然较低。虽然我国社会救助智能化水平发展不断提高，但在现实状况中，低保的申请办理状况仍延续较为传统的方式。首先，从城乡低收入对申请救助帮扶的知情状况来看，接近七成的城乡低收入家庭了解如何向政府申请救助帮扶，虽然了解程度未达到九成以上，但多数城乡低收入家庭了解如何向政府申请救助帮扶。但与此同时，超过九成的低保户未通过网络申请办理低保，以及超过七成的非低保户未通过网络申请办理低保，农村地区与城市地区网络申请低保的占比均未超过一成，各调查省份通过网络申请低保的比例也在一成左右。说明虽然多数城乡低收入家庭知晓如何向政府申请救助帮扶，但通过智能化网络平台进行低保申请的低收入家庭占比较少。

出现此种现象，一方面可能由于我国低保智能化申请普及程度不高；另一方面，也可能与我国低保网上申请机制开发时间较晚，现有低保户在申请低保时还未开发相关智能化申请机制有关。由此观之，低保申请的智能化程度应进一步提高，应继续加大社会救助的智能化平台开发与应用力度，促进各类社会救助项目申请的智能化发展。

2. 低保退出机制相关结论

第一，低保人群呈现低流动性、潜在固化的特征。本年度调查数据中已经退出低保家庭的退保时间的有七成以上为 2022 年。但同时，退出低保的低收入人群较少，显示出目前我国低保制度实施的流动性相对较差，可能是由于部分低保对象难以依靠自己的力量实现脱贫，成为低保中的“相对固化人群”。对此，一方面，需要在我国脱贫工作中做好兜底性工作，同低收入家庭共享改革发展成果，持续为难以依靠自己力量实现脱贫的低收入家庭提供保障；另一方面，低保制度也面临着部分群体需要长期依靠国家救济维持生活的压力和挑战。

第二，低保制度仍面临“福利依赖”的潜在风险。公共救助可能会使受助者的就业意愿下降，依赖社会救济能够维持基本生活造成其逐渐拒绝自食其力，最终造成福利依赖现象。周昌祥（2005）在其对低保制度的研究中指出我国存在“低保福利依赖”现象，部分低保户具有福利依赖心理。① 在低保户未能退出低保的原因方面，基层民政工作人员认为部分低保户具有“等靠要”心态的占比超过七成。认为低保福利捆绑导致悬崖效应的原因接近五成。关信平（2019）同样指出“低保制度的对象识别机制承担了综合性社会救助体系

① 周昌祥：《当前社会福利依赖与反福利依赖的社会工作介入研究》，载《华东理工大学学报（社会科学版）》2005 年第 2 期，第 13–18 页。

‘守门人’的功能。凡是被纳为低保对象者都可以申请其他多项救助，反之则很难。”① 另外，接近五成的基层民政工作人员认为我国低保退出的手续繁杂，一定程度上更加剧了低保对象不愿退出低保的心理。

至此观之，我国部分低保对象具有福利依赖心理，以及我国低保与其他社会救助项目存在的一系列福利捆绑效应导致我国低保退出工作推进缓慢。应转变低保群众的受助观念，加强低保退出工作的及时性，逐步剥离其他救助制度与低保制度的福利捆绑现象，建立其他救助制度独立的识别机制与救助体系。但由于低收入家庭样本库抽样存在一定局限性，需要注意本年度数据中有低估低保户退出比例的风险，同时也有宏观数据表明近年来我国低保户数量在不断减少，故对于低保退出的相关问题，需要进一步深入调查研究与讨论。

3. 低保核查制度相关结论

第一，约五成的低保户每半年或一季度审核一次。在家庭经济状况核查频率方面，有 30. 61%的低保户每季度核查一次，19. 14%的低保户每半年核查一次。说明我国低保家庭经济状况核查制度有所完善，家庭经济核查的频率有所改进，对享受低保家庭的经济状况审核不断严格的同时注重审核频率的科学性。

第二，35. 43%的工作人员认为核查手续相对繁琐。在低保家庭经济核查制度的手续方面，有三成以上的基层民政工作人员认为低保的家庭经济状况核查手续较为麻烦，说明了我国低保制度的家庭经济核查工作一定程度上存在手续较为繁琐的现实状况。

第三，低保家庭经济核查制度面临实效挑战。对低保户进行家庭经济收入核查工作是减少出现骗保、人情保、关系保的重要环节。然而在现实状况中，存在着低保家庭经济核查工作手续复杂严格与手续便利但不精准双重矛盾。一方面，工作人员掌握的信息难以核查清楚低保户的家庭经济状况从而导致部分低保错保现象的出现；另一方面，部分工作人员和低保户也表示家庭经济状况核查频率频繁、核查手续繁琐。

对此，应着力建立更精确、简要的核查指标，一方面减轻家庭经济状况核查手续复杂的负担，另一方面寻找替代性指标辅助家庭经济状况核查，以此减少错保、骗保情况，提高我国最低生活保障的瞄准效率与精确化水平。

① 关信平：《新时代中国城市最低生活保障制度优化路径：提升标准与精准识别》，载《社会保障评论》2019 年第 1 期，第 131-140 页。

4. 低保发放相关结论

第一，低保金额发放标准不断提高。最低生活保障是城乡低收入家庭维持其基本生活、缓解其生活困难的重要来源。首先，从目前享受低保状况来看，我国城乡低收入家庭95%以上目前正在享受低保，说明我国低保的困难群众覆盖率整体较高。其次，从每月领取低保金额的状况来看，低保户家庭平均每月领取低保金 890. 50 元、个人平均每月领取低保金 401. 29 元，低保金额的标准与各省市的社会经济发展状况紧密相关，总体上低保金额发放标准在不断提高。

第二，51. 31%的低保户认为目前低保金维持基本生活。有超过六成的城乡低收入家庭表示目前领取的低保金能够维持基本生活，仅不到一成的城乡低收入家庭表示低保金不能维持基本生活，说明目前我国最低生活保障金的发放标准相对较合理。

第三，53. 86%的低收入家庭预期2023年政府救助会增加。在对低收入家庭政府救助预期的调查中，有超过半数的城乡低收入家庭认为明年获得的政府救助金额会增加，对社会救助的预期较高。由此初步推断，城乡低收入家庭对社会救助的需求将会上升，故我国应注重满足低收入群众需求与期待，进一步回应低收入群众广泛需求，优化救助政策，提高福利水平。

由此观之，随我国经济社会发展水平不断提高未来还应加大对，最低生活保障力度，发挥低保制度的兜底性作用，推动我国社会救助事业高质量发展。

（二）城乡低收入家庭享受临时救助状况

本部分将介绍城乡低收入家庭享受临时救助状况的结论汇总，具体将从临时救助申请相关结论与临时救助运行相关结论两个方面进行相关结论的汇总归纳。

1. 临时救助申请相关结论

第一，73. 77%的低收入家庭依靠基层渠道协助申请临时救助。临时救助的申请主要分为个人申请和基层渠道协助申请两种方式，本次调查中，有超过七成的城乡低收入家庭由政府帮助申请临时救助，各省中享受临时救助的城乡低收入家庭由政府帮助其申请临时救助的占比也均在七成左右。说明我国临时救助的主动发现机制的运行效果较好。

第二，63. 50%的临时救助申请源于突发重大疾病。在对临时救助申请原因的调查中，有超过六成的城乡低收入家庭因家庭成员突发重大疾病申请临时救助。与以往的调查数据相对比来看，2016 年的调查中家庭成员突发疾病占受访家庭的 20%左右。通过对比可以看出，家庭成员突发疾病仍是造成低收入家庭支出困难的主要原因。由此，应着力完善医疗保障制度、医疗救助制度，缓解因病致贫、因病返贫状况的发生。

第三，临时救助政策知晓率需进一步提升。由以上结论观之，多数低收入家庭依靠基层渠道协助申请临时救助。一方面，说明我国政府的帮扶力度较大，临时救助的主动发现机制建立良好；另一方面也说明我国临时救助的政策知晓率不高，可能存在众多政府未能主动发现且自身不了解临时救助政策的困难家庭不能及时获得临时救助。

故一方面应继续保持主动发现机制的高效运行，加大临时救助主动发现力度；另一方面，进一步加强临时救助政策的宣传力度，通过政策宣传，让更多有需要的城乡低收入家庭自主申请临时救助。

2. 临时救助运行相关结论

第一，低收入家庭平均临时救助金额约 1800 元。本年度调查数据中，城乡低收入家庭平均每次领取临时救助金 1796. 56 元，个人平均每次领取临时救助金 804. 46 元。与往年的数据进行比较，我国城乡低收入家庭平均每次领取的临时救助金数额有所上升，根据民政部的数据，2020 年全年我国支出临时救助资金 165. 7 亿元，平均救助水平 1200. 3 元/人次，同时也说明我国临时救助的财政支出不断增加，临时救助水平不断提升。

第二，临时救助形式日益多样。在本年度对临时救助获得形式的调查中，近七成低收入家庭获得现金救助，近五成低收入家庭获得实物救助，三成以上低收入家庭获得转介服务，由此观之，我国临时救助的发放形式由单一现金救助向现金救助、实物救助与服务救助相结合的方向不断改进，提高了多元化救助水平。

第三，92. 30%工作人员认为临时救助实现有效覆盖。在对基层民政工作人员的调查中，分别有 54. 17%和 38. 13%的基层民政工作人员表示非常同意和比较同意“所在村居临时救助覆盖了有需要的人”这一说法。可以看出我国临时救助覆盖范围有效性较高。

（三）城乡低收入家庭享受专项救助状况

本部分将介绍城乡低收入家庭享受专项救助状况及专项救助制度的结论汇

总，具体将介绍城乡低收入家庭享受医疗救助、教育救助、住房救助以及就业援助四个方面状况。

第一，80.12%低收入家庭享受过医疗救助。在城乡低收入家庭是否享受过医疗救助的调查中，有80.12%的城乡低收入家庭享受过医疗救助，17.41%的城乡低收入家庭没有享受过医疗救助，与往年数据进行对比也显示我国享受医疗救助的低收入家庭比例有所增加，说明我国医疗救助覆盖面不断扩大。

第二，36.23%低收入家庭享受过教育救助。在城乡低收入家庭是否享受过教育救助的调查中，36.23%的低收入家庭享受过教育救助，61.31%的低收入家庭没有享受过教育救助，享受过教育救助的比例相对较低可能与低收入家庭缺乏接受教育救助的儿童有关。

第三，37.21%低收入家庭享受过住房救助。在城乡低收入家庭享受住房救助的调查中，共有37.21%的低收入家庭享受过住房救助，其中通过农村危房改造这一形式获得住房救助的占比最高，达到19.41%。在公共租赁住房和农村危房改造两种形式上具有较为显著的城乡差异，说明我国城乡采取的主要住房救助措施不同，未来需要继续加大住房援助力度，发挥住房救助对低收入家庭的积极作用。

第四，19.51%低收入家庭享受过就业援助。在城乡低收入家庭享受就业援助的调查中，有19.51%低收入家庭享受过就业援助，76.01%低收入家庭没有享受过就业援助。且就业援助的获得形式多为公益性岗位安置和免费职业培训，但城乡低收入家庭获得各项就业援助形式的占比均不超过五成，也表明我国需要进一步加大低收入家庭的就业援助帮扶力度。

基于以上专项救助获得情况可以看出我国专项救助制度取得一定成就，其中享受医疗救助的低收入家庭占比最高。因此，我们需要进一步夯实关键救助制度基础，持续优化完善专项救助，发展高质量的专项救助制度。

（四）其他福利项目及社会力量帮扶情况

本部分将介绍城乡低收入家庭享受其他福利帮扶项目以及社会力量帮扶状况的结论汇总，具体将从其他福利项目相关结论和社会力量帮扶相关结论两个方面进行汇总归纳。

1. 其他福利项目相关结论

在其他福利项目帮扶情况中，具体得到以下结论：第一，58.76%的低收入家庭享受水电费等费用减免政策；第二，44. 78%的低收入家庭享受物价补贴或一次性救助；第三，46. 01%的低收入家庭享受困难残疾人生活补贴；第四，28. 10%的低收入家庭享受重度残疾人生活补贴；第五，20. 65%的低收入家庭享受高龄津贴；第六，5. 56%的低收入家庭老人享受护理补贴；第七，22. 04%的低收入家庭老人享受养老服务补贴。可以看出我国对于城乡低收入家庭其他福利帮扶政策的施行取得了一定成效，对日常生活、养老、残疾等特殊情况提供特殊照护，在低保、专项救助以及临时救助的覆盖之外发挥补充作用，较好地提高了社会救助的效能。但同时也可以看出，享受特殊津贴的低收入家庭较少，一方面可能与其家庭情况不适用政策有关；另一方面也表明其他福利项目的帮扶力度可以进一步增强提升。

2. 社会力量救助相关结论

30. 50%的低收入家庭享受过社会力量救助。在城乡低收入家庭是否享受过社会力量救助的调查中，有 30. 50%城乡低收入家庭享受过社会力量救助。其中，享受过社会力量帮扶的低保户占比多于非低保户，农村低收入家庭多于城市低收入家庭，这可能与低保户以及农村地区低收入家庭更为困难有关。一方面，说明我国正式的社会救助政策在缓解低收入家庭困境中发挥了巨大作用，社会力量能够起到较好的补充作用；另一方面，享受过社会力量帮扶的低收入家庭占比约三成，可以进一步提高我国社会力量参与社会救助的积极性，进一步动员更多社会力量参与社会救助，促进社会救助高质量发展。

（五）城乡低收入家庭享受疫情帮扶状况

本部分将介绍城乡低收入家庭享受疫情帮扶状况的结论汇总，具体将从疫情帮扶项目实施相关结论和疫情帮扶项目供需相关结论进行汇总归纳。

1. 疫情帮扶项目实施相关结论

54. 36%的城乡低收入家庭享受过疫情帮扶。在对城乡低收入家庭享受疫情困难帮扶状况的调查中，有 54. 36%低收入家庭享受过疫情困难帮扶，其中低保户享受疫情困难帮扶占比多于非低保户，农村低收入家庭享受疫情困难帮扶占比高于城市低收入家庭。说明疫情防控期间，我国对于低收入家庭的困难帮扶政策实施取得一定成就。

在低收入家庭享受疫情帮扶措施的调查中，有以下结论：第一，32. 02%的低收入家庭获得一次性生活补贴；第二，15. 33%的低收入家庭获得政府帮助解决就业问题；第三，3.11%的低收入家庭享受就业渐退期；第四，22.15%的低收入家庭享受价格临时补贴；第五，18.89%的低收入家庭获得一次性临时救助金；第六，3.01%的低收入家庭获得临时救助；第七，66.83%的低收入家庭得到免费发放的防疫物资；第八，41.38%的低收入家庭得到社区帮忙采购生活必需品；第九，23.49%的低收入家庭封控期间得到解决“看病难”帮扶；第十，6.23%的低收入家庭获得封控期间社区照料帮扶；第十一，65.01%的低收入家庭获得走访慰问。

总体来讲，疫情防控期间对于低收入家庭的帮扶措施较为全面，但其中日常性以及业务性的帮扶措施较多，服务性帮扶较少。对此，我国应继续丰富服务类社会救助的政策帮扶措施，健全社会力量参与机制。

2. 疫情帮扶项目供需相关结论

第一，低收入家庭疫情服务项目需求多元。在疫情服务项目需求的调查中，69.71%低收入家庭需要办理社会保障服务、41.93%低收入家庭需要社区养老服务、43.92%低收入家庭需要助残服务、44.47%低收入家庭需要入户探访服务、42.93%低收入家庭需要劳动就业服务、40.50%低收入家庭需要社区康复服务、46.10%低收入家庭需要公共事业服务、44.36%低收入家庭需要文化体育科普等公共服务。由此观之，城乡低收入家庭对社会服务项目的需求较为多样。

第二，多数服务在空间配置具有可及性。在对社区周边配置服务的调查中，86.82%低收入家庭表示周边有办理社会保障服务供给、81.36%低收入家庭表示有入户探访服务供给、76.21%低收入家庭表示有劳动就业服务供给、69.28%低收入家庭表示有公共事业服务供给、67.01%低收入家庭表示有助残服务供给、64.47%低收入家庭表示有社区养老服务供给等。由此观之，多数服务项目在空间配置上具有可及性，说明我国社会救助服务项目供给较为全面。

第三，供给体系能够满足低收入家庭需求。通过计算低收入家庭相同服务项目评价的供需差得到以下数据：入户探访服务供需差为36.09%、劳动就业服务供需差为33.28%、幼儿托护供需差为33.04%、文化体育科普等公共服务供需差为29.79%、公共事业服务供需差为23.18%、助残服务供需差为23.09%、社区养老服务供需差为22.54%、生活性服务业供需差为18.03%、办理社会保障服务供需差为17.11%、精神心理服务供需差为15.62%、适老化改造供需差为12.79%、社区康复服务供需差为11.58%、社区老年餐桌供需差为10.77%。由此观之，我国社会救助服务项目的供给占比均大于需求，这一方面说明我国社会救助供给侧发展改革取得显著成就，具备满足低收入家庭需求的能力；另一方面需要提高社会服务项目对低收入家庭的惠及程度，使改革发展成果惠及更多低收入家庭。

二、若干思考

基于上文从城乡低收入家庭享受最低生活保障状况、享受临时救助状况、享受专项救助状况、享受其他福利项目状况以及享受疫情困难帮扶状况五方面对城乡低收入家庭享受社会救助状况的梳理，以下将提出对社会救助支持城乡低收入家庭的八点思考。

第一，制度运行：基于效率与成本的综合考量。社会救助制度作为促进社会公平的制度安排，在以往的政策制定过程中，大多侧重从政策的公平性出发，对效率与成本的考虑相对不足。实际上应在重视社会救助公平性的同时，综合考量效率与成本，注重社会救助综合效能的发挥。首先，在低保、临时救助、专项救助等社会救助资格的申请与获取上，开发利用网络智能平台，推动各地建立社会救助智能化信息平台，提高救助资格申请受理与审查核实效率，增强低收入家庭社会救助制度利用的便利性，减少制度使用成本。其次，完善低保群体的家庭经济状况核查制度，严格落实对收入没有明显变化的低保家庭进行年度核查，避免过于频繁地开展经济核查工作。在核查手段上，充分利用互联网平台，降低政策使用成本，同时寻找替代性指标辅助家庭经济状况核查，提高制度运行能力水平。在保障社会救助高质量的前提下，提高制度运行效率，减少制度使用成本。

第二，群体瞄准：在长效反贫困框架中审视低收入群体。低保群体具有流动性减弱的趋势，具体原因主要有：第一，低保户具有福利依赖心理，通过获取低保金维持基本生活可能降低其就业意愿；第二，低保制度具有福利捆绑效应，作为其他救助制度的守门人，获取低保资格意味着能够获取更多的社会福利；第三，存在无劳动能力的脆弱群体，其通过就业脱贫的难度较大，需要通过国家救助维持基本生活。针对以上原因，应把低收入群体放置在长效反贫困的框架中进行审视。首先，要进行更为精准的瞄准与识别，规范多维度审核标准、优化家庭经济状况核查手段，以此减少错报漏报、精英俘获现象。其次，在长效返贫机制的构建中，低保制度要做好难以依靠自身力量脱贫的困难的托底工作，持续发挥“兜准底、兜住底、兜好底”功能。

第三，专项救助：关键风险与制度解绑。本年度调查结果显示，享受医疗救助的城乡低收入家庭占比最多，且大病支出仍然是低收入家庭申请临时救助的最主要原因。由此判断，医疗问题仍然是我国低收入家庭致贫返贫的关键风险，故应夯实关键专项救助制度基础，继续巩固医疗救助、就业援助等承担低收入家庭关键风险的制度安排，提升关键救助制度的救助水平，补齐各项关键救助短板。另外，目前我国社会救助体系中的医疗救助、住房救助、就业救助以及教育救助等专项救助制度，由于存在各项成本管理的问题，这些社会救助制度多依赖于低保制度的救助对象识别机制，导致许多各类专项救助制度与最低生活保障制度存在福利捆绑关系。关信平（2019）指出：“许多低保申请者申请低保待遇的意图主要不是获得低保的现金待遇，而在于能够获得其他社会救助待遇。”① 对此，应着力建立专项救助制度的独立识别机制，逐步剥离其他救助制度与低保制度的福利捆绑现象。

第四，临时救助：主动发现与协同治理。本次调查中，超七成低收入家庭依靠基层渠道协助申请临时救助，一方面说明我国临时救助主动发现机制运行良好，另一方面则说明我国临时救助政策知晓率需进一步提升。对此，首先应提高临时救助的准确性与及时性。作为社会救助体系中发挥“救急难”功能的制度安排，需要在临时救助的管理中，强化责任落实，加强工作保障，推动临时救助等政策及时落地，有效解决群众突发性、紧迫性、临时性生活困难，进一步增强临时救助主动发现能力，完善管理手段，实施精准救助。其次，应加大临时救助政策的宣传力度，提高低收入家庭临时救助政策知晓率，在基层渠道协助申请不断完善的前提下，有效扩大居民自主申请临时救助比例。另外，应推动临时救助与其他社会保障制度之间的协调联动，将一次性救助与长期救助相结合，有效助力长效脱贫机制的构建，并加快形成救助及时、标准科学、方式多样、管理规范的临时救助工作格局，筑牢社会救助体系的最后一道防线。

第五，福利整合：提升其他相关福利的整体效应。其他福利项目包括水电、燃煤、取暖费减免，物价补贴或节假日一次性救助，残疾人生活补贴以及老年人相关福利项目等，在本次调查过程中发现，由于其他福利项目的救助对

---

① 关信平：《新时代中国城市最低生活保障制度优化路径：提升标准与精准识别》，载《社会保障评论》2019 年第 1 期，第 131-140 页。

象范围较小，其救助发放较为碎片化、小众化。对此，应尽量避免各类福利项目的碎片化提供模式，有效增强其他福利项目的运行规范，避免“蜻蜓点水式”福利救助。同时，应当进一步整合各类服务项目的帮扶效能，发挥救助合力，提升相关福利项目的整体效益。

第六，社会力量：社会救助资源的多元化趋势。我国政府是社会救助实施的第一责任主体，其根据自身能力不断调整社会救助措施，完善社会救助政策，但由于政府救助资源的有限性，可能与社会救助事业的多元性和个性化之间存在矛盾，且社会救助也为政府带来一定的财政压力，仅靠政府自身力量将导致救助对象、救助资源、救助方式以及救助效果方面存在一定的局限性。故社会力量参与社会救助是我国社会救助发展的趋势所在，也是社会救助资源多元化的重要举措。社会力量的专业性、灵活度以及创新能力都能够补充政府社会救助的不足。应积极动员社会力量参与社会救助，充分调动民间组织和社会资源参与社会救助，鼓励和支持社会服务机构发展，大力培育和组织民间社会组织，完善社会力量参与社会救助的相关政策法规，保障社会力量参与社会救助的有效性以及持续性，推动社会救助整体水平提升。

第七，救助服务：供需匹配机制的优化。根据本次调查数据，新冠疫情期间的服务项目供给状况优于需求状况，这在一定程度上表明我国社会服务体系能力充足，现有供给体系具备服务于低收入家庭需求的能力，积极型、服务型政府的构建取得一定成就，低收入家庭对政府的救助能力持乐观态度。但是，从供给项目来看，业务性、基本性的服务较为集中，而扩展性、服务性的供给较少。应进一步提高供给从统筹社会救助需求侧管理，推动社会救助供给侧结构性改革，建立和完善社会救助供需匹配机制。

第八，制度韧性：社会救助高质量发展的重要趋向。社会救助制度韧性是社会救助高质量发展的重要评价指标。在突发疫情以及全球经济受损的大背景下，我国经济呈现“k 字型复苏”趋势，即经济发展中对于贫困人群的不公平性加剧，在此背景下，以社会救助制度为核心的社会保护制度尤为重要，社会救助制度的韧性很大程度上影响我国社会救助体系为脆弱人群提供保护的程度。应着力提高我国社会救助的制度韧性，重点增强社会救助的反周期性与保护性，重视维护脆弱群体的基本生活权益，着力减轻公共危机对脆弱人群的冲击力，丰富社会救助服务体系，推动社会救助高质量发展。

第五章　城乡低收入家庭的心态与期待

本章主要介绍与分析城乡低收入家庭的心态与期待，具体包括五节。第一节对城乡低收入家庭对社会救助政策的基本认知状况进行分析与阐述；第二节对城乡低收入家庭“幸福感、获得感、安全感”认知状况进行分析与评价；第三节对城乡低收入家庭人际关系状况进行分析与评价；第四节对城乡低收入家庭对社会救助政策的需求情况进行分析与评价；最后一节对本章各小节分析的内容进行结论汇总和思考。

第一节　城乡低收入家庭对社会救助政策的基本认知分析

社会救助政策是国家和社会对家庭经济困难、无法维持基本生活，或遭受急难事故、自然灾害的公民，给予一定物质帮助和服务的制度。我国社会救助的主要项目包括最低生活保障、特困人员供养、医疗救助、教育救助、住房救助、临时救助等。社会救助政策是我国重要的政策制度安排，从对困难群体的保障性支持，到对少数个体的应急性帮扶，社会救助政策发挥着保障民生、促进社会稳定的重要作用。本节主要分为两个部分展开论述，具体包括城乡低收入家庭社会救助政策基本认知的描述分析和实验分析。

一、描述分析

本部分是对城乡低收入家庭对社会救助政策基本认知的描述分析，具体包括以下内容：第一，城乡低收入家庭对低保制度的评价与期待；第二，城乡低收入家庭对积极参与社区事务的认知情况；第三，城乡低收入家庭对救助责任主体的认知情况。

（一）城乡低收入家庭对低保制度相关评价与期待

本部分将介绍城乡低收入家庭对低保制度的评价与期待。具体将从四个方面展开论述，包括城乡低收入家庭对低保投入数量多少的认知情况、城乡低收入家庭对低保投入的期待、城乡低收入家庭对维持基本生活的低保金预期以及城乡低收入家庭对低保的认知情况。

1. 城乡低收入家庭对低保投入数量多少的认知情况

低保等社会救助资金是民生保障重点，也是财政资金支持重点。截至2022年6月，中国城乡低保共救助4062万人，其中城市低保对象700万人，农村低保对象3362万人；中国城市低保标准是每人每月734元、农村低保标准是每人每月554元，今年上半年累计支出低保资金926.2亿元。[①] 通过探讨城乡低收入家庭对低保投入数量多少的认知情况，可以对当前我国低保投入的效果进行分析评价。

表5-1和图5-1描述了城乡低收入家庭对低保投入数量多少的认知情况，并按照分人群、分城乡和分省份进行了分类。根据抽样调查结果可以发现，我国城乡低收入家庭认为，国家在低保上投入数量少的比例普遍偏低，并且从人群、城乡比较来看，低保户、城市低收入家庭认为国家在低保上投入数量少的比例相对较高。

表5-1　城乡低收入家庭对低保投入数量多少的认知情况（%）

低保投入认知	总体	分人群		分城乡		分省份					
		低保户	非低保	农村	城市	江苏	浙江	河南	湖北	四川	陕西
少	14.04	14.15	11.17	11.77	17.43	17.19	13.12	24.09	12.15	10.27	8.22
一般	31.21	31.36	26.98	31.22	31.19	31.77	30.44	44.93	29.08	27.48	24.49
多	37.99	37.91	40.33	41.59	32.64	32.60	31.50	15.98	45.16	44.24	56.57
不知道	16.76	16.58	21.53	15.42	18.74	18.44	24.94	15.00	13.61	18.00	10.71
		chi2=10.130 P=0.017		chi2=124.849 P=0.000		chi2=889.819 P=0.000					

① 《上半年中国支出低保资金逾926亿元官方称足额发放没有问题》，载中国新闻网 https://baijiahao.baidu.com/s?id=1742226310527497520&wfr=spider&for=pc。

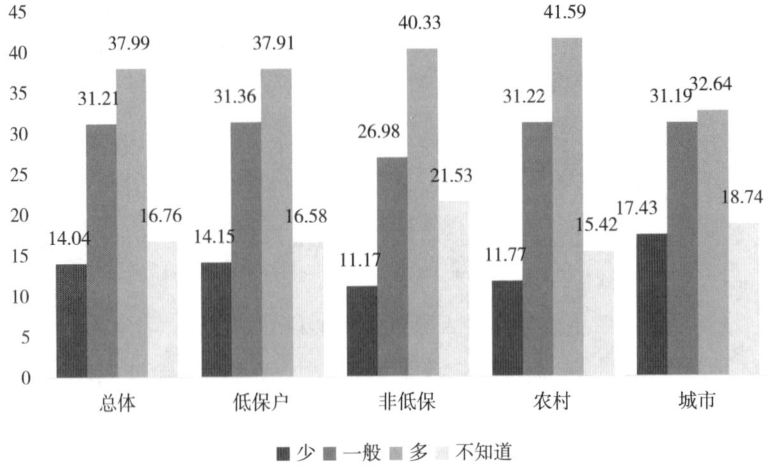

图 5-1　城乡低收入家庭对低保投入数量多少的认知情况（%）

首先，从总体情况来看，有 14.04%的城乡低收入家庭认为当前国家在低保上投入数量少，31.21%的城乡低收入家庭认为，当前国家在低保上投入数量一般，37.99%的城乡低收入家庭认为当前国家在低保上投入数量多，还有 16.76%的城乡低收入家庭表示“不知道”，体现了大多数城乡低收入家庭认为当前国家在低保上的投入相对较高。其次，分人群来看，低收入家庭对当前国家在低保上投入数量多少的认知情况在统计上有显著差异，非低保户与低保户相比，认为当前国家在低保上投入的少或一般的占比相对较小，认为当前国家在低保投入的数量多的占比相对较多。另外，分城乡来看，低收入家庭对低保投入数量多少的认知情况在统计上有显著差异，农村地区有更多的低收入家庭认为当前国家在低保投入的多，占比为 41.59%，城市地区这一比重则为 32.64%。最后分省份来看，各省份的城乡低收入家庭给对当前国家在低保上投入数量的认知存在显著差异，其中河南省仅有 15.98%的城乡低收入家庭认为当前国家在低保投入的数量多，而陕西省则有 56.57%的城乡低收入家庭认为当前国家在低保投入的数量多。

2007 年，我国正式建立农村低保制度以来，社会救助支出和低保支出快速增长，到 2011 年达到历史最高点，自此以后低保支出总额总体上呈现上升趋势①，但

① 杨立雄，杨兰：《最低生活保障制度的变化逻辑以及未来发展——基于政策依附性的分析视角》，载《社会发展研究》2022 年第 3 期，第 16-32+242 页。

救助资金的扩大并不一定带来政策满意度的增长①，因此，如何让低保受助者和低保潜在受助者对当前国家在低保方面的投入有清晰的认知，对提升城乡低收入家庭的政策满意度至关重要。根据上述对城乡低收入家庭对低保投入数量的认知描述，我们可以得出，在将近半数城乡低收入家庭的认知里，国家对低保的投入数量少或一般，也就是认为国家在低保投入方面还有较大的提升空间。同时，低保户认为国家在低保投入数量方面投入少或一般的比例高于非低保户，说明切实享受到低保福利的人群相对较容易认为国家在低保方面的投入不够。因此，通过城乡低收入家庭对低保投入数量的认知的描述与分析，我们可以得出，在城乡低收入家庭的认知中，国家在低保投入方面还没有完全符合低收入家庭的期待，需要继续提升与完善。

2. 城乡低收入家庭对低保投入的期待

城乡低收入家庭对低保投入的期待是指城乡低收入家庭对于明年国家在低保上的投入数量增减的期待，是城乡低收入家庭根据自己对当前国家在低保投入数量上的认知，对未来国家的低保投入提出的要求。

表 5-2 和图 5-2 描述了城乡低收入家庭对低保投入的期待情况，并按照分人群、分城乡和分省份进行了分类。根据抽样调查结果可以发现，超过六成的城乡低收入家庭都认为明年国家应该增加低保投入，仅有极少数的城乡低收入家庭认为明年国家应该减少低保投入。

表 5-2　城乡低收入家庭对低保投入的期待（%）

低保投入的期待	总体	分人群		分城乡		分省份					
		低保户	非低保	农村	城市	江苏	浙江	河南	湖北	四川	陕西
减少	1.28	1.20	3.54	1.56	0.87	0.53	0.65	0.74	1.24	1.81	2.67
保持不变	16.45	16.52	14.44	18.48	13.42	10.97	11.47	14.26	17.44	19.30	24.81
增加	64.20	64.53	55.31	61.61	68.07	72.32	62.74	69.27	62.60	59.71	59.19
不知道	18.06	17.74	26.70	18.35	17.64	16.18	25.13	15.73	18.73	19.19	13.33
		chi2=36.455 P=0.000		chi2=64.374 P=0.000		chi2=305.548 P=0.000					

① 陈文琼，刘建平：《论农村低保救助扩大化及其执行困境》，载《中国行政管理》2017 年第 2 期，第 85-90 页。

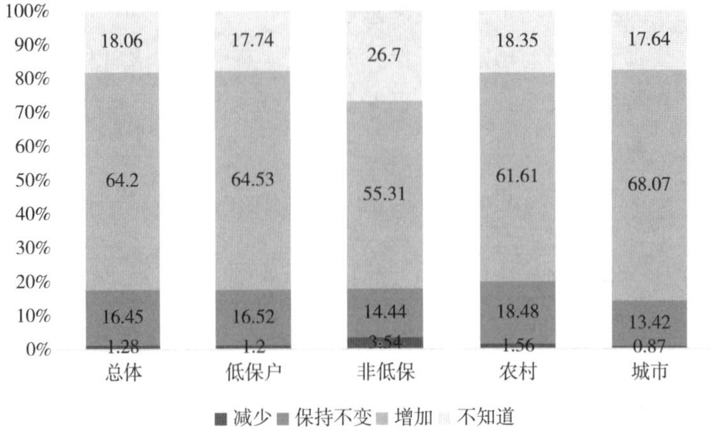

图 5-2　城乡低收入家庭对低保投入的期待（%）

首先，从总体情况来看，认为明年国家应该减少低保投入的城乡低收入家庭的占比为 1.28%，认为明年国家低保投入应该保持不变的城乡低收入家庭的占比为 16.45%，认为明年国家应该增加低保投入的城乡低收入家庭的占比为 64.20%，还有 18.06%的城乡低收入家庭表示“不知道”。其次，分人群来看，城乡低收入家庭对低保投入的期待在统计上有显著差异，低保户与非低保户相比，有较大占比的低保户认为明年国家应该增加低保投入。另外，分城乡来看，低收入家庭对低保投入的期待在统计上有显著差异，城市有更多的低收入家庭认为明年国家应该增加低保投入，占比 68.07%。最后，分省份来看，各省份城乡低收入家庭对低保投入的期待在统计上存在显著差异，但都存在城乡低收入家庭认为，明年国家应该增加低保投入的占比，这部分家庭的比重远大于认为明年国家对低保的投入应该保持不变或应该减少低保投入的占比情况。

在完成全面建成小康社会后，我国进入了新的发展阶段。人民群众对新发展阶段寄予了很高的期待，希望未来的中国更加富裕强盛，人们生活水平进一步提高，这便要求我国在新发展阶段中不仅要进一步拓展经济发展成果，而且也要在民生保障和社会政策方面更上一个台阶。因此，人民群众在国家未来对低保的投入方面抱有很大的期待。根据上述对城乡低收入家庭对低保投入的期待情况的描述，我们可以得出在大部分城乡低收入家庭的认知里，明年国家应该增加低保投入，且低保户认为国家应该增加低保投入的占比更高，说明切实享受到低保福利的人群会更加希望国家可以增加低保投入。因此，通过城乡低收入家庭对低保投入的期待情况的描述与分析可以得出，随着人们对生活要求的提高，应不断通过低保等社会救助资金的投入进一步提高人们的生活水平。

3. 城乡低收入家庭对维持基本生活的低保金预期

根据民政部官网公布的 2022 年 4 季度民政统计数据，城市最低生活保障标准为 711.4 元/月，农村最低生活保障标准为 6362.2 元/年，即 530.18 元/月。[①] 根据民政部官网公布的 2022 年 1 季度低保标准，江苏城市低保标准为 803.9 元/人·月，农村低保标准为 791.2 元/人·月；浙江城市低保标准为 948.5 元/人·月，农村低保标准为 948.5 元/人·月；河南城市低保标准为 618.5 元/人·月，农村低保标准为 414.4 元/人·月；湖北城市低保标准为 674.2 元/人·月，农村低保标准为 504.8 元/人·月；四川城市低保标准为 633.4 元/人·月，农村低保标准为 452.6 元/人·月；陕西城市低保标准为 651.6 元/人·月，农村低保标准为 446.5 元/人·月。[②]

根据本研究抽样调查数据，首先，从总体情况来看，家庭层面城乡低收入家庭层面期望低保金均值为 1410.36 元/月，而城乡低收入家庭个体层面期望低保金均值为 614.67 元/月。其次，分人群来看，低保户相对于非低保户来说，对维持基本生活的低保金预期较高。另外，分城乡来看，城市低收入家庭对维持基本生活的低保金预期为 695.36 元/月，低于 2022 年 4 季度城市最低生活保障标准 711.4 元/月，即对于城市低收入家庭来说，表明目前国家低保标准是基本够用的，基本能够满足城市低收入家庭的基本生活；农村低收入家庭对维持基本生活的低保金预期为 560.54 元，高于 2022 年 4 季度农村最低生活保障标准 530.18 元/月，表明目前国家农村低保标准对于维持基本生活来说，需要进一步提高。最后，分省份来看，各省份城乡低收入家庭对维持基本生活的低保金预期在统计上存在显著差异，浙江省低收入家庭对维持基本生活的低保金预期达到了 2014.08 元，而四川省低收入家庭对维持基本生活的低保金预期则仅为 1005.00 元，还不到浙江省低收入家庭期望低保金的半数。且对比 2022 年 1 季度低保标准，其中河南、四川城乡低收入人群对维持基本生活的低保金人均预期低于该省份 2022 年 4 季度城乡最低生活保障标准；而江苏、浙江城乡低收入人群对维持基本生活的低保金人均预期高于该省份 2022 年 4

---

① 《2022 年 4 季度民政统计数据》，载中华人民共和国民政部官网 https://www.mca.gov.cn/article/sj/tjjb/2021/202104qgsj.html。

② 《2022 年 1 季度低保标准》，载中华人民共和国民政部官网 https://www.mca.gov.cn/article/sj/tjjb/2022/202201dbbz.html。

季度城乡最低生活保障标准；湖北、陕西城乡低收入人群对维持基本生活的低保金人均预期则高于该省份 2022 年 4 季度农村最低生活保障标准，低于该省份 2022 年 4 季度城市最低生活保障标准，表明除了满足基本生存需要以外，部分地区低保一定程度上已经开始具备部分提升生活质量的功能。

表 5-3　城乡低收入家庭对维持基本生活的低保金预期（元/月）

对低保金的期待		家庭层面			个体层面		
		均值	标准差	显著程度	均值	标准差	显著程度
总体		1410.36	899.49	/	614.67	439.60	/
分人群	低保户	1415.81	899.49	t=3.196	616.95	439.45	t=2.726
	非低保	1263.06	888.04	P=0.001	553.27	439.80	P=0.006
分城乡	农村	1321.71	886.15	t=-12.287	560.54	411.53	t=-15.039
	城市	1542.49	903.11	P=0.000	695.36	466.95	P=0.000
分省份	江苏	1767.85	899.21		859.21	482.03	
	浙江	2014.08	952.87		959.04	487.40	
	河南	1099.66	803.29	F=393.560	398.81	311.18	F=643.130
	湖北	1241.09	771.49	P=0.000	517.68	359.75	P=0.000
	四川	1005.00	703.57		413.09	284.04	
	陕西	1352.70	798.10		548.48	331.33	

根据上述对城乡低收入家庭低保金期望情况的具体描述可以得出，城乡低收入家庭对维持基本生活的低保金预期存在城乡和区域差异，对于城市低收入家庭来说，目前国家低保标准基本能够满足城市低收入家庭的基本生活；对于农村低收入家庭来说，目前国家农村低保标准对于维持基本生活来说，需要进一步提高。分省份来看，与 2022 年 1 季度低保标准对比来看，有些省份对城乡低收入家庭低保金期望情况相对较高，说明部分省份的低保标准还有提升空间；有些省份对城乡低收入家庭低保金期望情况相对较低，表明已开始具备一定的提升生活质量的功能。当然，由于本研究数据为主观数据，相应分析结果仍待进一步观察和讨论。

4. 城乡低收入家庭对低保的认知情况

最低生活保障制度自建立以来，在对困难群体进行收入补贴，维持其基本生活方面发挥了不可或缺的作用，其利用收入扶持等物质资源输入手段，来改善贫困家庭当前基本生活形态，体现的是一种消极型、维持型和单向度的救助

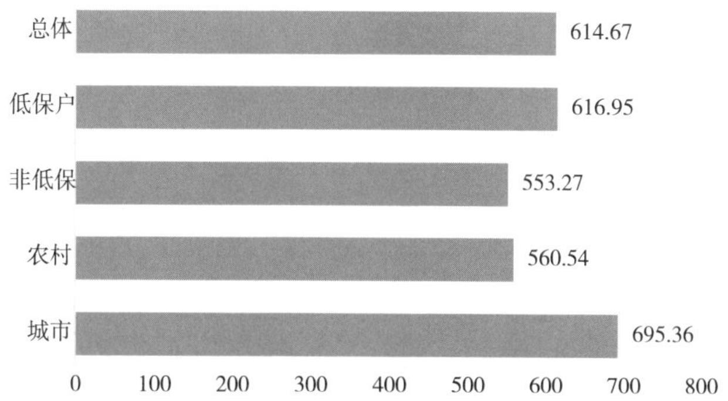

图 5-3　城乡低收入家庭对维持基本生活的人均低保金预期（元/月）

理念。① 在这种价值理念作用下，一方面低保在贫困群体维持其最低生活方面发挥了不可或缺的作用，另一方面因为低保申请及资格获取的复杂性，可能会给困难群体带来一定的心理负担，从而影响再分配资源的使用效率。

本部分将详细描述城乡低收入家庭对低保的认知情况，具体包括以下四个内容：城乡低收入家庭对低保申请的认知情况，城乡低收入家庭对低保定期复核的认知情况，城乡低收入家庭对低保隐私损害的认知情况，以及城乡低收入家庭对低保公平的认知情况。

（1）城乡低收入家庭对低保申请的认知情况。

自 2008 年 6 月民政部发布《全国基层低保规范化建设暂行评估标准》以来，政府就试图通过低保制度的实体规范化和程序规范化来保障城乡低保的顺利实施，促进低保分配的公平公正。② 本部分主要分析城乡低收入家庭对低保申请的认知情况，可以以此作为评判低保申请的规范化程度的参考之一。

表 5-4 和图 5-4 描述了城乡低收入家庭对低保申请的认知情况，具体包括对低保资格、低保申请、申请手续以及收入核查四个方面的认知情况。并按照分人群、分城乡和分省份进行了分类。③

① 李鹏，张奇林：《我国低保规模持续缩减的生成逻辑与治理路径：基于“情境—结构—执行”分析框架》，载《兰州学刊》2022 年第 12 期，第 1-16 页。http://ifgga60aabc7d15084b00hp6x55-bo05opv6nvc.fhaz.libproxy.ruc.edu.cn/kcms/detail/62.1015.c.20221209.1509.003.html。

② 魏程琳，史源渊：《确保农村最低生活保障效果的制度文本与实践》，载《西北农林科技大学学报（社会科学版）》2015 年第 4 期，第 135-140+149 页。

③ 考虑到非低保户历史上也可能被低保覆盖，有申请或退出低保的经历，因此，本研究仍然将非低保户作为对照群体进行分析。

表 5-4　城乡低收入家庭对低保申请的认知情况（%）

题目	低保申请认知情况	总体	分人群		分城乡		分省份					
			低保户	非低保	农村	城市	江苏	浙江	河南	湖北	四川	陕西
很难弄清楚是否有享受低保资格	同意	24.05	23.84	29.70	25.44	21.97	21.99	24.48	34.42	17.32	26.24	20.52
	一般	22.38	22.37	22.62	21.90	23.11	24.07	31.05	19.61	19.97	25.85	13.80
	不同意	53.57	53.79	47.68	52.67	54.92	53.94	44.47	45.97	62.71	47.91	65.68
			chi2 = 7.529 P = 0.023		chi2 = 9.921 P = 0.007		chi2 = 386.431 P = 0.000					
很难弄清楚怎样申请低保	同意	22.09	22.02	23.98	23.03	20.69	20.21	24.25	31.35	14.29	24.55	18.61
	一般	20.40	20.30	23.16	19.59	21.61	24.48	28.33	18.07	17.60	21.78	12.29
	不同意	57.51	57.68	52.86	57.38	57.70	55.31	47.43	50.58	68.11	53.67	69.10
			chi2 = 3.467 P = 0.177		chi2 = 11.144 P = 0.004		chi2 = 391.439 P = 0.000					
申请低保的手续太麻烦了	同意	23.37	23.16	28.88	23.57	23.06	25.43	25.37	28.89	15.52	27.03	18.49
	一般	22.62	22.54	24.80	21.07	24.93	24.36	26.79	21.14	21.93	24.72	16.75
	不同意	54.02	54.30	46.32	55.36	52.01	50.21	47.84	49.97	62.54	48.25	64.75
			chi2 = 9.930 P = 0.007		chi2 = 21.698 P = 0.000		chi2 = 241.681 P = 0.000					

续表

题目	低保申请认知情况	总体	分人群		分城乡		分省份					
			低保户	非低保	农村	城市	江苏	浙江	河南	湖北	四川	陕西
家庭收入核查太繁琐了	同意	23.41	23.14	30.79	23.42	23.40	24.54	23.36	27.11	17.49	27.37	20.93
	一般	25.34	25.31	26.16	24.04	27.28	27.56	30.51	24.09	24.58	28.56	16.75
	不同意	51.25	51.55	43.05	52.54	49.32	47.90	46.13	48.80	57.93	44.07	62.32
			chi2 = 13.929 P = 0.001		chi2 = 15.190 P = 0.001		chi2 = 222.198 P = 0.000					

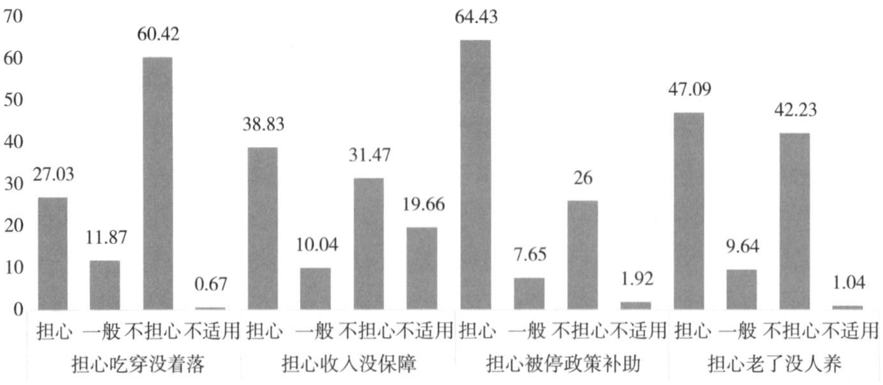

图 5-4　城乡低收入家庭对低保申请的认知情况（%）

第一，从城乡低收入家庭对低保资格认知情况来看。根据抽样调查的结果可以发现，首先，总体上有超过半数的城乡低收入家庭认为弄清楚是否享有低保资格并不困难，占比为 53.57%。其次，分人群来看，低保户认为弄清楚是否享有低保资格并不困难的占比略大于非低保户，为 53.79%，而非低保户为 47.68%。另外，分城乡来看，城乡低收入家庭对低保资格认知情况在统计上也存在显著差异，城市低收入家庭认为弄清楚低保资格并不困难的占比较高，为 54.92%；而相对于城市低收入家庭，农村低收入家庭认为很难弄清楚是否享有低保资格的占比较高，为 25.44%。最后，分省份来看，城乡低收入家庭对低保资格认知情况在统计上有显著差异，江苏、湖北、陕西都有高于半数的城乡低收入家庭认为弄清楚低保资格并不困难，浙江、河南、四川则低于半数，并且认为很难弄清楚是否享有低保资格的占比相对较高。

第二，从城乡低收入家庭对低保申请的认知情况来看。根据抽样调查的结果可以发现，首先，总体上有 57.51%的城乡低收入家庭不同意“我要费很大工夫才能弄清楚怎样申请低保”这一说法，也就是 57.51%的城乡低收入家庭认为弄清楚怎样申请低保并不困难；有 22.09%的城乡低收入家庭认为很难弄清楚怎样申请低保；且有 20.40 的城乡低收入家庭持中立态度。其次，分人群来看，低保户认为弄清楚怎样申请低保并不困难的占比略大于非低保户，分别为 57.68%和 52.86%。另外，分城乡来看，城乡低收入家庭对低保申请的认知情况在统计上有显著差异，但城市和农村地区的低收入家庭认为弄清楚怎样申请低保并不困难的占比却较为接近；而相对于城市低收入家庭，农村低收入家庭认为很难弄清楚怎样申请低保的占比较高，为 22.34%。最后，分省份来看，城乡低收入家庭对低保申请的认知情况在统计上也有显著差异，江苏、湖北、陕西都有高于半数的城乡低收入家庭认为弄清楚怎样申请低保并不困难，浙江、河南、四川三省则低于半数，并且河南、四川、浙江，这三省认为很难弄清楚是否享有低保资格的占比相对较高。

第三，从城乡低收入家庭对低保申请手续的认知情况来看。根据抽样调查的结果可以发现，首先，总体上有 54.02%的城乡低收入家庭认为申请低保的手续不麻烦；有 23.37%的城乡低收入家庭认为申请低保的手续很麻烦；且有 22.62%的城乡低收入家庭持中立态度。其次，分人群来看，低保户认为申请低保的手续不麻烦的占比大于非低保户，为 54.30%，非低保户的占比为 46.32%；而非低保户认为申请低保的手续麻烦的占比大于低保户，分别为 28.88%和 23.16%。另外，分城乡来看，城乡低收入家庭对低保申请手续的认知情况在统计上有显著差异，农村低收入家庭认为申请低保的手续不麻烦的占比较高，为 55.36%。最后，分省份来看，城乡低收入家庭对低保申请手续的认知情况在统计上也存在显著差异，江苏、湖北、陕西，这三省都有高于半数的城乡低收入家庭认为弄清楚怎样申请低保并不困难，浙江、河南、四川三省则低于半数，并且认为很难弄清楚怎样申请低保的占比相对较高。

第四，从城乡低收入家庭对低保收入核查的认知情况来看。根据抽样调查的结果可以发现，首先，总体上有 51.25%的城乡低收入家庭不同意“（申请低保时的）家庭收入核查太繁琐了”这一说法，也就是有超过半数的城乡低收入家庭认为家庭收入核查不繁琐。其次，分人群来看，低保户认为家庭收入核查不繁琐的占比大于低收入家庭，分别为 51.55%和 43.05%；而认为家庭收入核查太繁琐的非低保户的占比大于低保户，分别为 30.79%和 23.14%。另外，分城乡来看，城乡低收入家庭对低保收入核查的认知情况在统计上有显著差异，农村低收入家庭认为家庭收入核查不繁琐的占比较高，为 52.43%，而城市低收入家庭为 49.32%。最后，分省份来看，城乡低收入家庭对低保收入核查的认知情况在统计上也存在显著差异，湖北、陕西省都有高于半数的城乡低收入家庭认为家庭收入核查不繁琐，江苏、浙江、河南、四川这四省则低于半数，并且认为家庭收入核查太繁琐的占比相对较高。

近年来，政府低保管理程序不断严格化、规范化，低保管理效率不断增强①，

① 关信平：《新时代中国城市最低生活保障制度优化路径：提升标准与精准识别》，载《社会保障评论》2019 年第 1 期，第 131-140 页。

特别体现在低保申请方面。根据上述对城乡低收入家庭对低保申请的认知情况的描述分析，我们可以发现总体上城乡低收入家庭对低保资格、低保申请、申请手续以及收入核查的认知情况中“不同意”的占比都超过了半数，表明在大部分城乡低收入家庭的认知里低保申请的规范化程度还是比较高的，但依然还存在少部分城乡低收入家庭认为很难弄清楚是否有享受低保资格、很难弄清楚怎样申请低保、申请低保的手续太麻烦以及家庭收入核查太繁琐的情况，这是值得进一步关注的。因此，应继续加强低保申请的规范化程度，加强对城乡低收入家庭的低保政策宣传，提升低保申请效率。

（2）城乡低收入家庭对低保定期复核的认知情况。

低保是一项实行动态管理的临时性救济制度，享受低保的权利必须根据当事人家庭经济情况的变化而变化①。因此定期对城乡低收入家庭进行复核对于提升低保作用效率至关重要，要通过复查掌握的家庭经济状况变化，及时按照程序办理停发、减发或增发低保金的手续，并及时向社会公示。②

表 5-5 和图 5-5 描述了城乡低收入家庭对低保定期复核的认知情况，并按照分人群、分城乡和分省份进行了分类。根据抽样调查结果可以发现，超过半数的城乡低收入家庭都认为低保定期复核越来越严，仅有 28.93%的城乡低收入家庭不同意这一观点。

表 5-5　城乡低收入家庭对低保定期复核的认知情况（%）

低保定期复核的认知情况	总体	分人群		分城乡		分省份					
		低保户	非低保	农村	城市	江苏	浙江	河南	湖北	四川	陕西
同意	51.49	51.21	59.13	51.28	51.79	50.50	47.49	52.30	49.33	52.54	56.75
一般	19.58	19.70	16.35	18.55	21.12	20.92	25.13	18.81	19.24	20.65	12.81
不同意	28.93	29.09	24.52	30.17	27.08	28.57	27.38	28.89	31.44	26.81	30.43
		chi2＝8.900 P＝0.012		chi2＝16.634 P＝0.000		chi2＝96.729 P＝0.000					

① 魏程琳，史源渊：《确保农村最低生活保障效果的制度文本与实践》，载《西北农林科技大学学报（社会科学版）》2015 年第 4 期，第 135-140+149 页。

② 刘丽娟：《精准扶贫视域下的城乡低保瞄准机制研究》，载《社会保障研究》2018 年第 1 期，第 70-79 页。

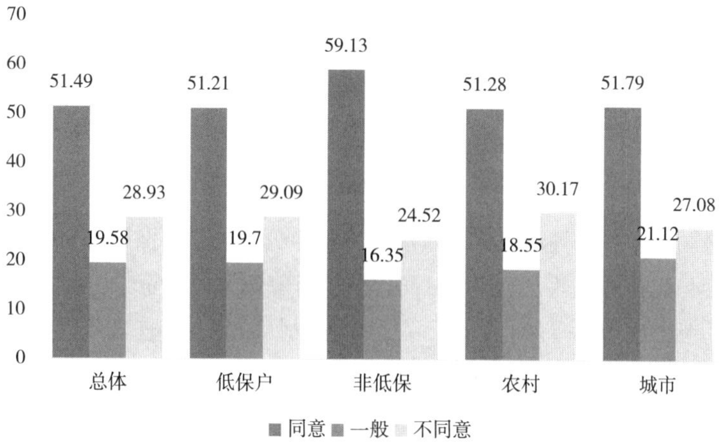

图 5-5　城乡低收入家庭对低保定期复核的认知情况（%）

首先，从总体情况来看，对“低保定期复核越来越严了，收入一高就有可能被退出低保”这一观点持“同意”观点的城乡低收入家庭的占比为52.25%，表明超过半数的城乡低收入家庭都认为低保定期复核越来越严，侧面体现出我国近些年低保定期复核越来越严格，持“一般”观点的占比为19.58%，持“不同意”观点的占比为28.93%。其次，分人群来看，城乡低收入家庭对低保定期复核的认知情况在统计上有显著差异，非低保户与低保户相比，有较大占比的人认为低保定期复核越来越严，占比为59.13%，低保户占比为51.21%。另外，分城乡来看，农村地区有更多的低收入家庭不同意低保定期复核越来越严这一观点，占比30.17%，城市占比为27.08%。最后，分省份来看，城乡低收入家庭对低保定期复核的认知情况在统计上也存在显著差异，但总体来看各省份的城乡低收入家庭都存在半数左右的城乡低收入家庭认为低保定期复核越来越严了。

近年来，受“骗保”“人情保”影响，部分群众对最低生活保障制度产生偏见，低保污名化。[①] 实施最低生活保障制度的目的是要解决贫困人口的生存问题，而不是在他们脱离了贫困的情况下去提高其生活水平，[②] 因此采取高效

① 杨立雄：《“一揽子”打包，还是单项分类推进？——社会救助立法的路径选择》，载《社会保障评论》2020 年第 2 期，第 56-69 页。

② 郭海清：《建立农村居民最低生活保障制度的最大难点与解决办法》，载《经济师》2004 年第 1 期，第 199 页。

的低保定期复核是必要的。根据上述对城乡低收入家庭对低保定期复核认知情况的描述，我们可以侧面得出当前我国对低保的定期复核越来越严这一趋势，可以极大地减少低保领域的“骗保”“人情保”行为，从而提高低保的公平性及效率。

（3）城乡低收入家庭对低保隐私损害的认知情况。

低保调查和公示等制度无疑具有推进低保分配公平、保障群众知情权、动员群众参与监督的功效①，但无疑也会存在损害低保户的隐私、损害低保户的尊严的情况，使得部分低收入者不愿申请救助。因此，调查城乡低收入家庭对低保隐私损害的认知情况，有利于更好地发挥低保公示的监督作用，减轻低保户和非低保户对低保公示的排斥心态。

表5-6和图5-6描述城乡低收入家庭对低保隐私损害的认知情况，具体包括以下两个方面的内容：城乡低收入家庭对低保公示损害低保户的隐私的认知情况，以及城乡低收入家庭对吃低保有损个人尊严的认知情况。

第一，从城乡低收入家庭对低保公示损害低保户的隐私的认知情况看。根据抽样调查的结果可以发现，首先，总体上有60.08%的城乡低收入家庭认为低保公示没有损害低保户的隐私，但还存在19.99%的城乡低收入家庭认为低保公示损害了低保户的隐私。其次，分人群来看，非低保户和低保户认为低保公示损害了低保户的隐私的占比分别为23.16%和19.87%，非低保户认为低保公示损害了低保户的隐私的占比大于低保户，另外，分城乡来看，城乡低收入家庭对低保公示损害低保户的隐私的认知情况在统计上存在的差异并不明显。最后，分省份来看，城乡低收入家庭对低保公示损害低保户的隐私的认知情况在统计上存在显著差异，其中浙江省、河南省城乡低收入家庭认为低保公示损害了低保户的隐私的占比相对较高。

第二，从城乡低收入家庭对吃低保有损个人尊严的认知情况看。根据抽样调查结果（见图5-7）可以发现，首先，总体上有71.39%的城乡低收入家庭不同意吃低保有损个人尊严，但还存在13.61%的城乡低收入家庭认为吃低保有损个人尊严。其次，分人群来看，城乡低收入家庭对吃低保有损个人尊严的认知情况在统计上存在的差异并不明显，但存在非低保户认为吃低保有损个人尊严的占比大于低保户的情况。另外，分城乡来看，城乡低收入家庭吃低保有

① 魏程琳，史源渊：《确保农村最低生活保障效果的制度文本与实践》，载《西北农林科技大学学报（社会科学版）》2015年第4期，第135-140+149页。

表 5-6　城乡低收入家庭对低保隐私损害的认知情况（%）

题目	低保隐私损害认知	总体	分人群		分城乡		分省份					
			低保户	非低保	农村	城市	江苏	浙江	河南	湖北	四川	陕西
低保公示损害了低保户的隐私	同意	19.99	19.87	23.16	20.25	19.60	19.21	21.76	28.95	15.07	19.64	16.00
	一般	19.93	19.96	19.07	19.41	20.71	21.40	26.61	21.20	19.18	20.20	11.25
	不同意	60.08	60.16	57.77	60.34	59.69	59.40	51.63	49.85	65.75	60.16	72.75
			chi2=2.393 P=0.302		chi2=2.811 P=0.245		chi2=314.944 P=0.000					
吃低保有损个人尊严	同意	13.61	13.55	15.26	14.69	11.99	15.12	15.67	19.61	9.39	11.63	10.84
	一般	15.00	15.06	13.35	14.73	15.41	16.30	21.64	15.55	14.68	13.83	8.23
	不同意	71.39	71.39	71.39	70.58	72.60	68.58	62.68	64.84	75.93	74.55	80.93
			chi2=1.451 P=0.484		chi2=15.442 P=0.000		chi2=254.756 P=0.000					

损个人尊严的认知情况在统计上存在显著差异，农村低收入家庭认为吃低保有损个人尊严的占比大于城市低收入家庭，且农村低收入家庭不同意吃低保有损个人尊严的占比小于城市低收入家庭。最后，分省份来看，城乡低收入家庭吃低保有损个人尊严的认知情况在统计上存在显著差异，其中江苏、浙江、河南三省的城乡低收入家庭认为吃低保有损个人尊严的占比相对较高。

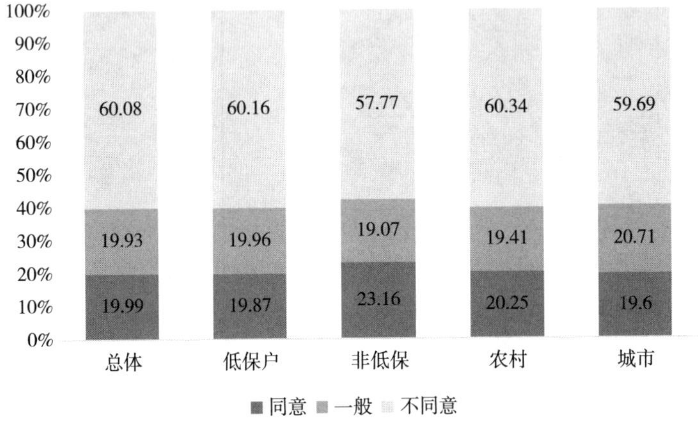

图 5-6　城乡低收入家庭对低保公示损害低保户隐私的认知情况（%）

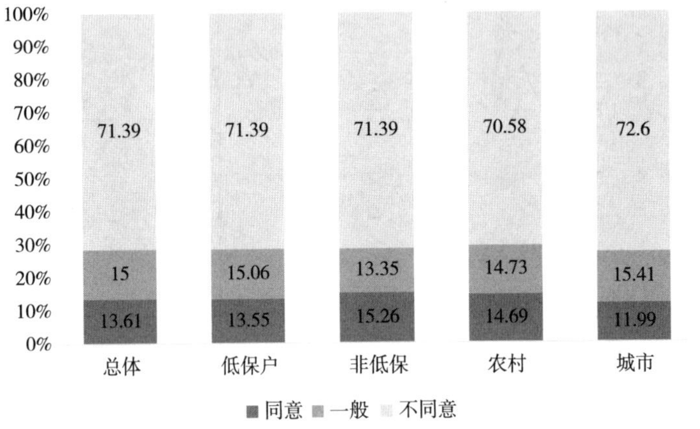

图 5-7　城乡低收入家庭对吃低保有损个人尊严的认知情况（%）

在低保制度的实践过程中，对特殊情况的低保户不注意保护其隐私资料，伤害受助人的尊严和自由等现象时有发生。[①] 且有学者认为，低保申请人一般并不乐意将经济境况等大白于众，公布此类信息将令其倍感羞耻。公示程序原意在于维护公民救助权，但其施行实效却可能适得其反。[②] 认为吃低保有损个人隐私和尊严的低收入家庭就会存在放弃申请的情况。根据上述对城乡低收入家庭对低保隐私损害的认知情况的具体描述，我们可以发现，实际上大部分城乡低收入家庭都认为低保并没有造成隐私损害和尊严丧失，这可能一方面是由于人们的权利意识增强，另一方面是由于随着最低生活保障制度上叠加有其他项目，最低生活保障制度“含金量”较高所致[③]，但还存在少部分城乡低收入家庭持有这一观点。因此，我们应继续推进低保相关制度的标准化，以求在无损人格的前提下，为所有需要帮助的贫困人士提供有力保障，彰显国民公平享有基本受助权利。

（4）城乡低收入家庭对低保公平的认知情况。

实现社会公平是建立社会保障制度的基本理念和终极目标，公平公正地选择低保户是实现社会保障政策目标的基础。[④] 因此，调查城乡低收入家庭对低保公平的认知情况，有利于从侧面反映当前低保政策执行中存在的公平性问题，从而使公平性得到提升。本次调查中所涉及的公平性包括两个层面，第一个层面重点是探讨低保政策的“福利依赖”问题，第二个层面是探讨政策落实中存在的“关系保”“人情保”问题。

第一，通过对城乡低收入家庭对低保户有依赖心理的认知情况的调查分析，探讨低保政策的“福利依赖”问题。根据抽样调查的结果可以发现，有63.64%的城乡低收入家庭不同意很多低保户有依赖心理这一说法，但还存在17.53%的城乡低收入家庭认为很多低保户有依赖心理。其次，分人群来看，城乡低收入家庭对低保户有依赖心理的认知情况在统计上存在显著差异，非低保户认为很多低保户有依赖心理的占比大于低保户，分别为23.71%和17.30%。另外，分城乡来看，农村低收入家庭认为很多低保户有依赖心理的

① 赵春：《贫困单亲家庭最低生活保障制度的实施及策略探析——以江苏省为例保障民生》，载《改革与开放》2017年第24期，第80-82页。

② 宋华琳，范乾帅：《街道办事处在社会救助行政中的职权及其法治化》，载《北京行政学院学报》2018年第6期，第23-33页。

③ 霍萱，林闽钢：《城乡最低生活保障政策执行的影响因素及效果分析》，载《苏州大学学报（哲学社会科学版）》2016年第6期，第28-35页。

④ 崔治文，白家瑛，张晓甜：《农村最低生活保障制度实施的公平性研究——基于对甘肃省326户农民家庭调研数据的分析》，载《西北人口》2016年第4期，第118-126页。

占比大于城市，分别为18.64%和15.87%。最后，分省份来看，城乡低收入家庭对低保户有依赖心理的认知情况在统计上也存在显著差异，其中四川、陕西两省的城乡低收入家庭认为很多低保户有依赖心理的占比相对较高。

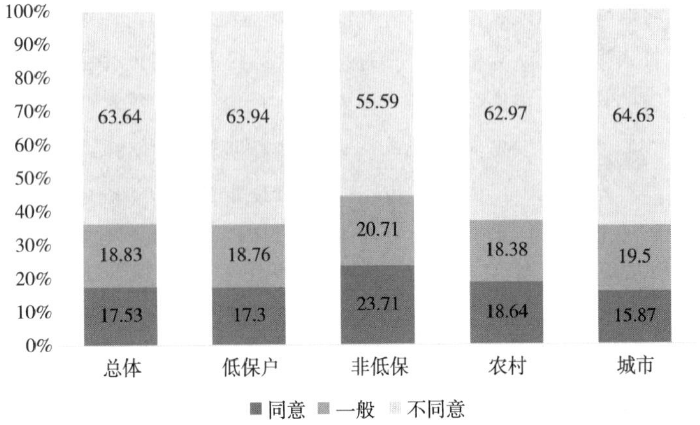

图5-8　城乡低收入家庭对低保依赖心理的认知情况（%）

根据上述对城乡低收入家庭对低保户有依赖心理的认知情况的具体分析，还存在接近两成的城乡低收入家庭认为低保户对低保有依赖心理。已有研究表明，近年来，许多发达国家，尤其是“福利国家”，已经认识到单纯追求“高福利”的弊端，逐渐走向“分类救助”“发展型救助”“工作福利”等新救助模式，这恰恰表明更高质量的最低生活保障是保障生计与促进受助对象自立两种目标之间的激励相容，是追求公平与效率的平衡。[①] 因此，我们要着力发展高质量的低保救助政策，通过设定合理的救助水平和治理体系，减少低保户对低保的依赖心理，避免低保户产生懒惰倾向，防止“养懒汉”和福利依赖。

第二，通过对城乡低收入家庭对有些人靠关系就可以吃低保的认知情况的调查分析，探讨政策落实中存在的关系保、人情保问题。根据抽样调查的结果可以发现，首先，总体上有79.62%的城乡低收入家庭不同意有些人靠关系就可以吃低保这一说法，但还存在7.42%的城乡低收入家庭认为有些人靠关系就

① 文雯：《城市最低生活保障兼有消费改善与劳动供给激励效应吗?》，载《上海经济研究》2021年第2期，第36-47+97页。

可以吃低保。其次，分人群来看，城乡低收入家庭对有些人靠关系就可以吃低保的认知情况在统计上存在显著差异，非低保户认为有些人靠关系就可以吃低保的占比大于低保户，低保户与非低保户的占比分别为7.22%和12.81%。另外，分城乡来看，农村低收入家庭和城市低收入家庭认为有些人靠关系就可以吃低保的占比差别不大，分别为7.07%和7.95%。最后，分省份来看，城乡低收入家庭对有些人靠关系就可以吃低保的认知情况在统计上也存在显著差异，其中江苏、浙江、四川三个省份的城乡低收入家庭认为有些人靠关系就可以吃低保的占比相对较高。

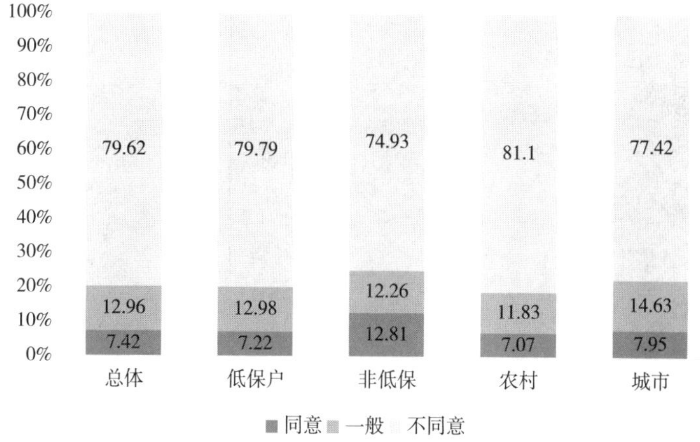

图5-9　城乡低收入家庭对靠关系吃低保的认知情况（%）

根据上述对城乡低收入家庭对有些人靠关系就可以吃低保的认知情况的具体分析，仅有少数城乡低收入家庭认为有些人靠关系就可以吃低保，其中非低保户的占比相对较高。已有研究发现，城乡贫困家庭对最低生活保障评审的公平性和执行情况评价较高，但也可能还存在政策执行不到位的问题。因此，我们要强化对最低生活保障审批和执行环节的管理，避免由于与最低生活保障管理人员个人关系而产生的“人情保”和“关系保”。建立最低生活保障的公开透明性规则，建立监督、申诉机制及其问责机制。①

① 霍萱，林闽钢：《城乡最低生活保障政策执行的影响因素及效果分析》，载《苏州大学学报（哲学社会科学版）》2016年第6期，第28-35页。

表 5-7　城乡低收入家庭对低保公平的认知情况（%）

题目	低保公平的认知	总体	分人群		分城乡		分省份					
			低保户	非低保	农村	城市	江苏	浙江	河南	湖北	四川	陕西
很多低保户有依赖心理	同意	17.53	17.30	23.71	18.64	15.87	11.56	13.19	12.97	18.50	22.74	25.57
	一般	18.83	18.76	20.71	18.38	19.50	20.75	23.83	14.81	19.46	20.99	12.99
	不同意	63.64	63.94	55.59	62.97	64.63	67.69	62.98	72.22	62.04	56.26	61.45
			chi2 = 12.872 P = 0.002		chi2 = 13.575 P = 0.001		chi2 = 280.005 P = 0.000					
有些人靠关系就可以吃低保	同意	7.42	7.22	12.81	7.07	7.95	8.12	9.93	5.90	5.91	8.07	6.61
	一般	12.96	12.98	12.26	11.83	14.63	15.47	20.88	10.45	10.69	13.04	7.36
	不同意	79.62	79.79	74.93	81.10	77.42	76.41	69.19	83.65	83.41	78.89	86.03
			chi2 = 16.059 P = 0.000		chi2 = 21.662 P = 0.000		chi2 = 216.165 P = 0.000					

提升低保的公平性，首先应当立足于政策的公平与效率目标统筹，生计保障与促进发展目标兼顾，具体来说就是将救助对象的生活改善，促进有劳动能力的救助对象重返劳动力市场放在统一的政策目标下进行规划，只要救助对象的收入超过最低生活标准，救助行动就将终止。① 其次，要通过建立核对机构，开发电子信息比对系统，改进收入计算方法；设立申诉、请求、检举程序，加大处罚力度；建立工作人员亲属享受低保待遇的备案制度，加大抽查力度等政策措施，② 降低“关系保”“人情保”和“骗保”现象的发生，从而提升政策落实中的公平性。

（二）城乡低收入家庭对积极参与社区事务的认知

本部分将介绍城乡低收入家庭对积极参与社区事务的认知情况。社区参与作为社区治理的重要议题，既被认为是社区发展的动力，也被视为社区治理的手段和目的。③ 在社区治理中，无论何种组织开展活动，都有赖于居民参与，缺少居民参与，政府政策难以落实，社区和社会组织的服务难以“落地”，居民的权利乃至作为微观生活共同体的“活力”都将难以彰显。④ 城乡低收入家庭作为社区的弱势群体，其社区参与意识对社区治理尤为重要。本部分重点研究城乡低收入家庭的社区参与，根据调查数据探讨城乡低收入家庭参与社区事务的积极性。

表 5-8 描述了城乡低收入家庭参与社区事务的积极性情况，具体包括以下三个内容：第一，城乡低收入家庭对愿意参加公共场所的卫生大扫除的认知情况；第二，城乡低收入家庭对愿意免费帮助照顾邻居家的失能老人的认知情况；第三，城乡低收入家庭对愿意参加村/社互助服务或志愿活动的认知情况，并按照人群、城乡以及省份进行了分类。

---

① 文雯：《城市最低生活保障兼有消费改善与劳动供给激励效应吗?》，载《上海经济研究》2021 年第 2 期，第 36-47+97 页。

② 杨立雄：《最低生活保障“漏保”问题研究——以北京市为例》，载《社会保障评论》2018 年第 2 期，第 71-88 页。

③ 谭祖雪，张江龙：《赋权与增能：推进城市社区参与的重要路径——以成都市社区建设为例》，载《西南民族大学学报（人文社会科学版）》2014 年第 6 期，第 57-61 页。

④ 袁方成：《增能居民：社区参与的主体性逻辑与行动路径》，载《行政论坛》2019 年第 1 期，第 80-85 页。

表 5-8　城乡低收入家庭参与社区事务的积极性（%）

题目	社区参与认知	总体	分人群		分城乡		分省份					
			低保户	非低保	农村	城市	江苏	浙江	河南	湖北	四川	陕西
愿意参加公共场所的卫生大扫除	同意	81. 33	81. 21	84. 47	82. 62	79. 40	68. 35	66. 53	89. 43	86. 10	84. 88	92. 34
	一般	10. 13	10. 17	8. 99	9. 12	11. 63	13. 63	17. 74	6. 33	9. 74	9. 76	3. 60
	不同意	8. 54	8. 62	6. 54	8. 26	8. 97	18. 02	15. 73	4. 24	4. 16	5. 36	4. 06
			chi2 = 2. 734 P = 0. 255		chi2 = 19. 952 P = 0. 000		chi2 = 756. 897 P = 0. 000					
愿意免费帮助照顾邻居家的失能老人	同意	74. 60	74. 45	78. 47	76. 72	71. 43	62. 18	61. 03	88. 26	73. 94	74. 72	87. 70
	一般	13. 96	14. 00	12. 81	12. 44	16. 23	17. 13	19. 10	7. 07	16. 77	16. 93	6. 38
	不同意	11. 44	11. 54	8. 72	10. 84	12. 33	20. 69	19. 87	4. 67	9. 29	8. 35	5. 92
			chi2 = 3. 597 P = 0. 166		chi2 = 39. 557 P = 0. 000		chi2 = 713. 014 P = 0. 000					
愿意参加村里/社区的互助服务或志愿活动	同意	82. 85	82. 74	85. 83	83. 16	82. 38	72. 08	68. 42	93. 36	84. 41	86. 06	92. 69
	一般	9. 19	9. 25	7. 63	8. 91	9. 62	12. 57	16. 09	3. 32	10. 52	9. 20	3. 31
	不同意	7. 96	8. 01	6. 54	7. 93	8. 00	15. 35	15. 49	3. 32	5. 06	4. 74	4. 00
			chi2 = 2. 386 P = 0. 303		chi2 = 1. 546 P = 0. 462		chi2 = 704. 594 P = 0. 000					

第一，从城乡低收入家庭对愿意参加公共场所的卫生大扫除的认知情况来看。根据抽样调查的结果（见图5-10）可以发现，首先，总体上有81.33%的城乡低收入家庭愿意参加公共场所的卫生大扫除。其次，分人群来看，城乡低收入家庭对愿意参加公共场所的卫生大扫除的认知情况在统计上没有显著差异。另外，分城乡来看，农村低收入家庭愿意参加公共场所的卫生大扫除的占比相对较高，为82.62%，城市低收入家庭这一占比为79.40%。最后，分省份来看，城乡低收入家庭对愿意参加公共场所的卫生大扫除的认知情况在统计上存在显著差异，江苏、浙江的城乡低收入家庭愿意参加公共场所的卫生大扫除的占比相对较低，并且不愿意参加公共场所的卫生大扫除的占比相对较高。

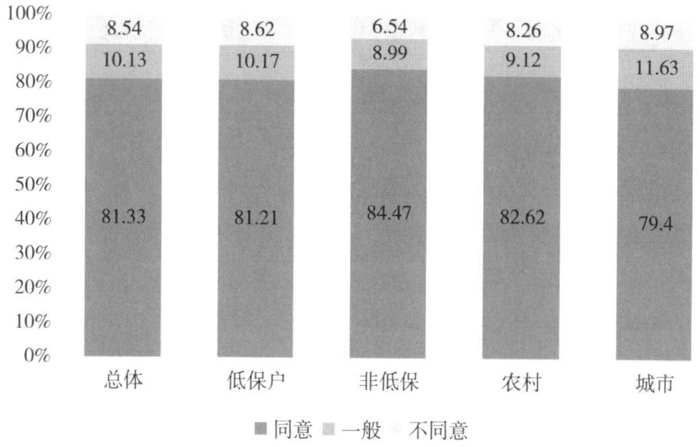

图5-10　城乡低收入家庭参与卫生大扫除的积极性（%）

第二，从城乡低收入家庭对愿意免费帮助照顾邻居家的失能老人的认知情况来看。根据抽样调查的结果（见图5-11）可以发现，首先，总体上有74.60%的城乡低收入家庭愿意免费帮助照顾邻居家的失能老人。其次，分人群来看，城乡低收入家庭对愿意免费帮助照顾邻居家的失能老人的认知情况在统计上没有显著差异。另外，分城乡来看，农村低收入家庭愿意免费帮助照顾邻居家的失能老人的占比相对较高，为76.72%，城市低收入家庭这一占比为71.43%。最后，分省份来看，城乡低收入家庭对愿意免费帮助照顾邻居家的失能老人的认知情况在统计上存在显著差异，同样是江苏、浙江的城乡低收入家庭愿意免费帮助照顾邻居家的失能老人的占比相对较低，并且不愿意免费帮助照顾邻居家的失能老人的占比相对较高。

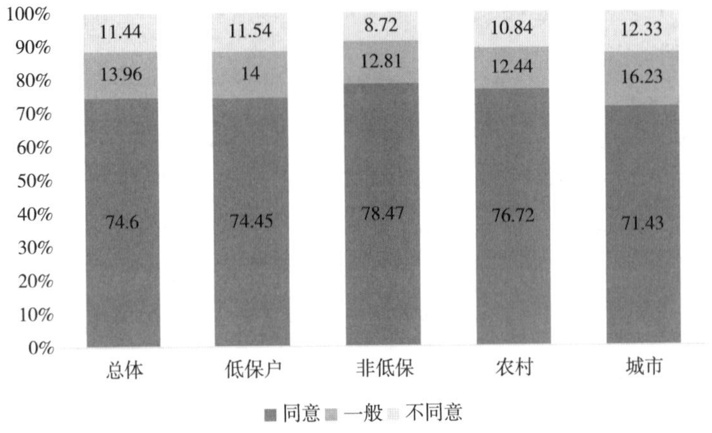

图 5-11　城乡低收入家庭免费帮助照顾邻居家的失能老人的积极性（%）

第三，从城乡低收入家庭对愿意参加村/社互助服务或志愿活动的认知情况来看。根据抽样调查的结果可以发现，首先，总体上有 82.85%的城乡低收入家庭愿意参加村里/社区的互助服务或志愿活动。其次，分人群来看，城乡低收入家庭对愿意参加村/社互助服务或志愿活动的认知情况在统计上没有显著差异。另外，分城乡来看，农村低收入家庭愿意参加村里/社区的互助服务或志愿活动的占比略高于城市低收入家庭，但在统计上没有显著差异，最后，分省份来看，城乡低收入家庭对愿意参加村里/社区的互助服务或志愿活动的认知情况在统计上存在显著差异，同样是江苏、浙江两省的城乡低收入家庭愿意参加村里/社区的互助服务或志愿活动的占比相对较低，并且不愿意免费帮助照顾邻居家的失能老人的占比相对较高。

根据上述对城乡低收入家庭参与社区事务的积极性情况的具体描述分析，我们可以得出大多数城乡低收入家庭都愿意参加社区公益活动，且农村低收入家庭比城市低收入家庭的积极性更高。江苏、浙江两个省份在城乡低收入家庭参与社区事务的积极性封面相对较低。有研究表明，国家认同和社区认同的双重差异是导致不同群体社区参与动力差异的重要原因。[①] 因此通过各种渠道提高城乡低收入家庭的国家认同和社区认同，可以有效提升城乡低收入家庭参与社区事务的积极性。当然，由于本研究是基于主观报告数据，分析结论还有待

① 唐有财，胡兵：《社区治理中的公众参与：国家认同与社区认同的双重驱动》，载《云南师范大学学报（哲学社会科学版）》2016 年第 2 期，第 63-69 页。

在实践中进一步检验。

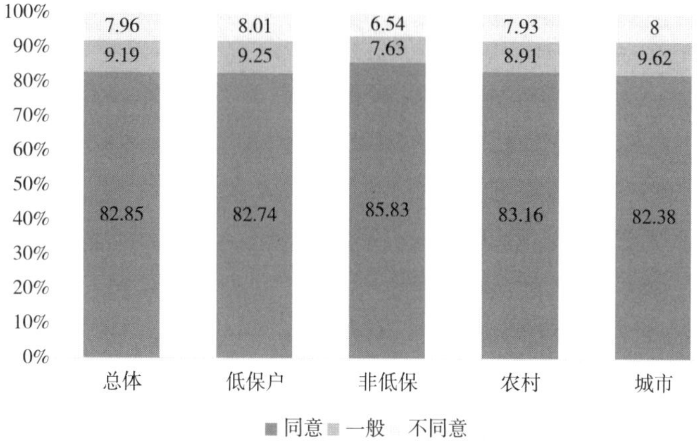

图 5-12　城乡低收入家庭参与互助服务或志愿活动的积极性（%）

（三）城乡低收入家庭对救助责任主体的认知情况

本部分将介绍城乡低收入家庭对救助责任主体的认知情况，具体将从两个方面展开论述，包括城乡低收入家庭对国家救助责任占比的认知情况和城乡低收入家庭对家庭救助责任占比的认知情况。

1. 城乡低收入家庭对国家救助责任占比的认知情况

国家在社会救助中扮演主导角色，是社会救助制度的建立者和主导者。在多元主体合作提供社会帮扶服务供给的情况下，由于各主体的目标与利益取向不同，无可避免地会产生利益冲突或者治理空白，所以需要政府担任元治理的角色，在社会救助中发挥主导作用。因此探讨城乡低收入家庭对社会救助责任占比的认知情况，实际上关乎社会政策的“价值问题”，即国家在社会政策中的角色是什么，是否应对穷人等社会弱势群体进行救济。①

本部分将通过对城乡低收入家庭对国家养老责任占比的认知情况的具体描述，反映城乡低收入家庭对国家救助责任占比的认知情况。表 5-9 和图 5-13 描述了城乡低收入家庭对国家养老责任占比的认知情况，并对其按照人群、城乡以及省份进

① 熊跃根：《论国家、市场与福利之间的关系：西方社会政策理念发展及其反思》，载《社会学研究》1999 年第 3 期，第 59-71 页。

行了分类。

表 5-9　城乡低收入家庭对国家养老责任占比的认知情况（%）

对国家养老责任占比的认知		均值	标准差	显著程度
总体		52.43	22.72	/
分人群	低保户	52.53	22.74	t=2.474 P=0.014
	非低保	49.66	21.84	
分城乡	农村	52.35	23.47	t=-0.463 P=0.644
	城市	52.56	21.54	
分省份	江苏	60.12	24.09	F=157.08 P=0.000
	浙江	59.86	24.77	
	河南	52.93	22.15	
	湖北	51.80	19.56	
	四川	45.41	21.40	
	陕西	45.02	19.03	

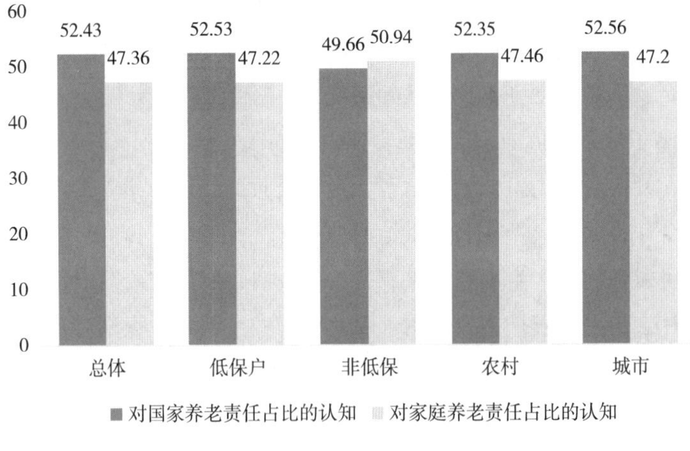

图 5-13　城乡低收入家庭对国家和家庭养老责任占比的认知情况（%）

根据抽样调查数据，首先，从总体情况上来看，城乡低收入家庭对国家养老责任占比认知的平均数为 52.43%，超过了半数，证明城乡低收入家庭认为国家应该在养老责任中承担更高比例的责任。其次，分人群看，城乡低收入家庭对国家养老责任占比的认知情况在统计上有显著差异，低保户认为的国家养老责任占比均值高于非低保户，为 52.53%，而非低保户占比为 49.66%。另外，分城乡来看，城乡低收入家庭对国家养老责任占比的认知情况在统计上不存在显著差异。最后，分省份来看，各省份城乡低收入家庭对国家养老责任占比的认知情况在统计存在显著差异，江苏省和浙江省的城乡低收入家庭认为国家应该在养老责任中承担的比例相对较高。

根据上述对城乡低收入家庭对国家养老责任占比认知的平均数情况，可以得出目前政府对救助责任的承担在一定程度上增加了城乡低收入家庭对政策承担救助责任的期望值的变高。特别是根据低保户认为的国家养老责任占比均值高于非低保户获得国家更多的救助的低收入家庭会对国家承担责任的依赖相对更高。已有研究指出，政府兜底与家庭义务之间存在“两难问题”。一方面，社会救助衍生的“去家庭化”效应，会带来家庭赡养责任的逃避、救助依赖与攀比心理；而另一方面，“再家庭化”趋势，又会面临子女赡养能力不足和健康照料缺失等问题。因此，在社会救助中，如何寻求家庭义务与国家责任的平衡是一个亟须研究的问题。①

2. 城乡低收入家庭对家庭救助责任占比的认知情况

在传统社会，家庭作为社会生活的基本单位，既是家庭生产与经济活动的组织者，也是对家庭成员生、老、病、死、残等社会风险进行保障和服务的提供者。进入现代社会，家庭仍是现代社会的细胞，但家庭的功能却有所减弱。② 在有些家庭中，以家庭为本位的价值观，逐渐让位于或已经让位于以个人为本位的价值观，家庭关系已经发生了改变，比如很多老年人的贫困都是由于子女没有承担起赡养老人的义务，没有按时支付赡养费所造成的。③ 并且从法律层面看，虽然现行法律对子女赡养义务做出了相应的规定，但是对赡养费核算的具体办法以及家庭责任的界限却没有做出明确界定。④ 公民权利与义务的一致性则要求，当个人成为弱势群体，个人及其家庭也有必要承担对自己及家庭的帮扶救助义务。

---

① 韩克庆，李方舟：《社会救助对家庭赡养伦理的挑战》，载《山西大学学报（哲学社会科学版）》2020 年第 5 期，第 112-118 页。

② 林闽钢：《论社会救助多主体责任的定位、关系及实现》，载《社会科学研究》2020 年第 3 期，第 97-101 页。

③ 梅晓静：《城市相对贫困人口立体化社会救助体系研究——以 H 市为例》，载《佳木斯大学社会科学学报》2020 年第 2 期，第 41-45+49 页。

④ 方珂，张翔：《低保赡养费核算如何平衡家庭义务与国家责任——基于浙江省赡养费核算改革案例的研究》，载《公共行政评论》2021 年第 6 期，第 144-161+199-200 页。

本部分将详细描述城乡低收入家庭对家庭责任占比的认知情况，具体包括两个内容：第一，城乡低收入家庭对家庭养老责任占比的认知情况；第二，城乡低收入家庭对家庭责任的认知情况。并对这两方面的内容都按照人群、城乡和省份进行了分类。

第一，从城乡低收入家庭对家庭养老责任占比的认知情况来看。根据抽样调查数据（见表5-10），首先，从总体情况上来看，城乡低收入家庭对家庭养老责任占比认知的平均为47.36%，低于半数，证明城乡低收入家庭认为家庭应该在养老责任中承担较低比例的责任。其次，分人群看，城乡低收入家庭对家庭养老责任占比的认知情况在统计上有显著差异，低保户认为的家庭养老责任占比均值低于非低保户，为47.22%，而非低保户这一占比为50.94%。另外，分城乡来看，城乡低收入家庭对家庭养老责任占比的认知情况在统计上不存在显著差异。最后，分省份来看，各省份城乡低收入家庭对家庭养老责任占比的认知情况在统计存在显著差异，江苏省和浙江省的城乡低收入家庭认为家庭应该在养老责任中承担的比例相对较低。

表5-10　城乡低收入家庭对家庭养老责任占比的认知情况（%）

对家庭养老责任占比的认知		均值	标准差	显著程度
总体		47.36	22.68	/
分人群	低保户	47.22	22.71	t=-3.085 P=0.002
	非低保	50.94	21.78	
分城乡	农村	47.46	23.45	t=0.579 P=0.562
	城市	47.20	21.50	
分省份	江苏	38.92	23.61	F=169.510 P=0.000
	浙江	40.08	24.81	
	河南	46.78	22.08	
	湖北	48.26	19.56	
	四川	54.59	21.40	
	陕西	54.91	18.99	

第二，从城乡低收入家庭对家庭责任的认知情况来看。根据第一个问题的抽样调查数据（见表5-11和图5-14），首先，从总体情况上来看，非常认同、认同和比较认同完全不应该靠国家来帮助自己的城乡低收入家庭占比为32.69%，

表 5-11　城乡低收入家庭对家庭责任的认知情况（%）

题目	家庭责任认知	总体	分人群		分城乡		分省份					
			低保户	非低保	农村	城市	江苏	浙江	河南	湖北	四川	陕西
完全不应该靠国家来帮助自己	非常认同	6.14	6.09	7.36	7.10	4.70	2.79	5.38	4.55	7.42	7.90	8.51
	认同	18.50	18.39	21.25	21.40	14.16	14.58	12.83	27.97	13.16	15.12	27.91
	比较认同	7.95	7.96	7.90	8.11	7.72	6.58	8.22	2.83	9.00	10.44	10.25
	一般	16.47	16.50	15.80	16.35	16.66	13.63	17.85	19.73	16.54	17.95	13.26
	比较不认同	11.13	11.02	13.90	10.68	11.79	12.51	13.42	5.04	11.25	11.40	12.85
	不认同	33.00	33.26	25.89	30.03	37.41	41.32	32.21	34.11	35.83	29.85	24.90
	完全不认同	6.82	6.78	7.90	6.32	7.55	8.60	10.11	5.78	6.81	7.34	2.32
			chi2 = 11.709 P = 0.069		chi2 = 142.921 P = 0.000		chi2 = 670.814 P = 0.000					
不能指望别人和政府	非常认同	5.82	5.74	7.90	6.45	4.87	2.02	4.55	4.06	6.92	8.69	8.34
	认同	18.90	18.87	19.62	22.05	14.19	12.09	12.12	24.65	14.06	20.54	30.05
	比较认同	8.20	8.14	9.81	8.89	7.17	5.22	7.15	2.77	9.00	12.58	11.93
	一般	15.11	15.18	13.35	15.02	15.25	12.63	15.25	18.50	15.69	16.87	11.81
	比较不认同	10.70	10.62	12.81	9.85	11.96	13.04	13.59	5.10	11.98	9.31	10.94
	不认同	34.22	34.44	28.34	30.88	39.20	45.70	37.41	37.92	35.60	24.94	24.49
	完全不认同	7.06	7.02	8.17	6.86	7.36	9.31	9.93	7.01	6.75	7.05	2.43
			chi2 = 11.042 P = 0.087		chi2 = 161.831 P = 0.000		chi2 = 869.275 P = 0.000					

比较不认同、不认同和完全不认同不应该靠国家来帮助自己的城乡低收入家庭占比为 50.95%，即有超过半数城乡低收入家庭不认同遇到困难只依靠自己和家庭。其次，分人群来看，城乡低收入家庭对完全不应该靠国家来帮助自己的认知情况在统计上没有显著差异。另外，分城乡来看，农村低收入家庭非常认同、认同和比较认同完全不应该靠国家来帮助自己的城乡低收入家庭占比高于城市低收入家庭。最后，分省份来看，各省份城乡低收入家庭对完全不应该靠国家来帮助自己的认知情况在统计上存在显著差异，河南、四川、陕西三个省份的城乡低收入家庭非常认同、认同和比较认同完全不应该靠国家来帮助自己的占比相对较高。根据抽样调查结果，我们可以发现，第二个问题的数据情况与第一个问题类似，便不再赘述。

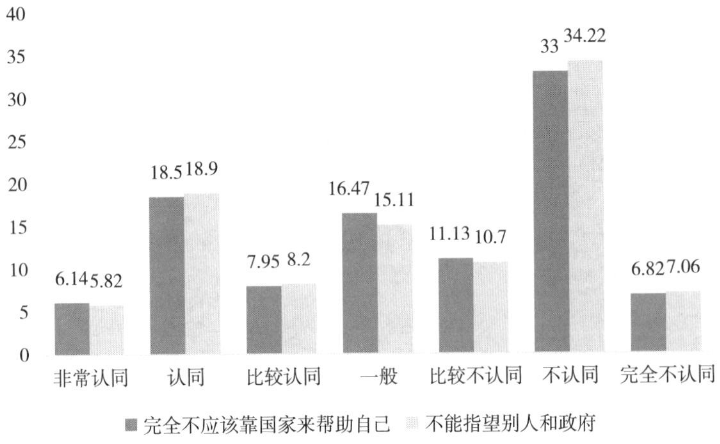

图 5-14　城乡低收入家庭对家庭责任的认知情况（%）

费孝通认为，中国家庭的代际关系存在“抚育—赡养”的“反馈模式”，强调子女对父母的赡养义务，[①] 也就是更加强调家庭的养老责任，这与我们所得到的是数据结果存在差异。当前，家庭养老能力弱化主要可能来自两方面的原因，一是国家责任的突出，二是家庭伦理的弱化。根据上述对城乡低收入家庭对家庭责任占比的认知情况，可以得出认为家庭应该承担主要责任的城乡低收入家庭较少，因此需要提升城乡低收入家庭对家庭责任承担的认知。个人与家

① 费孝通：《家庭结构变动中的老年赡养问题——再论中国家庭结构的变动》，载《北京大学学报（哲学社会科学版）》1983 年第 3 期，第 7-16 页。

庭是基本服务供给的重要主体，发挥着不可替代的作用，当前应当进一步明确和夯实个人与家庭的自我救助责任，同时，国家也应加大对家庭的支持力度。

二、实验分析

调查实验法是近年来兴起的一种研究方法。它结合了调查和实验方法两者的优势，从而能够在保证样本代表性的基础上进行准确的因果推断。[①] 调查实验法已经成为社会科学研究的重要方法之一。[②] 调查实验根据其研究问题可以分为两种类型。第一，早期的调查实验的主要目的在于提升社会调查和测量方法精度以及避免社会期许误差（social desirability bias）的影响。比如，对于一些敏感问题比如性取向、家庭暴力和种族歧视，受访者倾向于在调查中做出符合社会期望的回答，而非真实的回答。这类调查实验包括列举实验（list experiment）、随机应答（randomized response）等随机实验。它们通过随机化提问的方式保护受访人的隐私，从而得到他们真实的回答。第二，近年来越来越多的调查实验通过创造随机的虚拟情境（vignette）来进行因果推断。这类调查实验也被称为情景实验（vignette experiment）。[①]本次调查实验就是第二种，通过创设虚拟情景来进行因果推断，情景实验采用的是单因素设计。

本部分是对城乡低收入家庭对社会救助的认知情况所做的调查实验结果的描述及分析，具体包括以下内容：第一，城乡低收入家庭对社会救助资金投入认知的实验结果；第二，城乡低收入家庭对积极参与社区事务认知的实验结果；第三，城乡低收入家庭对救助责任主体认知的实验分析结果。

（一）城乡低收入家庭对社会救助资金投入认知的实验结果

本部分将介绍城乡低收入家庭对社会救助资金投入认知的调查实验的实验结果。所有问卷参与者都需要回答城乡低收入家庭对低保投入数量的认知，对照组直接回答对低保投入期待的问题，实验组在假设情境下回答对低保投入期

---

① 王森浒，李子信，陈云松，龚顺：《调查实验法在社会学中的应用：方法论评述》，载《社会学评论》2022 年第 6 期，第 230-252 页。

② Mullinix K J, Leeper T J, Druckman J N, et al. 2015. The generalizability of survey experiments [J]. *Journal of Experimental Political Science*, 2 (2): 40-53.

待的问题。

实验组回答问题的预设情境为：2020 年，国家在低保上总共花了 1900 多亿，相当于国家在民生保障方面每花 100 元，就有 6 元钱花在低保上。

1. 平衡性检验

对于调查实验研究来说，被试的随机分配对于研究效度是极为重要的。本调查中通过事先随机分组的方法实现了随机化，在调查中采用初始态度检验问题进行平衡性检验。

表 5-13 和图 5-15 描述了城乡低收入家庭对低保投入数量多少的认知实验结果，为初始态度检验问题，根据抽样调查结果可以发现，实验组和对照组的城乡低收入家庭对低保投入数量多少的认知情况在统计上没有显著差异（p>0.05），证实了样本具有代表性，符合实验组和对照组的划分预期。

表 5-12　城乡低收入家庭对低保投入数量多少的认知实验结果（%）

低保投入认知	总体	实验组	对照组
少	14.04	13.74	14.35
一般	31.21	31.53	30.87
多	37.99	37.63	38.37
不知道	16.76	17.10	16.40
	chi2 = 2.149　P = 0.542		

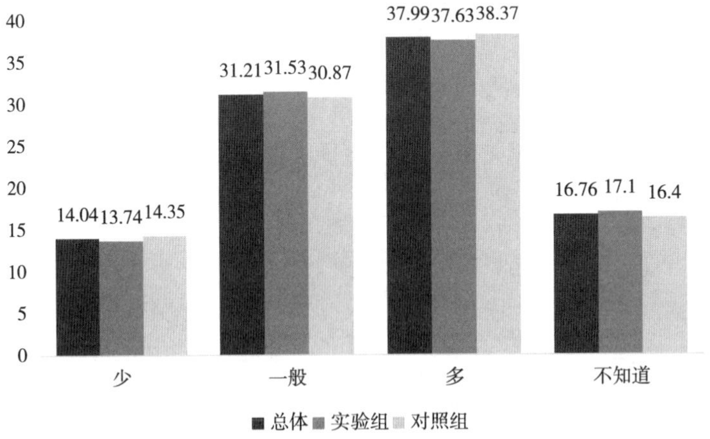

图 5-15　城乡低收入家庭对低保投入数量多少的认知实验结果（%）

2. 调查实验结果

表 5-13 和图 5-16 描述了城乡低收入家庭对低保投入的期待的实验结果，根据抽样调查结果可以发现，不管是总体上还是从农村和城市划分来看，实验组和对照组的城乡低收入家庭对低保投入的期待情况在统计上都存在显著差异，可以证明该部分的调查实验是有效的。

表 5-13　城乡低收入家庭对低保投入的期待实验结果（%）

低保投入的期待	总体	总体		农村		城市	
		实验组	对照组	实验组	对照组	实验组	对照组
减少	1.28	1.69	0.87	2.14	0.96	1.00	0.74
保持不变	16.45	18.68	14.16	20.10	16.81	16.55	10.21
增加	64.20	61.07	67.42	58.58	64.73	64.80	71.43
不知道	18.06	18.56	17.55	19.17	17.50	17.65	17.62
		chi2 = 62.926 P = 0.000		chi2 = 34.683 P = 0.000		chi2 = 38.372 P = 0.000	

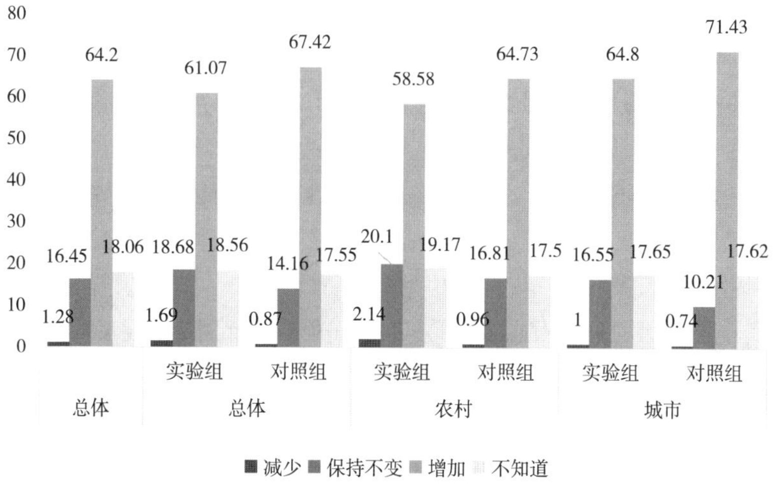

图 5-16　城乡低收入家庭对低保投入的期待实验结果（%）

首先，从总体情况来看，实验组和对照组的城乡低收入家庭对低保投入期待在统计上存在显著差异，实验组在了解了国家在低保上的投入后，对国家在低保投入上的期待相对来说有所降低，认为国家明年应该增加在低保上的投入的占比为61.07%，低于对照组的67.42%。其次，分城乡来看，农村和城市中实验组和对照组的城乡低收入家庭对低保投入的期待在统计上均有显著差异，也都存在实验组的城乡低收入家庭对国家在低保投入上的期待相对来说较低的情况。

根据上述对城乡低收入家庭对低保投入期待的实验结果的描述，我们可以得出，不管在总体上，还是从农村、城市的划分来看，都存在着了解了国家在低保上的投入的实验组对明年国家在低保投入上的期待相对于对照组来说较低的情况。说明实验组的城乡低收入家庭在了解了国家在低保上有较高的投入之后，可能出于体谅心理，会降低国家在低保投入上增加的预期，更多的人会支持保持不变，甚至会增加一部分人认为应该减少国家在低保上的投入。在社会救助方面的信息公开，包括财政投入、服务供给等方面的重新信息宣传，对于达成国家、家庭、社会三个层面之间的互相理解，以及促进社会团结都有积极价值。

（二）城乡低收入家庭对积极参与社区事务认知的实验结果

本部分将介绍城乡低收入家庭对积极参与社区事务认知的调查实验的实验结果。所有问卷参与者都需要回答城乡低收入家庭对积极参与社区事务认知问题，对照组直接回答对积极参与社区事务认知问题，实验组在假设情境下回答对积极参与社区事务认知问题。

实验组回答对积极参与社区事务认知问题的预设情境为回答了对低保的认知方面的系列问题，包括：“（1）我要费很大工夫才能弄清楚自己到底够不够资格享受低保”“（2）我要费很大工夫才能弄清楚怎样申请低保”“（3）申请低保的手续太麻烦了”“（4）（申请低保时的）家庭收入核查太繁琐了”“（5）低保定期复核越来越严了，收入一高就有可能被退出低保”“（6）低保公示把个人的信息搞得大家都知道，损害了低保户的隐私”“（7）吃低保有损个人尊严，没面子、很丢人”“（8）很多低保户有依赖心理，不努力找工作”“（9）有些人靠关系就可以吃低保”。以上关于低保的问题具有明显的负面感情倾向。

表5-14描述了城乡低收入家庭参与社区事务的积极性实验结果，包括三个方面的积极性，分别为：第一，愿意参加公共场所的卫生大扫除（见图5-17）；第二，愿意免费帮助照顾邻居家的失能老人（见图5-18）；第三，愿

意参加村里/社区的互助服务或志愿活动（见图 5-19）。

表 5-14　城乡低收入家庭参与社区事务的积极性实验结果（%）

题目	社区参与认知	总体	总体		农村		城市	
			实验组	对照组	实验组	对照组	实验组	对照组
愿意参加公共场所的卫生大扫除	同意	81.33	82.42	80.21	83.42	81.80	80.92	77.85
	一般	10.13	10.18	10.07	9.19	9.05	11.67	11.59
	不同意	8.54	7.40	9.72	7.39	9.15	7.41	10.56
			chi2 = 17.696 P = 0.000		chi2 = 6.264 P = 0.044		chi2 = 12.626 P = 0.002	
愿意免费帮助照顾邻居家的失能老人	同意	74.60	76.07	73.08	77.78	75.62	73.51	69.30
	一般	13.96	14.00	13.92	12.58	12.29	16.12	16.36
	不同意	11.44	9.93	13.00	9.64	12.09	10.38	14.34
			chi2 = 24.158 P = 0.000		chi2 = 9.597 P = 0.008		chi2 = 15.730 P = 0.000	
愿意参加村里/社区的互助服务或志愿活动	同意	82.85	83.82	81.85	83.80	82.49	83.84	80.89
	一般	9.19	9.19	9.20	8.96	8.85	9.52	9.72
	不同意	7.96	7.00	8.95	7.23	8.66	6.65	9.38
			chi2 = 13.452 P = 0.001		chi2 = 4.252 P = 0.119		chi2 = 10.770 P = 0.005	

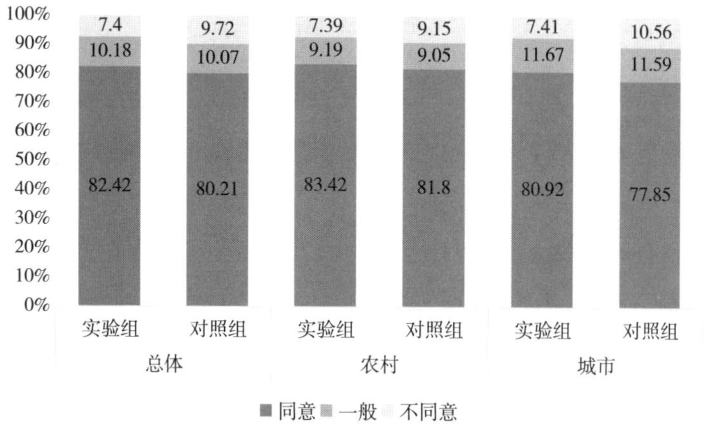

图 5-17　城乡低收入家庭参加公共场所的卫生大扫除意愿的实验结果（%）

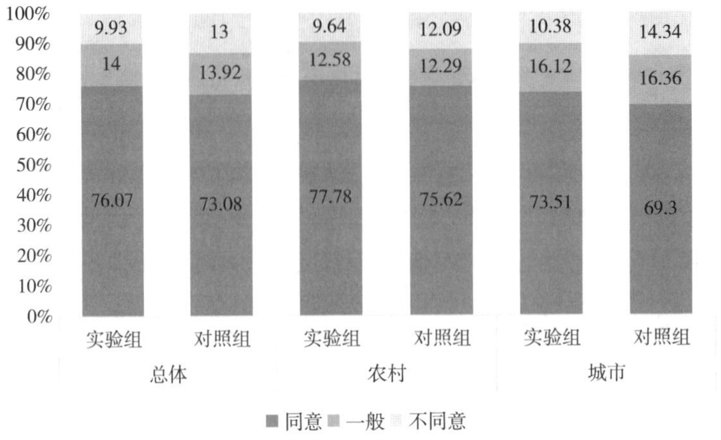

图 5-18　城乡低收入家庭免费帮助照顾邻居家失能老人意愿的实验结果（%）

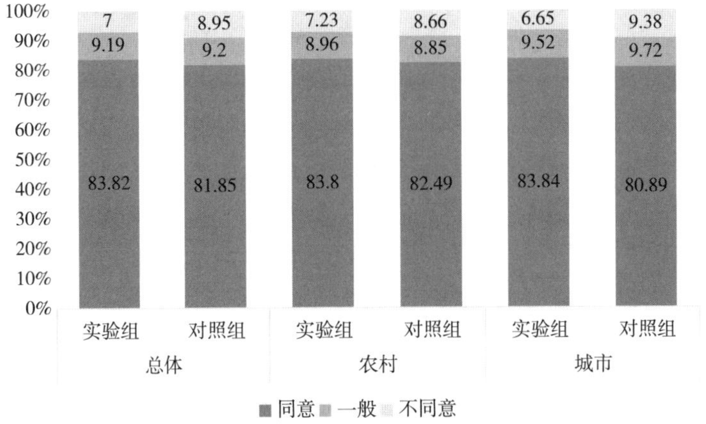

图 5-19　城乡低收入家庭参加互助服务或志愿活动意愿的实验结果（%）

根据抽样调查结果可以发现，总体上看，实验组和对照组的城乡低收入家庭参与社区事务的积极性在统计上都存在显著差异。分城乡来看，城市低收入家庭的对照组和实验组在愿意参加村里/社区的互助服务或志愿活动方面在统计上没有显著差异，在愿意参加公共场所的卫生大扫除和愿意免费帮助照顾邻居家的失能老人方面在统计上存在显著差异，而农村低收入家庭针对以上三方面的回答在统计上都存在显著差异。首先，从总体情况来看，实验组和对照组的城乡低收入家庭参与社区事务的积极性存在显著差异，在三个方面都存在实验组的城乡低收入家庭参与社区事务的积极性较高的情况，愿意参加三个方面社区事务的占比分别为 82.42%、76.07%和 83.83%，而对照组则分别为 80.21%、73.08%和 81.85%。其次，分城乡来看，不管是农村还是城市，其实验组的城乡低收入家庭参与社区事务的积极性均大于对照组。

根据上述对城乡低收入家庭参与社区事务的积极性实验结果的描述，我们可以得出，不管在总体上，还是从农村、城市的划分来看，先回答了关于低保具有明显负面感情倾向的问题的实验组，参与社区事务的积极性相对于对照组来说较高，这一现象值得进一步关注和分析。

（三）城乡低收入家庭对救助责任主体认知的实验分析结果

本部分将介绍城乡低收入家庭对救助责任主体认知的调查实验的实验结果。所有问卷参与者都需要回答城乡低收入家庭对救助责任主体认知的问题，对照组直接回答对救助责任主体认知的问题，实验组在假设情境下回答对救助责任主体认知的问题。

实验组回答问题的预设情境为：目前，中央和地方都发布了基本公共服务清单，包括养老、医疗、救助等多个方面。基本公共服务清单出台后，政府主要管清单上有的服务内容，清单之外的内容，主要由个人和家庭自己负责。例如，国家基本公共服务清单里的救助内容就只包括：最低生活保障、特困人员救助供养、医疗救助、临时救助、受灾人员救助、法律援助、老年人福利补贴、困境儿童保障、农村留守儿童关爱保护、基本殡葬服务等 13 个项目。国家基本公共服务清单里的医疗服务就只包括：居民健康档案、健康教育、预防接种、传染病突发公共卫生事件报告处理、儿童健康管理、孕产妇健康管理、老年人健康管理、慢病患者管理、农村部分计划生育奖励、食品药品安全等 20 个项目。

表 5-15 和表 5-16 描述了城乡低收入家庭对救助责任主体认知的实验结果，根据抽样调查结果可以发现，两个表格中，不管是总体上或是农村和城市地区，实验组和对照组的城乡低收入家庭对低保投入的期待情况在统计上都没有显著差异（$p>0.05$），证明预设情境基本公共服务清单的发布，对城乡低收入家庭对国家养老责任的认知基本上没有影响，并没有改变其对救助责任主体认知的看法。

表 5-15　城乡低收入家庭对家国养老责任占比的认知实验结果（%）

	养老责任占比认知		均值	标准差	显著程度
城乡低收入家庭对国家养老责任占比的认知实验结果	总体		52.43	22.72	/
	总体	实验组	52.30	22.95	t=-0.574
		对照组	52.56	22.48	P=0.566
	农村	实验组	51.95	23.53	t=-1.354
		对照组	52.76	23.41	P=0.176
	城市	实验组	52.84	22.06	t=0.847
		对照组	52.27	21.01	P=0.397
城乡低收入家庭对家庭养老责任占比的认知实验结果	总体		47.36	22.68	/
	总体	实验组	47.40	22.89	t=0.204
		对照组	47.31	22.47	P=0.838
	农村	实验组	47.82	23.47	t=1.216
		对照组	47.09	23.42	P=0.224
	城市	实验组	46.78	21.98	t=-1.280
		对照组	47.64	20.99	P=0.201

表 5-16　城乡低收入家庭对家庭责任的认知实验结果（%）

题目	家庭责任认知	总体	总体		农村		城市	
			实验组	对照组	实验组	对照组	实验组	对照组
完全不应该靠国家来帮助自己	非常认同	6.14	6.40	5.86	7.30	6.90	5.06	4.32
	认同	18.50	18.69	18.30	21.99	20.80	13.76	14.58
	比较认同	7.95	8.40	7.50	8.80	7.40	7.79	7.66
	一般	16.47	16.45	16.50	16.23	16.47	16.77	16.54
	比较不认同	11.13	10.73	11.53	10.28	11.09	11.42	12.17
	不认同	33.00	32.64	33.36	29.00	31.10	38.08	36.72
	完全不认同	6.82	6.69	6.95	6.40	6.24	7.12	8.00
			chi2=6.129 P=0.409		chi2=8.459 P=0.206		chi2=3.837 P=0.699	

续表

题目	家庭责任认知	总体	总体		农村		城市	
			实验组	对照组	实验组	对照组	实验组	对照组
不能指望别人和政府	非常认同	5.82	6.31	5.31	6.91	5.98	5.40	4.32
	认同	18.90	19.09	18.69	22.41	21.69	14.14	14.24
	比较认同	8.20	7.97	8.43	8.61	9.18	7.02	7.31
	一般	15.11	14.78	15.46	15.04	14.99	14.38	16.15
	比较不认同	10.70	11.21	10.17	10.66	9.01	12.04	11.88
	不认同	34.22	33.53	34.94	29.32	32.49	39.80	38.59
	完全不认同	7.06	7.11	7.01	7.04	6.67	7.21	7.51
			chi2 = 10.209 P = 0.116		chi2 = 12.552 P = 0.051		chi2 = 5.251 P = 0.512	

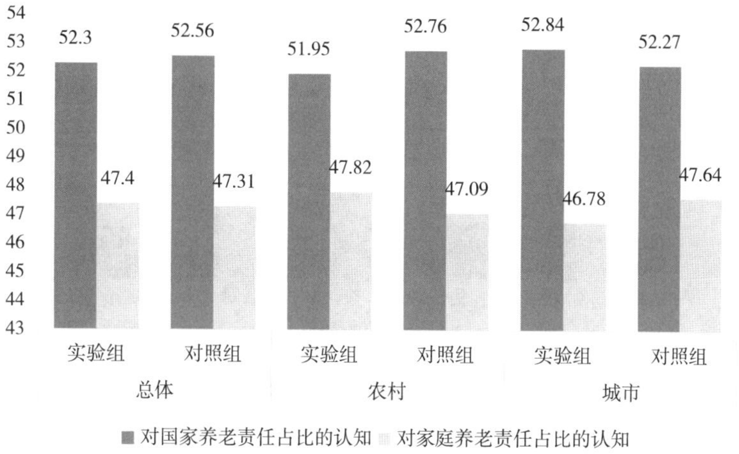

图 5-20　城乡低收入家庭对家国养老责任占比的认知实验结果（%）

根据上述对城乡低收入家庭对救助责任主体认知的实验结果的描述，我们可以得出，通过发布清单，以及让大家了解清单，来改变对于国家责任的认知与要求以及对各救助责任主体划分的认知，可能无法达成目标。这也表明对于国家和个人责任划分的认知，在短时间内是不容易改变的，具有一定的稳定性。对思想认知的影响是一个漫长和渐进的过程，需要我们付出持之以恒的努力。

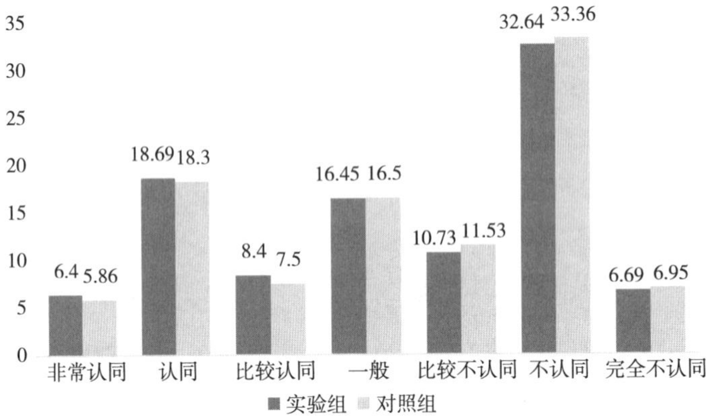

图 5-21　城乡低收入家庭对家庭责任的认知实验结果（%）

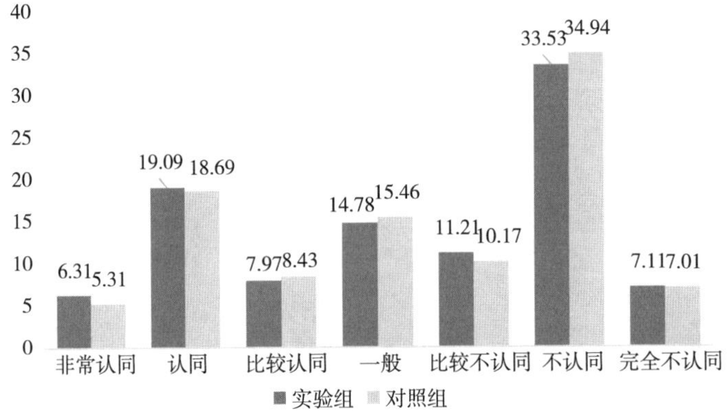

图 5-22　城乡低收入家庭对家庭责任的认知实验结果（%）

第二节　城乡低收入家庭“幸福感、获得感、安全感”认知分析

党的二十大报告提出，要通过贯彻以人民为中心的发展思想，在基本公共服务供给上持续用力，使人民生活全方位改善，人民群众获得感、幸福

感、安全感更加充实、更有保障、更可持续，共同富裕取得新成效。① 城乡低收入家庭的“幸福感、获得感、安全感”是他们对生活经历的切身感受，这种感受一方面是提高保障和改善民生水平、兜牢民生底线的试金石，另一方面也是未来社会救助政策改革的指南针。“三感”是判断人民群众美好生活需要是否满足以及在何种程度上满足的主要评判依据。因为美好生活所关注的，不单是人民群众的客观物质需求，还涉及更高层级的主观精神感受②。

本节主要分为三个部分展开论述，具体包括城乡低收入家庭对“幸福感”的认知情况、城乡低收入家庭对“获得感”的认知情况和城乡低收入家庭对“安全感”的认知情况。

一、城乡低收入家庭对“幸福感”的认知情况

本部分是对城乡低收入家庭对“幸福感”的基本认知的描述分析。幸福感（well-being）是一种心理体验，它既是对生活的客观条件和所处状态的一种事实判断，又是对于生活的主观意义和满足程度的一种价值判断，对每个人的生活、工作和社会交往都至关重要。③ 将人民群众是否获得更多幸福感作为检验我们各项工作的重要标尺，体现了中国共产党始终坚持“以人民为中心”的政治品格。通过探讨城乡低收入家庭的“幸福感”，可以对我国当前对应政策投入的效果进行分析评价，从而明确未来政策改进落实方向。

表 5-17 和图 5-23 描述了城乡低收入家庭对“幸福感”的认知情况，并按照人群、城乡和省份进行了分类。根据抽样调查结果可以发现，我国城乡低收入家庭认为生活比前几年更舒心的比例较高，并且从人群、城乡比较来看，低收入、城市低收入家庭认为生活比前几年更舒心的比例相对较低。

---

① 习近平：《高举中国特色社会主义伟大旗帜 为全面建设社会主义现代化国家而团结奋斗——在中国共产党第二十次全国代表大会上的报告》，载中华人民共和国中央人民政府官网 http://www.gov.cn/xinwen/2022-10/25/content_5721685.htm。

② 辛向阳：《深刻把握新时代的丰富内涵和伟大意义》，载《马克思主义研究》2019 年第 7 期，第 26-31 页。

③ 胡咏梅，元静：《涨薪能提升西部地区高校教师的幸福感吗——基于工作压力与工作生活平衡感的序列中介效应分析》，载《重庆高教研究》2022 年第 6 期，第 34-54 页。

表 5-17　城乡低收入家庭对“幸福感”的认知情况（%）

“幸福感”认知	总体	分人群		分城乡		分省份					
		低保户	非低保	农村	城市	江苏	浙江	河南	湖北	四川	陕西
更舒心了	76.83	77.05	70.84	81.62	69.69	75.40	67.67	74.19	78.46	78.84	85.93
没变化	13.90	13.76	17.71	10.97	18.26	15.06	19.86	12.72	14.96	12.64	8.22
更不舒心了	9.28	9.20	11.44	7.41	12.06	9.54	12.47	13.09	6.58	8.52	5.85
		chi2＝7.683 P＝0.021		chi2＝197.745 P＝0.000		chi2＝211.705 P＝0.000					

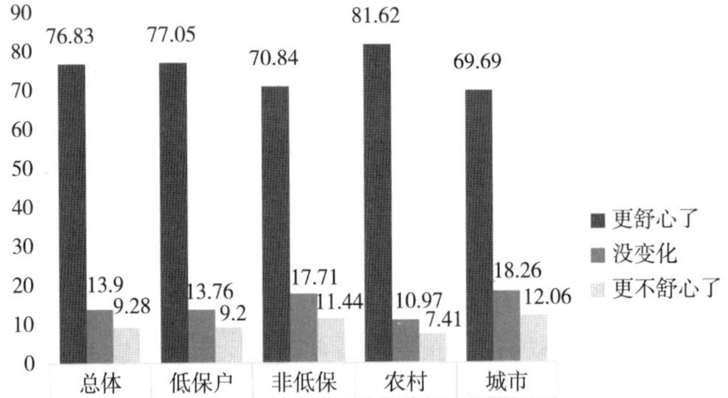

	总体	低保户	非低保	农村	城市
更舒心了	76.83	77.05	70.84	81.62	69.69
没变化	13.9	13.76	17.71	10.97	18.26
更不舒心了	9.28	9.2	11.44	7.41	12.06

图 5-23　城乡低收入家庭对“幸福感”的认知情况（%）

首先，从总体情况来看，仅有 9.28%的城乡低收入家庭认为生活比前几年更不舒心了，有 76.83%的城乡低收入家庭认为生活比前几年更舒心了，还有 13.90%的城乡低收入家庭认为生活没变化，体现了城乡低收入家庭的生活质量整体向好，但仍需继续提升。其次，分人群来看，城乡低收入家庭对于幸福感的认知情况在统计上有显著差异，低保户幸福感比前几年提升的比例大于非低保户，为 77.05%，非低保户为 70.84%。另外，分城乡来看，农村低收入家庭认为幸福感比前几年提高的占比高于城市低收入家庭，占比为 81.62%，城市低收入家庭为 69.69%。最后，分省份来看，各省份的城乡低收入家庭对“幸福感”的认知情况在统计上存在显著差异，其中浙江省有 67.67%的城乡低收入家庭认为幸福感比前几年有所提升，而陕西省最高有 85.93%的城乡低收入家庭认为幸福感比前几年提升。

根据上述对城乡低收入家庭对幸福感的认知描述，我们可以得出：有76.83%的城乡低收入家庭的认知里，幸福感是在提升的，且低保户认为幸福感提升的比例高于非低保户，农村低收入家庭认为幸福感比前几年提高的占比高于城市低收入家庭。习近平总书记曾提到，让人民生活幸福是“国之大者”，让人民生活幸福必须解决人民群众的“急难愁盼”问题。① 因此，要持续通过各项民生保障政策实施，不断提升城乡低收入家庭的幸福感。

二、城乡低收入家庭对“获得感”的认知情况

“获得感”强调群众的“主观幸福感”，须以“客观获得”为基础。习近平总书记多次强调“既尽力而为、又量力而行”的持续增强群众获得感，② 作为一个本土化概念，“获得感”极为准确、生动地体现了人民群众对美好生活向往的强烈期许与价值表达。同时，“获得感”也成为全面深化改革、全民共建共治共享发展成果的社会治理格局下，评估改革发展成效的新标杆③。

表5-18和图5-24描述了城乡低收入家庭对“获得感”的认知情况并按照人群、城乡和省份进行了分类。根据抽样调查结果可以发现，我国城乡低收入家庭认为日子比前几年更宽裕的比例超过六成，且城市低收入家庭认为日子比前几年更宽裕的比例相对较低。

表5-18　城乡低收入家庭对“获得感”的认知情况（%）

“获得感”认知	总体	分人群		分城乡		分省份					
		低保户	非低保	农村	城市	江苏	浙江	河南	湖北	四川	陕西
日子更宽裕了	63.45	63.55	60.76	71.70	51.16	60.76	56.80	58.08	64.62	64.05	75.85
没变化	18.86	18.85	19.07	14.59	25.21	22.23	23.40	18.13	20.47	16.87	12.16
日子更加紧巴了	17.69	17.60	20.16	13.70	23.63	17.01	19.80	23.79	14.90	19.07	11.99

① 《让人民生活幸福就是“国之大者”》，载新闻网 https://baijiahao.baidu.com/s?id=1702048747952592351&wfr=spider&for=pc。

② 杨宝，李万亮：《公共服务的获得感效应：逻辑结构与释放路径的实证研究》，载《中国行政管理》2022年第10期，第135-143页。

③ 邢占军，牛千：《获得感：供需视阈下共享发展的新标杆》，载《理论学刊》2017年第5期，第107-112页。

续表

"获得感"认知	总体	分人群		分城乡		分省份					
		低保户	非低保	农村	城市	江苏	浙江	河南	湖北	四川	陕西
		chi2 = 1.761		chi2 = 449.710		chi2 = 220.251					
		P = 0.415		P = 0.000		P = 0.000					

总体	低保户	非低保	农村	城市
日子更宽裕了	63.45	63.55	60.76	71.7	51.16
没变化	18.86	18.85	19.07	14.59	25.21
日子更加紧巴了	17.69	17.6	20.16	13.7	23.63

■日子更宽裕了　■没变化　□日子更加紧巴了

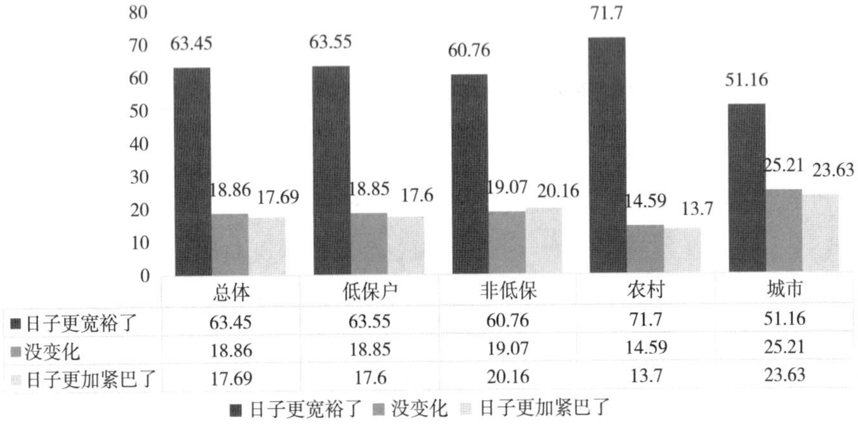

图 5-24　城乡低收入家庭对"获得感"的认知情况（%）

首先，从总体情况来看，其中 63.45% 的城乡低收入家庭认为日子比前几年更宽裕了，18.86% 的城乡低收入家庭认为没变化，还有 17.69% 的城乡低收入家庭认为比前几年日子更紧巴了。其次，分人群来看，城乡低收入家庭对于"获得感"的认知情况在统计上基本没有显著差异。另外，分城乡来看，城乡低收入家庭对"获得感"的认知情况在统计上存在显著差异，农村低收入家庭认为日子比前几年更宽裕的占比高于城市低收入家庭，为 71.70%，城市为 51.16%。最后，分省份来看，各省城乡低收入家庭对"获得感"的认知情况在统计上也存在显著差异，其中浙江省最低有 56.80% 的城乡低收入家庭认为日子比前几年更宽裕了，而陕西省最高有 75.85% 的城乡低收入家庭认为日子比前几年更宽裕了。

根据上述对城乡低收入家庭对"获得感"的认知情况的描述与分析，有 63.45% 的城乡低收入家庭认为日子比前几年更宽裕了，且农村低收入家庭认为日子比前几年更宽裕的占比高于城市低收入家庭。有研究指出，收入差距与居民获得感之间呈"倒 U 型"关系；社会保障在提升居民获得感方面表现突出。维护收入分配的公平性，降低居民对社会风险的担忧程度，提升防范与应对风险的能力是提高居民获得感的重要举措。① 因此，要充分发挥社会政策的分配与保障功能，不断提高城乡低收入家庭的获得感。

三、城乡低收入家庭对“安全感”的认知情况

作为评价社会治安状况的重要“晴雨表”，公众安全感也是反映人民群众幸福感以及生活质量的关键指标。公众安全感是社会公众对于生活环境的安全与保障的整体感知，这种感知会伴随着所生活的社会环境的变化而改变，其可作为区域社会治安衡量的指标，也与社会保障、公共服务存在较大的联系。②城乡低收入家庭安全感是在特点社会背景下的综合感受，受到来自外界和个体内部各因素的影响，具有复杂背景性。

表 5-19 和图 5-25 描述了城乡低收入家庭对“安全感”的认知情况，并按照人群、城乡和省份进行了分类。根据抽样调查结果可以发现，我国城乡低收入家庭认为生活环境安全的占比为 86.55%，认为不安全的占比仅为 6.29%。

表 5-19　城乡低收入家庭对“安全感”的认知情况（%）

“安全感”认知	总体	分人群		分城乡		分省份					
		低保户	非低保	农村	城市	江苏	浙江	河南	湖北	四川	陕西
安全	86.55	86.44	89.65	86.93	85.98	86.66	81.32	85.37	87.29	83.80	94.73
一般	7.16	7.21	5.72	6.55	8.06	6.70	11.11	7.38	7.48	7.45	2.90
不安全	6.29	6.35	4.63	6.52	5.96	6.64	7.57	7.25	5.23	8.75	2.37
		chi2 = 3.183 P = 0.204		chi2 = 9.401 P = 0.009		chi2 = 171.834 P = 0.000					

首先，从总体情况来看，认为晚上独自外出安全的城乡低收入家庭占比为 86.55%，一般的为 7.16%，认为晚上独自外出不安全的城乡低收入家庭占比为 6.29%。其次，分人群来看，城乡低收入家庭对“安全感”的认知情况在统计上没有显著差异。另外，分城乡来看，城乡低收入家庭对“安全感”的认知情况在统计上存在显著差异，农村低收入家庭认为晚上独自外出不安全的

① 马红鸽，席恒：《收入差距、社会保障与提升居民幸福感和获得感》，载《社会保障研究》2020 年第 1 期，第 86–98 页。

② 李杨：《城市社区居民社区信任、社会安全感与社区参与关系研究》，西南大学 2019 年硕士学位论文。

占比高于城市低收入家庭，为6.52%，城市为5.96%。最后，分省份来看，各省的城乡低收入家庭对“安全感”的认知情况在统计上存在显著差异，其中浙江省城乡低收入家庭认为晚上独自外出不安全的占比为81.32%，而陕西省城乡低收入家庭认为晚上独自外出不安全的占比为94.73%。

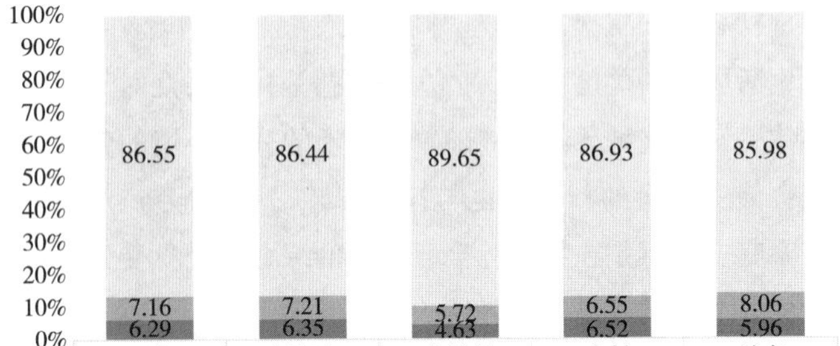

	总体	低保户	非低保	农村	城市
安全	86.55	86.44	89.65	86.93	85.98
一般	7.16	7.21	5.72	6.55	8.06
不安全	6.29	6.35	4.63	6.52	5.96

■不安全 ■一般 ■安全

图5-25　城乡低收入家庭对“安全感”的认知情况（%）

根据上述对城乡低收入家庭对“安全感”的认知情况的描述与分析，大多数城乡低收入家庭的“安全感”较高，同时，城乡低收入家庭认为晚上独自外出安全的占比的差距不大。有研究指出，安全感的主要影响因素包括：自身因素、社会犯罪率、媒体宣传以及公共安全服务质量。① 因此，我们要通过多种方式，不断提高城乡低收入家庭的自身素质、降低社会犯罪率、加强媒体宣传以及提高公共安全服务质量，从而不断提升城乡低收入家庭的“安全感”。另外，通过完善社会救助制度来可以有效促进社会团结，这对于提升低收入群体在内所有家庭的“安全感”认知都有积极作用。

第三节　城乡低收入家庭人际关系状况分析

社会支持主要包括两个方面，一是存在于民间下层社会中利他主义的支持

① 缪亦甜：《公众安全感的影响因素及提升对策研究》，苏州大学2017年硕士学位论文。

行为（如“互助互济”），即现在所称的社会支持的非正式支持；二是政府等正式的公共组织采取如资金拨款、设施提供，制度建设，即称之为正式支持。① 本部分所研究的人际关系就是社会支持中非正式支持部分的内容。人际关系指人们在人际交往过程中结成的心理关系、心理上的距离，反映了交往双方需要的满足程度。个体可以通过社会互动在不同的人际关系中获取有形或无形的资源②，从而增强自身抵御压力的能力。积极的人际关系有助于个体获取更多的资源，有利于个体的身心健康；消极的人际关系可能不仅使个体无法获取资源，还可能会导致个体资源的损失，从而损害个体的身心健康。③ 因此，研究城乡低收入家庭的人际关系状况对城乡低收入家庭获取更多的资源以改变不利的境况，以及增强低收入家庭成员的身心健康至关重要。

本节主要分为两个部分展开论述，具体包括城乡低收入家庭成员关系状况和城乡低收入家庭邻里关系状况。

一、城乡低收入家庭成员关系状况

本部分是对城乡低收入家庭成员关系状况的描述分析，具体包括以下内容：第一，城乡低收入家庭的家庭成员关系；第二，城乡低收入家庭的亲朋好友见面聚会情况。

（一）城乡低收入家庭的家庭成员关系情况

本部分将介绍城乡低收入家庭的家庭成员关系状况。社会是由诸多家庭组成的，家庭是构成社会的基本组织单位。在以家庭为本位的传统社会，维护家庭的利益与和谐是每一个家庭成员责无旁贷的重任，这在一定程度上培育了中国人特有的“家和万事兴”的观念。④ 鉴于家庭在我国传统中的重要地位，家庭成员关系也是人际关系的重要组成部分。

表 5-20 和图 5-26 描述了城乡低收入家庭的家庭成员关系状况，并按照

---

① 王辉：《农村养老中正式支持何以连带非正式支持？——基于川北 S 村农村互助养老的实证研究》，载《南京社会科学》2017 年第 12 期，第 68-73+95 页。

② Bolino Mark C.，Turnley William H.，James M. Bloodgood. Citizenship Behavior and the Creation of Social Capital in Organizations [J]. *The Academy of Management Review*，2002，27（4）.

③ 王宏蕾，谭国银，鲍英善：《农村老年人代际关系和人际关系与主观幸福感的关系》，载《中国心理卫生杂志》2023 年第 1 期，第 66-72 页。http://ifgga60aabc7d15084b00hw5k90onb09n56v9p.fhaz. libproxy. ruc. edu. cn/kcms/detail/11. 1873. R. 20221226. 1547. 013. html。

④ 姚海涛：《论和谐家庭的内涵及其构建》，载《学术论坛》2010 年第 8 期，第 51-54 页。

人群、城乡和省份进行了分类。根据抽样调查结果可以发现，我国城乡低收入家庭成员关系好的占比较高，远远高于家庭成员关系一般和不好的比例，并且从人群、城乡比较来看，均呈现出这一特点。

表 5-20　城乡低收入家庭的家庭成员关系（%）

家庭成员关系	总体	分人群		分城乡		分省份					
		低保户	非低保	农村	城市	江苏	浙江	河南	湖北	四川	陕西
好	72.84	72.79	74.11	74.14	70.90	65.09	63.48	79.66	76.15	71.90	80.72
一般	8.07	8.12	6.81	7.82	8.45	6.22	8.33	10.45	9.11	10.05	4.28
不好	0.95	0.96	0.82	1.14	0.68	0.95	1.48	1.54	0.67	0.73	0.41
不适用	18.14	18.13	18.26	16.90	19.98	27.74	26.71	8.36	14.06	17.33	14.59
		chi2=0.910 P=0.823		chi2=23.154 P=0.000		chi2=410.142 P=0.000					

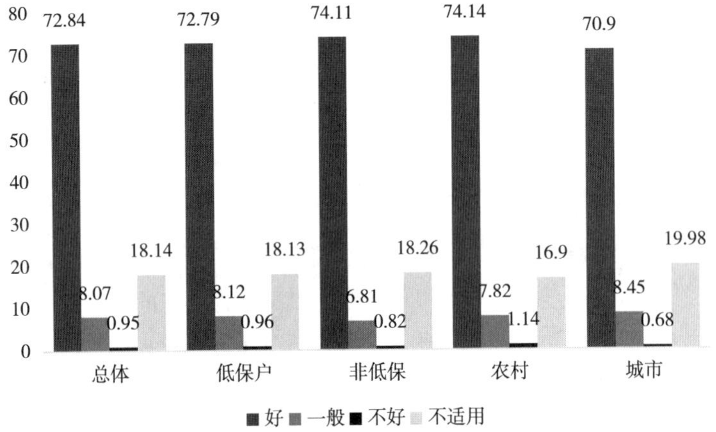

图 5-26　城乡低收入家庭的家庭成员关系（%）

首先，从总体情况来看，有72.84%的城乡低收入家庭认为自己家的家庭成员关系好，有8.07%的城乡低收入家庭认为自己家的家庭成员关系一般，有0.95%的城乡低收入家庭认为自己家的家庭成员关系不好，还有18.14%的城乡低收入家庭“不适用”。其次，分人群来看，城乡低收入家庭的家庭成员关系状况在统计上没有显著差异。另外，分城乡来看，城乡低收入家庭的家庭成员关系状况在统计上存在显著差异，农村的低收入家庭的家庭成员关系好的占比大于城市低收入家庭，为74.14%，城市为70.90%。最后，分省份来看，城乡低收入家庭的家庭成员关系状况在统计上也存在显著差异，其中陕西、河南、湖北三个省份的城乡低收入家庭的家庭成员关系好的占比较高，而四川、江苏、浙江三个省份的城乡低收入家庭的家庭成员关系好的占比较低。

党的二十大报告指出，要弘扬中华传统美德，加强家庭家教家风建设。婚姻家庭关系作为最基本的社会关系，包含了道德、民族习俗、文化等诸多方面的因素，中华民族传统家庭美德是家庭文明建设的宝贵精神财富。① 良好的家庭关系不仅有助于提升家庭成员的情感体验，还可以给家庭成员以有力的力量支撑。针对少部分家庭成员关系一般或不好的城乡低收入家庭，政府和社会应提高重视，对其提供咨询指导，从而更好地发挥家庭的积极作用，提高城乡低收入家庭的社会支持，这也是服务支持的重要内容。

（二）城乡低收入家庭的亲友见面聚会情况

本部分将介绍城乡低收入家庭的亲友见面聚会情况。亲朋好友间的见面聚会有助于家庭减少不稳定性与不和谐的发生，见面聚会与沟通有利于亲朋好友之间感受彼此的心意，有利于家庭成员化解家庭冲突和紧张。② 本部分具体将从以下两个方面展开论述：第一，城乡低收入家庭的亲朋好友见面次数；第二，城乡低收入家庭新冠疫情之后与亲朋好友见面聚会次数。

第一，从城乡低收入家庭的亲朋好友见面次数情况来看。根据抽样调查数据（见表5-21和图5-27），首先，从总体情况上来看，城乡低收入家庭的亲朋好友见面次数为“从不”“一个月不到一次”“一月一次”的占比总和为58.59%，超过了半数。其次，分人群来看，城乡低收入家庭的亲朋好友的见面频率在统计上没有显著差异。另外，分城乡来看，城乡低收入家庭的亲朋好友的见面频率在统计上存在显著差异，城市低收入家庭的亲朋好友见面次数为“从不”的占比大于农村低收入家庭，为8.67%，农村为7.62%；农村低收入家庭的亲朋好友见面次数为“每天都见面”的占比大于城市低收入家庭，为10.99%，城市为7.29%。最后，分省份来看，城乡低收入家庭的亲朋好友的

① 《用心做好家事审判　促进家庭社会和谐》，载中国法院网 https://www.chinacourt.org/article/detail/2022/12/id/7076916.shtml。

② 杨雄，刘程：《当前和谐家庭建设若干理论与实现路径》，载《南京社会科学》2008年第9期，第99-105页。

见面频率在统计上也存在显著差异，其中江苏、浙江的城乡低收入家庭的亲朋好友见面次数为“从不”的占比较大，河南、湖北、四川、陕西的城乡低收入家庭的亲朋好友见面次数为“从不”的占比较小。

表 5-21　城乡低收入家庭的亲朋好友见面频率（%）

亲朋好友见面频率	总体	分人群		分城乡		分省份					
		低保户	非低保	农村	城市	江苏	浙江	河南	湖北	四川	陕西
从不	8.04	8.11	6.27	7.62	8.67	14.11	12.23	7.31	5.46	5.02	4.46
一个月不到一次	22.55	22.57	22.07	21.99	23.39	23.36	25.12	21.45	20.58	23.87	20.96
一月一次	28.00	27.90	30.52	28.23	27.65	21.10	21.57	33.62	29.75	25.23	36.77
一个月数次	13.12	13.12	13.08	13.26	12.91	12.09	12.83	8.54	14.68	15.41	14.77
每周一次	8.46	8.37	10.90	8.04	9.08	6.94	7.15	11.19	9.17	7.28	9.15
一周数次	5.76	5.72	6.81	5.59	6.00	6.82	6.86	4.30	5.62	6.66	4.23
每天都见面	9.50	9.65	5.45	10.99	7.29	10.25	9.63	9.47	9.00	11.12	7.53
拒绝回答	1.52	1.51	1.63	1.41	1.67	0.83	1.24	1.04	2.59	2.77	0.52
不知道	3.05	3.05	3.27	2.86	3.34	4.51	3.37	3.07	3.15	2.65	1.62
		chi2 = 12.473 P = 0.131		chi2 = 48.434 P = 0.000		chi2 = 497.285 P = 0.000					

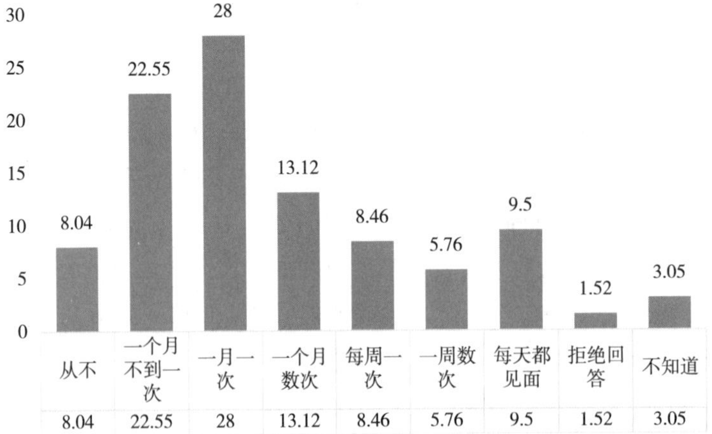

图 5-27　城乡低收入家庭的亲朋好友见面频率（%）

第二，从城乡低收入家庭新冠疫情之后与亲朋好友见面聚会的次数来看。根据抽样调查数据（见表 5-22 和图 5-28），首先，从总体情况上来看，有 78.90%的城乡低收入家庭新冠疫情之后与亲朋好友见面聚会次数都减少了，有 17.48%的城乡低收入家庭新冠疫情之后与亲朋好友见面的次数没减少也没增加，仅有 0.94%的城乡的低收入家庭新冠疫情之后与亲朋好友见面的次数增加了。其次，分人群来看，城乡低收入家庭新冠疫情之后与亲朋好友见面的次数在统计上没有显著差异。另外，分城乡来看，城乡低收入家庭新冠疫情之后与亲朋好友见面的次数在统计上存在显著差异，城市低收入家庭新冠疫情之后与亲朋好友的见面次数减少的占比高于农村低收入家庭，为 80.68%，农村为 77.70%。最后，分省份来看，城乡低收入家庭新冠疫情之后与亲朋好友见面的次数在统计上也存在显著差异，其中陕西、河南、四川三个省份的城乡低收入家庭新冠疫情之后与亲朋好友见面的次数减少了的占比较高，而浙江、江苏、湖北三个省份的城乡低收入家庭新冠疫情之后与亲朋好友见面的次数减少了的占比较低。

表 5-22　城乡低收入家庭新冠疫情之后与亲朋好友见面聚会次数（%）

见面聚会次数	总体	分人群		分城乡		分省份					
		低保户	非低保	农村	城市	江苏	浙江	河南	湖北	四川	陕西
减少了	78.90	78.89	79.02	77.70	80.68	73.62	62.41	85.37	79.98	82.05	89.75
没减少也没增加	17.48	17.46	17.98	18.25	16.32	21.40	31.15	11.06	16.31	15.86	9.15
增多了	0.94	0.97	0.27	1.19	0.58	1.19	0.83	1.54	1.07	0.62	0.46
不知道	2.68	2.68	2.72	2.86	2.42	3.79	5.61	2.03	2.64	1.47	0.64
		chi2 = 1.875 P = 0.599		chi2 = 19.424 P = 0.000		chi2 = 522.888 P = 0.000					

根据上述对城乡低收入家庭的亲朋好友见面聚会情况的描述与分析，我们可以发现，新冠疫情对城乡低收入家庭的亲朋好友见面聚会次数产生了很大影响，减少了 78.90%城乡低收入家庭亲朋好友见面次数。目前，新冠疫情已基本上放开管控，其对城乡低收入家庭的亲朋好友见面聚会情况的影响还有待进一步调查与研究。

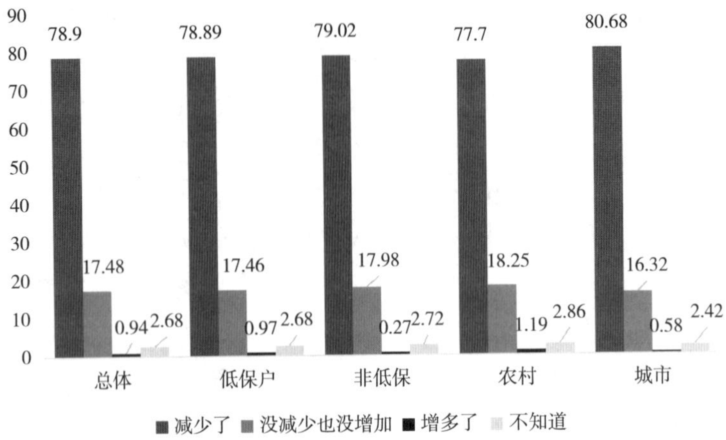

图 5-28　城乡低收入家庭新冠疫情之后与亲朋好友见面聚会次数（%）

二、城乡低收入家庭邻里关系状况

本部分将对城乡低收入家庭邻里关系状况进行描述分析，具体包括以下内容：第一，城乡低收入家庭和邻居关系状况；第二，城乡低收入家庭向邻居求助情况以及向邻居求助时邻居的反应。

（一）城乡低收入家庭和邻居关系状况

邻里行为是个体与其邻居间基于互惠互利而进行的积极的社会互动①。根据已有的研究，弱势群体可以通过获得来自邻里的支持来增强其抵御外界压力的冲击能力，弱化消极事件与其心理健康的负向关系。因而，接受邻里物质资源与情感资源的支持，能帮助城乡低收入家庭应对消极人际关系给其情绪所带来的困扰，提升城乡低收入家庭的生活质量和幸福感。②

表 5-23 和图 5-29 描述了城乡低收入家庭和邻居的关系状况，并按照人群、城乡和省份进行了分类。根据抽样调查结果可以发现，从总体情况来看，

① Zhenduo Zhang，Li Zhang，Xiaoqian Zu，Tiansen Liu，Junwei Zheng. From Neighboring Behavior to Mental Health in the Community：The Role of Gender and Work-Family Conflict［J］. *International Journal of Environmental Research and Public Health*，2019，16（12）.

② 王宏蕾，谭国银，鲍英善：《农村老年人代际关系和人际关系与主观幸福感的关系》，载《中国心理卫生杂志》2023 年第 1 期，第 66－72 页。http://gfgga60aabc7d15084b00hb0qu5qf-wx9bf6wcw. fhaz. libproxy. ruc. edu. cn/kcms/detail/11. 1873. R. 20221226. 1547. 013. html。

城乡低收入家庭和邻居关系好和比较好的占比为93.07%，和邻居关系不太好和不好的占比为2.29%，还有4.63%的城乡低收入家庭表示“说不清”。我国城乡低收入家庭和邻居关系好或比较好的占比远高于和邻居关系不太好和不好的比例，并且从人群、城乡比较来看，均呈现出这一特点。

表5-23　城乡低收入家庭和邻居关系（%）

和邻居关系	总体	分人群		分城乡		分省份					
		低保户	非低保	农村	城市	江苏	浙江	河南	湖北	四川	陕西
好	69.56	69.59	68.66	71.51	66.66	65.92	61.82	76.40	67.04	65.29	81.24
比较好	23.51	23.50	23.98	22.96	24.33	25.25	25.53	18.87	27.33	28.50	15.17
不太好	1.59	1.60	1.36	1.51	1.72	1.72	2.42	1.66	1.18	1.47	1.16
不好	0.70	0.69	1.09	0.78	0.58	0.89	0.77	0.92	0.73	0.51	0.41
说不清	4.63	4.62	4.90	3.23	6.71	6.22	9.46	2.15	3.71	4.23	2.03
		chi2=1.096 P=0.895		chi2=76.785 P=0.000		chi2=331.744 P=0.000					

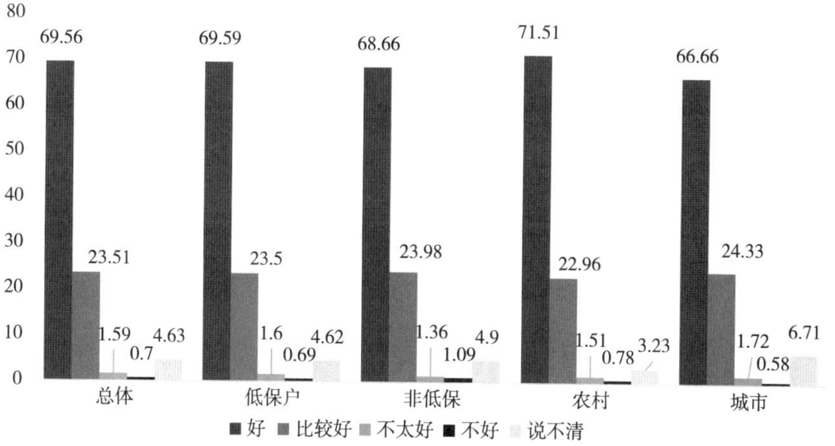

图5-29　城乡低收入群体与邻居关系情况（%）

（二）城乡低收入家庭向邻居求助情况

邻里行为是一种互惠互利的行为，接受者通过获得邻里的工具性与情感性资源，可以增强抵御风险的能力。[①]本部分将介绍城乡低收入家庭向邻居求助情况以及向邻居求助时邻居的反应。

第一，从城乡低收入家庭向邻居求助情况来看。根据抽样调查结果（见表5-24和图5-30），可以发现，城乡低收入家庭遇到困难时根本不会向邻居求助的占比较低，因此大部分城乡低收入家庭都存在过遇到困难时向邻居求助的情况。首先，从总体情况看，有93.31%城乡低收入家庭遇到困难时会向邻居求助，仅有6.69%的城乡低收入家庭遇到困难时根本不会向邻居求助，而经常向邻居求助的占比为38.62%。其次，分人群来看，城乡低收入家庭向邻居求助的情况在统计上没有显著差异。另外，分城乡来看，农村低收入家庭遇到困难时经常向邻居求助的占比明显大于城市低收入家庭，为45.80%，而城市低收入家庭则为27.92%。最后，分省份来看，城乡低收入家庭向邻居求助的情况在统计上也存在显著差异，其中江苏、浙江省的低收入家庭遇到困难时极少会和根本不会向邻居求助的占比相对较高，而陕西、湖南、四川、河南四个省份的低收入家庭遇到困难时经常会向邻居求助的占比相对较高。

表5-24　城乡低收入家庭遇到困难时向邻居求助情况（%）

向邻居求助情况	总体	分人群		分城乡		分省份					
		低保户	非低保	农村	城市	江苏	浙江	河南	湖北	四川	陕西
经常会	38.62	38.62	38.42	45.80	27.92	34.38	26.54	39.15	42.24	41.14	47.77
偶尔会	43.90	43.82	46.05	40.14	49.49	43.27	40.66	45.36	45.05	45.60	43.37
极少会	10.79	10.90	7.90	8.94	13.56	10.79	20.69	9.83	8.83	9.65	5.21
根本不会	6.69	6.66	7.63	5.12	9.03	11.56	12.12	5.65	3.88	3.61	3.65
		chi2（3）=3.856 P=0.277		chi2=359.213 P=0.000		chi2=545.031 P=0.000					

第二，从城乡低收入家庭向邻居求助时邻居的反应来看。根据抽样调查结果（表5-25和图5-31），可以发现，城乡低收入家庭向邻居求助时邻居不太乐意和拒绝提供帮助的占比远远低于邻居非常乐意和比较乐意提供帮助的占比，侧面反映出城乡低收入家庭大部分向邻居求助时都可以获得邻居的帮助。首先，从总体情况看，当城乡低收入家庭向邻居求助时，仅有1.54%的邻居拒绝提供帮助，3.38%的邻居不太乐意提供帮助，而非常乐意和比较乐意提供帮助的占比分别为59.77%和35.31%。其次，分人群来看，当城乡低收入家庭向

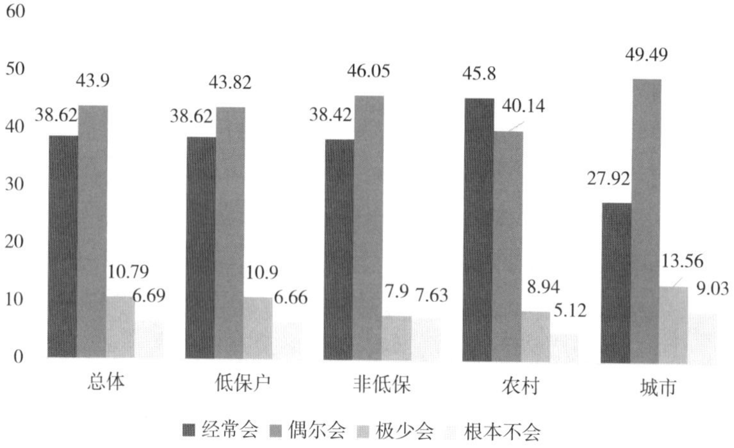

图 5-30　城乡低收入家庭遇到困难时向邻居求助情况（%）

邻居求助时，城乡低收入家庭邻居的反应在统计上没有显著差异。另外，分城乡来看，当城乡低收入家庭向邻居求助时，城乡低收入家庭邻居的反应在统计上存在显著差异，农村低收入家庭的邻居非常乐意提供帮助的占比大于城市低收入家庭的邻居非常乐意提供帮助的占比，为63.94%，而城市为53.56%。最后，分省份来看，当城乡低收入家庭向邻居求助时，城乡低收入家庭邻居的反应在统计上存在显著差异，其中河南、陕西省的低收入家庭的邻居非常乐意提供帮助的占比相对较高，而浙江、江苏、四川、湖北四个省份的低收入家庭的邻居非常乐意提供帮助的占比相对较低。

表 5-25　城乡低收入家庭向邻居求助时邻居的反应（%）

邻居的反应	总体	分人群		分城乡		分省份					
		低保户	非低保	农村	城市	江苏	浙江	河南	湖北	四川	陕西
非常乐意	59.77	59.84	57.77	63.94	53.56	54.42	50.89	68.59	60.52	59.99	64.39
比较乐意	35.31	35.27	36.51	31.79	40.56	38.29	40.43	27.17	36.11	36.96	32.54
不太乐意	3.38	3.34	4.63	3.10	3.80	4.68	6.09	2.34	2.31	2.48	2.49
拒绝提供帮助	1.54	1.55	1.09	1.17	2.08	2.61	2.60	1.91	1.07	0.56	0.58
		chi2=2.656 P=0.448		chi2=115.253 P=0.000		chi2=225.676 P=0.000					

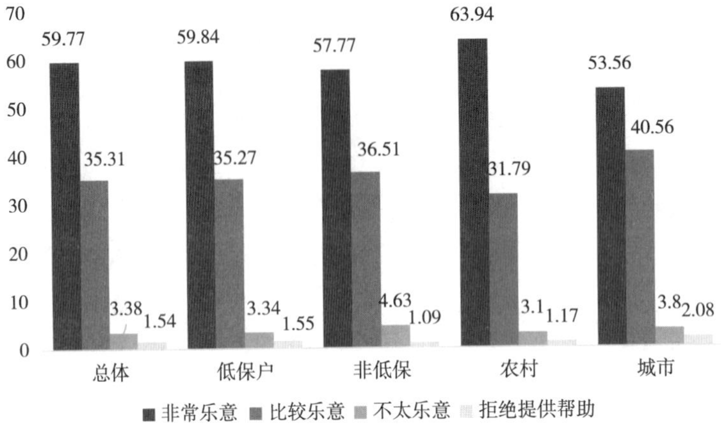

图 5-31　城乡低收入家庭向邻居求助时邻居的反应（%）

根据上述对城乡低收入家庭向邻居求助情况以及向邻居求助时邻居的反应情况的描述与分析，我们可以发现，大部分城乡低收入家庭遇到困难时都存在向邻居求助的情况，且当城乡低收入家庭向邻居求助时，大部分邻居都非常乐意和比较乐意提供帮助。

第四节　城乡低收入家庭对社会救助政策的需求情况分析

新时期，我国社会主要矛盾已经从人民日益增长的物质文化需要同落后的社会生产之间的矛盾转变为人民日益增长的美好生活需要和不平衡不充分发展之间的矛盾，该矛盾在社会救助领域中的变化，主要反映在城乡低收入家庭从追求“吃饱、穿暖”演化为追求美好生活的发展困境。随着脱贫攻坚的完成以及全面建成小康社会的建成，我国社会救助将从“绝对贫困”治理走向“相对贫困”治理阶段①，社会救助体系发展处于救助需求承接、资源优化整合和扩容增幅的过渡期，还存在“瞄不准”“接不上”“不主动”等供需错位

① 王婴，唐钧：《现代贫困研究：从绝对到相对再到多维》，载《河海大学学报（哲学社会科学版）》2020 年第 6 期，第 83-89+112 页。

问题①，因此了解城乡低收入家庭对社会救助政策的需求情况对我国社会救助政策的供给侧改革至关重要。

本节主要分为两个部分展开论述，具体包括城乡低收入家庭对救助方式的偏好和城乡低收入家庭对救助类型的需求情况。

一、城乡低收入家庭对救助方式的偏好情况

本部分是对城乡低收入家庭对救助方式的偏好的描述分析。2014 年我国颁布实施《社会救助暂行办法》，目前已建立包括最低生活保障制度、临时救助、住房救助、教育救助、就业救助、医疗救助、受灾人员救助、特困人员供养在内的多维度社会救助体系。然而，就目前我国社会救助制度的内容看，社会救助主要还是以经济性的救助方式为主。

表 5-26 和表 5-27 描述了城乡低收入家庭对救助方式的偏好，并按照分人群、分城乡和分省份进行了分类。第一个表格描述了城乡低收入家庭对救助方式第一位的偏好，第二个表格描述了城乡低收入家庭对救助方式第二位的偏好。

表 5-26 城乡低收入家庭对救助方式第一位的偏好情况（%）

救助方式偏好	总体	分人群		分城乡		分省份					
		低保户	非低保	农村	城市	江苏	浙江	河南	湖北	四川	陕西
直接发救助金	85.91	86.04	82.29	84.48	88.04	89.69	90.72	79.53	87.06	82.90	85.41
发放生活用品	4.30	4.36	2.72	5.09	3.12	5.04	2.30	4.24	5.12	4.23	4.81
提供服务	4.00	3.91	6.27	4.57	3.15	1.96	3.07	5.96	2.98	5.64	4.40
视情况而定	5.54	5.45	8.17	5.53	5.57	3.20	3.61	10.02	4.72	6.66	5.21
其他	0.25	0.24	0.54	0.34	0.12	0.12	0.30	0.25	0.11	0.56	0.17
		chi2 = 13.718 P = 0.008		chi2 = 43.011 P = 0.000		chi2 = 196.475 P = 0.000					

① 匡亚林：《需求侧管理视角下社会救助体系分层分类改革研究》，载《河海大学学报（哲学社会科学版）》2021 年第 2 期，第 96-104+108 页。

表 5-27 城乡低收入家庭对救助方式第二位的偏好情况（%）

救助方式偏好	总体	分人群		分城乡		分省份					
		低保户	非低保	农村	城市	江苏	浙江	河南	湖北	四川	陕西
直接发救助金	7.30	7.33	6.54	7.74	6.66	6.82	5.61	11.06	4.89	8.69	6.95
发放生活用品	70.14	70.27	66.76	69.69	70.82	76.05	75.35	53.66	71.32	68.17	75.62
提供服务	14.94	14.83	17.71	15.29	14.41	11.26	11.94	19.98	17.32	16.48	12.68
视情况而定	7.46	7.41	8.72	7.15	7.92	5.63	6.80	15.24	6.41	6.43	4.69
其他	0.16	0.15	0.27	0.13	0.19	0.24	0.30	0.06	0.06	0.23	0.06
		chi2=4.032 P=0.402		chi2=8.273 P=0.082		chi2=383.128 P=0.000					

首先展示城乡低收入家庭对救助方式第一位的偏好的情况。根据抽样调查结果（见图 5-32）可以发现，总体上，有 85.91%的城乡低收入家庭都把直接发放救助金放在了救助方式偏好的第一位，可见，在城乡低收入家庭的认知中，经济性救助占据重要地位，符合城乡低收入家庭经济收入较低的现实情况。分人群、分城乡、分省份来看，都存在类似情况，不再赘述。

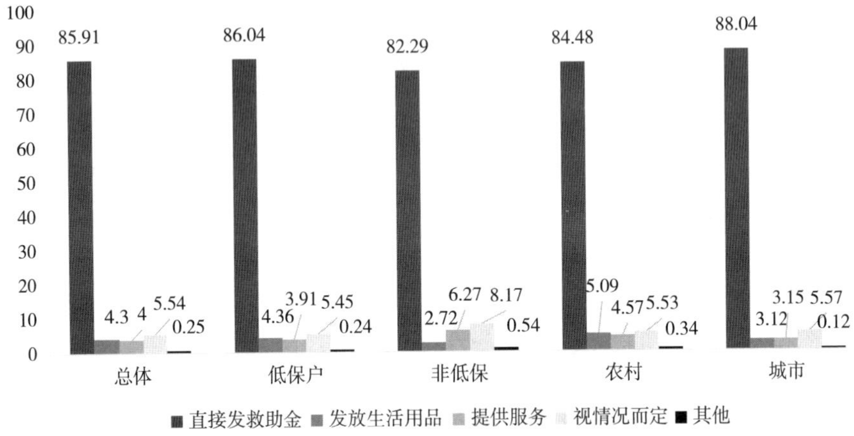

图 5-32 城乡低收入家庭对救助方式第一位的偏好情况（%）

其次展示城乡低收入家庭对救助方式第二位的偏好情况。根据抽样调查结果（见图 5-33），可以发现，总体上，有 70.14%的城乡低收入家庭都把发放生活物品排在救助方式偏好的第二位，可见，除了经济性救助之外，物质性救助占据较为重要的地位，经济性救助和物质性救助的偏好远远大于服务类救助的偏好和视情况而定的情况。分人群、分城乡、分省份来看，都存在类似情况，不再赘述。

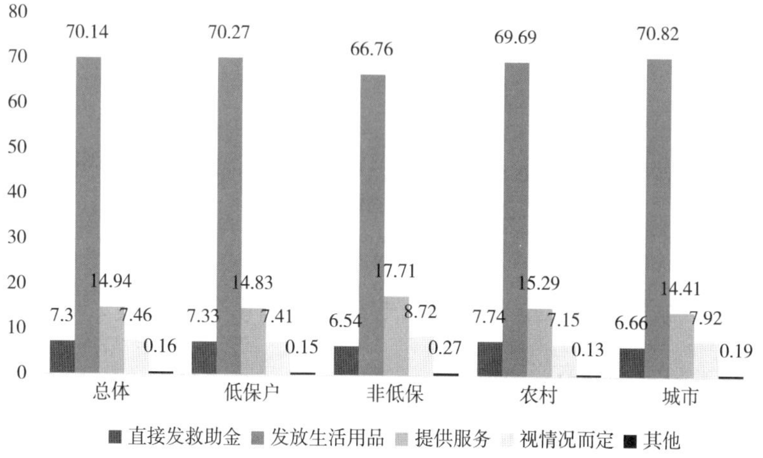

图 5-33　城乡低收入家庭对救助方式第二位的偏好情况（%）

根据上述对城乡低收入家庭对救助方式的偏好情况的描述与分析，我们可以发现，大部分城乡低收入家庭偏好的主要救助方式还是传统的经济性和物质性救助，但是还存在一部分城乡低收入家庭对服务类救助有偏好，且总体上有4%的城乡低收入家庭将偏好服务类救助排在第一位。中共中央办公厅和国务院 2020 年印发的《关于改革完善社会救助制度的意见》中指出，要将救助对象分成不同类型，并坚持以需求为导向、分类分层社会救助①。因此，针对大多数城乡低收入家庭对经济性和物质性救助偏好高而少部分城乡低收入家庭对服务类救助偏好比较高的情况，要加快分层分类救助发展进程，做到针对不同需求低收入家庭的救助精准供给。

二、城乡低收入家庭对救助类型的需求情况

本部分是对城乡低收入家庭对救助类型的需求状况的描述分析，具体包括以下内容：第一，城乡低收入家庭对未来担忧的情况；第二，城乡低收入家庭

① 《中共中央办公厅　国务院办公厅印发〈关于改革完善社会救助制度的意见〉》，载中华人民共和国中央人民政府官网 http://www.gov.cn/zhengce/2020-08/25/content_5537371.htm。

对服务救助的需求情况。

（一）城乡低收入家庭对未来担忧的相关情况

本部分将介绍城乡低收入家庭对未来担忧的情况。《中华人民共和国国民经济和社会发展第十四个五年规划和2035年远景目标纲要》明确指出，必须坚持共同富裕方向，不断实现人民对美好生活的向往。[①] 人们对美好生活的需要赋予了共同富裕更多维度、更深层次、更广面向的内涵[②]，这就需要社会救助制度进行调整和完善，从而减轻城乡低收入家庭对未来的担忧。

表5-28和图5-34至图5-40，描述了城乡低收入家庭对未来担忧的情况，并按照人群、城乡和省份进行了分类。根据抽样调查结果发现，我国城乡低收入家庭担忧情况占比相对较高的是担心被停政策补助、担心老了没人养和担心自己或家人生大病。

首先，从总体情况来看，将城乡低收入家庭对未来担忧情况进行排序，分别为：担心自己或家人生大病、担心被停政策补助、担心老了没人养、担心收入没保障、担心贷款或欠债还不上、担心子女教育跟不上、担心吃穿没着落。分人群来看，低保户与总体情况较为一致，非低保户对未来担忧的排序则略有不同，其中担心收入没保障排位较为靠前。分城乡来看，城乡低收入家庭对未来的担忧情况在统计上都有显著差异，城市低收入家庭对未来担忧的情况各个方面是"担心"的比例都大于农村低收入家庭。分省份来看，各省份城乡低收入家庭对未来的担忧情况在统计上也都存在显著差异，其中河南省城乡低收入家庭对未来的担忧情况各个方面是"担心"的普遍占比较高，而陕西省的城乡低收入家庭对未来的担忧情况各个方面是"不担心"的则都占比较高。

城乡低收入家庭对未来的担忧可以分为对疾病、养老和教育的担忧，以及在经济方面存在不安全感，根据对城乡低收入家庭对未来担忧的情况的描述与分析，我们可以发现，城乡低收入家庭对未来担忧的情况，除了担心吃穿没着落的占比低于三成，其他担心都高于三成。因此我们要对社会救助制度进行调

---

① 《中华人民共和国国民经济和社会发展第十四个五年规划和2035年远景目标纲要》，载中华人民共和国中央人民政府官网 http://www.gov.cn/xinwen/2021-03/13/content_5592681.htm。

② 梁土坤：《共同富裕目标下社会救助制度建设的定位、挑战与方向》，载《学习与实践》2022年第12期，第102-114页。

表 5-28　城乡低收入家庭对未来担忧的情况（%）

题目	担忧情况	总体	分人群		分城乡		分省份					
			低保户	非低保	农村	城市	江苏	浙江	河南	湖北	四川	陕西
担心吃穿没着落	担心	27.03	27.07	26.16	24.61	30.65	29.52	26.71	27.29	25.98	27.93	24.84
	一般	11.87	11.94	10.08	10.48	13.95	11.62	14.30	16.84	10.74	12.64	5.44
	不担心	60.42	60.35	62.40	64.31	54.62	58.15	58.57	55.75	61.53	59.14	69.02
	不适用	0.67	0.65	1.36	0.60	0.77	0.71	0.41	0.12	1.74	0.28	0.69
			chi2 = 4.095 P = 0.251		chi2 = 97.885 P = 0.000		chi2 = 187.285 P = 0.000					
担心收入没保障	担心	38.83	38.48	48.23	35.84	43.29	25.07	32.92	50.09	35.88	46.84	42.27
	一般	10.04	10.08	8.72	10.01	10.07	7.94	12.17	10.88	11.53	12.25	5.39
	不担心	31.47	31.37	34.06	35.45	25.54	28.57	26.60	27.04	35.15	27.82	43.20
	不适用	19.66	20.06	8.99	18.71	21.09	38.41	28.31	11.99	17.44	13.09	9.15
			chi2 = 32.167 P = 0.000		chi2 = 119.521 P = 0.000		chi2 = 928.297 P = 0.000					
担心被停政策补助	担心	64.43	65.59	32.97	60.43	70.39	66.03	66.19	73.26	59.56	64.73	57.50
	一般	7.65	7.67	7.08	7.82	7.41	5.87	9.22	7.68	7.54	10.72	4.81
	不担心	26.00	25.84	30.52	30.03	20.00	26.26	21.45	18.07	30.60	23.25	35.78
	不适用	1.92	0.90	29.43	1.72	2.20	1.84	3.13	0.98	2.31	1.30	1.91
			chi2 = 1600.000 P = 0.000		chi2 = 137.265 P = 0.000		chi2 = 254.691 P = 0.000					

续表

题目	担忧情况	总体	分人群		分城乡		分省份					
			低保户	非低保	农村	城市	江苏	浙江	河南	湖北	四川	陕西
担心老了没人养	担心	47.09	47.51	35.69	43.43	52.54	53.82	53.13	49.66	40.89	42.21	43.54
	一般	9.64	9.65	9.26	8.68	11.07	8.42	13.18	10.69	9.39	11.51	4.69
	不担心	42.23	41.82	53.41	46.94	35.23	36.46	32.51	39.27	48.14	45.49	50.78
	不适用	1.04	1.02	1.63	0.96	1.16	1.30	1.18	0.37	1.57	0.79	0.98
			chi2 = 23.083 P = 0.000		chi2 = 139.392 P = 0.000		chi2 = 254.837 P = 0.000					
担心子女教育跟不上	担心	32.06	32.14	29.97	29.97	35.18	24.13	24.76	45.54	29.81	33.75	34.86
	一般	8.67	8.59	10.90	7.96	9.73	7.41	10.22	10.57	9.00	10.84	4.05
	不担心	32.75	32.51	39.24	35.20	29.10	30.29	25.53	26.18	37.40	33.30	43.08
	不适用	26.51	26.75	19.89	26.86	25.98	38.17	39.48	17.70	23.79	22.12	18.01
			chi2 = 13.864 P = 0.003		chi2 = 58.655 P = 0.000		chi2 = 655.017 P = 0.000					
担心自己或家人生大病	担心	68.38	68.79	57.49	64.38	74.36	69.29	70.98	75.35	64.23	69.47	61.55
	一般	7.76	7.69	9.54	7.95	7.48	6.52	11.35	5.47	8.44	10.44	4.17
	不担心	23.07	22.77	31.06	26.93	17.31	22.70	16.78	18.99	25.87	19.75	33.93
	不适用	0.79	0.75	1.91	0.75	0.85	1.48	0.89	0.18	1.46	0.34	0.35
			chi2 = 24.754 P = 0.000		chi2 = 136.115 P = 0.000		chi2 = 299.300 P = 0.000					

续表

题目	担忧情况	总体	分人群		分城乡		分省份					
			低保户	非低保	农村	城市	江苏	浙江	河南	湖北	四川	陕西
担心贷款或欠债还不上	担心	34.40	34.35	35.69	32.81	36.76	29.22	28.25	52.67	27.00	40.63	29.47
	一般	6.14	6.18	4.90	5.51	7.07	4.86	7.80	6.58	5.85	8.13	3.59
	不担心	32.47	32.17	40.60	35.20	28.40	30.71	31.44	26.18	35.55	31.26	39.20
	不适用	27.00	27.30	18.80	26.47	27.77	35.21	32.51	14.57	31.61	19.98	27.74
			chi2 = 18.339 P = 0.000		chi2 = 57.712 P = 0.000		chi2 = 545.818 P = 0.000					

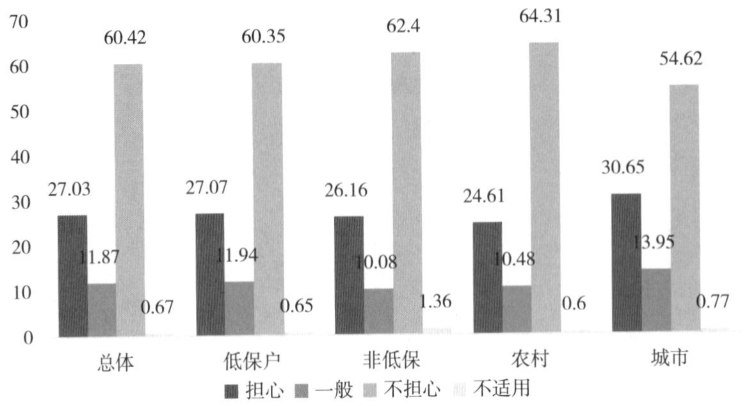

图 5-34　城乡低收入家庭对吃穿没着落的担忧情况（%）

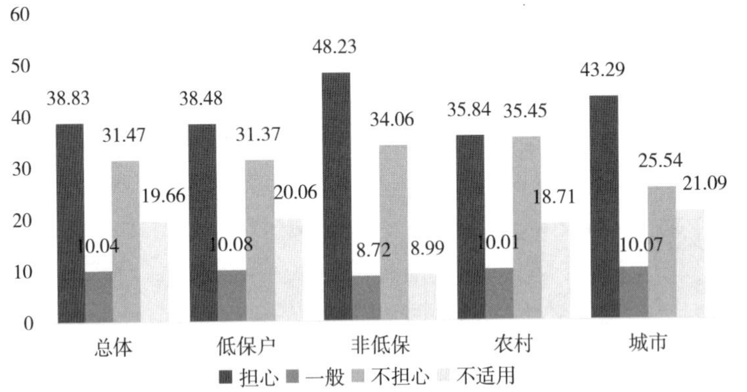

图 5-35　城乡低收入家庭对收入没保障的担忧情况（%）

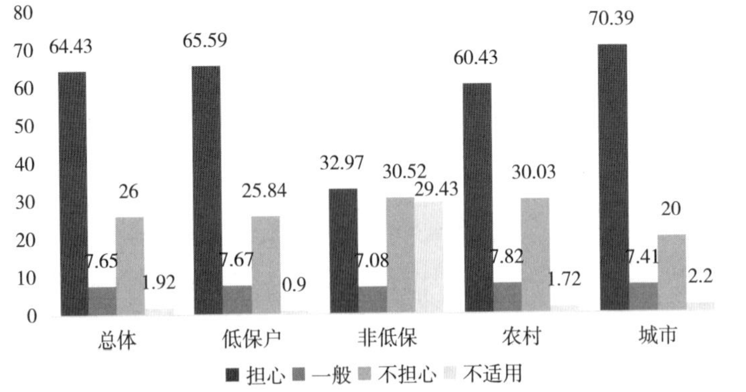

图 5-36　城乡低收入家庭对政策补助被停的担忧情况（%）

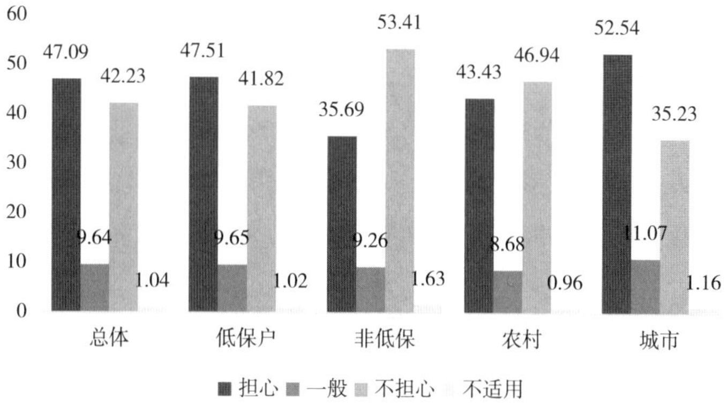

图 5-37　城乡低收入群体对年老无人养护的担忧情况（%）

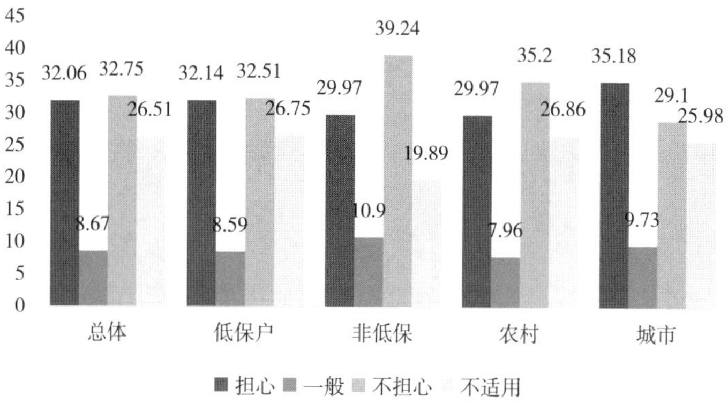

图 5-38　城乡低收入家庭对子女教育跟不上的担忧情况（%）

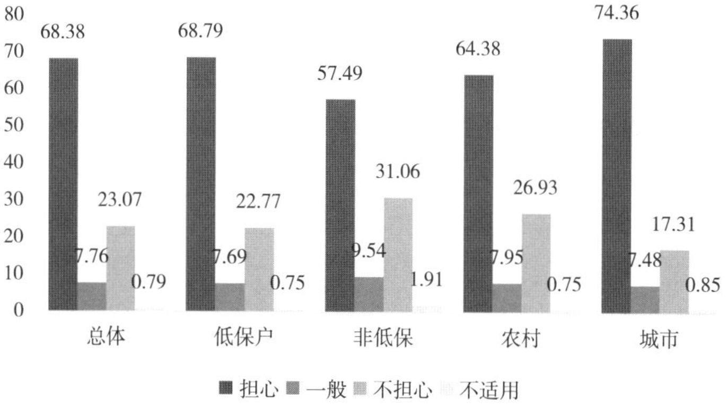

图 5-39　城乡低收入群体对自己或加入生大病的担忧情况（%）

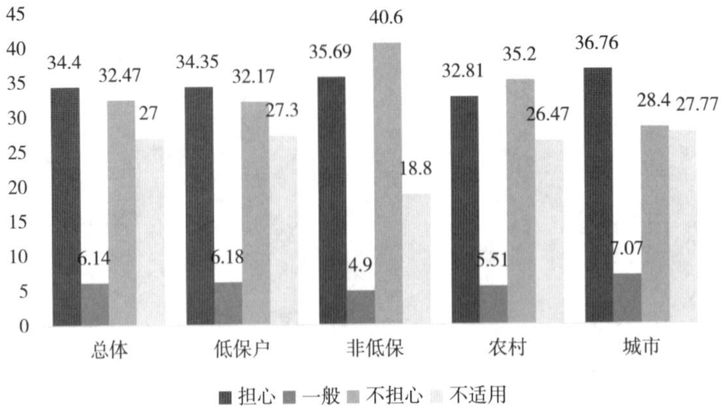

图 5-40　城乡低收入群体对贷款或欠款还不上的担忧情况（%）

整和完善，针对城乡低收入家庭的实际需要提供救助，帮助他们提高生活质量，提供享有更加平等地实现自身发展的机会和资源，从而促进其更加融入社会和增强摆脱贫困的能力，来降低城乡低收入家庭对未来存在担忧的情况。①

（二）城乡低收入家庭对服务救助的需求情况

本部分将介绍城乡低收入家庭对社会救助类型的需求情况。我国的社会救助是构建于反绝对贫困理念之上的，主要途径或方式是以现金或实物救助为主，但这种侧重于“物质性”的救助方式，对帮助贫困对象提升可持续发展能力与可行能力以摆脱贫困的作用十分有限。而服务救助能够就贫困对象致贫原因与脱贫障碍有针对性地提供差异性和个性化服务，从而更为有效地满足贫困对象的实际救助需求，更好发挥增权赋能、机会扩展、动机激励等作用。②

表 5-29 和图 5-41 至图 5-49 描述了城乡低收入家庭对服务救助的需求情况，并按照人群、城乡和省份进行了分类。根据抽样调查结果发现，我国城乡低收入家庭需求相对较高的服务救助是提供就业帮扶和帮助提高增加收入的本领。

① 陈业宏，郭云：《新发展阶段社会救助的目标转向与改进》，载《贵州财经大学学报》2022 年第 6 期，第 1-10 页。

② 陈业宏，郭云：《新发展阶段社会救助的目标转向与改进》，载《贵州财经大学学报》2022 年第 6 期，第 1-10 页。

表 5-29 城乡低收入家庭对服务救助的需求情况（%）

题目	需求情况	总体	分人群		分城乡		分省份					
			低保户	非低保	农村	城市	江苏	浙江	河南	湖北	四川	陕西
帮助照顾家中失能老人	需要	40. 12	40. 24	37. 06	40. 97	38. 86	42. 32	45. 39	35. 53	42. 24	35. 95	39. 26
	不需要	55. 65	55. 55	58. 31	54. 85	56. 83	55. 31	48. 58	61. 59	52. 19	57. 90	58. 54
	不知道	4. 23	4. 22	4. 63	4. 18	4. 31	2. 37	6. 03	2. 89	5. 57	6. 15	2. 20
			chi2 = 1. 524 P = 0. 467		chi2 = 4. 581 P = 0. 101		chi2 = 139. 301 P = 0. 000					
帮助照顾家中残疾人	需要	43. 39	43. 76	33. 51	43. 69	42. 95	42. 98	55. 20	38. 60	48. 09	36. 57	38. 91
	不需要	53. 26	52. 93	62. 13	53. 06	53. 56	55. 25	39. 54	58. 64	48. 43	58. 92	58. 89
	不知道	3. 35	3. 31	4. 36	3. 25	3. 49	1. 78	5. 26	2. 77	3. 49	4. 51	2. 20
			chi2 = 15. 339 P = 0. 000		chi2 = 0. 832 P = 0. 660		chi2 = 244. 374 P = 0. 000					
帮助照顾家中重病患者	需要	48. 97	49. 24	41. 69	49. 07	48. 84	51. 87	53. 37	47. 26	52. 53	44. 02	44. 88
	不需要	47. 36	47. 11	54. 22	47. 46	47. 22	45. 88	40. 54	50. 09	42. 97	51. 02	53. 68
	不知道	3. 67	3. 65	4. 09	3. 48	3. 95	2. 25	6. 09	2. 64	4. 50	4. 97	1. 45
			chi2 = 8. 094 P = 0. 017		chi2 = 1. 538 P = 0. 464		chi2 = 152. 282 P = 0. 000					

续表

题目	需求情况	总体	分人群		分城乡		分省份					
			低保户	非低保	农村	城市	江苏	浙江	河南	湖北	四川	陕西
帮助照看家中的婴幼儿	需要	11.35	11.34	11.72	11.70	10.82	8.06	8.98	11.49	12.26	13.15	13.95
	不需要	83.22	83.31	80.93	83.10	83.41	86.54	83.22	84.51	81.83	81.04	82.46
	不知道	5.43	5.35	7.36	5.20	5.76	5.39	7.80	4.00	5.91	5.81	3.59
			chi2 = 2.901 P = 0.234		chi2 = 3.148 P = 0.207		chi2 = 80.949 P = 0.000					
提供就业帮扶	需要	51.22	50.86	61.04	50.43	52.40	33.91	36.88	53.90	52.87	63.88	64.97
	不需要	45.15	45.46	36.78	46.14	43.68	62.24	57.21	43.76	42.86	32.00	33.82
	不知道	3.63	3.68	2.18	3.43	3.92	3.85	5.91	2.34	4.27	4.12	1.22
			chi2 = 15.258 P = 0.000		chi2 = 6.835 P = 0.033		chi2 = 635.470 P = 0.000					
帮助提高增加收入本领	需要	54.34	54.13	59.95	56.28	51.45	38.71	35.99	58.39	57.20	66.59	68.27
	不需要	42.21	42.41	36.78	40.47	44.79	57.62	58.27	39.15	38.92	29.51	30.69
	不知道	3.45	3.46	3.27	3.25	3.75	3.68	5.73	2.46	3.88	3.89	1.04
			chi2 = 4.886 P = 0.087		chi2 = 23.370 P = 0.000		chi2 = 688.726 P = 0.000					

续表

题目	需求情况	总体	分人群		分城乡		分省份					
			低保户	非低保	农村	城市	江苏	浙江	河南	湖北	四川	陕西
给家中上学的孩子辅导功课	需要	29. 30	29. 08	35. 15	29. 01	29. 73	23. 41	20. 51	37. 00	28. 85	33. 69	32. 37
	不需要	66. 24	66. 43	61. 04	66. 62	65. 67	72. 14	72. 22	60. 36	66. 42	61. 74	64. 56
	不知道	4. 46	4. 49	3. 81	4. 37	4. 60	4. 45	7. 27	2. 64	4. 72	4. 57	3. 07
			chi2 = 6. 357 P = 0. 042		chi2 = 1. 069 P = 0. 586		chi2 = 197. 281 P = 0. 000					
帮助子女就学就业	需要	43. 64	43. 40	49. 86	42. 78	44. 92	32. 42	30. 56	52. 00	44. 60	51. 35	50. 61
	不需要	52. 29	52. 53	45. 78	53. 40	50. 63	63. 54	62. 29	45. 30	51. 52	44. 53	46. 84
	不知道	4. 07	4. 06	4. 36	3. 82	4. 46	4. 03	7. 15	2. 70	3. 88	4. 12	2. 55
			chi2 = 6. 548 P = 0. 038		chi2 = 8. 685 P = 0. 013		chi2 = 360. 568 P = 0. 000					
安排人陪着聊聊天	需要	29. 51	29. 67	25. 07	30. 59	27. 89	31. 77	33. 04	24. 71	31. 44	27. 60	28. 31
	不需要	67. 04	66. 91	70. 57	66. 10	68. 45	65. 68	61. 11	74. 06	64. 62	66. 82	70. 30
	不知道	3. 45	3. 42	4. 36	3. 32	3. 66	2. 55	5. 85	1. 23	3. 94	5. 59	1. 39
			chi2 = 4. 154 P = 0. 125		chi2 = 8. 946 P = 0. 011		chi2 = 155. 017 P = 0. 000					

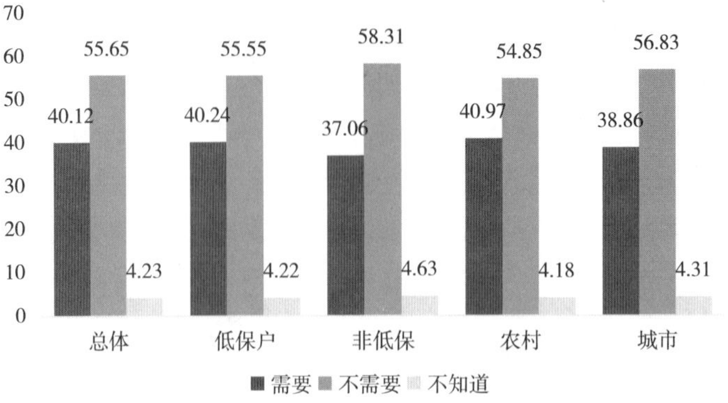

图 5-41　城乡低收入家庭对帮助照顾家中失能老人的需求情况（%）

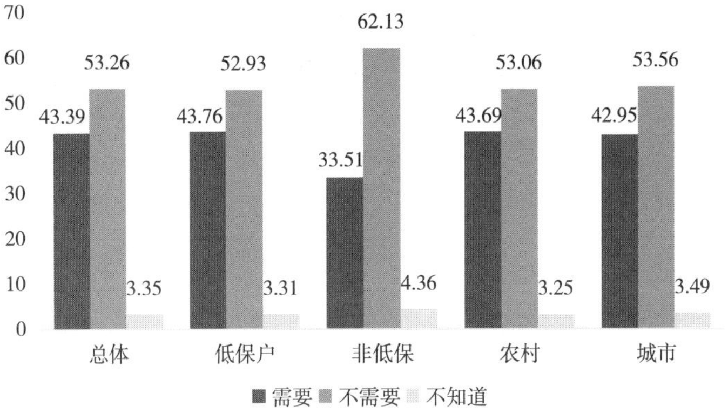

图 5-42　城乡低收入家庭对帮助照顾家中残疾人的需求情况（%）

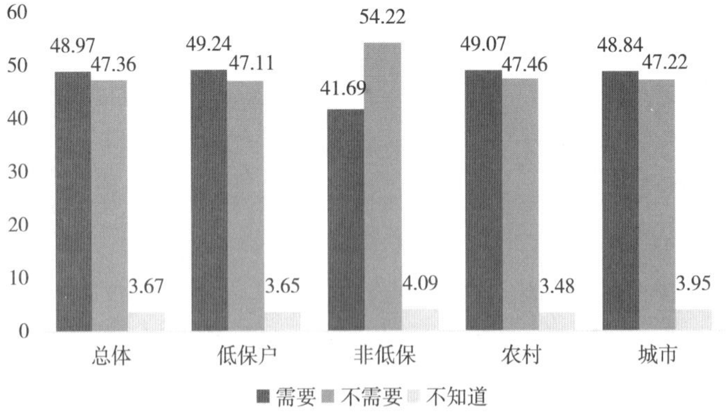

图 5-43　城乡低收入家庭对帮助照顾家中重病患者的需求情况（%）

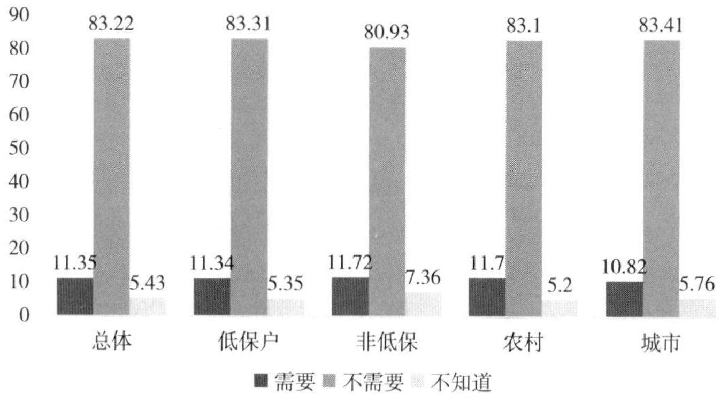

图 5-44　城乡低收入家庭对帮助照看家中婴幼儿的需求情况（%）

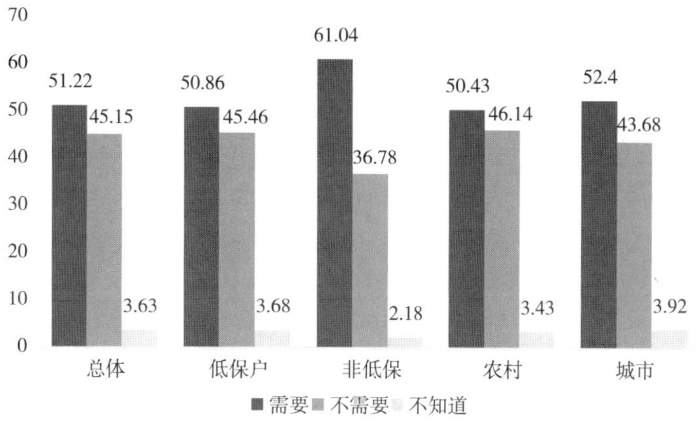

图 5-45　城乡低收入家庭对提供就业帮扶的需求情况（%）

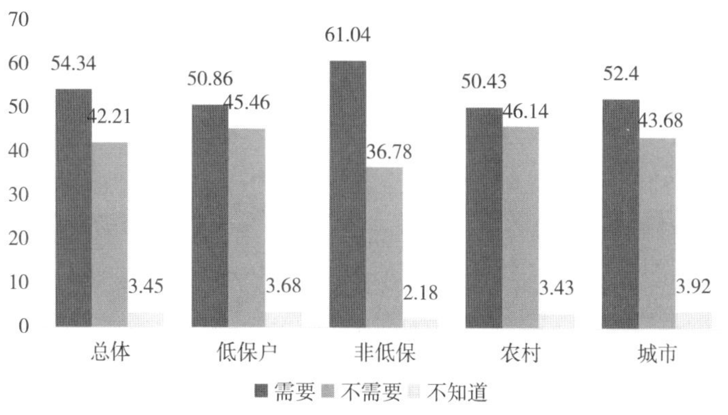

图 5-46　城乡低收入家庭对帮助提高增加收入本领的需求情况（%）

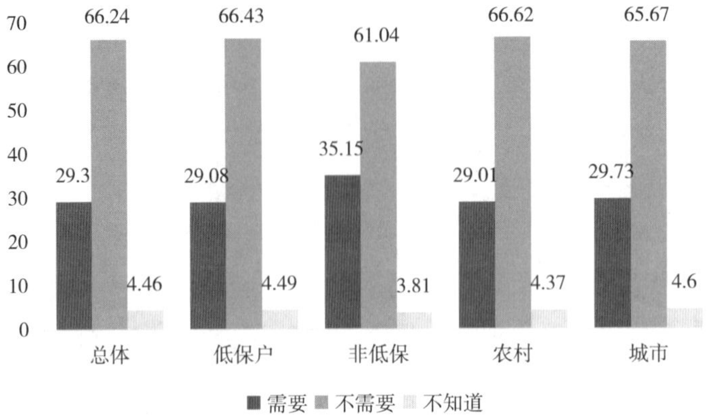

图 5-47 城乡低收入家庭对给家中上学的孩子辅导功课的需求情况（%）

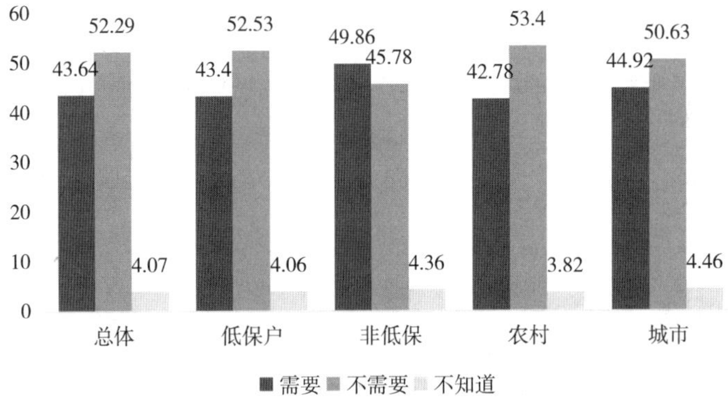

图 5-48 城乡低收入家庭对帮助子女就学就业的需求情况（%）

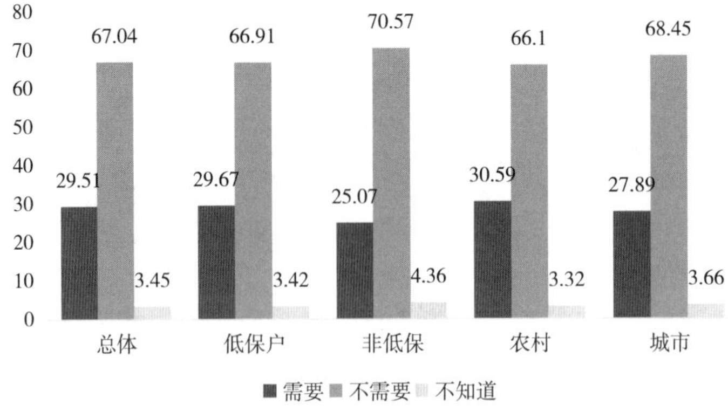

图 5-49 城乡低收入家庭对安排人陪着聊天的需求情况（%）

首先，从总体情况上看，将城乡低收入家庭对服务救助的需求情况进行排序，分别为：帮助提高增加收入本领、提供就业帮扶、帮助照顾家中重病患者、帮助子女就学就业、帮助照顾家中残疾人、帮助照顾家中失能老人、安排人陪着聊聊天、给家中上学的孩子辅导功课、帮助照看家中的婴幼儿。分人群来看，在老人照顾、婴幼儿照顾、收入本领提高以及聊天陪伴方面，低保户和非低保户的需求情况在统计上没有显著差距，在照顾残疾人、照顾重病患者方面的需求的占比，低保户大于非低保户，而在就业帮扶、辅导功课以及帮助子女就学就业方面，非低保户的需求占比大于低保户。分城乡来看，在就业帮扶、辅导功课以及帮助子女就学就业方面，城市低收入家庭需求占比大于农村低收入家庭。

根据对城乡低收入家庭对服务救助的需求情况的描述与分析，我们发现城乡低收入家庭对服务救助的需求具有多样性，因此，要在社会救助高质量发展的过程中，高度重视服务救助制度建设和服务供给能力建设，不断满足城乡低收入家庭的救助服务需求。

第五节　本章小结

本章主要从城乡低收入家庭对社会救助政策的基本认知、城乡低收入家庭“幸福感、获得感、安全感”认知、城乡低收入家庭人际关系状况、城乡低收入家庭对社会救助政策的需求情况展开描述和分析，并按照人群、城乡以及省份进行了分类比较，与本项目之前的数据进行了垂直对比与分析。本节为本章小结，以下将对研究结论以及得到的若干思考进行讨论。

一、结论汇总

本部分将从城乡低收入家庭对社会救助政策的基本认知情况、城乡低收入家庭“幸福感、获得感、安全感”认知情况、城乡低收入家庭人际关系状况以及城乡低收入家庭对社会救助政策的需求情况四个方面对城乡低收入家庭的心态与期待情况进行结论汇总。表 5-30 为城乡低收入家庭的心态与期待的结论汇总，分别对心态与期待、相关维度以及得到的具体结论进行描述介绍，目的是从低收入家庭心态与期待层面分析我国社会救助政策已取得的成就以及存在的问题，为优化改进社会救助政策及其实践提供参考。

表 5-30 城乡低收入家庭的心态与期待结论汇总

心态与期待	相关维度	具体结论
对社会救助政策的基本认知	对低保制度的评价与期待相关结论	45.25%城乡低收入家庭认为国家低保投入少或一般
		农村低收入家庭认为国家低保投入多的占比相对较高
		64.62%城乡低收入家庭认为明年应该增加低保投入
		了解国家低保投入的城乡低收入家庭对国家投入预期会降低
		城乡低收入家庭对维持基本生活的低保金预期差异显著
		需重视低保申请管理程序不规范、不便捷问题
		51.49%城乡低收入家庭认为低保定期复核越来越严
		19.99%城乡低收入家庭认为低保公示损害了低保户的隐私
		13.61%城乡低收入家庭认为吃低保有损个人尊严
		17.53%城乡低收入家庭认为低保户对低保有依赖心理
		7.42%城乡低收入家庭认为存在“人情保”
	对积极参与社区事务的认知情况相关结论	81.33%城乡低收入家庭愿意参加公共场所卫生大扫除
		74.60%城乡低收入家庭愿意免费帮助照顾邻居家失能老人
		82.85%城乡低收入家庭愿意参加村/社的互助或志愿活动
		农村低收入家庭参与社区事务的积极性相对较高
		了解低保负面效应的低收入家庭社区参与积极性更高
	对救助责任主体的认知情况相关结论	城乡低收入家庭认为国家应该承担较高比例（52.43%）的养老责任
		城乡低收入家庭认为家庭应该承担较低比例（47.36%）的养老责任
		超过半数城乡低收入家庭不认同遇到困难只依靠自己和家庭
		农村低收入家庭认同遇到困难只依靠自己和家庭的占比相对较高
		发布基本公共服务清单短期不影响低收入家庭对家国责任划分认知

续表

心态与期待	相关维度	具体结论
“幸福感、获得感、安全感”认知	对“幸福感”的认知情况相关结论	76.83%城乡低收入家庭认为“幸福感”比前几年提高
		农村低收入家庭“幸福感”提高的占比（81.62%）高于城市（69.69%）
	对“获得感”的认知情况相关结论	63.45%城乡低收入家庭认为“获得感”比前几年提高
		农村低收入家庭“获得感”提高的占比（71.70%）高于城市（51.16%）
	对“安全感”的认知情况相关结论	86.55%城乡低收入家庭认为“安全感”较高
人际关系状况	家庭成员关系状况相关结论	大多数城乡低收入家庭认为其家庭成员关系好（72.84%）
		58.59%城乡低收入家庭亲朋好友见面频率低于或等于一月一次
		78.90%城乡低收入家庭亲朋好友见面次数较新冠疫情前减少了
	邻里关系状况相关结论	93.07%城乡低收入家庭和邻居关系较好
		93.31%城乡低收入家庭遇到困难时会向邻居求助
		95.08%城乡低收入家庭向邻居求助时邻居乐意提供帮助
		农村低收入家庭的邻里关系相对来说较为融洽
对社会救助政策的需求情况	对救助方式的偏好相关结论	低收入家庭最偏好的前两位救助方式是经济救助、物质救助
		有4.00%的城乡低收入家庭将需求服务类救助排在第一位
	对未来担忧的情况相关结论	27.03%城乡低收入家庭担心吃穿没着落
		38.83%城乡低收入家庭担心收入没保障
		64.43%城乡低收入家庭担心被停政策补助
		47.09%城乡低收入家庭担心老了没人养
		32.06%城乡低收入家庭担心子女教育跟不上
		68.38%城乡低收入家庭担心自己或家人生大病
		34.40%城乡低收入家庭担心贷款或欠债还不上
		城市低收入家庭对未来担忧的占比高于农村

续表

心态与期待	相关维度	具体结论
对社会救助政策的需求情况	对服务救助的需求情况相关结论	40. 12%城乡低收入家庭需要帮助照顾家中失能老人
		43. 39%城乡低收入家庭需要帮助照顾家中残疾人
		48. 97%城乡低收入家庭需要帮助照顾家中重病患者
		11. 35%城乡低收入家庭需要帮助照看家中的婴幼儿
		51. 22%城乡低收入家庭需要提供就业帮扶
		54. 34%城乡低收入家庭需要帮助提高增加收入本领
		29. 30%城乡低收入家庭需要给家中上学的孩子辅导功课
		43. 64%城乡低收入家庭需要帮助子女就学就业
		29. 51%城乡低收入家庭需要安排人陪着聊聊天

（一）城乡低收入家庭对社会救助政策的基本认知

本部分将介绍城乡低收入家庭对社会救助政策的基本认知情况的结论汇总，具体将从城乡低收入家庭对低保制度的评价与期待、对积极参与社区事务的认知情况、对救助责任主体的认知情况三个方面进行相关结论的汇总归纳。

1. 城乡低收入家庭对低保制度的评价与期待相关结论

第一，45. 25%城乡低收入家庭认为国家低保投入少或一般。根据抽样调查结果可以发现，从总体情况来看，有 14. 04%的城乡低收入家庭认为当前国家在低保上投入数量少，31. 21%的城乡低收入家庭认为当前国家在低保上投入数量一般，37. 99%的城乡低收入家庭认为当前国家在低保上投入数量多，16. 76%的城乡低收入家庭表示“不知道”。

第二，农村低收入家庭认为国家低保投入多的占比相对较高。根据抽样调查结果可以发现，分城乡来看，低收入家庭对低保投入数量多少的认知情况在统计上有显著差异，农村有更多的低收入家庭认为当前国家在低保投入的多，占比为 41. 59%，城市为 32. 64%。

第三，64. 62%城乡低收入家庭认为明年应该增加低保投入。根据抽样调查结果可以发现，从总体情况来看，认为明年国家应该减少低保投入的城乡低收入家庭的占比为 1. 28%，认为明年国家低保投入应该保持不变的城乡低收入家庭的占比为 16. 45%，认为明年国家应该增加低保投入的城乡低收入家庭的占比为 64. 20%，还有 18. 06%的城乡低收入家庭表示“不知道”。

第四，了解国家低保投入的城乡低收入家庭对国家投入预期会降低。根据调查实验结果可以发现，从总体情况来看，实验组和对照组的城乡低收入家庭对低保投入期待在统计上存在显著差异，实验组在了解了国家在低保上的投入后，对国家在低保投入上的期待相对来说有所降低，认为国家明年应该增加在低保上的投入的占比为61.07%，低于对照组的67.42%。

第五，城乡低收入家庭对维持基本生活的低保金预期差异显著。根据抽样调查结果可以发现，城乡低收入家庭对维持基本生活的低保金预期存在城乡和区域差异，对于城市低收入家庭来说，目前国家低保标准基本能够满足城市低收入家庭的基本生活，对于农村低收入家庭来说，目前国家农村低保标准较难满足维持基本生活的需要。分省份来看，与2022年第1季度低保标准对比来看，部分省份城乡低收入家庭期望的低保金金额高于现行低保标准，说明目前该省份的低保标准还不能满足生存需要；部分省份城乡低收入家庭期望的低保金金额低于现行标准，一定程度上表明当地低保金具备提升生活质量的功能。

第六，需重视低保申请管理程序不规范、不便捷问题。根据抽样调查结果可以发现，24.05%的城乡低收入家庭认为很难弄清楚是否有享受低保资格，有22.09%的城乡低收入家庭认为很难弄清楚怎样申请低保，23.37%的城乡低收入家庭认为申请低保的手续太麻烦，23.41%的城乡低收入家庭认为家庭收入核查太烦琐。

第七，51.49%城乡低收入家庭认为低保定期复核越来越严。根据抽样调查结果可以发现，从总体情况来看，对“低保定期复核越来越严了，收入一高就有可能被退出低保”这一观点持“同意”观点的城乡低收入家庭的占比为52.25%，持“一般”观点的占比为19.58%，持“不同意”观点的占比为28.93%。

第八，19.99%城乡低收入家庭认为低保公示损害了低保户的隐私。根据抽样调查结果可以发现，从总体情况来看，有60.08%的城乡低收入家庭认为低保公示没有损害低保户的隐私，但还存在19.99%的城乡低收入家庭认为低保公示损害了低保户的隐私。

第九，13.61%城乡低收入家庭认为吃低保有损个人尊严。根据抽样调查结果可以发现，从总体情况来看，有71.39%的城乡低收入家庭不同意吃低保有损个人尊严，但还存在13.61%的城乡低收入家庭认为吃低保有损个人尊严。

第十，17.53%城乡低收入家庭认为低保户对低保有依赖心理。根据抽样调查结果可以发现，从总体情况来看，有63.64%的城乡低收入家庭不同意很多低保户有依赖心理这一说法，但还存在17.53%的城乡低收入家庭认为很多低保户有依赖心理。

第十一，7.42%城乡低收入家庭认为存在“人情保”。根据抽样调查结果可以发现，从总体情况来看，有79.62%的城乡低收入家庭不同意有些人靠关系就可以吃低保这一说法，但还存在7.42%的城乡低收入家庭认为有些人靠关系就可以吃低保。

2. 城乡低收入家庭对积极参与社区事务的认知情况相关结论

第一，城乡低收入家庭参与社区事务总体较为积极。81.33%城乡低收入家庭愿意参加公共场所卫生大扫除，74.60%城乡低收入家庭愿意免费帮助照顾邻居家失能老人，82.85%城乡低收入家庭愿意参加村/社的互助或志愿活动。

第二，农村低收入家庭参与社区事务的积极性相对较高。根据抽样调查结果可以发现，分城乡来看，愿意参加公共场所卫生大扫除、免费帮助照顾邻居家失能老人、参加村/社的互助或志愿活动的农村低收入家庭占比均大于城市低收入家庭。

第三，了解低保负面效应的低收入家庭社区参与积极性更高。根据调查实验结果可以发现，不管在总体上，还是从农村、城市的划分来看，都存在着先回答了关于低保的具有明显的负面感情倾向的问题的实验组参与社区事务的积极性相对于对照组来说较高的情况，这一现象值得进一步关注和讨论。

3. 城乡低收入家庭对救助责任主体的认知情况相关结论

第一，城乡低收入家庭认为国家应该承担较高比例（52.43%）的养老责任；城乡低收入家庭认为家庭应该承担较低比例（47.36%）的养老责任。

第二，超过半数城乡低收入家庭不认同遇到困难只依靠自己和家庭。根据本部分第一个问题的抽样调查数据，从总体情况上来看，非常认同、认同和比较认同完全不应该靠国家来帮助自己的城乡低收入家庭占比为32.62%，比较不认同、不认同和完全不认同不应该靠国家来帮助自己的城乡低收入家庭占比为50.95%，本部分第二个问题的数据情况与第一个问题类似。

第三，农村低收入家庭认同遇到困难只依靠自己和家庭的占比相对较高。农村低收入家庭非常认同、认同和比较认同完全不应该靠国家来帮助自己的城乡低收入家庭占比高于城市低收入家庭，分别为7.10%、21.40%、8.11%，城市分别为 4.70%、14.16%、7.72%。

第四，发布基本公共服务清单短期不影响低收入家庭对家国责任划分认知。根据调查实验结果可以发现，不管是总体上还是农村和城市，实验组和对照组的城乡低收入家庭对低保投入的期待情况在统计上都没有显著差异（$p>0.05$），证明预设情境基本公共服务清单的发布，对城乡低收入家庭对国家养老责任的认知基本上没有影响，并没有改变其对救助责任主体认知的看法。

（二）城乡低收入家庭对“幸福感、获得感、安全感”的认知情况

本部分将介绍城乡低收入家庭对“幸福感、获得感、安全感”的认知情况的结论汇总，具体将从城乡低收入家庭对“幸福感”的认知情况、对“获得感”的认知情况、对“安全感”的认知情况三个方面进行相关结论的汇总归纳。

1. 城乡低收入家庭对“幸福感”的认知情况相关结论

76.83%城乡低收入家庭认为“幸福感”比前几年提高。根据抽样调查结果可以发现，从总体情况来看，仅有 9.28%的城乡低收入家庭认为生活比前几年更不舒心了，有 76.83%的城乡低收入家庭认为生活比前几年更舒心了，还有 13.90%的城乡低收入家庭认为生活没变化。分城乡来看，农村低收入家庭“幸福感”提高的占比（81.62%）高于城市（69.69%）。

2. 城乡低收入家庭对“获得感”的认知情况相关结论

63.45%城乡低收入家庭认为“获得感”比前几年提高。根据抽样调查结果可以发现，从总体情况来看，有 63.45%的城乡低收入家庭认为日子比前几年更宽裕了，18.86%的城乡低收入家庭认为没变化，还有 17.69%的城乡低收入家庭认为比前几年日子更紧巴了。分城乡来看，农村低收入家庭“获得感”提高的占比（71.70%）高于城市（51.16%）。

3. 城乡低收入家庭对“安全感”的认知情况相关结论

86.55%城乡低收入家庭认为“安全感”较高。根据抽样调查结果可以发现，从总体情况来看，认为晚上独自外出安全的城乡低收入家庭占比为 86.55%，认为一般的为 7.16%，认为晚上独自外出不安全的城乡低收入家庭占比为 6.29%。

（三）城乡低收入家庭人际关系状况

本部分将介绍城乡低收入家庭人际关系状况的结论汇总，具体将从城乡低

收入家庭成员关系状况、城乡低收入家庭邻里关系状况两个方面进行相关结论的汇总归纳。

1. 城乡低收入家庭成员关系状况相关结论

第一，大多数城乡低收入家庭认为其家庭成员关系好（72.84%）。根据抽样调查结果可以发现，从总体情况来看，有72.84%的城乡低收入家庭认为自己家的家庭成员关系好，有8.07%的城乡低收入家庭认为自己家的家庭成员关系一般，有0.95%的城乡低收入家庭认为自己家的家庭成员关系不好，还有18.14%的城乡低收入家庭“不适用”。

第二，58.59%城乡低收入家庭亲朋好友见面频率低于或等于一月一次。根据抽样调查结果可以发现，从总体情况来看，城乡低收入家庭的亲朋好友见面次数为“从不”“一个月不到一次”“一月一次”的占比总和为58.59%，超过了半数。

第三，78.90%城乡低收入家庭亲朋好友见面次数较新冠疫情前减少了。根据抽样调查结果可以发现，从总体情况来看，有78.90%的城乡低收入家庭新冠疫情之后与亲朋好友见面聚会次数都减少了，有17.48%的城乡低收入家庭新冠疫情之后与亲朋好友见面的次数没减少也没增加，仅有0.94%的城乡的低收入家庭新冠疫情之后与亲朋好友见面的次数增加了。

2. 城乡低收入家庭邻里关系状况相关结论

第一，93.07%城乡低收入家庭和邻居关系较好。根据抽样调查结果可以发现，从总体情况来看，城乡低收入家庭和邻居关系好和比较好的占比为93.07%，和邻居关系不太好和不好的占比为2.29%，还有4.63%的城乡低收入家庭表示“说不清”。

第二，93.31%城乡低收入家庭遇到困难时会向邻居求助。根据抽样调查结果可以发现，从总体情况来看，有93.31%城乡低收入家庭遇到困难时会向邻居求助，仅有6.69%的城乡低收入家庭遇到困难时根本不会向邻居求助，而经常向邻居求助的占比为38.62%。

第三，95.08%城乡低收入家庭向邻居求助时邻居乐意提供帮助。根据抽样调查结果可以发现，从总体情况来看，当城乡低收入家庭向邻居求助时，仅有1.54%的邻居拒绝提供帮助，3.38%的邻居不太乐意提供帮助，而非常乐意和比较乐意提供帮助的占比分别为59.77%和35.31%。

第四，农村低收入家庭的邻里关系相对来说较为融洽。根据抽样调查结果可以发现，分城乡来看，农村低收入家庭和邻居关系好的占比高于城市低收入家庭，为71.51%，而城市为66.66%；且农村低收入家庭遇到困难时经常向邻居求助的占比明显大于城市低收入家庭，为45.80%，而城市低收入家庭则为27.92%；当城乡低收入家庭向邻居求助时，农村低收入家庭的邻居非常乐意提供帮助的占比大于城市低收入家庭的邻居非常乐意提供帮助的占比，为63.94%，而城市为53.56%。

（四）城乡低收入家庭对社会救助政策的需求情况

本部分将介绍城乡低收入家庭对社会救助政策的需求情况的结论汇总，具体将从城乡低收入家庭对救助方式的偏好、城乡低收入家庭对救助类型的需求情况两个方面进行相关结论的汇总归纳。

1. 城乡低收入家庭对救助方式的偏好相关结论

低收入家庭最偏好的前两位救助方式是经济救助、物质救助。根据抽样调查结果可以发现，从总体情况来看，有85.91%的城乡低收入家庭都把直接发放救助金放在了救助方式偏好的第一位，有70.14%的城乡低收入家庭都把发放生活物品排在救助方式偏好的第二位。还有4.00%的城乡低收入家庭将需求服务类救助排在第一位，证明还有一部分城乡低收入家庭对服务类救助有偏好。

2. 城乡低收入家庭对未来担忧的情况相关结论

27.03%城乡低收入家庭担心吃穿没着落，38.83%城乡低收入家庭担心收入没保障，64.43%城乡低收入家庭担心被停政策补助，47.09%城乡低收入家庭担心老了没人养，32.06%城乡低收入家庭担心子女教育跟不上，68.38%城乡低收入家庭担心自己或家人生大病，34.40%城乡低收入家庭担心贷款或欠债还不上。且城市低收入家庭对未来担忧的占比高于农村。

3. 城乡低收入家庭对服务救助的需求情况相关结论

40.12%城乡低收入家庭需要帮助照顾家中失能老人，43.39%城乡低收入家庭需要帮助照顾家中残疾人，48.97%城乡低收入家庭需要帮助照顾家中重病患者，11.35%城乡低收入家庭需要帮助照看家中的婴幼儿，51.22%城乡低收入家庭需要提供就业帮扶，54.34%城乡低收入家庭需要帮助提高增加收入的本领，29.30%城乡低收入家庭需要给家中上学的孩子辅导功课，43.64%城乡低收入家庭需要帮助子女就学就业，29.51%城乡低收入家庭需要安排人陪着聊聊天。

二、若干思考

基于上文对城乡低收入家庭对社会救助政策的认知情况、对"幸福感、获得感、安全感"的认知情况、人际关系状况以及对社会救助政策需求情况进行结论梳理，提出关于优化低收入家庭心态与期待的五点思考。

第一，推动社会救助治理体系和治理能力的现代化。当前我国正处于全面深化改革、实现高质量发展的关键时期，面临着自身改革提升、促进共同富裕等核心时代命题。因此，"十四五"时期乃至更长的一段时间，社会救助高质量发展的着眼点、立足点就是要推动社会救助治理体系和治理能力的现代化。推动社会救助治理体系和治理能力的现代化，应注重加强社会救助治理体系的完善和促进社会救助治理效能的提升。一是要重点解决"人情保""关系保"等一系列腐败和作风问题，确保真正兜住底兜牢底；二是要打造多层次分类救助体系，有效化解"低保捆绑"带来的"悬崖效应"，提高社会救助水平；三是要提升社会救助服务经办能力，提供更为便捷可靠的社会救助；四是规范社会救助服务管理，最大限度地解决"污名化"等问题。

第二，通过落实清单制度来界定国家、家庭、社会的责任边界。调查发现，城乡低收入家庭对于家国责任边界的划分认识不一。社会责任的划分是基础性、根本性的问题，需要建立合理的责任划分机制来重新划分国家、家庭、社会的责任边界。清单制度有利于明确和稳定家庭对于国家责任边界的预期，因此，首先，要落实国家基本公共服务清单以及国家基本养老服务清单等一系列基本清单制度，明确界定国家责任边界。其次，要鼓励家庭发挥作用，承担相应的责任，特别是在养老服务等家庭服务上责任的承担。另外，也要重视社会机制的发挥，发挥社会力量的专业优势，作为国家和家庭责任的补充。

第三，瞄准低收入家庭"三感"提升完善低收入家庭相关制度体系。"幸福感、获得感、安全感"是判断人民群众美好生活需要是否满足以及在何种程度上满足的主要评判依据，体现了中国共产党始终坚持"以人民为中心"的政治品格。低收入家庭的"幸福感、获得感、安全感"是提升完善低收入家庭相关制度体系的出发点和落脚点。瞄准低收入家庭"三感"的提升完善低收入家庭相关制度体系，应着眼于城乡低收入家庭的"急难愁盼"问题，充分发挥社会政策的分配与保障功能，从而不断提高城乡低收入家庭的"幸福感、获得感、安全感”。

第四，发挥社区与社会网络支持在低收入家庭政策支持系统中的作用。社会支持包括正式支持和非正式支持两个方面，社区与社会网络的支持主要是以非正式支持为主，具有反应灵敏、成本低、情感交流多以及可及性较高等显著优势，应注重发挥社区与社会网络支持的优势与作用。重点关注基于社区与社会网络的非正式支持系统，给予其必要的资源与政策支持，鼓励其发挥规范且稳定的支持功能，比如通过政策支持鼓励社区开展社区志愿服务，鼓励社会组织开展稳定、常态化的支持活动等。

第五，高度关注低收入家庭服务救助需要。受经济发展水平以及治理能力的限制，以往我国社会救助以物质型救助为主。新时期，我国社会主要矛盾发生变化，在社会救助领域主要反映为城乡低收入家庭从追求“吃饱、穿暖”演化为追求美好生活的发展困境，应积极创新社会救助方式，发展“物质+服务”的综合救助，高度关注低收入家庭服务救助需要。当前，服务救助是我们社会救助的薄弱点，在社会救助高质量发展过程中，高度重视服务救助制度建设和服务供给能力建设，不断满足城乡低收入家庭的救助服务需求，比如失能老人、残疾人、重病患者等的照料需求。

第六章　城乡低收入家庭生活环境状况

本章主要介绍与分析城乡低收入家庭生活环境状况，具体包括三节。第一节对城乡低收入家庭居住状况进行分析与阐述；第二节对城乡低收入家庭环境状况进行分析与阐述；最后一节对本章各小节分析的内容进行结论汇总和思考。

第一节　城乡低收入家庭居住状况分析

生活质量既包括主观感受也包括客观评价，二者缺一不可，本部分主要从客观评价着手进行描述分析。我国特有的传统文化赋予了住房对于居民生活质量与幸福感独特的意义，我国是“家本位”的社会，住房是“家”的实体，住房直接关系着民众的幸福。[①] 本研究主要从城乡低收入家庭房屋状况和城乡低收入家庭设施状况两个方面进行分析。本节主要分为两个部分展开论述，具体包括城乡低收入家庭房屋状况和城乡低收入家庭设施状况，数据来源为2022年城乡低收入家庭抽样调查的访员观察部分。

一、城乡低收入家庭房屋状况

本部分是对城乡低收入家庭房屋状况进行描述分析，具体包括以下内容：第一，城乡低收入家庭房屋类型状况；第二，城乡低收入家庭房屋装修状况。

---

① 高红莉，张东，许传新：《住房与城市居民主观幸福感实证研究》，载《调研世界》2014年第11期，第18-24页。

（一）城乡低收入家庭房屋类型状况

从“安得广厦千万间”到住有所居，住房问题始终是古今中外人们关注的焦点。① 住房状况不仅反映了居民的基本生存、居住条件，也与健康等福利状况具有非常密切的关联。随着我国经济社会的发展，脱贫攻坚的完成，我国居民的住房条件总体上发生了明显改观。② 然而市场化的分配机制的影响，城乡低收入家庭的住房保障无疑还存在着问题。

表 6-1 和图 6-1 描述了城乡低收入家庭房屋类型状况，并按照人群、城乡和省份进行了分类。根据抽样调查结果可以发现，我国城乡低收入家庭居住的房屋类型大多数为平房和楼房，但还存在着一定比例的城乡低收入家庭居住简易房的情况。首先，从总体情况来看，有 38.91%的城乡低收入家庭居住平房，有 44.91%的城乡低收入家庭居住楼房，还存在着 7.57%的城乡低收入家庭居住简易房。其次，分人群来看，城乡低收入家庭房屋类型状况在统计上没有显著差异。另外，分城乡来看，农村和城市的低收入家庭房屋类型状况在统计上存在显著差异，农村低收入家庭居住平房的比例大于城市低收入家庭，为 50.09%，而城市低收入家庭这一占比为 22.25%；农村低收入家庭居住楼房的比例小于城市低收入家庭，为 32.31%，而城市低收入家庭这一占比为 63.68%；且农村低收入家庭居住简易房的比例大于城市低收入家庭。最后，分省份来看，各个省份的城乡低收入家庭房屋类型状况在统计上也存在显著差异，其中河南、湖北和陕西三个省份城乡低收入家庭居住平房的比例相对较高，而浙江、四川和江苏三个省份城乡低收入家庭居住平房的比例相对较低，且江苏、四川和湖北三个省份的城乡低收入家庭居住简易房的占比相对较高。

表 6-1　城乡低收入家庭房屋类型状况（%）

房屋类型情况	总体	分人群		分城乡		分省份					
		低保户	非低保	农村	城市	江苏	浙江	河南	湖北	四川	陕西
简易房	7.57	7.60	6.54	8.50	6.17	12.39	6.15	5.41	8.44	9.37	3.53
平房	38.91	38.96	37.60	50.09	22.25	36.87	23.64	54.89	43.48	34.37	40.76

① 杨巧：《居民住房权保障中的政府责任》，载《管理世界》2014 年第 11 期，第 174-175 页。

② 罗楚亮，刘晓霞：《住房贫困的民族差异与住房反贫困的政策选择》，载《现代财经（天津财经大学学报）》2015 年第 12 期，第 3-15 页。

续表

房屋类型情况	总体	分人群		分城乡		分省份					
		低保户	非低保	农村	城市	江苏	浙江	河南	湖北	四川	陕西
楼房	44.91	44.77	48.77	32.31	63.68	44.34	63.24	30.67	43.19	48.81	38.68
其他	8.62	8.67	7.08	9.10	7.89	6.40	6.97	9.04	4.89	7.45	17.02
		chi2=2.999 P=0.392		chi2=1100.000 P=0.000		chi2=753.858 P=0.000					

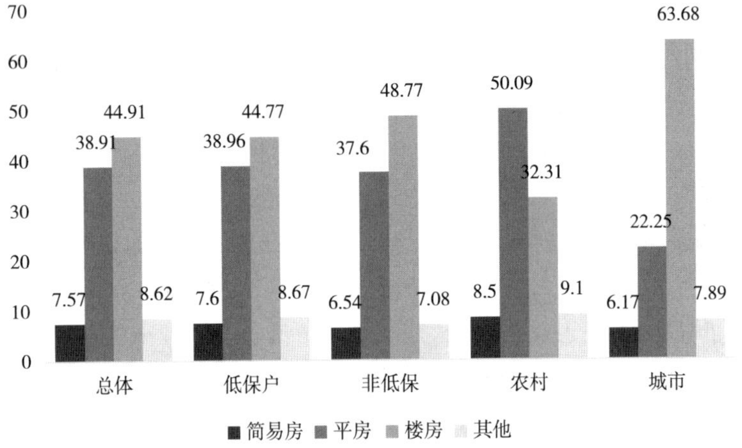

图 6-1　城乡低收入家庭房屋类型状况（%）

良好的居住条件是安居乐业的重要前提。[①] 根据上述对城乡低收入家庭房屋类型状况的描述与分析，可以发现当前依然存在不少的城乡低收入家庭居住简易房的情况，亟需提升居住房屋质量，因此当前的救助政策需要继续关注住房保障政策的实施。

（二）城乡低收入家庭房屋装修状况

随着脱贫攻坚的实现，温饱问题已经解决，住房保障从最初的解决低收入

① Yu Chen，Yunxiao Dang，Guanpeng Dong. An investigation of migrants' residential satisfaction in Beijing［J］. *Urban Studies*，2020，57（3）：563-582.

群体基本居住需求逐渐向适度满足低收入群体美好生活的居住需求转变①，城乡低收入家庭将更加关注生活质量的提升，其中居住环境的改善是提升生活质量的重要途径之一，房屋装修状况是体现居住环境的重要指标。

表6-2和图6-2描述了城乡低收入家庭房屋装修状况，并按照分人群、分城乡和分省份进行了分类。根据抽样调查结果可以发现，首先，从总体情况来看，只有3.55%的城乡低收入家庭房屋装修状况为“好”，52.05%的城乡低收入家庭房屋装修状况为“中”，还存在35.61%的城乡低收入家庭房屋装修状况为“差”。其次，分人群来看，城乡低收入家庭房屋装修状况在统计上存在显著差异，低收入家庭房屋装修状况好于低保户。另外分城乡来看，城乡低收入家庭房屋装修状况在统计上也存在显著差异，其中农村低收入家庭房屋装修状况为“好”的比例大于城市低收入家庭。最后，分省份来看，城乡低收入家庭房屋装修状况在统计上也存在显著差异，其中江苏、河南、浙江三个省份的城乡低收入家庭房屋装修状况为“差”的占比相对较高，而陕西、湖北、四川三个省份的城乡低收入家庭房屋装修状况为“差”的占比相对较低。

表6-2　城乡低收入家庭房屋装修状况（%）

房屋装修情况	总体	分人群		分城乡		分省份					
		低保户	非低保	农村	城市	江苏	浙江	河南	湖北	四川	陕西
好	3.55	3.44	6.54	3.87	3.08	1.96	4.91	1.97	4.33	5.19	2.78
中	52.05	52.16	49.05	52.49	51.38	49.26	49.65	47.08	58.21	60.84	46.44
差	35.61	35.89	28.07	35.28	36.10	47.42	42.85	46.59	29.87	30.19	18.12
观察不到	8.79	8.51	16.35	8.35	9.44	1.36	2.60	4.36	7.59	3.78	32.66
		chi2=41.057 P=0.000		chi2=8.769 P=0.033		chi2=1800.000 P=0.000					

营造良好的居住环境是人们对生活质量的基本追求。② 根据上述对城乡低收入家庭房屋装修状况的描述与分析，我们发现，房屋装修状况为“差”的城乡低收入家庭占比为35.61%，居住环境亟须得到改善。因此当前的社会救

① 陈淑云，阮斌，刘红萍，张伟：《湖北省“十四五”住房保障发展的定位与思考》，载《湖北社会科学》2020年第9期，第35-42页。

② 吴博：《基于新型城镇化的陕西关中地区农村居住环境优化研究》，载《中国农业资源与区划》2019年第6期，第70-77页。

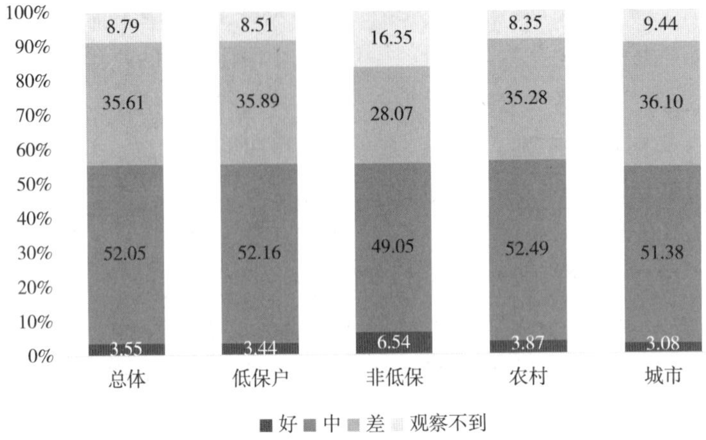

图 6-2　城乡低收入家庭房屋装修状况（%）

助政策还需关注城乡低收入家庭居住环境问题，从而不断满足城乡低收入家庭的美好生活需要。

二、城乡低收入家庭设施状况

本部分是对城乡低收入家庭设施状况进行描述分析，具体包括以下内容：第一，城乡低收入家庭洗浴设施状况；第二，城乡低收入家庭自来水安装情况。

（一）城乡低收入家庭洗浴设施的状况

住房问题是重要的民生问题，直接关系到社会和谐和居民生活水平的提高、生活质量的改善。[①] 家庭洗浴设施的有无，在一定程度上反映了城乡低收入家庭的住房生活质量，因此本部分将对城乡低收入家庭洗浴设施状况进行描述与分析。

表 6-3 和图 6-3 描述了城乡低收入家庭洗浴设施状况，并按照分人群、分城乡和分省份进行了分类。根据抽样调查结果可以发现，首先，从总体情况来看，有 57.74%的城乡低收入家庭有洗浴设施，21.74%的城乡低收入家庭没有洗浴设施，且有 20.52%的城乡低收入家庭洗浴设施状况观察不到。其次，分人群来看，城乡低收入家庭洗浴设施状况在统计上存在显著差异，低保户没有洗浴设施的占比大于非低保户，占比为 21.91%，非低保户这一占比为 17.17%。另外，

① 王远枝，叶伟春：《破除体制弊端缓解城市低收入家庭住房困难问题》，载《宏观经济研究》2008 年第 1 期，第 36-40 页。

分城乡来看，农村低收入家庭洗浴设施状况明显差于城市低收入家庭的洗浴设施状况，其中农村低收入家庭有洗浴设施的占比为 51.89%，城市低收入家庭这一占比为 66.44%。最后，分省份来看，城乡低收入家庭洗浴设施状况在统计上也存在显著差异，其中浙江、四川、湖北三个省份的城乡低收入家庭有洗浴设施的占比相对较高，而陕西、河南、江苏三个省份的城乡低收入家庭有洗浴设施的占比相对较低。

表 6-3　城乡低收入家庭洗浴设施状况（%）

洗浴设施情况	总体	分人群		分城乡		分省份					
		低保户	非低保	农村	城市	江苏	浙江	河南	湖北	四川	陕西
是	57.74	57.73	57.77	51.89	66.44	58.15	75.77	48.92	61.75	67.89	33.41
否	21.74	21.91	17.17	26.30	14.96	21.46	14.83	35.77	11.75	17.95	29.76
观察不到	20.52	20.35	25.07	21.81	18.60	20.39	9.40	15.30	26.49	14.16	36.83
		chi2 = 7.507 P = 0.023		chi2 = 248.980 P = 0.000		chi2 = 1100.000 P = 0.000					

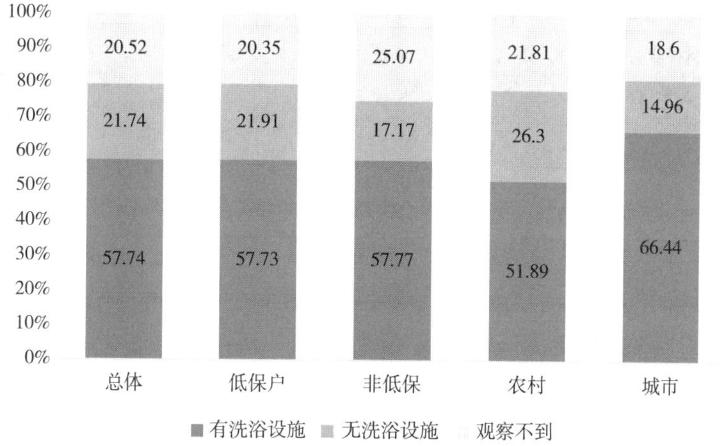

图 6-3　城乡低收入家庭洗浴设施状况（%）

根据上述对城乡低收入家庭房屋装修状况的描述与分析，我们发现，还有 21.74%的城乡低收入家庭没有洗浴设施。家庭洗浴设施的缺乏，在一定程度上会影响城乡低收入家庭的家庭生活质量，因此可以在有条件的情况下，支持对没有洗浴设施的城乡低收入家庭住房进行改造，以提高其居住生活质量。

（二）城乡低收入家庭自来水安装情况

住房是人类生存的基本需求，在人居环境各要素中具有极其重要的地位，其质量的优劣直接影响到人居环境质量，其中洗浴设施和健康的饮用水是保证居民健康居住生活的条件。① 上文中已经分析了城乡低收入家庭洗浴设施的安装情况，本部分将对城乡低收入家庭健康饮用水也就是自来水安装情况进行描述与分析。

表 6-4 和图 6-4 描述了城乡低收入家庭自来水安装情况，并按照人群、城乡和省份进行了分类。根据抽样调查结果可以发现，首先，从总体情况来看，有 86.05%的城乡低收入家庭安装了自来水，3.56%的城乡低收入家庭没有安装自来水，且有 10.39%的城乡低收入家庭自来水安装情况观察不到。其次，分人群来看，城乡低收入家庭自来水安装情况在统计上存在显著差异，低保户安装自来水的占比大于低收入家庭，占比为 86.21%，而非低保户这一占比为 81.74%，这一现象值得进一步的研究和讨论。另外，分城乡来看，农村低收入家庭自来水安装情况明显差于城市低收入家庭，其中农村低收入家庭没有安装自来水的占比为 4.65%，城市为 1.94%。最后，分省份来看，城乡低收入家庭自来水安装情况在统计上也存在显著差异，其中四川、河南两个省份的城乡低收入家庭没有安装自来水的占比相对较高，而浙江、江苏、湖北、陕西四个省份的城乡低收入家庭没有安装自来水的占比相对较低。

表 6-4　城乡低收入家庭自来水安装情况（%）

自来水安装情况	总体	分人群		分城乡		分省份					
		低保户	非低保	农村	城市	江苏	浙江	河南	湖北	四川	陕西
是	86.05	86.21	81.74	84.90	87.77	89.39	97.10	88.26	82.56	86.34	73.19
否	3.56	3.56	3.54	4.65	1.94	1.66	0.95	4.86	1.91	9.71	2.14
观察不到	10.39	10.23	14.71	10.45	10.29	8.95	1.95	6.88	15.52	3.95	24.67
		chi2=7.686 P=0.021		chi2=53.460 P=0.000		chi2=924.985 P=0.000					

① 李陈：《中国 287 座城市居住困难群体空间分布研究》，载《干旱区资源与环境》2016 年第 12 期，第 59-65 页。

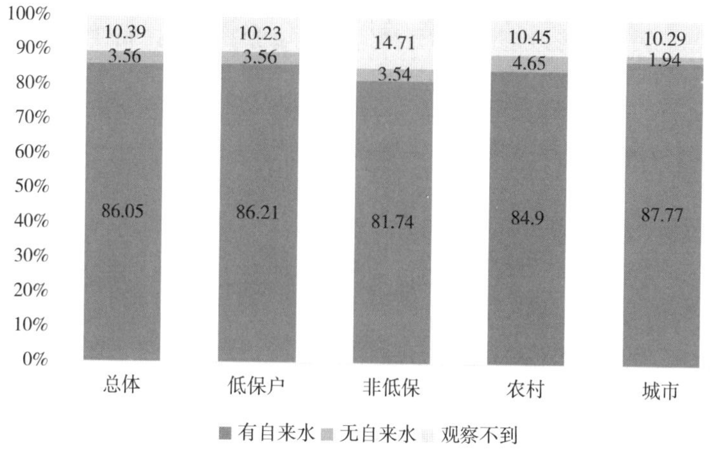

图 6-4　城乡低收入家庭自来水安装情况（%）

根据上述对城乡低收入家庭自来水安装情况的描述与分析，我们发现，仅有 3.56%的城乡低收入家庭没有安装自来水。根据《农村饮用水安全工作简报》第 40 期，经各地持续推进，截至 2021 年底，全国累计完成农村供水工程建设投资 525 亿元，提升 4263 万农村人口供水保障水平，维修养护工程 9.9 万处，服务人口 2.04 亿人，全国农村自来水普及率达 84%，本次调查结果基本符合这一比率①。我们要继续在农村与城市地区同步推进供水工程建设，确保城乡低收入家庭的饮用水安全。

第二节　城乡低收入家庭环境状况分析

生活环境可以分为硬件环境和软件环境，上节中分析了城乡低收入家庭居住的硬件环境，本节将主要从软件环境（主要指基层民政服务供给情况）着手，对城乡低收入家庭的生活环境状况进行分析。接下来将以基层民政工作人员对城乡区域基层民政服务的回答与评价，在此基础上反映城乡区域基层民政服务情况和城乡低收入家庭生活的社区环境状况。

① 《农村饮水安全工作简报》第 40 期，载中华人民共和国水利部官网 http://www.mwr.gov.cn/sj/jbjc/ncysaqgzjb/202206/t20220614_1579175.html。

本节主要分为两个部分展开论述，具体包括城乡区域民政服务供给状况和城乡区域基层民政服务改进情况，数据来源于2022年“托底性民生保障政策支持系统建设”项目基层民政服务队伍调查。

一、城乡区域基层民政服务供给状况

本部分是对城乡区域基层民政服务供给状况进行描述分析，具体包括以下内容：第一，城乡区域民政服务提供情况；第二，城乡区域民政服务运行状况。

（一）城乡区域基层民政服务提供情况

本部分将介绍城乡区域民政服务提供情况。提升基层民政服务供给效率、增加居民获得感、实现公共服务共建共享共治，是国家治理能力现代化的内在要求。[①] 本部分具体将从以下三个方面展开论述：第一，村居民政服务机构设置情况；第二，服务类社会救助开展情况；第三，困难群众服务类社会救助供给情况。

1. 村居民政服务机构设置情况

本部分将介绍村居民政服务机构设置情况。改善民生，要抓住重点难点问题，“一老一小”就是典型。[②] 在当前老龄化程度加深、家庭结构小型化、传统居住区养老设施匮乏的背景下，养老服务供需失衡严重，社区养老需求迫切，[③] 加强社区养老服务设施建设是健全养老服务体系的重要组成部分。[④] 而儿童福利设施机构的设立，可以有效保障青少年儿童的基本权益。且残疾人作为特殊脆弱群体，也需要得到我们民政服务的重视。

表6-5和图6-5描述了村居民政服务机构设置情况，并按照分省份进行了分类。针对“请问您所在的村居有哪些民政服务机构”这一问题，基层民政工作人员的回答情况如下。

---

① 何继新，郁琭，何海清：《基层公共服务精细化治理：行动指向、适宜条件与结构框架》，载《上海行政学院学报》2019年第5期，第45-57页。

② 《“一老一小”，织密民生保障网》，载中华人民共和国中央人民政府官网 http://www.gov.cn/xinwen/2019-05/14/content_5391255.htm。

③ 程坦，刘丛红，刘奕杉：《生活圈视角下的社区养老设施体系构建方法研究》，载《规划师》2021年第13期，第72-79页。

④ 曾起艳，何志鹏，曾寅初：《社区养老服务设施对城乡老年人主观福利的影响》，载《人口与发展》2022年第6期，第148-160页。

表 6-5　村居民政服务机构设置情况（%）

机构类型	设置情况	总体	分省份					
			江苏	浙江	河南	湖北	四川	陕西
养老设施机构	有	43.29	48.40	42.72	43.72	45.03	41.90	38.05
	没有	56.71	51.60	57.28	56.28	54.97	58.10	61.95
			chi2 = 12.051　P = 0.034					
儿童福利设施机构	有	30.33	34.60	24.61	32.64	34.48	34.19	21.71
	没有	69.67	65.40	75.39	67.36	65.52	65.81	78.29
			chi2 = 38.622　P = 0.000					
残疾人服务机构	有	40.21	45.20	34.84	40.79	43.81	43.28	33.47
	没有	59.79	54.80	65.16	59.21	56.19	56.72	66.53
			chi2 = 25.478　P = 0.000					
其他	有	3.88	3.00	2.76	5.65	2.84	5.14	3.98
	没有	96.12	97.00	97.24	94.35	97.16	94.86	96.02
			chi2 = 10.353　P = 0.066					

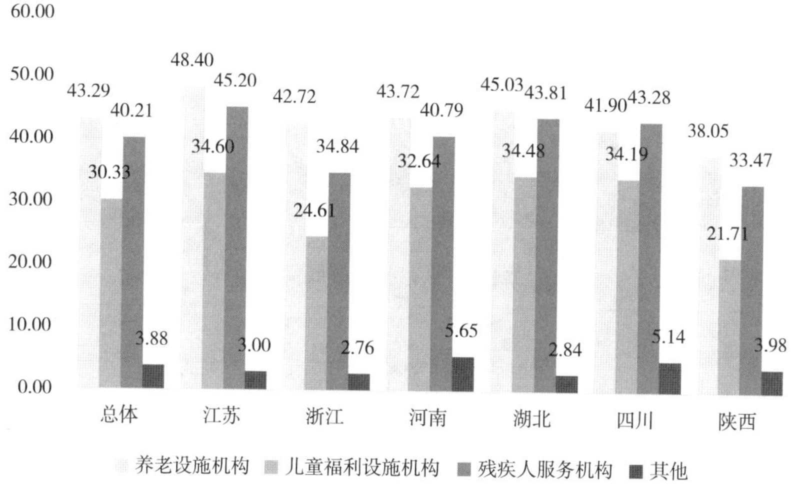

图 6-5　村居民政服务机构设置情况（%）

根据抽样调查结果可以发现，首先，从总体上看，不管是养老设施机构，还是儿童福利设施机构和残疾人服务机构，都存在五成以上的民政工作人员表示其所在村居没有设置。其中民政工作人员表示设置养老设施机构的村居占比为 43.29%，设置儿童福利设施机构的占比为 30.33%，设置残疾人服务机构的占比为59.79%，设置其他服务机构的占比为3.88%。其次，分省份来看，除了其他以外，各省民政工作人员表示其所在村居的各类民政服务机构设置情况在统计上存在显著差异，其中江苏民政工作人员表示其所在村居设置养老设施机构、儿童福利设施机构和残疾人服务机构的占比均为最高，分别为48.40%、34.60%和45.20%。

根据上述对村居民政服务机构设置情况的描述与分析，我们发现，各类民政服务机构都存在五成以上的民政工作人员表示其所在村居没有设置。社区是社会治理的基础单元，其促进了服务资源的下沉及聚合，从而可以实现各类社会服务的精准化、专业化、均等化供给。① 因此，我们要加强各类村居民政服务机构的设置，保障“弱有所扶”，增进民生福祉。

2. 服务类社会救助开展情况

部分将介绍城乡区域服务类社会救助开展情况。社会救助服务的发展如工作援助、教育救助、家庭照顾、健康照顾等，不仅有助于我国社会救助制度转型与升级，亦可增强贫困家庭发展能力。② 表6-6描述了城乡区域服务类社会救助开展情况，并按照分省份进行了分类。针对“您所在地区的是否开展了服务类社会救助”这一问题，基层民政工作人员的回答情况如下（见下表）。

根据抽样调查结果可以发现，首先，从总体上看，有93.97%的民政工作人员表示其所在地区都开展了服务类社会救助，仅有4.45%的民政工作人员表示其所在地区没有开展服务类社会救助，1.57%的民政工作人员表示“不知道”。其次，分省份来看，所有省份都有超过九成的民政工作人员表示其所在地区开展了服务类社会救助。

表6-6　服务类社会救助开展情况（%）

开展情况	总体	分省份					
		江苏	浙江	河南	湖北	四川	陕西
是	93.97	97.80	92.13	95.19	94.12	93.87	90.84
否	4.45	2.00	6.50	4.18	3.25	4.35	6.37
不知道	1.57	0.20	1.38	0.63	2.64	1.78	2.79
chi2＝36.179　P＝0.000							

① 易艳阳，周沛：《社区服务机构运行逻辑与基层政社关系——以江苏省“残疾人之家”为例》，载《学习与实践》2021年第1期，第105-113页。

② 田蓉，周晓虹：《社会救助服务：欧盟经验与中国选择》，载《学习与探索》2018年第11期，第43-50页。

根据上述对村居民政服务机构设置情况的描述与分析，我们发现，大部分民政工作人员都表示其所在地区开展了服务类社会救助。随着贫困治理转型进入相对贫困治理阶段，社会救助目标以增加外生动力向增强内生动力转变，在救助方式上由单一性物质救助向综合性物质+服务救助发展转变。① 应当继续加强服务类社会救助供给，注重服务类社会救助的“供需结合”情况。

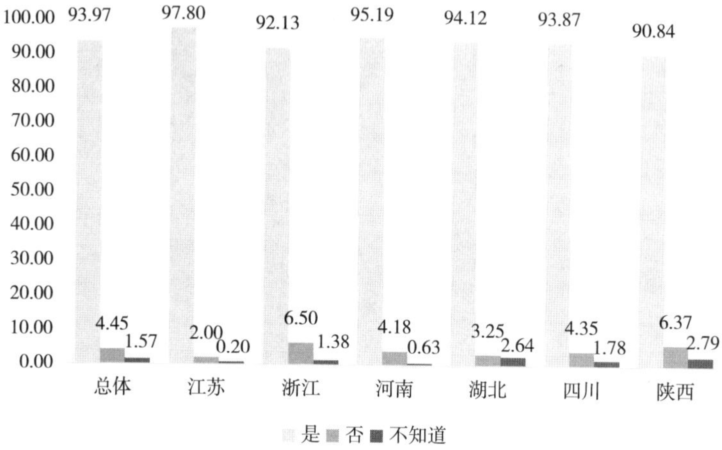

图 6-6　服务类社会救助开展情况（%）

3. 服务类社会救助供给情况

本部分将介绍城乡区域服务类社会救助供给情况。在经济快速发展的今天，服务类社会救助作为社会救助的有效供给方式，在满足贫困群体救助需求，保障其基本生活方面发挥了重要作用。② 2020 年 8 月中共中央办公厅、国务院办公厅出台的《关于改革完善社会救助制度的意见》，提出用两年的时间积极创新社会救助方式，形成“物质+服务”的救助方式，③ 从而适用于新时期、新情况、新问题解决的要求。

表 6-7 和图 6-7 描述了城乡区域服务类社会救助供给情况，并按照省份

① 陈业宏，郭云：《新发展阶段社会救助的目标转向与改进》，载《贵州财经大学学报》2022 年第 6 期，第 1-10 页。

② 代玉巧：《城市社会救助服务模式的先进经验——以上海市长宁区为例》，载《经济研究导刊》2022 年第 34 期，第 46-48 页。

③ 《中共中央办公厅　国务院办公厅印发〈关于改革完善社会救助制度的意见〉》，载中华人民共和国中央人民政府官网 http://www.gov.cn/zhengce/2020-08/25/content_5537371.htm。

进行了分类。针对“2021 年，您所在地区为困难群众提供了哪些服务类社会救助”这一问题，基层民政工作人员的回答情况如下（见下表）。

表 6-7　困难群众服务类社会救助供给情况（%）

救助项目	供给情况	总体	分省份					
			江苏	浙江	河南	湖北	四川	陕西
生活照料	是	88. 60	92. 02	86. 11	87. 25	87. 50	86. 53	92. 11
	否	11. 40	7. 98	13. 89	12. 75	12. 50	13. 47	7. 89
			chi2 = 17. 491　P = 0. 004					
康复护理	是	68. 93	74. 44	64. 10	73. 63	67. 24	69. 26	64. 69
	否	31. 07	25. 56	35. 90	26. 37	32. 76	30. 74	35. 31
			chi2 = 21. 171　P = 0. 001					
文化教育	是	56. 25	55. 62	46. 15	59. 56	55. 60	59. 58	61. 18
	否	43. 75	44. 38	53. 85	40. 44	44. 40	40. 42	38. 82
			chi2 = 28. 218　P = 0. 000					
卫生保健	是	70. 79	68. 10	66. 03	75. 38	67. 67	71. 58	76. 32
	否	29. 21	31. 90	33. 97	24. 62	32. 33	28. 42	23. 68
			chi2 = 20. 553　P = 0. 001					
法律援助	是	68. 93	75. 26	65. 60	63. 30	68. 32	75. 79	64. 69
	否	31. 07	24. 74	34. 40	36. 70	31. 68	24. 21	35. 31
			chi2 = 32. 646　P = 0. 000					
心理疏导	是	63. 88	62. 78	57. 91	65. 05	72. 63	66. 32	58. 55
	否	36. 12	37. 22	42. 09	34. 95	27. 37	33. 68	41. 45
			chi2 = 29. 990　P = 0. 000					
社会融入	是	42. 47	42. 54	45. 30	40. 66	45. 69	36. 63	44. 08
	否	57. 53	57. 46	54. 70	59. 34	54. 31	63. 37	55. 92
			chi2 = 11. 223　P = 0. 047					
社区矫正	是	54. 68	57. 26	52. 56	38. 68	60. 78	64. 00	54. 17
	否	45. 32	42. 74	47. 44	61. 32	39. 22	36. 00	45. 83
			chi2 = 72. 812　P = 0. 000					
资源链接	是	36. 59	37. 83	41. 67	27. 69	47. 41	34. 11	30. 48
	否	63. 41	62. 17	58. 33	72. 31	52. 59	65. 89	69. 52
			chi2 = 53. 076　P = 0. 000					

续表

救助项目	供给情况	总体	分省份					
			江苏	浙江	河南	湖北	四川	陕西
其他	是	1. 28	1. 64	2. 35	0. 66	2. 37	0. 00	0. 66
	否	98. 72	98. 36	97. 65	99. 34	97. 63	100. 00	99. 34
					chi2 = 17. 933　P = 0. 003			

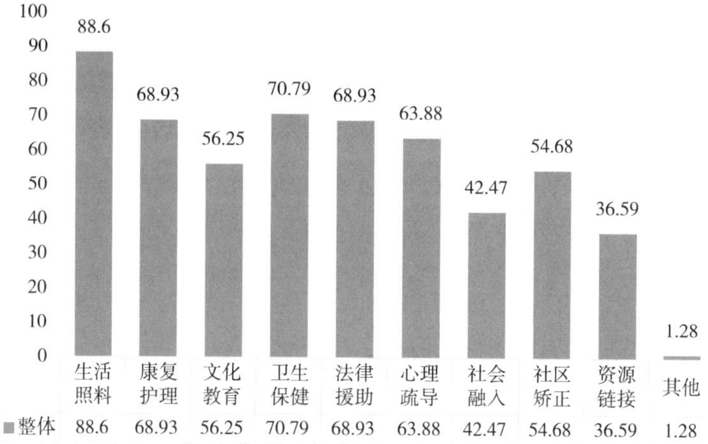

图 6-7　困难群众服务类社会救助供给情况（%）

根据抽样调查结果可以发现，首先，从总体上看，有 88. 60%的民政工作人员表示其所在地区都为困难群众提供了生活照料服务，有 68. 93%的民政工作人员表示其所在地区为困难群众提供了康复护理服务，有 56. 25%的民政工作人员表示其所在地区为困难群众提供了文化教育服务，有 70. 79%的民政工作人员表示其所在地区为困难群众提供了卫生保健服务，有 68. 93%的民政工作人员表示其所在地区为困难群众提供了法律援助服务，有 63. 88%的民政工作人员表示其所在地区为困难群众提供了心理疏导服务，有 42. 47%的民政工作人员表示其所在地区为困难群众提供了社会融入服务，有 54. 68%的民政工作人员表示其所在地区为困难群众提供了社区矫正服务，有 36. 59%的民政工作人员表示其所在地区为困难群众提供了资源链接服务，有 1. 28%的民政工作人员表示其所在地区为困难群众提供了其他服务。其次，分省份来看，陕西省民政工作人员表示其所在地区供给生活照料服务、文化教育服务、卫生保健服务的占比最高，分别为 92. 11%、61. 18%、76. 32%；江苏省民政工作人员表示其所在地区供给康复护理服务的占比最高，为74.44%；四川省民政工作人员表示其所在地区供给法律援助服务的占比最高，为75.79%；湖北省民政工作人员表示其所在地区供给心理疏导服务、社会融入服务、社区矫正服务、资源链接服务以及其他服务的占比最高，分别为72.63%、45.69%、60.78%、47.41%和2.37%。

根据上述对村居民政服务机构设置情况的描述与分析，我们发现，超过五成的民政工作人员表示其所在地区都为困难群众开展了生活照料服务、康复护理服务、文化教育服务、卫生保健服务、法律援助服务、心理疏导服务、社区矫正服务，而为困难群众开展社会融入服务和资源链接服务的民政工作人员所在地区则不超过半数。服务型社会救助的发展是时代发展的要求，是社会救助对象共享发展成果的重要渠道，因此要继续发展服务类社会救助，实现城乡低收入家庭共享社会发展成果。

（二）城乡区域基层民政服务运行状况

本部分将介绍城乡区域民政服务运行状况。“民政工作是全面建设社会主义现代化国家的重要方面、推动力量和重要受益者。”[①] 习近平总书记指出，要创新社会治理体制，把资源、服务、管理放到基层，把基层治理同基层党建结合起来。[②] 良好的城乡区域民政服务运行状况对于全面建设社会主义现代化国家这个大局，实现共同富裕具有重要意义。本部分具体将从以下三个方面展开论述：第一，社会救助确认权限下放至乡镇情况；第二，持有居住证困难群众就地申报低保情况；第三，线上平台申请和办理社会救助情况。

1. 社会救助确认权限下放至乡镇情况

本部分将介绍社会救助确认权限下放至乡镇情况。根据2020年《关于改革完善社会救助制度的意见》，要优化审核确认程序，提出有条件的地方可按程序将低保、特困等社会救助审核确认权限下放至乡镇（街道），县级民政部门加强监督指导。[③]

---

① 詹成付：《民政工作与全面建设社会主义现代化国家》，载《中国民政》2022年第20期，第43-50页。

② 《基层治理要练就“绣花功夫”》，载央广网 https://baijiahao.baidu.com/s?id=1649516930331692556&wfr=spider&for=pc。

③ 《中共中央办公厅　国务院办公厅印发〈关于改革完善社会救助制度的意见〉》，载中华人民共和国中央人民政府 http://www.gov.cn/zhengce/2020-08/25/content_5537371.htm。

基于基层民政工作人员的调查数据，表6-8和图6-8描述了社会救助确认权限下放至乡镇情况，并按照省份进行了分类。针对“据您了解，当地县（区）级民政部门将低保、特困等社会救助审核确认权限下放至乡镇（街道）了吗?”这一问题，基层民政工作人员的回答情况如下（见下表和下图）。

表6-8　社会救助确认权限下放至乡镇情况（%）

权限下放情况	总体	分省份					
		江苏	浙江	河南	湖北	四川	陕西
是	79.61	71.00	59.45	93.31	86.61	72.73	95.62
否	15.80	22.40	32.68	4.18	10.14	22.53	1.99
不知道	4.59	6.60	7.87	2.51	3.25	4.74	2.39
				chi2=323.409　P=0.000			

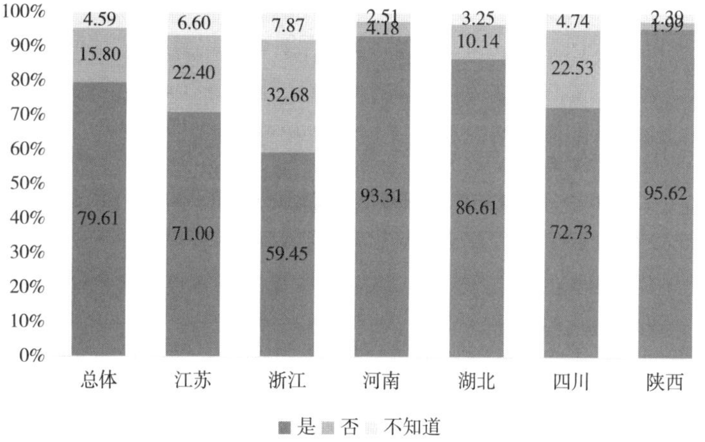

图6-8　社会救助确认权限下放至乡镇情况（%）

根据基层民政服务队伍调查结果可以发现，首先，从总体上看，有79.61%的民政工作人员表示其所在地区将社会救助确认权限下放至乡镇（街道），15.80%的民政工作人员表示其所在地区没有将社会救助确认权限下放至乡镇（街道），还有4.59%的民政工作人员表示“不知道”。其次，分省份来看，各省社会救助确认权限下放至乡镇情况在统计上存在显著差异，其中陕西、河南、湖北三个省份的民政工作人员表示其所在地区将社会救助确认权限下放至乡镇（街道）的占比较高，而浙江、江苏、四川三个省份的民政工作人员表示其所在地区将社会救助确认权限下放至乡镇（街道）的占比较低。

根据上述对社会救助确认权限下放至乡镇情况的描述与分析，还存在部分地方没有完成社会救助确认权限下放，应继续加大对乡镇人民政府（街道办事处）工作人员相关救助政策的宣传和解读，提高经办人员政策理论水平，确保审核确认权限“下得去”、责任“接得住”、业务“管得好”、对象“保得准”。①

2. 持有居住证困难群众就地申办低保情况

本部分将介绍持有居住证困难群众就地申办低保情况。2020 年《关于改革完善社会救助制度的意见》提出，顺应农业转移人口市民化进程，及时对符合条件的农业转移人口提供相应救助帮扶。有条件的地区有序推进持有居住证人员在居住地申办社会救助。②

基于基层民政工作人员调查数据，表 6-9 和图 6-9 描述了持有居住证困难群众就地申办低保情况，并按照省份进行了分类。针对“请问在您所在的区县/街镇/村居，持有当地居住证的困难群众就地可否申办低保”这一问题，基层民政工作人员的回答情况如下（见下表和下图）。

表 6-9　持有居住证困难群众就地申办低保情况（%）

申办低保情况	总体	分省份					
		江苏	浙江	河南	湖北	四川	陕西
可以	69.84	39.00	55.91	84.52	82.35	76.28	76.28
不可以	25.38	54.00	35.43	14.23	14.00	19.37	19.37
不知道	4.79	7.00	8.66	1.26	3.65	4.35	4.35
chi2 = 418.659　P = 0.000							

根据抽样调查结果可以发现，首先，从总体上看，有 69.84%的民政工作人员表示其所在地区持有当地居住证的困难群众就地可申办低保，25.38%的民政工作人员表示其所在地区持有当地居住证的困难群众就地不可以申办低

① 《陕西省全面下放社会救助审核确认权》，载陕西省人民政府官网 http://www.shaanxi.gov.cn/xw/ldx/bm/202112/t20211217_2204525.html。

② 《中共中央办公厅　国务院办公厅印发〈关于改革完善社会救助制度的意见〉》，载中华人民共和国中央人民政府官网 http://www.gov.cn/zhengce/2020-08/25/content_5537371.htm。

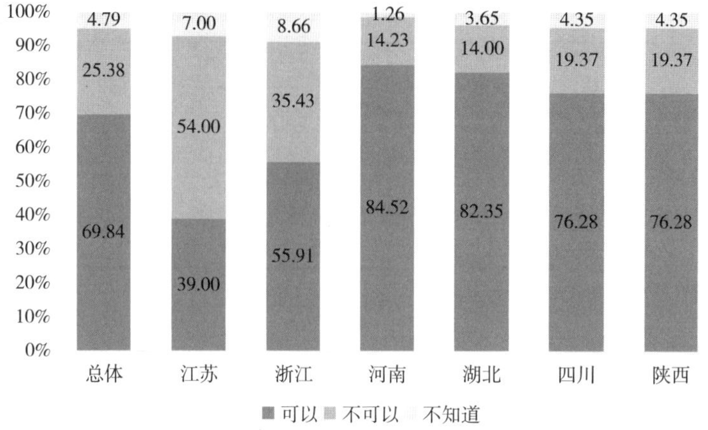

图 6-9　持有居住证困难群众就地申办低保情况（%）

保，还有 4.79%的民政工作人员表示“不知道”。其次，分省份来看，各省持有居住证困难群众就地申办低保情况在统计上存在显著差异，其中河南、湖北、四川、陕西四个省份的民政工作人员表示其所在地区持有当地居住证的困难群众就地可申办低保的、占比较高，而江苏、浙江两个省份的民政工作人员表示其所在地区持有当地居住证的困难群众就地可申办低保的占比较低。应继续有序推进持有居住证人员在居住地申办社会救助，更好地为城乡低收入家庭提供保障。

3. 线上平台申请和办理社会救助情况

本部分将介绍线上平台申请和办理社会救助情况。2020 年《关于改革完善社会救助制度的意见》提出，推动社会救助服务向移动端延伸，实现救助事项“掌上办”“指尖办”，为困难群众提供方便快捷的救助事项申请、办理、查询等服务。①

基于基层民政工作人员调查数据，表 6-10 和图 6-10 描述了线上平台申请和办理社会救助情况，并按照分省份进行了分类。针对“您所在村/居是否可以通过线上平台申请和办理社会救助?”这一问题，基层民政工作人员的回答情况如下（见下表和下图）。

① 《中共中央办公厅　国务院办公厅印发〈关于改革完善社会救助制度的意见〉》，载中华人民共和国中央人民政府官网 http://www.gov.cn/zhengce/2020-08/25/content_5537371.htm。

表 6-10　线上平台申请和办理社会救助情况（%）

线上办理和申请	总体	分省份					
		江苏	浙江	河南	湖北	四川	陕西
是	65. 32	63. 80	82. 48	34. 73	76. 47	53. 95	79. 08
否	34. 68	36. 20	17. 52	65. 27	23. 53	46. 05	20. 92
chi2 = 361. 910　P = 0. 000							

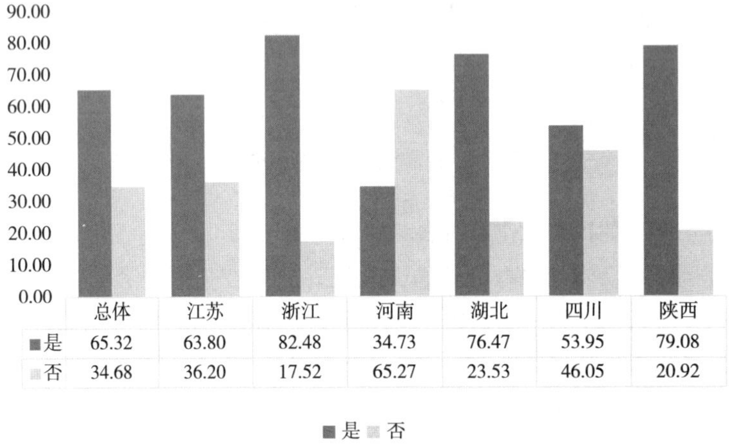

图 6-10　线上平台申请和办理社会救助情况（%）

根据抽样调查结果可以发现，首先，从总体上看，有 65. 32%的民政工作人员表示其所在村/居可以通过线上平台申请和办理社会救助，有 34. 68%的民政工作人员表示其所在村/居不可以通过线上平台申请和办理社会救助。其次，分省份来看，各省线上平台申请和办理社会救助情况在统计上存在显著差异，其中浙江、陕西、湖北民政工作人员表示其所在村/居可以通过线上平台申请和办理社会救助的占比较高，而河南、四川、江苏民政工作人员表示其所在村/居可以通过线上平台申请和办理社会救助的占比较低。应继续推动社会救助服务向移动端延伸，推动社会救助数字化发展，给城乡低收入家庭提供更好的线上社会救助申请环境。

二、城乡区域基层民政服务改进情况

本部分是对城乡区域基层民政服务改进情况进行描述分析，具体包括以下内容：第一，城乡区域民政服务工作进展；第二，城乡区域民政服务工作不足。

（一）城乡区域基层民政服务工作进展情况

本部分将介绍城乡区域民政服务工作进展情况。民政服务工作是治国安邦的一项重要工作，是社会建设的兜底性、基础性工作。① 本部分具体将从以下三个方面展开论述：第一，工作人员对基层民政服务工作进展评价情况；第二，工作人员对基层民政服务队伍建设进展评价情况；第三，工作人员对基层民政服务工作成效评价情况。

1. 工作人员对基层民政服务工作进展评价情况

本部分将介绍工作人员对基层民政服务工作进展评价情况。党的十八大以来，各级民政部门坚持以习近平新时代中国特色社会主义思想为指导，把让老百姓过上好日子作为工作的出发点和落脚点，聚焦脱贫攻坚、聚焦特殊群体、聚焦群众关切，在基本民生保障、基层社会治理、基本社会服务上持续用心用情用力，使基本民生保障迈上了新台阶。②

基于基层民政工作人员调查数据，表6-11和图6-11描述了工作人员对基层民政服务工作进展评价情况，并按照省份进行了分类。针对“总的来说，您觉得近些年基层民政服务工作（包括社会救助、养老服务、儿童关爱、基层治理，等等）进展如何?”这一问题，基层民政工作人员的回答情况如下（见下表和下图）。

表6-11　工作人员对基层民政服务工作进展评价状况（%）

工作进展	总体	分省份					
		江苏	浙江	河南	湖北	四川	陕西
进展很大	70.07	66.00	62.99	77.82	69.78	68.97	75.30
进展较大	25.48	30.40	31.89	16.11	26.77	25.89	21.31
一般	4.15	3.40	5.12	5.65	2.84	4.74	3.19
进展较小	0.23	0.20	0.00	0.21	0.41	0.40	0.20
进展很小	0.07	0.00	0.00	0.21	0.20	0.00	0.00
		chi2 = 58.747　P = 0.000					

① 陈昌宏：《做好新时代民政工作要坚持“六干”》，载《中国民政》2022年第19期，第27-28页。

② 《中共中央宣传部就新时代民政工作有关情况举行发布会》，载《大社会》2022年第10期，第10-11页。

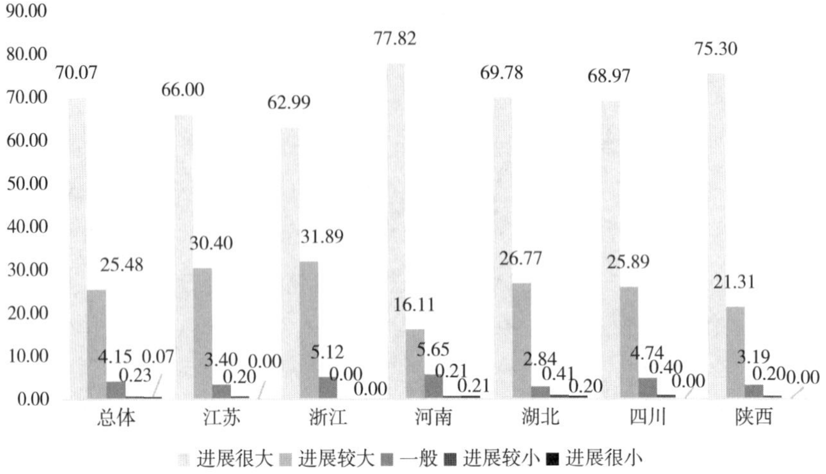

图 6-11　工作人员对基层民政服务工作进展评价状况（%）

根据抽样调查结果可以发现，首先，从总体上看，有 70.07%的工作人员认为近些年基层民政服务工作进展很大，25.48%的工作人员认为近些年基层民政服务工作进展较大，还有 4.15%的工作人员认为近些年基层民政服务工作进展一般，且有 0.3%的工作人员认为近些年基层民政服务工作进展较小或很小。其次，分省份来看，各省工作人员对基层民政服务工作进展评价情况在统计上存在显著差异，其中河南和陕西两省的工作人员认为近些年基层民政服务工作进展很大的占比都超过了七成，而浙江、江苏、四川、湖北四个省份的工作人员认为近些年基层民政服务工作进展很大的占比则都超过六成。

根据上述对工作人员对基层民政服务工作进展评价情况的描述与分析，我们发现，超过 95%的工作人员认为近些年基层民政服务工作进展很大或进展较大。在新的历史征程上，各级基层民政部门应更好地履行基本民生保障、基层社会治理、基本社会服务等职责，使基层民政服务工作取得新进展，让人民群众的获得感、幸福感、安全感更加充实、更有保障、更可持续，为全面建设社会主义现代化国家、实现中华民族伟大复兴的中国梦做出民政战线新的更大贡献。①

2. 工作人员对基层民政服务队伍建设进展评价情况

本部分将介绍工作人员对基层民政服务队伍建设进展评价情况。抓好基

① 《民政部副部长詹成付介绍新时代民政工作有关情况》，载《中国民政》2022 年第 17 期，第 13-14 页。

层民政服务能力建设是民政工作政治性的本质要求，也是民政事业高质量发展的基石，① 其中基层民政服务队伍建设是增强基层民政服务能力的重要方面。

基于基层民政工作人员调查数据，表 6-12 和图 6-12 描述了工作人员对基层民政服务队伍建设进展评价情况，并按照省份进行了分类。针对“总的来说，您觉得近些年基层民政服务队伍建设进展如何”这一问题，基层民政工作人员的回答情况如下（见下表和下图）。

表 6-12 工作人员对基层民政服务队伍建设进展评价状况（%）

建设进展	总体	分省份					
		江苏	浙江	河南	湖北	四川	陕西
进展很大	57. 68	54. 00	48. 62	68. 62	60. 45	52. 37	62. 75
进展较大	28. 32	31. 80	36. 02	16. 11	29. 01	33. 20	23. 11
一般	11. 05	11. 60	12. 60	11. 72	8. 72	11. 66	9. 96
进展较小	2. 04	1. 60	1. 77	2. 30	1. 42	2. 37	2. 79
进展很小	0. 90	1. 00	0. 98	1. 26	0. 41	0. 40	1. 39
chi2 = 83. 611 P = 0. 000							

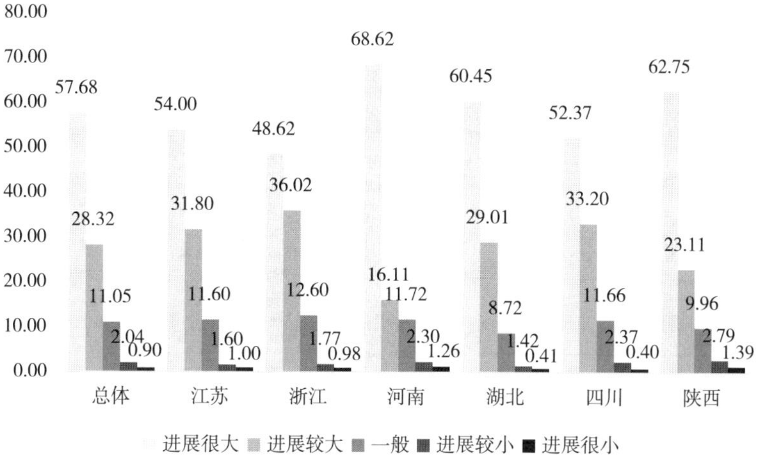

图 6-12 工作人员对基层民政服务队伍建设进展评价状况（%）

① 本刊编辑部，方闻达：《加强乡镇（街道）社会工作人才队伍建设 提升基层民政服务能力》，载《中国民政》2021 年第 4 期，第 27 页。

根据抽样调查结果可以发现，首先，从总体上看，有57.68%的工作人员认为近些年基层民政服务队伍建设进展很大，28.32%的工作人员认为近些年基层民政服务队伍建设进展较大，还有11.05%的工作人员认为近些年基层民政服务队伍建设进展一般，且有2.94%的工作人员认为近些年基层民政服务队伍建设进展较小或很小。其次，分省份来看，各省工作人员对基层民政服务队伍建设进展评价情况在统计上存在显著差异，其中河南、陕西、湖北三个省份的工作人员认为近些年基层民政服务队伍建设进展很大的占比都超过了六成，而四川、江苏两省的工作人员认为近些年基层民政服务队伍建设进展很大的占比则都超过五成，浙江的工作人员认为近些年基层民政服务队伍建设进展很大的占比则超过四成。

根据上述对工作人员对基层民政服务队伍建设进展评价情况的描述与分析，我们发现，86.00%的工作人员认为近些年基层民政服务队伍建设进展很大或进展较大。加强基层民政服务队伍建设对于提升民生保障水平具有重要意义，各地民政部门要始终以强有力的措施推进基层民政服务力量不断强化。

3. 工作人员对基层民政服务工作成效评价情况

本部分将介绍工作人员对基层民政服务工作成效评价情况。近年来，我国基层民政工作取得显著成效，正如民政部社会事务司司长王金华谈道：“党的十八大以来，社会事务领域聚焦群众关切、回应社会期盼，逐步完善民生保障制度，着力提升政务服务质量与效能，取得许多突破性成果。”①

基于基层民政工作人员调查数据，表6-13和图4-13描述了工作人员对基层民政服务工作成效评价情况，并按照省份进行了分类。针对“您认为本区县/街镇/村（居）民政服务整体成效如何”这一问题，基层民政工作人员的回答情况如下（见下表和下图）。

表6-13　工作人员对基层民政服务工作成效评价情况（%）

成效认知	总体	分省份					
		江苏	浙江	河南	湖北	四川	陕西
非常好	59.59	59.80	44.49	73.01	60.85	55.73	64.54
比较好	37.33	37.60	50.59	24.90	36.71	40.51	32.87

① 李雪：《不负时代　不负人民——民政部社会事务司司长王金华谈十年工作成效与经验》，载《中国民政》2022年第9期，第11-14页。

续表

成效认知	总体	分省份					
		江苏	浙江	河南	湖北	四川	陕西
一般	2.95	2.60	4.53	1.88	2.43	3.56	2.59
不太好	0.07	0.00	0.20	0.00	0.00	0.20	0.00
很不好	0.07	0.00	0.20	0.21	0.00	0.00	0.00
		chi2 = 100.802　P = 0.000					

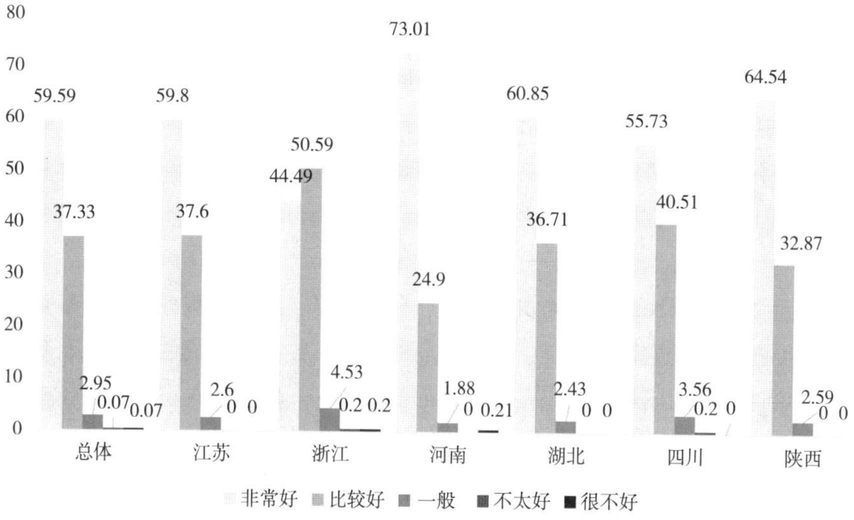

图 6-13　工作人员对基层民政服务工作成效评价情况（%）

根据抽样调查结果可以发现，首先，从总体上看，有 59.59%的工作人员认为当地基层民政服务整体成效非常好，37.33%的工作人员认为当地基层民政服务整体成效比较好，还有 2.95%的工作人员认为当地基层民政服务整体成效一般，且有 0.14%的工作人员认为当地基层民政服务整体成效不太好或很不好。其次，分省份来看，各省工作人员对基层民政服务工作成效评价情况在统计上存在显著差异，其中河南省有 73.01%的工作人员认为当地基层民政服务整体成效非常好，陕西省有 64.54%的工作人员认为当地基层民政服务整体成效非常好，湖北省有 60.85%的工作人员认为当地基层民政服务整体成效非常好，江苏省有 59.80%的工作人员认为当地基层民政服务整体成效非常好，四川省有 55.73%的工作人员认为当地基层民政服务整体成效非常好，而浙江省有44.49%的工作人员认为当地基层民政服务整体成效非常好。

根据上述对工作人员对基层民政服务工作成效评价情况的描述与分析，我们发现，共有96.92%的工作人员认为当地基层民政服务整体成效非常好或比较好。基层民政部门始终要坚持以人民为中心，履行好“基本民生保障、基层社会治理、基本社会服务”等职责，不断提升基层民政服务工作成效。

（二）城乡区域基层民政服务工作不足情况

本部分将介绍城乡区域民政服务工作不足情况。本部分具体将从以下三个方面展开论述：第一，基层民政服务工作的不足与短板；第二，基层民政服务队伍建设突出问题；第三，基层民政服务的下一步重点工作。

1. 基层民政服务工作的不足与短板

本部分将介绍基层民政服务工作的不足与短板。针对“您认为目前基层民政服务工作还存在哪些明显不足或短板”这一开放性问题，对基层民政工作人员的回答进行汇总分析，分析结果如下。

通过浏览基层民政工作人员的回答，分析得出基层民政服务工作的不足与短板主要包括人员方面的不足、资金方面的欠缺、数字化造成的困境以及政策宣传与解读方面的问题。首先是人员方面的不足，具体包括人员短缺且流动性大、专业能力不足（经验不足、沟通技巧欠缺、缺少技能培训、技术操作困难）、工作压力大以及从事人员年龄偏大等。其次是资金方面的欠缺，主要包括工作人员工资待遇低以及办公经费短缺等问题。此外，数字化造成的困境主要包括平台太多、信息系统需整合以及数字化造成的操作困难等问题。最后，政策宣传与解读方面的问题包含政策宣传不足以政策及对解读不够充分。

2. 基层民政服务队伍建设突出问题

本部分将介绍基层民政服务队伍建设突出问题。针对“您认为目前基层民政服务队伍建设最突出的问题是什么”这一开放性问题，对基层民政工作人员的回答进行汇总分析，分析结果如下。

通过浏览基层民政工作人员的回答，分析得出基层民政服务队伍建设突出问题主要包括数量、能力、分工、薪酬以及年龄结构等方面的问题。数量方面的问题，主要是指基层工作人员缺乏且流动性大的问题；能力方面的问题主要包括业务素质不强、学历偏低、缺少系统培训等问题；分工方面的问题主要指分工不明确、工作人员一兼多职等问题；薪酬方面的问题，主要是指工作人员薪酬待遇较低的问题；年龄结构方面的问题主要是指年龄结构偏大、年轻群体较少等问题。

3. 基层民政服务的下一步重点工作

本部分将介绍基层民政服务的下一步重点工作。针对“您认为，基层民政服务下一步应重点开展哪些方面的工作”这一开放性问题，对基层民政工作人员的回答进行汇总分析，分析结果如下。

通过浏览基层民政工作人员的回答，分析得出基层民政服务的下一步重点工作主要包括两个方面，一方面是针对基层民政服务实践提出的建议；一方面是针对基层民政服务队伍建设提出的建议。首先，针对基层民政服务实践，基层民政服务的下一步工作应重点放在加强困难群体分层分类帮扶、加大政策宣传、提升综合服务能力、整合信息系统等方面。其次，针对基层民政服务队伍建设，基层民政服务的下一步工作应该重点放在加强人员专业培训、扩充民政服务队伍、提升工作人员薪资待遇以及基层工作人员减负等方面。

第三节　本章小结

本章主要对城乡低收入家庭居住状况和环境状况展开描述和分析，并按照人群、城乡以及省份进行了分类比较。本节为本章小结，以下将对研究结论以及得到的若干思考进行讨论。

一、结论汇总

本部分将从城乡低收入家庭居住状况和环境状况两个方面对城乡低收入家庭生活环境状况（见表 6-14）进行结论汇总，分别对环境类别、相关维度以及具体结论进行描述介绍，目的为归纳本年度调查中城乡低收入家庭生活环境状况的相关发现，梳理我国城乡低收入家庭生活环境改善情况以及存在的问题。

表 6-14　城乡低收入家庭生活环境状况结论汇总

环境类别	相关维度	具体结论
居住状况	房屋状况相关结论	7.57%城乡低收入家庭居住简易房
		35.61%城乡低收入家庭房屋装修状况为“差”
	设施状况相关结论	57.74%城乡低收入家庭有洗浴设施
		86.05%城乡低收入家庭安装了自来水

续表

环境类别	相关维度	具体结论
环境状况	基层民政服务供给状况相关结论	43.29%的民政工作人员表示其所在村居设置了养老设施机构 30.33%的民政工作人员表示其所在村居设置了儿童福利设施机构 59.79%的民政工作人员表示其所在村居设置了残疾人服务机构 93.97%的民政工作人员表示其所在地区开展了服务类社会救助 88.60%的民政工作人员表示其所在地区都为困难群众提供了生活照料服务 68.93%的民政工作人员表示其所在地区为困难群众提供康复护理服务 56.25%的民政工作人员表示其所在地区为困难群众提供文化教育服务 70.79%的民政工作人员表示其所在地区为困难群众提供卫生保健服务 68.93%的民政工作人员表示其所在地区为困难群众提供法律援助服务 63.88%的民政工作人员表示其所在地区为困难群众提供心理疏导服务 42.47%的民政工作人员表示其所在地区为困难群众提供社会融入服务 54.68%的民政工作人员表示其所在地区为困难群众提供社区矫正服务 36.59%的民政工作人员表示其所在地区为困难群众提供资源链接服务 79.61%的民政工作人员表示其所在地区将社会救助确认权限下放至乡镇（街道） 69.84%的民政工作人员表示其所在地区持有当地居住证的困难群众就地可申办低保 65.32%的民政工作人员表示其所在村/居可以通过线上平台申请和办理社会救助

续表

环境类别	相关维度	具体结论
环境状况	基层民政服务改进情况相关结论	95.55%的工作人员认为近些年基层民政服务工作进展大
		86.00%的工作人员认为近些年基层民政服务队伍建设进展大
		96.92%的工作人员认为当地基层民政服务整体成效好
	民政服务工作不足情况相关结论	基层民政工作在人员、资金、数字化、宣传等方面存在不足
		基层民政服务队伍建设在数量、能力、分工、薪酬、年龄结构等方面存在问题
		基层民政服务应重点加强分层分类帮扶、加大政策宣传、提升综合服务能力、整合信息系统等
		基层民政服务队伍建设应重点加强专业培训、扩大规模、提升薪酬、基层减负等

（一）城乡低收入家庭居住状况

本部分将介绍城乡低收入家庭居住状况的结论汇总，具体将从城乡低收入家庭房屋状况、城乡低收入家庭设施状况两个方面进行相关结论的汇总归纳。

1. 城乡低收入家庭房屋状况相关结论

第一，7.57%城乡低收入家庭居住简易房。根据抽样调查结果可以发现，从总体情况来看，有38.91%的城乡低收入家庭居住平房，有44.9%的城乡低收入家庭居住楼房，还存在着7.57%的城乡低收入家庭居住简易房。

第二，35.61%城乡低收入家庭房屋装修状况为“差”。根据抽样调查结果可以发现，从总体情况来看，只有3.55%的城乡低收入家庭房屋装修状况为“好”，52.05%的城乡低收入家庭房屋装修状况为“中”，还存在35.61%的城乡低收入家庭房屋装修状况为“差”。

2. 城乡低收入家庭设施状况相关结论

第一，57.74%城乡低收入家庭有洗浴设施。根据抽样调查结果可以发现，从总体情况来看，有57.74%的城乡低收入家庭有洗浴设施，21.74%的城乡低收入家庭没有洗浴设施，且有20.52%的城乡低收入家庭洗浴设施状况观察不到。

第二，86.05%城乡低收入家庭安装了自来水。根据抽样调查结果可以发现，从总体情况来看，有86.05%的城乡低收入家庭安装了自来水，3.56%的城乡低收入家庭没有安装自来水，且有10.39%的城乡低收入家庭自来水安装情况无法掌握。

（二）城乡低收入家庭环境状况分析

本部分将介绍城乡低收入家庭环境状况的结论汇总，具体将从城乡区域基层民政服务供给状况、城乡区域基层民政服务工作进展情况两个方面进行相关结论的汇总归纳。

1. 城乡区域基层民政服务供给状况相关结论

（1）城乡区域基层民政服务提供情况。

第一，43.29%的民政工作人员表示其所在村居设置了养老设施机构，30.33%的民政工作人员表示其所在村居设置了儿童福利设施机构，59.79%的民政工作人员表示其所在村居设置了残疾人服务机构。

第二，93.97%的民政工作人员表示其所在地区开展了服务类社会救助；88.60%的民政工作人员表示其所在地区都为困难群众提供了生活照料服务，68.93%的民政工作人员表示其所在地区为困难群众提供康复护理服务，56.25%的民政工作人员表示其所在地区为困难群众提供文化教育服务，70.79%的民政工作人员表示其所在地区为困难群众提供卫生保健服务，68.93%的民政工作人员表示其所在地区为困难群众提供法律援助服务，63.88%的民政工作人员表示其所在地区为困难群众提供心理疏导服务，42.47%的民政工作人员表示其所在地区为困难群众提供社会融入服务，54.68%的民政工作人员表示其所在地区为困难群众提供社区矫正服务，36.59%的民政工作人员表示其所在地区为困难群众提供资源链接服务。

（2）城乡区域基层民政服务运行状况。

第一，79.61%的民政工作人员表示其所在地区将社会救助确认权限下放至乡镇（街道）。根据抽样调查结果可以发现，从总体情况来看，有79.61%的民政工作人员表示其所在地区将社会救助确认权限下放至乡镇（街道），15.80%的民政工作人员表示其所在地区没有将社会救助确认权限下放至乡镇（街道），还有4.59%的民政工作人员表示“不知道”。

第二，69.84%的民政工作人员表示其所在地区持有当地居住证的困难群众就地可申办低保。根据抽样调查结果可以发现，从总体情况来看，有69.84%的民政工作人员表示其所在地区持有当地居住证的困难群众就地可申办低保，25.38%的民政工作人员表示其所在地区持有当地居住证的困难群众就地不可以申办低保，还有4.79%的民政工作人员表示“不知道”。

第三，65.32%的民政工作人员表示其所在村/居可以通过线上平台申请和办理社会救助。根据抽样调查结果可以发现，从总体情况来看，有65.32%的民政工作人员表示其所在村/居可以通过线上平台申请和办理社会救助，有34.68%的民政工作人员表示其所在村/居不可以通过线上平台申请和办理社会救助。

2. 城乡区域基层民政服务改进情况相关结论

（1）城乡区域基层民政服务工作进展情况。

第一，95.55%的工作人员认为近些年基层民政服务工作进展较大。根据抽样调查结果可以发现，从总体情况来看，有70.07%的工作人员认为近些年基层民政服务工作进展很大，25.48%的工作人员认为近些年基层民政服务工作进展较大，还有4.15%的工作人员认为近些年基层民政服务工作进展一般，0.3%的工作人员认为近些年基层民政服务工作进展较小或很小。

第二，86.00%的工作人员认为近些年基层民政服务队伍建设进展较大。根据抽样调查结果可以发现，从总体情况来看，有57.68%的工作人员认为近些年基层民政服务队伍建设进展很大，28.32%的工作人员认为近些年基层民政服务队伍建设进展较大，还有11.05%的工作人员认为近些年基层民政服务队伍建设进展一般，且有2.94%的工作人员认为近些年基层民政服务队伍建设进展较小或很小。

第三，96.92%的工作人员认为当地基层民政服务整体成效好。根据抽样调查结果可以发现，从总体情况来看，有59.59%的工作人员认为当地基层民政服务整体成效非常好，37.33%的工作人员认为当地基层民政服务整体成效比较好，还有2.95%的工作人员认为当地基层民政服务整体成效一般，且有0.14%的工作人员认为当地基层民政服务整体成效不太好或较差。

（2）城乡区域基层民政服务工作不足情况。

第一，基层民政工作在人员、资金、数字化、宣传等方面存在不足。基层民政服务工作的不足与短板主要包括人员方面的不足、资金方面的欠缺、数字化造成的困境以及政策宣传与解读方面。

第二，基层民政服务队伍建设在数量、能力、分工、薪酬、年龄结构等方面存在问题。基层民政服务队伍建设的问题主要包括人员缺乏且流动性大、业务能力不足、分工不明确、薪酬待遇偏低以及年龄结构偏大等。

第三，基层民政服务应重点加强分层分类帮扶、加大政策宣传、提升综合服务能力、整合信息系统等；基层民政服务队伍建设应重点加强专业培训、扩大规模、提升薪酬、基层减负等。

二、若干思考

基于上文从城乡低收入家庭居住状况以及环境状况的结论梳理，以下将提出关于改善城乡低收入家庭生活环境的三点思考。

第一，要同等重视社会救助硬件和软件的双环境建设。社会救助的发展离不开环境建设，环境是社会救助发展的载体，包括硬件环境和软件环境，硬件环境指居住质量、服务机构设置情况等，软件环境指服务体系的覆盖、服务能力的建设等。当前部分地区忽视了社会救助软件环境建设，导致救助服务的专业性和服务能力不足。要同等重视社会救助硬件和软件的双环境建设，既要夯实社会救助的硬件环境，包括优化低收入人群的居住环境、落实社会救助相关服务机构及设施的建立等；又要同等重视软件环境的建设，包括加快基层民政服务能力建设、基层民政服务队伍建设等，从而更好地提高社会救助水平。

第二，要高度关注城乡低收入家庭的基本生活设施建设。城乡低收入家庭的基本设施状况在反映了其家庭生活质量。对于普通家庭来说，自来水、淋浴设施，以及洗衣机、电冰箱等生活基本耐用品是非常重要的基本生活设施，显著影响家庭生活质量。根据抽样调查结果，当前仍有部分城乡低收入家庭缺乏基本的生活设施，应高度关注城乡低收入家庭的基本生活设施建设，通过倾斜性政策对城乡低收入家庭居住环境和基本生活设施进行改善，提升其家庭生活质量，更好地保障其基本生活。

第三，夯实社会救助基层服务能力是社会救助高质量发展的关键。基层是社情民意的源头，是政令落地的“最后一公里”，而基层民政服务队伍就是这“最后一公里”的服务者。社会救助的服务经办、递送工作均需要依靠基层来完成。当前基层服务能力不足、人员专业性不足等问题严重影响了社会救助的高质量发展。夯实社会救助基层服务能力是社会救助高质量发展的关键，重点在于推进基层民政服务队伍建设和基层民政服务能力建设。一是要加强基层民政工作人员培训，适当提高民政工作人员待遇；二是要规范经办服务管理，最大限度减少救助政策落实的中间环节；三是鼓励社会工作服务介入，促进社会组织的发育和鼓励政府购买服务，提高服务供给水平。

参考文献

[1] Bolino Mark C., Turnley William H., James M. Bloodgood. Citizenship Behavior and the Creation of Social Capital in Organizations [J]. *The Academy of Management Review*, 2002, 27 (4).

[2] David K. Evans, Brian Holtemeyer, Katrina Kosec. Cash transfers increase trust in local government [J]. *World Development*, 2019, 114.

[3] Hans-Werner Sinn. Migration and Social Replacement Incomes: How to Protect Low-Income Workers in the Industrialized Countries Against the Forces of Globalization and Market Integration [J]. *International Tax and Public Finance*, 2005, 12 (4): 375-393.

[4] HULME D, MOORE K, SHEPHERD A. Chronic Poverty: Meanings and Analytical Frameworks [R]. *CPRC Working Paper* No. 2, 2001.

[5] Jennifer Golan, Terry Sicular, Nithin Umapathi. Unconditional Cash Transfers in China: Who Benefits from the Rural Minimum Living Standard Guarantee (Dibao) Program? [J]. *World Development*, 2017, 93.

[6] Mullinix K J, Leeper T J, Druckman J N, et al. 2015. The generalizability of survey experiments [J]. *Journal of Experimental Political Science*, 2 (2): 40-53

[7] SHEPHERD A, BRUNT J. Chronic*Poverty*: *Concepts*, *Causes and Policy*. [M]. Houndmills, Basingstoke. Hamsphire: Palgrave Macmillan. 2013: 1-6.

[8] Yu Chen, Yunxiao Dang, Guanpeng Dong. An investigation of migrants' residential satisfaction in Beijing [J]. *Urban Studies*, 2020, 57 (3): 563-582.

[9] Zhenduo Zhang, Li Zhang, Xiaoqian Zu, Tiansen Liu, Junwei Zheng. From Neighboring Behavior to Mental Health in the Community: The Role of Gender and Work-Family Conflict [J]. *International Journal of Environmental Research and Public Health*, 2019, 16 (12).

[10] 本刊编辑部，方闻达：《加强乡镇（街道）社会工作人才队伍建设　提升基层民政服务能力》，载《中国民政》2021年第4期，第27页。

[11] 曹艳春：《农村低保制度对贫困群体生活水平改善效应研究》，载《中国人口科学》2016 年第 6 期，第 88-97+128 页。

[12] 陈爱丽，王小林：《中国城乡居民多维就业脆弱性测度与分析》，载《劳动经济研究》2021 年第 6 期，第 19-39 页。

[13] 陈昌宏：《做好新时代民政工作要坚持“六干”》，载《中国民政》2022 第 19 期，第 27-28 页。

[14] 陈典，郑晓冬，方向明：《农村低保对贫困家庭消费的影响》，载《中国人口科学》2022 年第 5 期，第 108-125+128 页。

[15] 陈丽琴：《农户贫困的性别差异及多维指标建构——基于黎母山镇贫困户调查数据的分析》，载《南京师大学报（社会科学版）》2020 年第 2 期，第 107-115 页。

[16] 陈平，王书华：《数字普惠金融、数字鸿沟与多维相对贫困——基于老龄化的视角》，载《经济问题探索》2022 第 10 期，第 173-190 页。

[17] 陈淑云，阮斌，刘红萍，张伟：《湖北省“十四五”住房保障发展的定位与思考》，载《湖北社会科学》2020 年第 9 期，第 35-42 页。

[18] 陈文琼，刘建平：《论农村低保救助扩大化及其执行困境》，载《中国行政管理》2017 年第 2 期，第 85-90 页。

[19] 陈业宏，郭云：《新发展阶段社会救助的目标转向与改进》，载《贵州财经大学学报》2022 年第 6 期，第 1-10 页。

[20] 成伟：《我国兜底性民生服务体系构建——从基本保障到社会服务》，载《南开学报（哲学社会科学版）》2021 年第 5 期，第 44-53 页。

[21] 程坦，刘丛红，刘奕杉：《生活圈视角下的社区养老设施体系构建方法研究》，载《规划师》2021 年第 13 期，第 72-79 页。

[22] “城乡困难家庭社会政策支持系统建设”课题组，赵卫华，韩克庆，唐钧：《城乡困难家庭：研究发现与政策建议》，载《国家行政学院学报》2018 年第 1 期，第 74-81+150 页。

[23] 慈勤英，李芹：《低保救助资源的有效分配检验——基于贫困家庭收支水平门槛效应模型的分析》，载《四川理工学院学报（社会科学版）》2018 年第 3 期，第 42-62 页。

[24] 崔群，赵立波：《后疫情时期最低生活保障标准调整机制研究》，载《学术探索》2021 年第 12 期，第 84-91 页。

[25] 崔治文，白家瑛，张晓甜：《农村最低生活保障制度实施的公平性研究——基于对甘肃省 326 户农民家庭调研数据的分析》，载《西北人口》2016 年第 4 期，第 118-126 页。

[26] 代玉巧:《城市社会救助服务模式的先进经验——以上海市长宁区为例》,载《经济研究导刊》2022 年第 34 期,第 46-48 页。

[27] 得秋慧:《城市居民最低生活保障制度退出机制研究》,华中师范大学 2012 年硕士学位论文。

[28] 樊丽明,解垩:《公共转移支付减少了贫困脆弱性吗?》,载《经济研究》2014 年第 8 期,第 67-78 页。

[29] 范丛:《低保边缘家庭社会救助问题研究》,山东大学 2021 年硕士学位论文。

[30] 方珂,张翔:《低保赡养费核算如何平衡家庭义务与国家责任——基于浙江省赡养费核算改革案例的研究》,载《公共行政评论》2021 年第 6 期,第 144-161+199-200 页。

[31] 费孝通:《家庭结构变动中的老年赡养问题——再论中国家庭结构的变动》,载《北京大学学报(哲学社会科学版)》1983 年第 3 期,第 7-16 页。

[32] 高红莉,张东,许传新:《住房与城市居民主观幸福感实证研究》,载《调研世界》2014 第 11 期,第 18-24 页。

[33] 高鉴国,范丛:《低保边缘家庭的贫困表征、致贫原因与政策建议》,载《东岳论丛》2020 年第 10 期,第 133-141+192 页。

[34] 高圆圆,李雨秋:《可持续脱贫视角下农村低保退出机制的探讨》,载《中国民政》2019 年第 16 期,第 42-43 页。

[35] 关信平:《重大突发事件中困难群体兜底保障体系建设思路》,载《中共中央党校(国家行政学院)学报》2020 年第 3 期,第 22-28 页。

[36] 关信平:《新时代中国城市最低生活保障制度优化路径:提升标准与精准识别》,载《社会保障评论》2019 年第 1 期,第 131-140 页。

[37] 郭海清:《建立农村居民最低生活保障制度的最大难点与解决办法》,载《经济师》2004 年第 1 期,第 199 页。

[38] 张毅:《就业形势总体改善　重点群体保障有力》,载国家统计局官网 http://www.stats.gov.cn/tjsj/zxfb/202101/t20210119_1812590.html。

[39] 韩君玲:《中国临时救助制度的法学检视》,载《社会保障评论》2021 年第 2 期,第 110-122 页。

[40] 韩克庆,李方舟:《社会救助对家庭赡养伦理的挑战》,载《山西大学学报(哲学社会科学版)》2020 年第 5 期,第 112-118 页。

[41] 何继新,郁琭,何海清:《基层公共服务精细化治理:行动指向、适宜条件与结构框架》,载《上海行政学院学报》2019 年第 5 期,第 45-57 页。

[42] 何丽芬,李苗苗:《家庭债务增加有利于消费升级吗?——来自中国家庭追踪调

查的证据》，载《江淮论坛》2022 年第 2 期，第 26-35 页。
[43] 何欣，黄心波，周宇红：《农村老龄人口居住模式、收入结构与贫困脆弱性》，载《中国农村经济》2020 年第 6 期，第 126-144 页。
[44] 胡咏梅，元静：《涨薪能提升西部地区高校教师的幸福感吗——基于工作压力与工作生活平衡感的序列中介效应分析》，载《重庆高教研究》2022 年第 6 期，第 34-54 页。
[45] 胡湛，彭希哲：《家庭变迁背景下的中国家庭政策》，载《人口研究》2012 年第 2 期，第 3-10 页。
[46] 胡湛，彭希哲：《中国当代家庭户变动的趋势分析——基于人口普查数据的考察》，载《社会学研究》2014 年第 3 期，第 145-166+244 页。
[47] 黄宏伟，潘小庆：《脱贫质量提升：对象精准识别与标准动态调整——以农村老年人为例》，载《宏观质量研究》2021 年第 2 期，第 16-28 页。
[48] 黄金玲，廖娟：《残疾与贫困：基于等价尺度的再分析》，载《人口与发展》2018 年第 6 期，第 95-108 页。
[49] 霍萱，林闽钢：《城乡最低生活保障政策执行的影响因素及效果分析》，载《苏州大学学报（哲学社会科学版）》2016 年第 6 期，第 28-35 页。
[50] 霍萱，林闽钢：《慢性贫困的理论透视及其整合》，载《河北大学学报（哲学社会科学版）》2019 年第 3 期，第 139-147 页。
[51] 霍萱：《农村家庭慢性贫困的生成机制及跨代弱势累积研究》，载《社会保障评论》2021 年第 3 期，第 149-159 页。
[52] 贾海彦：《“健康贫困”陷阱的自我强化与减贫的内生动力——基于中国家庭追踪调查（CFPS）的实证分析》，载《经济社会体制比较》2020 年第 4 期，第 52-61，146 页。
[53] 贾玉娇，宋宝安：《农村重度残疾人社会保障问题分析——基于吉林省十县（市、区）的调查》，载《华南农业大学学报（社会科学版）》2011 年第 2 期，第 76-81 页。
[54] 贾玉娇：《疫情防控常态化下如何保基本民生》，载《前线》2020 年第 8 期，第 55-58 页。
[55]《江西省支出型贫困低收入家庭认定办法》，载江西省人民政府网 . http://www.jiangxi. gov. cn/art/2020/2/7/art_5066_1497063. html。
[56] 江治强，王伟进：《城市低保制度管理运行现状与提升路径》，载《调研世界》2015 年第 5 期，第 23-27 页。
[57] 孔卫拿，黄晓媛：《重大突发公共卫生事件中的社会救助解析——以抗击新冠肺炎疫情为例》，载《社会福利（理论版）》2020 年第 7 期，第 16-20+63 页。

[58] 匡亚林：《需求侧管理视角下社会救助体系分层分类改革研究》，载《河海大学学报（哲学社会科学版）》2021 年第 2 期，第 96-104+108 页。
[59] 赖志杰：《城乡医疗救助制度的现状、主要问题与建设重点》，载《当代经济管理》2014 年第 7 期，第 53-56 页。
[60] 兰剑，慈勤英：《新时代社会救助政策运行的社会风险及其应对》，载《青海社会科学》2018 年第 2 期，第 125-133 页。
[61] 兰剑，慈勤英：《中国社会救助政策的演进、突出问题及其反贫困突破路向》，载《云南社会科学》2018 年第 4 期，第 32-38 页。
[62] 李超，陈德姝：《农村重度残疾人家庭照料负担及政策支持研究》，载《残疾人研究》2021 年第 2 期，第 3-11 页。
[63] 李陈：《中国 287 座城市居住困难群体空间分布研究》，载《干旱区资源与环境》2016 年第 12 期，第 59-65 页。
[64] 李聪，王悦，王磊：《农村多维相对贫困的性别差异研究——基于家庭内部资源分配的视角》，载《管理学刊》2022 年第 4 期，第 65-79 页。
[65] 李靓：《浅谈城市最低生活保障制度退出难的问题》，载《群文天地》2011 年第 8 期，第 196-197 页。
[66] 李梦玄，周义，胡培：《保障房社区居民居住——就业空间失配福利损失研究》，载《. 城市发展研究》2013 第 10 期，第 63-68 页。
[67] 李娜：《临时社会救助制度的实践与展望——基于 Y 市的调查分析》，载《社会福利（理论版）》2015 年第 6 期。
[68] 李鹏，张奇林：《我国低保规模持续缩减的生成逻辑与治理路径：基于“情境—结构—执行”分析框架》，载《兰州学刊》2022 年第 12 期，第 1-16 页。. http://ifg-ga60aabc7d15084b00hp6x55bo05opv6nvc. fhaz. libproxy. ruc. edu. cn/kcms/detail/62. 1015. c. 20221209. 1509. 003. html。
[69] 李荣：《农村最低生活保障政策执行问题研究》，延安大学 2022 年硕士学位论文。
[70] 李实，詹鹏，杨灿：《中国农村公共转移收入的减贫效果》，载《中国农业大学学报（社会科学版）》2016 年第 5 期，第 71-80 页。
[71] 李树茁，孟阳，杨博：《贫困、婚姻与养老——农村大龄未婚男性家庭发展的风险与治理》，载《南京社会科学，2019 年第 8 期，第 77-87 页。
[72] 李炜，王卡：《共同富裕目标下的“提低”之道——低收入群体迈入中等收入群体的途径研究》，载《社会发展研究》2022 年第 4 期，第 20-38+242 页。
[73] 李武斌，薛东前，邱婴芝：《西安市单亲女性的生活质量及贫困化研究》，载《西北人口》2015 年第 4 期，第 61-67 页。

[74] 李雪：《不负时代 不负人民——民政部社会事务司司长王金华谈十年工作成效与经验》，载《中国民政》2022 年第 9 期，第 11-14 页。

[75] 李杨：《城市社区居民社区信任、社会安全感与社区参与关系研究》，西南大学 2019 年硕士学位论文。

[76] 李烨：《城市居民最低生活保障对象的退出机制研究》，湖南师范大学 2014 年硕士学位论文。

[77] 李迎生，李泉然：《农村低保申请家庭经济状况核查制度运行现状与完善之策——以 H 省 Y 县为例》，载《社会科学研究》2015 年第 3 期，第 106-114 页。

[78] 李媛：《城镇困难群体就业援助问题研究》，云南财经大学 2019 年硕士学位论文。

[79] 李振刚：《我国农村最低生活保障制度目标定位机制的反思——从家计调查到类别身份》，载《广东社会科学》2016 年第 2 期，第 194-205 页。

[80] 梁健，张小虎：《分类治理：乡村振兴视域下贫困治理新机制探索——基于西部 C 村的实证研究》，载《兰州学刊》2021 年第 5 期，第 130-143 页。

[81] 梁土坤：《反贫困政策、家庭结构与家庭消费能力——基于六省城乡低收入家庭调查微观数据的实证分析》，载《贵州社会科学》2019 年第 6 期，第 158-168 页。

[82] 梁土坤：《共同富裕目标下社会救助制度建设的定位、挑战与方向》，载《学习与实践，2022 年第 12 期，第 102-114 页。

[83] 梁晓敏，汪三贵：《农村低保对农户家庭支出的影响分析》，载《农业技术经济》2015 第 11 期，第 24-36 页。

[84] 廖娟，黄金玲：《残疾与相对贫困：基于额外成本的研究》，载《人口与发展》2021 年第 4 期，第 101-110+120 页。

[85] 林卡，樊士帅，马高明：《精准扶贫的成效和可持续性考察——基于中国家庭大数据库调查数据的分析》，载《浙江社会科学》2022 年第 9 期，第 66-73+158 页。

[86] 林闽钢：《论社会救助多主体责任的定位、关系及实现》，载《社会科学研究》2020 年第 3 期，第 97-101 页。

[87] 林文，邓明：《贸易开放度是否影响了我国农村贫困脆弱性——基于 CHNS 微观数据的经验分析》，载《国际贸易问题》2014 年第 6 期，第 23-32 页。

[88] 刘大伟：《教育是否有助于打通贫困治理的“任督二脉”——城乡差异视角下教育扶贫的路径与效果》，载《教育与经济》2020 年第 6 期，第 12-21 页。

[89] 刘广：《临时救助制度“救急难”功能提升研究》，西南政法大学 2021 年硕士学位论文。

[90] 刘慧君：《脆弱性视角下农村大龄未婚男性的生存质量：现状与未来--基于陕南

地区的调查研究》，载《人口与社会》2017 年第 1 期，第 33-43+51 页。
[91] 刘姣：《精准扶贫战略下低保退出的实践困境、成因及其制度优化路径》，沈阳师范大学 2021 年硕士学位论文。
[92] 刘丽娟：《精准扶贫视域下的城乡低保瞄准机制研究》，载《社会保障研究》2018 年第 1 期，第 70-79 页。
[93] 刘丽娟：《我国城乡低保家庭基本状况分析——基于 2016 年“中国城乡困难家庭社会政策支持系统建设项目”的调查》，载《中国民政》2017 第 21 期，第 49-51 页。
[94] 刘琳：《我国农村低保制度中退出机制的研究》，贵州大学 2008 年硕士学位论文。
[95] 刘喜堂，李辉：《精准化　科学化　规范化——〈民政部国家统计局关于进一步加强农村最低生活保障申请家庭经济状况核查工作的意见〉解读》，载《中国民政》2015 年第 6 期，第 42-43+32 页。
[96] 卢爱芳：《现行临时救助制度执行中的存在问题及对策研究》，重庆大学 2018 年硕士学位论文。
[97] 卢盛峰，卢洪友：《政府救助能够帮助低收入群体走出贫困吗？———基于 1989—2009 年 CHNS 数据的实证研究》，载《财经研究》2013 年第 1 期，第 4-16 页。
[98] 路锦非，曹艳春：《支出型贫困家庭致贫因素的微观视角分析和救助机制研究》，载《财贸研究》2011 年第 2 期，第 86-91 页。
[99] 罗楚亮，刘晓霞：《住房贫困的民族差异与住房反贫困的政策选择》，载《现代财经（天津财经大学学报）》2015 年第 12 期，第 3-15 页。
[100] 罗良文，杨起城：《慢性贫困问题研究新进展》，载《经济学动态》2021 第 10 期，第 131-144 页。
[101] 吕学梁，程歌：《负债水平对家庭经济脆弱性的影响》，载《北京工商大学学报（社会科学版）》2022，37 年第 2 期，第 86-98 页。
[102] 马红鸽，席恒：《收入差距、社会保障与提升居民幸福感和获得感》，载《社会保障研究》2020 年第 1 期，第 86-98 页。
[103] 马元曦：《社会性别与发展译文集》，生活 · 读书 · 新知三联书店 2000 年版，第 31-62 页。
[104] 梅晓静：《城市相对贫困人口立体化社会救助体系研究——以 H 市为例》，载《佳木斯大学社会科学学报》2020 年第 2 期，第 41-45+49 页。
[105] 孟阳，李树茁：《性别失衡背景下农村大龄未婚男性的社会排斥——一个分析框架》，载《探索与争鸣》2017 年第 4 期，第 81-88 页。

[106] 民政部副部长詹成付介绍新时代民政工作有关情况》，载《中国民政》2022第17期，第13-14页。
[107] 缪亦甜：《公众安全感的影响因素及提升对策研究》，苏州大学2017年硕士学位论文。
[108] 宁满秀，荆彩龙：《贫困女性化内涵、成因及其政策思考》，载《电子科技大学学报（社科版）》2015年第6期，第5-9页。
[109] 彭继权：《提高相对贫困识别质量：性别差异视角下多维动态测度及分解——以进城农民工为例》，载《宏观质量研究》2022年第4期，第19-34页。
[110] 齐亚强，牛建林：《地区经济发展与收入分配状况对我国居民健康差异的影响》，载《社会学评论》2015年第2期，第65-76页。
[111] 乔世东：《城市低保退出机制中存在的问题及对策研究——以济南市为例》，载《东岳论丛》2009年第10期，第34-38页。
[112] 任玙，曾理斌，杨晓胜：《城乡医疗救助制度之现状、问题与对策》，载《南京医科大学学报（社会科学版）》2015年第1期，第11-14页。
[113]《陕西省全面下放社会救助审核确认权》，载陕西省人民政府官网 http://www.shaanxi.gov.cn/xw/ldx/bm/202112/t20211217_2204525.html。
[114] 沈冰清，郭忠兴：《新农保改善了农村低收入家庭的脆弱性吗？——基于分阶段的分析》，载《中国农村经济》2018年第1期，第90-107页。
[115] 沈丹：《社会力量参与临时救助思考》，载《合作经济与科技》2018年第8期，第129-131页。
[116] 沈君彬：《发展型社会政策视域下支出型贫困救助模式的目标定位分析》，载《中共福建省委党校学报》2013年第10期，第27-30页。
[117] 师文文：《城镇住房救助对受助者就业的影响研究》，山东财经大学2021年硕士学位论文。
[118] 宋华琳，范乾帅：《街道办事处在社会救助行政中的职权及其法治化》，载《北京行政学院学报》2018年第6期，第23-33页。
[119] 宋元盛，张静：《疫情防控常态化下社会救助机制面临的挑战及对策研究》，载《经济研究导刊》2022年第5期，第63-66页。
[120] 谭溪：《支出型贫困视角下农村社会救助扶贫效果研究》，载《西南民族大学学报（人文社科版）》2018年第8期，第192-199页。
[121] 谭祖雪，张江龙：《赋权与增能：推进城市社区参与的重要路径——以成都市社区建设为例》，载《西南民族大学学报（人文社会科学版）》2014年第6期，第57-61页。

[122] 唐钧：《论城乡困难家庭就业救助精准化》，载《党政研究》2017年第5期，第121-125页。
[123] 唐有财，胡兵：《社区治理中的公众参与：国家认同与社区认同的双重驱动》，载《云南师范大学学报（哲学社会科学版）》2016年第2期，第63-69页。
[124] 田北海，王连生：《支出型贫困家庭的贫困表征、生成机制与治理路径》，载《南京农业大学学报（社会科学版）》2018年第3期，第27-36+152-153页。
[125] 田蓉，周晓虹：《社会救助服务：欧盟经验与中国选择》，载《学习与探索》2018年第11期，第43-50页。
[126] 王芳，曾令秋：《财政能力约束下我国相对贫困标准的选择研究》，载《农村经济》2022年第3期，第40-48页。
[127] 王宏蕾，谭国银，鲍英善：《农村老年人代际关系和人际关系与主观幸福感的关系》，载《中国心理卫生杂志》2023年第1期，第66-72页。. http://ifgga60aabc7d15084b00hw5k90onb09n56v9p.fhaz.libproxy.ruc.edu.cn/kcms/detail/11.1873.R.20221226.1547.013.html。
[128] 王辉：《农村养老中正式支持何以连带非正式支持？——基于川北S村农村互助养老的实证研究》，载《南京社会科学》2017年第12期，第68-73+95页。
[129] 王慧玲，孔荣：《正规借贷促进农村居民家庭消费了吗？——基于PSM方法的实证分析》，载《中国农村经济》2019年第8期，第72-90页。
[130] 王俊秀，张衍：《风险认知、社会情绪和未来预期：疫情不同阶段社会心态的变化》，载《社会科学战线》2022年第10期，第220-237页。
[131] 王力：《中国城乡教育救助问题研究》，武汉科技大学2010年硕士学位论文。
[132] 王立剑，代秀亮：《重大突发公共危机事件中的社会保障应急机制》，载《西安交通大学学报（社会科学版）》2020年第4期，第23-32页。
[133] 王立剑：《城镇非低保户社会救助需求的微观影响因素研究——基于苏州、深圳调查数据的分析》，载《华东经济管理》2010年第5期，第36-39页。
[134] 王森浒，李子信，陈云松，龚顺：《调查实验法在社会学中的应用：方法论评述》，载《社会学评论》2022年第6期，第230-252页。
[135] 王伟进：《城乡困难家庭的求助网络及其政策启示》，载《人口与经济》2016年第3期，第115-125页。
[136] 王婴，唐钧：《现代贫困研究：从绝对到相对再到多维》，载《河海大学学报（哲学社会科学版）》2020年第6期，第83-89+112页。
[137] 王远枝，叶伟春：《破除体制弊端缓解城市低收入家庭住房困难问题》，载《宏观经济研究》2008年第1期，第36-40页。

［138］王正攀：《城市低收入群体的困难程度、社会救助供需现状及其意愿——基于841个样本的调查分析》，载《重庆理工大学学报（社会科学）》2021年第8期，第83-92页。
［139］王志刚，封启帆：《巩固贫困治理策略：从精准脱贫到乡村振兴》，载《财经问题研究》2021年第10期，第14-23页。
［140］魏程琳，史源渊：《确保农村最低生活保障效果的制度文本与实践》，载《西北农林科技大学学报（社会科学版），2015年第4期，第135-140+149页。
［141］文雯：《城市最低生活保障兼有消费改善与劳动供给激励效应吗?》，载《上海经济研究》2021年第2期，第36-47+97页。
［142］吴本健，郭晶晶，马九杰：《贫困地区农户的风险应对与化解：正规金融和社会资本的组合效应》，载《华南师范大学学报（社会科学版）》2019年第1期，第66-73+190页。
［143］吴博：《基于新型城镇化的陕西关中地区农村居住环境优化研究》，载《中国农业资源与区划》2019年第6期，第70-77页。
［144］吴敏：《低收入家庭现金转移支付的消费刺激作用——来自城乡居民最低生活保障项目的经验证据》，载《财政研究》2020年第8期，第40-54页。
［145］吴婷：《兰州市中低收入家庭住房保障政策研究》，甘肃农业大学2012年硕士学位论文。
［146］武健：《我国教育救助立法探究》，山西大学2021年硕士学位论文。
［147］奚晓军，章贵军：《我国农村不同年龄阶段家庭的贫困脆弱性动态比较》，载《统计与决策》2020年第11期，第77-81页。
［148］习近平：《扎实推动共同富裕》，载《求是》2021年第20期。
［149］向雪琪：《教育贫困治理的运作机制、实践效应及对乡村振兴的启示》，载《南京农业大学学报（社会科学版）》2022年第4期，第125-133页。
［150］辛向阳：《深刻把握新时代的丰富内涵和伟大意义》，载《马克思主义研究》2019年第7期，第26-31页。
［151］《让人民生活幸福就是“国之大者”》，载新华网 https://baijiahao. baidu. com/s?id=1702048747952592351&wfr=spider&for=pc。
［152］邢占军，牛千：《获得感：供需视阈下共享发展的新标杆》，载《理论学刊》2017年第5期，第107-112页。
［153］熊跃根：《论国家、市场与福利之间的关系：西方社会政策理念发展及其反思》，载《社会学研究》1999年第3期，第59-71页。
［154］徐小言：《农村居民“贫困-疾病”陷阱的形成分析》，载《山东社会科学》

2018 年第 8 期，第 66-72 页。

［155］闫磊，朱雨婷：《可持续稳固脱贫的实现路径研究——基于森的可行能力理论》，载《甘肃行政学院学报》2018 年第 4 期，第 119-125 页。

［156］燕继荣，王禹澔：《保障济贫与发展脱贫的主题变奏——中国反贫困发展与展望》，载《南京农业大学学报（社会科学版）》2020 年第 4 期，第 22-34 页。

［157］《基层治理要练就“绣花功夫”》，载央广网 https://baijiahao. baidu. com/s? id=1649516930331692556&wfr=spider&for=pc。

［158］杨宝，李万亮：《公共服务的获得感效应：逻辑结构与释放路径的实证研究》，载《中国行政管理》2022 第 10 期，第 135-143 页。

［159］杨娣：《我国教育救助法律困境及其制度完善》，江西财经大学 2016 年硕士学位论文。

［160］杨立雄，杨兰：《最低生活保障制度的变化逻辑以及未来发展——基于政策依附性的分析视角》，载《社会发展研究》2022 年第 3 期，第 16-32+242 页。

［161］杨立雄：《“一揽子”打包，还是单项分类推进？——社会救助立法的路径选择》，载《社会保障评论》2020 年第 2 期，第 56-69 页。

［162］杨立雄：《从兜底保障到分配正义：面向共同富裕的社会救助改革研究》，载《社会保障评论》2022 年第 4 期，第 102-114 页。

［163］杨立雄：《最低生活保障“漏保”问题研究——以北京市为例》，载《社会保障评论》2018 年第 2 期，第 71-88 页。

［164］杨巧：《居民住房权保障中的政府责任》，载《管理世界》2014 第 11 期，第 174-175 页。

［165］杨穗，鲍传健：《改革开放 40 年中国社会救助减贫：实践、绩效与前瞻》，载《改革》2018 年第 12 期，第 112-122 页。

［166］杨穗，高琴，赵小漫：《新时代中国社会政策变化对收入分配和贫困的影响》，载《改革》2021 年第 10 期，第 57-71 页。

［167］杨谢炜：《新冠疫情中的社会救助：实践逻辑和优化路径》，载《黑龙江人力资源和社会保障》2021 年第 10 期，第 23-26 页。

［168］杨雄，刘程：《当前和谐家庭建设若干理论与实现路径》，载《南京社会科学》2008 年第 9 期，第 99-105 页。

［169］姚海涛：《论和谐家庭的内涵及其构建》，载《学术论坛》2010 年第 8 期，第 51-54 页。

［170］姚建平：《多元视角下的城乡低收入家庭就业状况研究》，载《社会保障评论》2017 年第 2 期，第 88-101 页。

[171] 姚尚建：《多维贫困：成因抑或演化？——城市增长与贫困的互动分析》，载《浙江社会科学》2021 年第 12 期，第 24-30+155-156 页。
[172] 易艳阳，周沛：《社区服务机构运行逻辑与基层政社关系——以江苏省“残疾人之家”为例》，载《学习与实践》2021 年第 1 期，第 105-113 页。
[173] 于知琳：《关于加强和改进临时救助工作的思考》，载《劳动保障世界》2019 第 11 期，第 65 页。
[174] 袁方成：《增能居民：社区参与的主体性逻辑与行动路径》，载《行政论坛，2019 年 26 年第 1 期，第 80-85 页。
[175] 曾起艳，何志鹏，曾寅初：《社区养老服务设施对城乡老年人主观福利的影响》，载《人口与发展》2022，28 年第 6 期，第 148-160 页。
[176] 曾小龙：《生理性弱势与农户的借贷行为研究》，载《世界农业》2021 年第 2 期，第 94-107 页。
[177] 詹成付：《民政工作与全面建设社会主义现代化国家》，载《中国民政》2022 第 20 期，第 43-50 页。
[178] 张翠娥，陈子璇：《家庭负担、性别分工与贫困劳动力就业——基于湖北 J 县易地扶贫搬迁户的调查》，载《华中农业大学学报（社会科学版）》2021 年第 2 期，第 32-39+175-176 页。
[179] 张栋：《低保制度提升贫困群体主观幸福感、获得感、安全感了吗？——基于 CFPS 面板数据的实证分析》，载《商业研究》2020 年第 7 期，第 136-144 页。
[180] 张粉霞：《特大城市贫困家庭困境维度解构与救助策略建构——基于多维贫困理论视角》，载《华东理工大学学报（社会科学版）》2022 年第 3 期，第 118-136 页。
[181] 张开云，马颖颖，王雅珠：《从现金到服务：社会保障给付结构的局限、转换动力与路径》，载《浙江社会科学》2019 年第 10 期，第 85-94，110，159 页。
[182] 张开云，叶浣儿：《农村低保政策：制度检视与调整路径》，载《吉林大学社会科学学报》2016 年第 4 期，第 64-71+189 页。
[183] 张蕾，孙计领，崔牛牛：《加强残疾人健康扶贫与乡村振兴衔接融合的对策研究》，载《人口与发展》2021 年第 5 期，第 121-129 页。
[184] 张琦，史志乐：《我国贫困家庭的教育脱贫问题研究》，载《甘肃社会科学》2017 年第 3 期，第 201-206 页。
[185] 张仝红，周强：《精准扶贫政策效果评估——收入、消费、生活改善和外出务工》，载《统计研究》2019 年第 10 期，第 17-29 页。
[186] 张曙光：《论制度均衡和制度变革》，载《经济研究》1992 年第 6 期，第 30-

36 页。
[187] 张苏，王婕：《养老保险、孝养伦理与家庭福利代际帕累托改进》，载《经济研究》2015 年第 10 期，第 147-162 页。
[188] 张英硕：《网络化治理视角下临时救助政策执行与协同问题研究》，广西大学 2022 年硕士学位论文。
[189] 张仲芳：《精准扶贫政策背景下医疗保障反贫困研究》，载《探索》2017 年第 2 期，第 81-85 页。
[190] 章文光，徐志毅，廖冰武，申慕蓉：《生计资本、社会环境与贫困人口务工就业意愿》，载《科学决策》2022 年第 8 期，第 1-14 页。
[191] 赵春：《贫困单亲家庭最低生活保障制度的实施及策略探析——以江苏省为例保障民生》，载《改革与开放》2017 年第 24 期，第 80-82 页。
[192] 赵德余：《贫困陷阱的循环反馈机制及反贫困干预路径》，载《上海交通大学学报（哲学社会科学版）》2020 年第 6 期，第 9-15+58 页。
[193] 赵锦春，范从来：《风险冲击、农村家庭资产与持续性贫困——基于 CHNS 微观数据的实证分析》，载《农业技术经济》2021 年第 10 期，第 4-21 页。
[194] 赵锐，张瑛：《丧偶对老年女性经济福利影响研究述评》，载《经济评论》2019 年第 3 期，第 152-164 页。
[195] 赵伟，曾繁杰：《我国住房保障体系的症结与改革思路》，载《甘肃社会科学》2010 年第 4 期，第 78-81 页。
[196] 中共民政部党组：《加快推进社会救助事业高质量发展》，https://www.mca.gov.cn/article/xw/mzyw/202204/20220400041399.shtml。
[197]《中共中央宣传部就新时代民政工作有关情况举行发布会》，载《大社会》2022 第 10 期，第 10-11 页。
[198]《用心做好家事审判　促进家庭社会和谐》，载中国法院网 https://www.chinacourt.org/article/detail/2022/12/id/7076916.shtml。
[199]《上半年中国支出低保资金逾 926 亿元　官方称足额发放没有问题》，载中国新闻网 https://baijiahao.baidu.com/s? id=1742226310527497520&wfr=spider&for=pc。
[200]《2021 年居民收入和消费支出情况》，载中国政府网 http://www.gov.cn/shuju/2022-01/17/content_5668748.htm。
[201]《2020 年民政事业发展统计公报》，载中华人民共和国民政部官网 https://images3.mca.gov.cn/www2017/file/202109/1631265147970.pdf。
[202]《回望 2021 · 海南　全力奋进自贸港　惠民利民谱新篇——二零二一年海南民政工作综述》，载中华人民共和国民政部官网 https://www.mca.gov.cn/article/

xw/mtbd/202112/20211200038748. shtml。
[203]《精准、高效、智慧、温暖广州社会救助为民生兜底为群众解忧》，载中华人民共和国民政部官网 https://www. mca. gov. cn/article/xw/mtbd/202209/20220900043819. shtml。
[204]《累计发放低保资金 1670. 6 亿元　民政兜底保障更加有力》，载中华人民共和国民政部官网 https://www. mca. gov. cn/article/xw/mtbd/202201/20220100039047. shtml。
[205]《民政部关于进一步积极应对老龄化，加快完善我国城乡失智失能老人养老照护体系的提案答复的函》，载中华人民共和国民政部官网 https://xxgk. mca. gov. cn：8445/gdnps/pc/content. jsp？ mtype=4&id=14755。
[206]《2022 年 1 季度低保标准》，载中华人民共和国民政部官网 https://www. mca. gov. cn/article/sj/tjjb/2022/202201dbbz. html。
[207]《2022 年 4 季度民政统计数据》，载中华人民共和国民政部官网 https://www. mca. gov. cn/article/sj/tjjb/2021/202104qgsj. html。
[208]《农村饮水安全工作简报》（第 40 期），载中华人民共和国水利部官网 http://www. mwr. gov. cn/sj/jbjc/ncysaqgzjb/202206/t20220614_1579175. html。
[209]《中共中央办公厅　国务院办公厅印发〈关于改革完善社会救助制度的意见〉》，载中华人民共和国中央人民政府官网 http://www. gov. cn/zhengce/2020-08/25/content_5537371. htm。
[210]《中华人民共和国国民经济和社会发展第十四个五年规划和 2035 年远景目标纲要》，载中华人民共和国中央人民政府官网 http://www. gov. cn/xinwen/2021-03/13/content_5592681. htm。
[211]《“一老一小”，织密民生保障网》，载中华人民共和国中央人民政府官网 http://www. gov. cn/xinwen/2019-05/14/content_5391255. htm。
[212]《习近平：高举中国特色社会主义伟大旗帜　为全面建设社会主义现代化国家而团结奋斗——在中国共产党第二十次全国代表大会上的报告》，载中华人民共和国中央人民政府官网 http://www. gov. cn/xinwen/2022-10/25/content_5721685. htm。
[213]《中共中央办公厅　国务院办公厅印发〈关于改革完善社会救助制度的意见〉》，载中华人民共和国中央人民政府官网 http://www. gov. cn/zhengce/2020-08/25/content_5537371. htm。
[214] 钟仁耀：《支出型贫困社会救助制度建设：必要性及难点》，载《中国民政》2015 年第 7 期，第 22-23 页。

[215] 仲超:《“贫困女性化”的形成与治理》，载《云南社会科学》2019 年第 6 期，第 143-150+183-184 页。
[216] 仲超:《贫困治理背景转换下的社会救助转型：从保障生存到促进发展》，载《求实》2021 年第 3 期，第 68-82+111 页。
[217] 周昌祥:《当前社会福利依赖与反福利依赖的社会工作介入研究》，载《华东理工大学学报（社会科学版）》2005 年第 2 期，第 13-18 页。
[218] 周利，周弘，王聪:《收入不确定与中国家庭经济脆弱性：兼论重大突发公共事件的影响》，载《湖南师范大学社会科学学报》2022 年第 2 期，第 67-75 页。
[219] 朱萌，严新明:《重大突发公共卫生事件临时救助制度完善路径——以中国抗击新冠肺炎疫情为例》，载《中共宁波市委党校学报》2020 年第 4 期，第 42-50 页。
[220] 祝建华:《智慧救助的要素驱动、运行逻辑与实践进路》，载《社会保障评论》2022 年第 2 期，第 105-121 页。
[221] 祖俊涛:《“后脱贫时代”农村低保对象精准识别的实现困境与路径优化研究》，安徽财经大学 2020 年硕士学位论文。
[222] 左停，徐小言:《农村“贫困-疾病”恶性循环与精准扶贫中链式健康保障体系建设》，载《西南民族大学学报（人文社科版）》2017 年第 1 期，第 1-8 页。

附件一：2022年城乡低收入家庭抽样调查问卷

区（县）区划编码：________ 街道/乡/乡镇区划编码：________ 村居区划编码：________ 家户样本编码：________

实验分组：1. 实验组 2. 对照组【事先随机分组】

说明：请访员务必根据国家统计局2021年公布的最新数据，填写受访者所在的区县、街乡、村居代码；请数据录入时务必保证低收入家庭访问地点的区县、街镇、村居区划代码，与基层民政服务队伍调查的地点代码保持一致，以便两套数据可以匹配。

“托底性民生保障政策支持系统建设”项目

2022年城乡低收入家庭抽样调查问卷

尊敬的住户：

为全面了解我国城乡低收入家庭的生活状况，反映低收入家庭对政府支持政策系统的意见和建议，发现问题、分析评估政策效果，进一步完善政策，特组织本次调查。

请您客观、真实地反映您的实际情况。对于您提供的一切信息，我们会严格遵守《中华人民共和国统计法》予以保密；您的姓名、地址、电话记录仅作为日后随访调查之用，不向任何部门提供，并且，您所提供的所有信息不作为任何政府救助或福利项目的认定审批依据，也不用于任何政府工作考核，请您无须顾虑，放心回答。

“托底性民生保障政策支持系统建设”项目组

2022年6月

Q1. 调查对象姓名________ 户主姓名________ 固定电话________ 手机________（11 位号码）

Q2. 家庭详细地址：________省（市\区）________市________区\县________街道\乡\镇________社区/村________小区________楼________单元________门牌号

Q3. 采访完成日期：____月____日　　采访用时：____分钟

Q4. 访员编号：________　　访员签字：________

首次采访日期 ____月____日____点	第二次采访日期 ____月____日____点	第三次采访日期 ____月____日____点	备注
1. 采访完成	1. 采访完成	1. 采访完成	
2. 联系不上	2. 联系不上	2. 联系不上	
3. 拒绝访问	3. 拒绝访问	3. 拒绝访问	
4. 已不符合调查资格	4. 已不符合调查资格	4. 已不符合调查资格	
5. 另约时间： ____月____日____点	5. 另约时间： ____月____日____点	5. 另约时间： ____月____日____点	

访问开始时间：______时______分（24 时制）

第一部分　家庭基本情况

家庭成员基本信息

家庭成员基本情况【请将选择的数字填到对应家庭成员一列】【访员注意：本调查的“家庭成员”是指“共同生活在一起的人”。按照民政部 2021 年印发的《最低生活保障审核确认办法》，共同生活的家庭成员包括：（1）配偶；（2）未成年子女；（3）已成年但不能独立生活的子女，包括在校接受全日制本科及以下学历教育的子女；（4）其他具有法定赡养、扶养、抚养义务关系并长期共同居住的人员。】

家庭成员编号：【01 编码为被访者；家庭成员最多填 8 人信息】		01 被访者	02	03	04	05	06	07	08
A01. 与户主关系	1. 户主本人；2. 配偶；3. 儿子；4. 女婿；5. 女儿；6. 儿媳；7. 孙子女；8. 外孙子女；9. 父母；10. 岳父母；11. 公婆；12. 祖父母；13. 外祖父母；14. 兄弟姐妹；15. 其他【访员注意：请询问被访者各个家庭成员与户主的关系，然后自行选择选项，不必全部念出选项】								
A02. 性别	1. 男；0. 女								
A03. 出生年份	____年____月								
A04. 婚姻状况	1. 未婚；2. 初婚；3. 再婚；4. 复婚；5. 丧偶；6. 离婚；7. 其他								
A05. 健康状况	1. 健康或良好；2. 一般或较弱；3. 重病								
A06. 残障情况	0. 无残障情况（跳至 A08）；1. 视力残疾；2. 听力残疾；3. 言语残疾；4. 肢体残疾；5. 智力残疾；6. 精神残疾；7. 多重残疾；8. 其他残疾								

续表

家庭成员编号：【01 编码为被访者；家庭成员最多填 8 人信息】		01 被访者	02	03	04	05	06	07	08
A07. 残疾等级	1. 一级；2. 二级；3. 三级；4. 四级；5. 没有残疾证未评级								
A08. 文化水平	1. 文盲或半文盲；2. 小学；3. 初中；4. 高中；5. 技工学校；6. 中等专业学校或中等技术学校；7. 大学专科和专科学校；8. 大学本科；9. 硕士及以上；10. 特殊教育								
A09. 劳动能力	1. 有劳动能力；2. 部分丧失劳动能力；3. 完全丧失劳动能力；4. 无劳动能力；5. 不适用（16 岁以下未达到法定劳动年龄）								
A10. 就业状况	1. 在职人员（有比较稳定的工作）；2. 登记失业人员（失业且办理了失业登记）；3. 无就业条件（失业但未成功办理失业登记）；4. 灵活就业人员；5. 离退休人员；6. 务农人员；7. 务工人员（外出打工）；8. 在读人员；9. 非法定年龄就业状况；10. 其他								

A11. 您家户主的户口类型是：1. 农业户口；2. 非农业户口；3. 居民户口；4. 其他（请说明__________）【注意：（1）如果受访家庭成员有多种户籍，请以户主的户口类型为准；（2）2014 年《国务院关于进一步推进户籍制度改革的意见》提出，建立城乡统一的户口登记制度，取消农业户口与非农业户口性质区分和由此衍生的蓝印户口等户口类型，统一登记为居民户口，体现户籍制度的人口登记管理功能】

家庭经济情况

A12. 2021 年，您全家的总收入（可支配收入）大约为______元（大概估计）。

A13. 2021 年，您全家的总支出（消费支出）大约为______元（大概估计）。

【说明：可支配收入包括工资性收入、经营性收入、财产性收入、转移性收入。可支配收入不包括婚丧嫁娶收到的礼金、出售资产所得、彩票中奖、一次性赔偿等意外收入。消费支出是城镇居民家庭人均用于日常生活的全部支出。包括购买实物支出和各种服务性支出。消费支出包括食品、烟酒及用品、衣着、家庭设备用品及服务、医疗保健及个人用品、交通和通信、娱乐教育文化服务、居住 8 大类，不包括罚没、丢失款和缴纳的各种税款（如个人所得税、牌照税、房产税等），也不包括个体劳动者生产经营过程中发生的各项费用。请访员提前了解，向受访者解释】

A14. 2021 年，您家得到的各类政府救助金加起来有多少钱？______元（包括低保、医疗救助、教育救助，等等）。【注意：A12≥A14，如不符合，请访员校验】

A15. 目前您家欠债累计______元，其中 2021 年新增债务______元（大概估计，如无填零）。

A16. 目前您家积蓄累计______元。

A17. 2021 年，您家的收入和支出状况如何？

1. 收入大于支出
2. 收入支出相当
3. 支出大于收入，动用以前的积蓄，但没有借款
4. 支出大于收入，不但动用了积蓄，还借了款

A18. 您家有几个人同吃同住？______人

第二部分　家庭困难情况

中长期困难

B01. 您家目前有哪些困难？（可多选）

1. 家里没有劳动力【不读出：受访家庭由“老幼残”组成，没有任何成员具备参与劳动或就业的能力】；

2. 家里有劳动力但找不到工作；

3. 有劳动力但需要照料婴幼儿，所以没法外出工作；

4. 有劳动力但需要照料残疾成员，所以没法外出工作；

5. 有劳动力但需要照料失能老人，所以没法外出工作；

6. 有劳动力但需要照顾重病患者，所以没法外出工作；

7. 家庭成员劳动/就业收入太低；

8. 家庭成员劳动/就业不稳定；

9. 家庭成员疾病负担重；

10. 子女教育负担难以承受；

11. 赡养老人负担重；

12. 居住条件差；

13. 其他（请注明：__________）；0. 没有困难【不读出该选项】

突发困难

B02. 2021年1月1日至今，您家有没有遇到过下面这些突发困难？（可多选）

1. 因灾因疫导致临时生活困难；

2. 家庭成员发生意外事故（如因火灾、交通事故等意外事件）；

3. 家庭成员突发重大疾病；

4. 短期失业；

5. 主要劳动力去世；

6. 家庭财产遭受重大损失；

7. 其他（请注明__________）；

0. 没有困难【不读出该选项】

新冠肺炎疫情对困难群众生活的影响

B03. 自 2019 年底新冠肺炎疫情暴发以来，疫情给您及家人的生活带来了哪些困难？（可多选）

1. 家庭日常生活开销明显升高；
2. 企业停工/倒闭造成失业或找不到工作；
3. 因疫情管控无法正常外出务工；
4. 家庭收入明显减少；
5. 家里种养殖的农产品滞销；
6. 疫情封控耽搁就医治疗；
7. 疫情封控影响了子女亲友等人照料、探视老人；
8. 中小学、幼儿园暂停返校，孩子白天在家无人看护；
9. 不会使用智能手机扫码、亮码导致疫情期间出行困难；
10. 其他（请注明__________）；
0. 没有困难【不读出该选项】

第三部分　享受社会救助情况

享受低保情况

C01. 您家最近一次申请低保时，是否通过手机 APP 等方式在网上办理？

1. 是

0. 否

8. 没有申请过低保

C02. 目前您家是否还享受低保？

1. 是→

> C02_1. 低保工作人员多久核查一次您的家庭收入和财产情况。
> 1. 每月一次　2. 每季度一次　3. 半年一次　4. 一年一次
> 5. 一年以上　6. 不清楚
>
> C02_2. 您家每月领取的低保金是______元。【注意：全家所有成员领取低保金的合计】

→0. 否

> C02_3. 最近一次退出低保是在哪一年？______年

C03. 您觉得您周围的困难家庭基本上都能吃上低保吗？

1. 能　　2. 不能　　3. 说不清

C04. 您觉得目前的低保金能够维持您家的基本生活吗？

1. 能　　2. 不能　　3. 说不清

C05. 有了困难，您知道怎样向政府申请救助帮扶吗？

1. 知道　　2. 不知道　　3. 说不清

C06. 您估计明年（2023 年）您家得到的政府救助收入会增加还是减少？

1. 增加　　2. 基本不变　　3. 减少　　4. 不确定

【注意：政府各项救助收入包括低保金、医疗救助、住房补贴、教育救助、其他临时性救助等所有来自社会救助的收入】

临时救助

C07. 您家是否享受过临时救助？

1. 申请并获得过；

2. 申请过但没有获批（回答 C07_1、C07_2，然后直接跳到 C08）；

3. 知道有这项制度，但没有申请过（跳至 C08）；

4. 不知道这项制度（跳至 C08）

【临时救助，是指国家对遭遇突发事件、意外伤害、重大疾病或其他特殊原因导致基本生活陷入困境，其他社会救助制度暂时无法覆盖或救助之后基本生活暂时仍有严重困难的家庭或个人，给予的应急性、过渡性的救助。通常由所在村/社区、街乡给予救助。】

C07_1. 您家是如何申请临时救助的？

1. 自己或亲友主动申请

2. 乡镇人民政府（街道办事处）、村（居）民委员会主动发现，帮助申请

C07_2. 您家申请临时救助的原因是什么？

1. 因火灾、交通事故等意外事件

2. 家庭成员突发重大疾病

3. 生活必需支出突然增加超出家庭承受能力（如教育负担）

4. 其他突发困难（请说明__________）

C07_3. 您家获得了哪些形式的临时救助？【可多选】

1. 发放临时救助金（填写金额______元）

2. 发放实物（衣物、食品、饮用水，提供临时住所等方式予以救助）

3. 帮忙申请其他救助政策【政策说法：转介服务，协助申请低保或医疗、教育、住房、就业等专项救助，以及社会捐助或志愿服务等】

【说明：按照《国务院关于全面建立临时救助制度的通知》，对给予临时救助金、实物救助后，仍不能解决临时救助对象困难的，可分情况提供转介服务。对符合最低生活保障或医疗、教育、住房、就业等专项救助条件的，要协助其申请；对需要公益慈善组织、社会工作服务机构等通过慈善项目、发动社会募捐、提供专业服务、志愿服务等形式给予帮扶的，要及时转介。请访员提前了解，向受访者解答“临时救助”含义】

C07_4. 您认为临时救助对您所遭遇的突发困难有帮助吗？

1. 有帮助　　2. 一般　　3. 没帮助

专项救助与福利项目

C08. 您家是否享受过医疗救助？

1. 有　　2. 没有　　3. 不知道

【说明：医疗救助主要包括：1）资助参加基本医疗保险；2）门诊救助；3）

基本医疗救助和重特大疾病医疗救助。请访员提前了解，向受访者说明，受访者获得其中任何一项，都表示享受过医疗救助】

C09. 您家是否享受过教育救助？

1. 有　　2. 没有　　3. 不知道

【说明：教育救助主要包括书杂费减免、提供勤工俭学机会以及提供助学贷款等。请访员提前了解，向受访者说明，受访者获得其中任何一项，都表示享受过教育救助】

C10. 您家得到过以下哪种住房救助政策？【可多选】

1. 公共租赁住房；　　2. 发放住房租赁补贴；

3. 农村危房改造；　　4. 其他（请注明__________）；

0. 没有得到

【说明：住房救助包括配租公共租赁住房、发放住房租赁补贴、农村危房改造等方式。请访员提前了解，向受访者说明，受访者获得其中任何一项，都表示享受过住房救助】

C11. 您家是否享受过就业援助？

1. 有　　2. 没有（跳至C12）

3. 不知道（跳至C12）

C11_1. 您接受过哪些就业援助？【可多选】

1. 职业介绍；　　2. 公益性岗位安置；

3. 免费职业培训；　　4. 贷款贴息；

5. 社会保险补贴；　　6. 岗位补贴；

7. 培训补贴；　　8. 税费减免；

9. 其他（请说明__________）

C11_2. 您觉得就业援助对您家劳动就业有帮助吗？

1. 有帮助　　2. 一般　　3. 没帮助　　4. 说不清

【说明：《就业促进法》是这样界定“就业援助”的，“各级人民政府建立健全就业援助制度，采取税费减免、贷款贴息、社会保险补贴、岗位补贴等办法，通过公益性岗位安置等途径，对就业困难人员实行优先扶持和重点帮助。就业困难人员是指因身体状况、技能水平、家庭因素、失去土地等原因难以实现就业，以及连续失业一定时间仍未能实现就业的人员。就业困难人员的具体范围，由省、自治区、直辖市人民政府根据本行政区域的实际情况规定”。请访员提前了解，向受访者解释】

C12. 您家是否享受过社会力量提供的救助项目？

1. 有　　2. 没有　　3. 不知道

C13. 您家是否享受水电、燃料、取暖费减免？

1. 有　　2. 没有　　3. 不知道

C14. 您家是否享受物价补贴或节假日一次性救助？

1. 有　　2. 没有　　3. 不知道

C15. 您家是否有人享受困难残疾人生活补贴？

1. 有　　2. 没有　　3. 不知道

4. 不适用（家中无残疾人）

C16. 您家是否有人享受重度残疾人护理补贴？

1. 有　　2. 没有　　3. 不知道

4. 不适用（家中无残疾人）

C17. 您家是否有老人享受高龄津贴？

1. 有　　2. 没有　　3. 不知道

4. 不适用（家中无高龄老人）

C18. 您家是否有老人享受护理补贴？

1. 有　　2. 没有　　3. 不知道

4. 不适用（家中没有无法自理的老人）

C19. 您家是否有老人享受养老服务补贴？

1. 有　　2. 没有　　3. 不知道

4. 不适用（家中没有老人）

新冠疫情困难家庭帮扶

C20. 自 2019 年底新冠肺炎疫情发生以来，您家是否得到过帮扶？

1. 是　　2. 否（跳至 D01）

C21. 您家得到了哪些帮扶措施？【可多选】

1. 办了低保【政策说法：被及时纳入低保范围】；

2. 额外发了一笔救济金【政策说法：作为低保对象或特困人员得到一次性生活补贴】；

3. 政府帮您家的劳动力解决就业问题（如提供免费培训、介绍工作，等等）；

4. 您家有人找到了工作，政府允许您家缓一阵子，（等一切都稳定了）再退出低保【政策说法：家庭成员就业导致收入超过低保标准，但政府给予了一定渐退期】；

5. 由于疫情防控期间好多东西都涨价了，政府给您家发了补贴家用的钱【政策说法：价格临时补贴】；

6. 政府给您家发了救济钱【政策说法：一次性临时救助金】；

7. 您家有人新冠感染（或被集中/居家隔离），生活陷入困难，政府给您家提供了临时帮扶（如发钱、给物，等等）【政策说法：临时救助】；

8. 得到了免费发放的防疫物资；

9. 封控期间社区帮忙采购生活必需品；

10. 封控期间政府或社区帮忙解决“看病难”；

11. 封控期间社区帮忙照料家里的老人或小孩儿；

12. 有关政府部门或社区干部到您家走访慰问；

13. 其他（请说明__________）。

C22. 请问您家是否需要下面这些服务项目？您家周边有这些服务吗？

服务项目	您家是否需要	社区内或周边是否有
1. 社区养老服务	1. 是　2. 否	1. 是　2. 否
2. 幼儿托护	1. 是　2. 否	1. 是　2. 否
3. 助残服务	1. 是　2. 否	1. 是　2. 否
4. 入户探访（主要针对独居、高龄、特殊困境老年人）	1. 是　2. 否	1. 是　2. 否
5. 办理社会保障服务	1. 是　2. 否	1. 是　2. 否
6. 劳动就业服务	1. 是　2. 否	1. 是　2. 否
7. 社区老年餐桌	1. 是　2. 否	1. 是　2. 否
8. 社区康复服务	1. 是　2. 否	1. 是　2. 否
9. 社区物业、维修、家政、餐饮、零售、美容美发等生活性服务业	1. 是　2. 否	1. 是　2. 否
10. 邮政、金融、电信、供销、广播电视等公共事业服务	1. 是　2. 否	1. 是　2. 否
11. 精神慰藉、心理疏导、心理咨询、聊天解闷	1. 是　2. 否	1. 是　2. 否
12. 适老化改造（老旧小区加装电梯）	1. 是　2. 否	1. 是　2. 否
13. 文化、体育、科普等公共服务	1. 是　2. 否	1. 是　2. 否

第四部分　调查实验

本调查将所有受访者以区县为单位随机分为实验组、对照组，部分题目只需要实验组回答，对照组不需要回答。所有实验题目经试调查数据分析后再正式敲定。

1. 困难群众低保制度投入的评价和期待

D01_1. 您觉得当前国家在低保上投得钱多还是少？【所有受访者回答】

1. 少；2. 一般；3. 多；4. 不知道

D01_2. 2020 年，国家在低保上总共花了 1900 多亿，相当于国家在民生保障方面每花 100 元（不读出：社会保障和就业支出），就有 6 元钱花在低保上。您认为明年国家应该增加还是减少低保投入？【实验组回答】

1. 减少；2. 保持不变；3. 增加；4. 不知道

D01_3. 您认为明年国家应该增加还是减少低保投入？【对照组回答】

1. 减少；2. 保持不变；3. 增加；4. 不知道

2. 困难群众参与社区事务的积极性

【说明：实验组依序回答 D02_1、D02_2、D02_3；对照组先回答 D02_2、D02_3，再回答 D02_1】

D02_1. 您是否同意以下说法？【说明：“一般”是指既不同意，也不反对】

1. 我要费很大工夫才能弄清楚自己到底够不够资格享受低保。	1. 同意	2. 一般	3. 不同意
2. 我要费很大工夫才能弄清楚怎样申请低保。	1. 同意	2. 一般	3. 不同意
3. 申请低保的手续太麻烦了。	1. 同意	2. 一般	3. 不同意
4. （申请低保时的）家庭收入核查太烦琐了	1. 同意	2. 一般	3. 不同意
5. 低保定期复核越来越严了，收入一高就有可能被退出低保。	1. 同意	2. 一般	3. 不同意
6. 低保公示把个人的信息搞得大家都知道，损害了低保户的隐私。	1. 同意	2. 一般	3. 不同意
7. 吃低保有损个人尊严，没面子、很丢人。	1. 同意	2. 一般	3. 不同意
8. 很多低保户有依赖心理，不努力找工作。	1. 同意	2. 一般	3. 不同意
9. 有些人靠关系就可以吃低保。	1. 同意	2. 一般	3. 不同意

D02_2. 您愿意参与下面这些活动吗？【说明："一般"是指既不同意，也不反对】

1. 您愿意参加村（社区）公共场所的卫生大扫除吗？	1. 同意	2. 一般	3. 不同意
2. 您愿意免费帮助照顾邻居家的失能老人吗？	1. 同意	2. 一般	3. 不同意
3. 您愿意参加村里/社区的互助服务或志愿活动吗？［访员可提示受访者：比如，自愿去帮忙给社区（或村里）做些力所能及的事情。］	1. 同意	2. 一般	3. 不同意

D02_3. 您觉得每个月给您全家多少低保金，就可以维持您家的基本生活？______元/月【访员注意：此处金额是被访者认为向其家庭总共发放多少低保金，而不是给被访者个人发放多少低保金】

3. 家庭责任与国家责任区分

【说明：实验组先阅读提示内容（或由访员念给实验组受访者听），然后回答D03_1、D03_2、D03_3；对照组直接回答D03_1、D03_2、D03_3】

提示内容【请调查员一定熟悉下列内容，熟悉国家政策，并请口语化表达给被访者】：目前，中央和地方都发布了基本公共服务清单，包括养老、医疗、救助等多个方面。基本公共服务清单出台后，政府主要管清单上有的服务内容，清单之外的内容，主要由个人和家庭自己负责。例如，国家基本公共服务清单里的救助内容就只包括：最低生活保障、特困人员救助供养、医疗救助、临时救助、受灾人员救助、法律援助、老年人福利补贴、困境儿童保障、农村留守儿童关爱保护、基本殡葬服务等13个项目。国家基本公共服务清单里的医疗服务就只包括：居民健康档案、健康教育、预防接种、传染病突发公共卫生事件报告处理、儿童健康管理、孕产妇健康管理、老年人健康管理、慢病患者管理、农村部分计划生育奖励、食品药品安全等20个项目。

D03_1. 如果赡养老人这件事完全由国家（也就是政府）和家庭（也就是个人）共同承担（口语表述参考：如果只有国家和你家人管你养老，其他任何人、单位都不管），您认为国家（政府）应承担（百分之多少的）______%养老责任，家庭（个人）应承担（百分之多少的）______%的养老责任【说明：全部养老责任为100%，由国家和家庭共同分担。请访员在受访者不理解的时候向其解释说明】

D03_2. 您是否认同这句话："家里穷，就是自己和家里人的事情，完全不应该靠国家来帮助自己。"

1. 非常认同　2. 认同　3. 比较认同　4. 一般　5. 比较不认同

6. 不认同　7. 完全不认同

D03_3. 您是否认同这句话：“以后看病、养老，更要靠自己和家里人。”【口语表述参考：不能指望别人或政府】

1. 非常认同　2. 认同　3. 比较认同　4. 一般　5. 比较不认同

6. 不认同　7. 完全不认同

第五部分　心态和期待

幸福感、获得感、安全感

E01. 您觉得现在的日子过得比前几年舒心些了吗？【幸福感】

1. 更舒心了；　　2. 没变化；　　3. 更不舒心了

E02. 您觉得现在的日子过得比前几年宽裕些了吗？【获得感】

1. 日子更宽裕了；2. 没变化；3. 日子更加紧巴了

E03. 您觉得晚上独自外出安全吗？【安全感】

1. 安全；　　2. 一般；　　3. 不安全

E04. 总的来说，您感觉和周围大多数低保户相比，您家的情况更困难、更好、还是差不多？【相对贫困】

1. 比大多数低保户更加困难
2. 和大多数低保户的困难情况差不多
3. 家庭情况比大多数低保户好一些

E05. 您认为未来的日子会越来越好，还是没啥盼头？

1. 会越来越好；　2. 和现在差不多；　3. 没啥盼头

邻里关系

E06. 你们家人之间的关系好不好？【说明：家中只有一个人的样本不回答，赋值“-8. 不适用”】

1. 好　　2. 一般　　3. 不好

E07. 您经常与亲朋好友见面吗？

1. 从不　　2. 一个月不到一次　3. 一月一次
4. 一个月数次　5. 每周一次　　6. 一周数次
7. 每天都见面　8. 拒绝回答　　9. 不知道

E08. 和新冠疫情发生之前相比，您跟亲朋好友见面聚会的次数减少了吗？

1. 减少了　　2. 没减少也没增加
3. 增多了　　4. 不知道

E09. 您有说心里话的人吗？

1. 有　　2. 没有（跳至E11）

E10. 您主要向谁说心里话？

1. 家人　　2. 亲戚　　3. 朋友

4. 村（社区）干部　　5. 其他（请说明__________）

E11. 您和邻居关系怎么样？

1. 好　　2. 比较好　　3. 不太好

4. 不好　　5. 说不清

E12. 遇到困难时，您会向邻居请求帮忙吗？

1. 经常会　　2. 偶尔会　　3. 极少会

4. 根本不会

E13. 当您向邻居求助时，邻居的反应如何？

1. 非常乐意　　2. 比较乐意　　3. 不太乐意

4. 拒绝提供帮助

百姓愁盼

E14. 您对未来有哪些担忧？【说明："一般"是指既不同意，也不反对】

1. 担心吃穿没着落。	1. 担心	2. 一般	3. 不担心	-8. 不适用
2. 担心没活干，收入没保障（无劳力家庭填"-8"）。	1. 担心	2. 一般	3. 不担心	-8. 不适用
3. 担心被停了低保等政策补助，生活没着落（非低保家庭填"-8"）。	1. 担心	2. 一般	3. 不担心	-8. 不适用
4. 老了以后没人养。	1. 担心	2. 一般	3. 不担心	-8. 不适用
5. 子女教育跟不上，长大没出息（无子女家庭填"-8"）。	1. 担心	2. 一般	3. 不担心	-8. 不适用
6. 担心自己或家人万一生大病，日子就过不下去了。	1. 担心	2. 一般	3. 不担心	-8. 不适用
7. 贷款（车贷、房贷、消费贷等）或欠债（债务）还不上。	1. 担心	2. 一般	3. 不担心	-8. 不适用

【说明"衣食住行"等基本生活是指"必需食品消费支出，以及维持基本生活所必需的衣物、水电、燃煤（燃气）、公共交通、日用品等非食品类生活必需品支出"】

百姓诉求

E15. 如果可以选择，您最愿意接受哪种救助方式？【限选3项，并按程度排序】

第一位________；第二位________；第三位________。

1. 直接发救助金；
2. 发放生活品；
3. 提供服务；
4. 视情况而定；
5. 其他（请注明__________）

E16. 未来您家是否非常需要政府提供以下帮助？

服务项目	是否非常需要
1. 帮忙照顾家中失能老人	1. 需要　2. 不需要　3. 不知道
2. 帮忙照顾家中残疾人	1. 需要　2. 不需要　3. 不知道
3. 帮忙照顾家中重病患者	1. 需要　2. 不需要　3. 不知道
4. 帮忙照看家中的婴幼儿	1. 需要　2. 不需要　3. 不知道
5. 提供就业帮扶（如就业培训、介绍工作）	1. 需要　2. 不需要　3. 不知道
6. 帮助提高增加收入本领（如传授种植养殖技能、经商技能，等等）	1. 需要　2. 不需要　3. 不知道
7. 给家中上学的孩子服务功课	1. 需要　2. 不需要　3. 不知道
8. 帮助子女就学就业	1. 需要　2. 不需要　3. 不知道
9. 安排人陪着聊聊天、说说话	1. 需要　2. 不需要　3. 不知道

E17. 您担心新冠肺炎疫情影响自己和家人的日常生活吗？

1. 担心　　2. 一般　　3. 不担心　　4. 说不清

调查到此结束，谢谢您的合作！

访问结束时间：______时______分（24时制）

访员观察

Z0. 访员是在什么场所进行的访问？

1. 受访者家中　　2. 社区室内公共场所

3. 室外公共场所　　4. 受访者工作场所

Z1. 采访时有无其他人员在场？

1. 有　　0. 没有【跳答至 Z2】

Z1. 1. 是什么人在场？【可多选】

1. 六岁以下儿童　　2. 其他家庭成员

3. 亲友　　4. 邻居　　5. 村居干部

77. 其他【请注明身份】__________

Z1. 2. 其他人在场是否影响了采访的质量？

1. 是　　0. 否

Z2. 访问过程中主要使用以下哪种语言？【单选】

1. 普通话　　2. 方言（请具体指明：__________）

Z3. 被访者住的是什么样的房子？

1. 简易房　　2. 平房　　3. 楼房

7. 其他【请注明】__________

Z4. 被访者的室内装修和当地一般情况相比是什么状况？

1. 好　　2. 中　　3. 差　　4. 观察不到

Z5. 被访者家中/住处是否有独立的洗浴设施？

1. 是　　0. 否　　3. 观察不到

Z6. 被访者家中/住处是否有自来水？

1. 是　　0. 否　　3. 观察不到

Z7. 请评估被访者以下情况：

1. 受访者的理解能力：很差—1—2—3—4—5→很好

2. 受访者回答问题的困难程度：很低—1—2—3—4—5→很高

3. 受访者对调查的配合程度：很差—1—2—3—4—5→很好

4. 受访者对调查的感兴趣程度：很低—1—2—3—4—5→很高

5. 受访者对调查的疑虑程度：很低—1—2—3—4—5→很高

6. 受访者回答的可信程度：很低—1—2—3—4—5→很高

Z8. 访问过程中，受访者在多大程度上表现出急于结束调查：很低—1—2—3—4—5→很高

Z9. 其他你认为应该报告和说明的情况：

附件二：2022 年基层民政服务队伍调查问卷

“托底性民生保障政策支持系统建设”项目（2022 年）

基层民政服务队伍调查问卷

民政部政策研究中心

2022 年 8 月

基层民政服务队伍调查说明

本次调查旨在客观反映基层民政服务队伍现状，分析研判基层民政工作面临的问题与挑战，为增强基层民政工作力量，推动各项惠民政策落到实处，提供决策依据。

为获得准确的数据，请您依据实际情况，回答访问员提出的问题。如果因此对您的生活和工作造成不便，我们深表歉意，希望能够得到您的理解和帮助。

根据《中华人民共和国统计法》第三章第二十五条，在未获得您许可的前提下，我们会对您所提供的所有信息绝对保密。科学研究、政策分析以及观点评论中不会发布您个人、家庭、村/居的案例信息，不会造成您个人、家庭、村/居信息的泄漏。

非常感谢您的支持和帮助！

民政部政策研究中心

2022 年 8 月

填写说明

（1）没有特别注明“多选”的问题都是单选题。

（2）单选题、多选题，请在相应选项数字编码上打“√”

（3）限选、填空题，请在空白横线位置上填写数字或文字；

（4）被调查者如选“其他”项，请给出详细说明。

受访人类型编码：

1. 区县受访人　2. 街镇受访人　3. 村居受访人

实验分组：

1. 实验组　2. 对照组【事先随机分组】

填答人姓名：____________________

工作单位：__________省__________市__________县区__________乡镇/街道__________村（居）__________

联系方式：____________________

说明：请访员务必根据国家统计局2021年公布的最新数据，填写受访者所在的区县、街乡、村居代码（区县受访人只填写区县区划代码；街乡受访人只填写区县、街乡区划代码；村居受访人填写区县、街乡、村居区划代码）。

区县区划代码：__________【说明：请访员务必按照2021年区划代码准确填写】

街道/乡/乡镇区划代码：__________【说明：请访员务必按照2021年区划代码准确填写】

村居区划代码：__________【说明：请访员务必按照2021年区划代码准确填写】

第一部分　基本情况

个人基本情况

A01. 您的性别：

1. 男　　　　0. 女

A02. 您的出生年月：______年______月

A03. 您的文化程度：

1. 小学及以下　　2. 初中　　3. 中专或高中
4. 大专　　5. 本科　　6. 研究生及以上

A04. 您的婚姻状态：

1. 未婚　　2. 已婚有配偶
3. 丧偶　　4. 离婚

A05. 请问您从哪一年开始从事养老服务、儿童福利、社会救助等民政相关工作？______年

A06. 您目前主要负责的工作内容是：【可多选】

1. 低保　　2. 特困　　3. 养老服务
4. 儿童福利　　5. 基层治理　　6. 婚姻
7. 殡葬　　8. 其他（请说明__________）

A07_a. 您的身份是【仅限区县、街乡受访人回答，如有多个职务身份，选择主要职务身份】：

1. 机关事业单位在编人员　　2. 机关事业单位合同制聘用人员
3. 其他（请说明__________）

A07_b. 请问您在本村/居的主要职务是【仅限村居受访人回答，有多个职务身份，选择主要职务身份】：

1. 书记/主任　　2. 副书记/副主任　　3. 其他两委成员
4. 街道、乡镇等聘用的社区工作者　　5. 政府购买的公益性岗位人员
6. 其他（请说明__________）

A08. 请问您是否在本村（居）居住？【仅限村居受访人回答】

1. 是　　　　0. 否

第二部分　基层民政服务队伍情况

B01. 总的来说，您觉得近些年基层民政服务工作（包括社会救助、养老服务、儿童关爱、基层治理，等等）进展如何？

1. 进展很大　　2. 进展较大　　3. 一般
4. 进展较少　　5. 进展很小

B02. 总的来说，您觉得近些年基层民政服务队伍建设进展如何？

1. 进展很大　　2. 进展较大　　3. 一般
4. 进展较少　　5. 进展很小

B03_a. 请问区/县民政局大约有______人（包括在编、借调、外聘，大致估计）？【仅限区县受访人回答】

B03_b. 请问本/街道/乡镇村居有______人（包括您在内）负责救助、养老、三留守关爱等民政服务工作？【仅限街乡受访人、村居受访人回答】

B04. 过去一年，您平均每天大约要工作多长时间？______小时/天【说明：只计算工作日】

B05. 过去一年，您周末经常加班吗？

1. 经常加班　　2. 有时加班　　3. 一般
4. 较少加班　　5. 从不加班

B06. 过去一年，您平均每天要为多少位困难群众提供帮助？______人次/天【仅限街乡、村居受访人回答；“帮助”包括接待来访、解答咨询、办理救助申请、入户访问，等等】

B07_a. 您觉得本区县需要社会救助的困难家庭有______户______人？【仅限区县受访人回答；不仅仅是已接受低保、临时救助、专项救助的困难群体，而是包括区县内所有具有救助需求的困难群众，请您根据您所掌握的情况进行主观判断，不要求精准，也不作为任何政策执行依据，给您放心回答】

B07_b. 您觉得本街道/乡镇需要社会救助的困难家庭有______户______人？【仅限街镇受访人回答；不仅仅是已接受低保、临时救助、专项救助的困难群体，而是包括区县内所有具有救助需求的困难群众，请您根据您所掌握的情况进行主观判断，不要求精准，也不作为任何政策执行依据，给您放心回答】

B07_c. 您觉得本社区/村居需要社会救助的困难家庭有______户______人？【仅限村居受访人回答；不仅仅是已接受低保、临时救助、专项救助的困难群体，而是包括区县内所有具有救助需求的困难群众，请您根据您所掌握的情况进行主观判断，不要求精准，也不作为任何政策执行依据，给您放心回答】

B08. 您是否愿意从事目前这项工作？

1. 非常愿意　2. 比较愿意　3. 一般

4. 不太愿意　5. 很不愿意

B09. 您觉得您能否胜任目前的工作？

1. 完全可以　2. 比较可以　3. 一般

4. 不太可以　5. 完全不可以

B10. 您是否参加过社会工作者职业资格考试？

1. 是　0. 否（跳问 B12）

B11. 您获得了何种社会工作者职业资格证书？

1. 助理社工师　2. 中级社工师

3. 高级社工师　0. 没有获得证书

B12. 您认为目前民政服务队伍的技能与知识储备是否能满足工作需求？（选择 1、2 跳问 B14）

1. 非常满足　2. 比较满足　3. 一般

4. 不太满足　5. 非常不满足

B13. 不能满足工作需求的原因是什么？【可多选】

1. 服务人员平均学历偏低

2. 服务人员年龄偏大学习能力不足

3. 服务人员对参与培训的积极性不高

4. 工作要求偏高

5. 培训力度不足

6. 培训方式单一

7. 培训体系不够健全

8. 其他（请说明__________）

B14. 您认为目前哪些技能是最需要培训提升的？【限选 3 项，需要程度由高到低排列】

第一，__________；第二，__________；第三，__________。

1. 社会救助等基本民生保障政策和业务知识

2. 沟通技能

3. 信息技术技能（熟练使用电脑、了解各种报表和台账科学制作填报方法）

4. 法律咨询技能（了解基本法律知识）

5. 心理学知识

6. 其他（请说明__________）

B15. 您认为何种培训内容最能提高服务水平？【限选 3 项，需要程度由高到低排列】

第一，__________；第二，__________；第三，__________。

1. 综合知识技能培训

2. 专业（业务）理论培训

3. 有关政策执行的实操培训

4. 专业理论知识和实践相结合的培训

5. 其他（请说明__________）

B16. 您认为何种培训方式效果最好？【限选 3 项，需要程度由高到低排列】

第一，__________；第二，__________；第三，__________。

1. 入职培训（岗前培训）

2. 脱产（线下面授）培训

3. 线上网络培训

4. 其他（请说明__________）

第三部分 基层民政服务工作开展情况及成效

C01. 您认为本区县/街镇/村（居）民政服务整体成效如何？

1. 非常好　　2. 比较好　　3. 一般

4. 不太好　　5. 很不好

C02. 您所在的区县/街镇/村（居）是否对民政服务工作进行考评？

1. 是

2. 否（村居受访人跳问至 C04、区县和街镇受访人跳问至 C05）

C03. 您所在的区县/街镇/村（居）如何对民政服务工作进行考评？【可多选】

1. 上级部门评定

2. 同级之间相互测评打分

3. 服务对象测评打分

4. 其他（请说明__________）

C04 请问您所在的村居有哪些民政服务机构？【仅限村居受访人回答，可多选】

1. 养老设施机构

2. 儿童福利设施机构

3. 残疾人服务机构

4. 其他（请说明__________）

C05. 您认为目前基层民政服务工作还存在哪些明显不足或短板？【限填 3 项】

1. __________　　2. __________　　3. __________

C06. 您认为目前基层民政服务队伍建设最突出的问题是什么？【限填 3 项】

1. __________　　2. __________　　3. __________

C07. 您认为，基层民政服务下一步应重点开展哪些方面的工作？【限填 3 项】

1. __________　　2. __________　　3. __________

第四部分　基层民政服务工作开展情况

D01. 请问您在平日工作中，是不是经常使用以下信息来源？您觉得这些信息对于做好工作的重要性如何？

信息来源	1. 非常频繁 2. 比较频繁 3. 一　　般 4. 不太频繁 5. 从　　不	1. 非常重要 2. 比较重要 3. 一　　般 4. 不太重要 5. 很不重要
1. 上级政府出台的政策文件		
2. 自身工作经验		
3. 本村/居其他村干部/社区工作者		
4. 临近村/居的村干部/社区工作者		
5. 相关书籍、学术论文、期刊、数据库		
6. 相关社会组织、慈善组织		
7. 乡镇/街道的领导		
8. 专家咨询、智库研究		
9. 新闻媒体		
10. 困难群众申请低保、临时救助等提交的材料		
11. 政府网站/12345 等网络渠道反馈的民众意见		
12. 居委会、党委会、人大代表等渠道反映的民众意见		
13. 入户走访中了解百姓诉求		

D02. 您在多大程度上同意以下说法？【说明：对样本进行随机分组；实验组依序回答 D02、D03、D04；对照组先回答 D03、D04，再回答 D02】

1. 我佩服那些主动参与社区公共事务的人。	1. 非常同意	2. 比较同意	3. 一般	4. 不太同意	5. 很不同意
2. 我对公共政策的制定与执行没有兴趣。	1. 非常同意	2. 比较同意	3. 一般	4. 不太同意	5. 很不同意

续表

3. 从事公共服务对我来说是很重要的。	1. 非常同意	2. 比较同意	3. 一般	4. 不太同意	5. 很不同意
4. 为实现人民群众利益做出贡献非常重要。	1. 非常同意	2. 比较同意	3. 一般	4. 不太同意	5. 很不同意
5. 我认为机会公平对人民群众是非常重要的。	1. 非常同意	2. 比较同意	3. 一般	4. 不太同意	5. 很不同意
6. 我愿意看到政府干部做对群众利益有好处的事，哪怕做这些事情会让我的个人利益受些损失。	1. 非常同意	2. 比较同意	3. 一般	4. 不太同意	5. 很不同意
7. 从事公共服务是我作为公民的责任。	1. 非常同意	2. 比较同意	3. 一般	4. 不太同意	5. 很不同意
8. 我认为享有高质量的公共服务对人民群众是非常重要的。	1. 非常同意	2. 比较同意	3. 一般	4. 不太同意	5. 很不同意
9. 为民服务让我感觉很好，即使没有报酬也是这样。	1. 非常同意	2. 比较同意	3. 一般	4. 不太同意	5. 很不同意
10. 我愿意为了社会公共利益做出牺牲。	1. 非常同意	2. 比较同意	3. 一般	4. 不太同意	5. 很不同意
11. 我对弱势群体的境遇感同身受。	1. 非常同意	2. 比较同意	3. 一般	4. 不太同意	5. 很不同意
12. 我对他人的困难抱有同理心。	1. 非常同意	2. 比较同意	3. 一般	4. 不太同意	5. 很不同意
13. 看到他人受到不公正的对待，我会很难受。	1. 非常同意	2. 比较同意	3. 一般	4. 不太同意	5. 很不同意
14. 考虑到他人的利益是非常重要的。	1. 非常同意	2. 比较同意	3. 一般	4. 不太同意	5. 很不同意

D03. 关于低保工作，您是否同意以下说法？

1. 低保资格审查还应该更加频繁一些。	1. 非常同意	2. 比较同意	3. 一般	4. 不太同意	5. 非常不同意	6. 说不清
2. 应当简化低保申请材料。	1. 非常同意	2. 比较同意	3. 一般	4. 不太同意	5. 非常不同意	6. 说不清
3. 应当要求申请人提交更多信息，便于低保评审。	1. 非常同意	2. 比较同意	3. 一般	4. 不太同意	5. 非常不同意	6. 说不清
4. 低保申请手续太复杂了，没必要。	1. 非常同意	2. 比较同意	3. 一般	4. 不太同意	5. 非常不同意	6. 说不清
5. 家庭收入核查太烦琐了，应当简化。	1. 非常同意	2. 比较同意	3. 一般	4. 不太同意	5. 非常不同意	6. 说不清
6. 低保程序复杂一些，是为了保证评审的公正性。	1. 非常同意	2. 比较同意	3. 一般	4. 不太同意	5. 非常不同意	6. 说不清
7. 低保公示制度损害了低保户的隐私。	1. 非常同意	2. 比较同意	3. 一般	4. 不太同意	5. 非常不同意	6. 说不清
8. 应当帮助低保对象消除“吃低保没面子”的想法。	1. 非常同意	2. 比较同意	3. 一般	4. 不太同意	5. 非常不同意	6. 说不清
9. 应当强制有工作能力的低保户找工作，因为很多低保户有依赖心理。	1. 非常同意	2. 比较同意	3. 一般	4. 不太同意	5. 非常不同意	6. 说不清
10. 应当广泛宣传低保政策信息，便于低保对象申请。	1. 非常同意	2. 比较同意	3. 一般	4. 不太同意	5. 非常不同意	6. 说不清
11. 低保审批复杂，给低保对象带来了过重的负担。	1. 非常同意	2. 比较同意	3. 一般	4. 不太同意	5. 非常不同意	6. 说不清
12. 低保定期复核应当更加严格一些。	1. 非常同意	2. 比较同意	3. 一般	4. 不太同意	5. 非常不同意	6. 说不清

D04. 请问您平时有没有经常用到下面这些处理问题的方式？您认为这些方式对于解决基层问题是否重要？	1. 经常用到 2. 有时用到 3. 一　般 4. 较少用到 5. 从未用到	1. 非常重要 2. 比较重要 3. 一　般 4. 不太重要 5. 很不重要
1. 在政策允许范围内，灵活调整规则以满足困难群众需要。		
2. 在政策允许范围内，适当简化一些规则程序以满足困难群众需要。		
3. 在政策允许范围内，推动建立新措施以长期有效地服务困难群众。		
4. 把有限的时间、精力和救助资源，优先给予“老弱病残”等特殊困难群体。		
5. 在政策允许范围内，动用私人关系和资源来推动工作、解决问题。		
6. 建立标准化的办事流程，回应处理困难群众的民生诉求。		
7. 强化困难群众享受社会救助的义务，来降低社会救助的吸引力（访员可向被访者举例：比如要求低保对象积极参与职业介绍、公益性岗位）。		
8. 严格按照政策规定办事，拒绝不合理诉求。		
9. 有时候态度不得不硬一些，以回绝一些不合理要求。		
10. 听困难群众“倒苦水”，反复向他们解释政策，以获取理解。		
11. 过去一年，我在工作中采纳过建设性的意见。		

D05. 请问您在平时工作中，是否经常遇到以下问题？【说明：实验组依序回答D05、D06、D07；对照组先回答D06、D07，再回答D05】

D05. 关于您在平日所面对的工作情况，您在多大程度上同意以下说法？	1. 非常同意 2. 比较同意 3. 一　　般 4. 不太同意 5. 很不同意
1. 遇到低保对象不再符合低保标准的情况，需要履行很多手续才能取消其低保资格。	
2. 政策规定得非常严格，我们没法很快把符合条件的困难家庭纳入低保。	
3. 当地群众对于该给谁低保有自己的一套看法和共识，我们在低保认定中需要予以尊重。	
4. 我在低保工作中完全能够"按规定办事"，很少遇到"拿不准"的问题。	
5. 上级部门的监督执纪问责力度不断加大，我们必须确保低保工作的每一个环节不违规。	
6. 本地群众监督意识很强，我们在低保认定中必须非常谨慎，以免引发争议。	
7. 网络媒体很关注困难群众救助，我们在低保认定中必须非常谨慎，以免引发舆情。	
8. 社区/村里经常有人找我说情给他办理低保。	

D06. 关于您的工作，请问您在多大程度上同意以下说法？	1. 非常同意 2. 比较同意 3. 一　　般 4. 不太同意 5. 很不同意
1. 我圆满完成了工作任务。	
2. 我的工作提供了高质量的公共服务。	
3. 我的工作取得了非常好的成绩。	
4. 我的工作表现得到了服务对象的认可。	
5. 我的工作表现得到了领导的认可。	
6. 我的工作表现得到了同事的认可。	
7. 考虑到所有因素，我对我的工作是满意的。	

D07. 请问您对以下方面的满意度如何？	1. 非常满意 2. 比较满意 3. 一　　般 4. 不太满意 5. 很不满意
1. 工作本身有意义。	
2. 工作岗位上受到尊重。	
3. 有机会在工作中运用所学的知识和技能。	
4. 有机会参与重要的决策。	
5. 我的工作很稳定。	
6. 我对工资很满意。	
7. 单位福利很好。	
8. 工作中学习和成长的机会很多。	
9. 升职的机会。	
10. 工作-家庭平衡。	
11. 工作弹性（可以灵活、自主地选择工作时间安排）很灵活。	
12. 我的同事关系很好。	

第五部分　调查地点社会救助工作开展情况

基层对政策效果的评价

E01. 相比较于当地居民生活水平，您认为目前的低保标准偏低还是偏高？

1. 过高　　2. 较高　　3. 合适

4. 较低　　5. 过低

E02. 在您所在区县/街镇/村居，有没有困难群众很困难但无法被纳入低保？

1. 有（回答 E02_1）　　0. 没有　　-8. 不知道

E02_1. 您认为造成这种现象的原因是什么？【可多选】

1. 低保标准太低

2. 追责力度大，基层怕错保

3. 有些困难群众收入不低，但其他方面太困难

4. 其他（请说明__________）

E03. 在您所在区县/街镇/村居，急难救助/临时救助覆盖了所有有需求的人吗？

1. 完全覆盖　　2. 差不多覆盖　　3. 一般

4. 不太能覆盖　　5. 完全无法覆盖

E04. 在您所在区县/街镇/村居，特困供养制度覆盖了所有有需求的人吗？

1. 完全覆盖　　2. 差不多覆盖　　3. 一般

4. 不太能覆盖　　5. 完全无法覆盖

基层同志如何看待社会救助执行中存在的问题

E05. 您认为对申请低保的家庭进行家庭经济状况调查时最重要的三个指标是什么？

第一，__________；第二，__________；第三，__________。

1. 收入

2. 家庭人口结构

3. 支出

4. 劳动就业情况

5. 教育

6. 健康

7. 家庭资产

8. 照料老人、残疾人、儿童的负担

9. 居住条件和家具陈设

10. 机动车辆（享受燃油补贴的残疾人机动轮椅车除外）、船舶、工程机械以及大型农机具、土地等生产资料

11. 其他（请说明__________）

E06. 您认为民主评议在低保家庭识别中的重要性如何？

1. 非常不重要　　2. 比较不重要　　3. 一般

4. 比较重要　　5. 非常重要　　8. 不清楚

E07. 您认为目前家庭收入核查工作的最大困难是什么？【可多选】

1. 被调查对象故意隐瞒收入

2. 被调查对象收入不稳定

3. 被调查对象收入难以精确量化

4. 相关部门不配合

5. 被调查对象的无理缠闹

6. 人情关系干扰

7. 信息技术手段不足

8. 其他（请说明__________）

E08. 据您了解，部分低保对象在经济好转后不主动退保的主要原因是什么？【可多选】

1. 低保标准偏高

2. 低保福利捆绑导致悬崖效应

3. 定期审核、退出机制有漏洞

4. 低保对象收入不稳定，退出低保后很容易再次陷入生活困难

5. 低保对象困难多，没有低保金，即使经济好转也很难解决这些困难

6. 部分低保对象存在“等靠要”心态

7. 其他（请说明__________）

E09. 据您了解，当地县（区）级民政部门将低保、特困等社会救助审核确认权限下放至乡镇（街道）了吗？

1. 是　　2. 否（跳至 E10）　　3. 不知道（跳至 E10）

E09_1. 您认为社会救助审核确认权下放对于推动基层社会救助工作有多大帮助？

1. 非常有帮助　　2. 比较有帮助　　3. 一般

4. 不太有帮助　　5. 完全没帮助

E09_2. 您认为社会救助审核确认权下放有没有操作执行困难？

1. 完全没有困难　　2. 基本没有困难

3. 一般　　4. 有些困难（回答 E09_3）

5. 非常困难（回答 E09_3）

E09_3. 您认为实行社会救助审核确认权下放面临哪些执行困难？【限填三项，请受访者尽量用一个词概括每项困难】

1. ＿＿＿＿＿　　2. ＿＿＿＿＿　　3. ＿＿＿＿＿

E10. 请问在您所在的区县/街镇/村居，持有当地居住证的困难群众就地可否申办低保？

1. 可以　　2. 不可以　　3. 不知道

E11. 据您了解，当地是否建立了社会救助工作容错免责机制？

1. 建立了　　2. 没建立（跳问 E13）

3. 不清楚（跳问 E13）

E12. 您认为当地社会救助工作容错免责机制的实际效果如何？

1. 非常有效　　2. 比较有效　　3. 一般

4. 不太有效　　5. 毫无效果

E13. 您认为新冠肺炎疫情是否延长了社会救助的办理时限？

1. 大大延长了　　2. 稍有延长　　3. 没有变化

4. 稍有缩短　　5. 大大缩短了

E14. 您所在村/居是否可以通过线上平台申请和办理社会救助？

1. 是　　2. 否（跳问至 E17）

E15. 您认为社会救助申请者利用该平台的频率如何？

1. 非常高　　2. 比较高　　3. 一般

4. 比较低　　5. 非常低

E16. 您认为使用该平台对大部分申请者来说是否容易？

1. 非常容易　　2. 比较容易　　3. 一般

4. 比较困难　　5. 非常困难

【说明：当前，各地积极应用“互联网+”、手机 APP 等信息化手段，逐步推行社会救助全流程线上办理，减少人群聚集，降低感染风险，提高办理效率。】

基层对困难群众需求的看法

E17. 您认为下一步政府最需要向困难群众提供哪方面的帮助？【限填 3 项，请

受访者尽量用一个词概括每项困难】

__________；__________；__________。

E18. 您认为推动社会救助主动发现机制面临的最大困难有哪些？【限填 3 项，请受访者尽量用一个词概括每项困难】

__________；__________；__________。

【说明："主动发现机制"是指"基层干部、村级组织、社会救助协理员、社会工作者等，通过走访摸排、电话沟通、微信联系等方式，全面了解辖区内困难群众生活状况，重点关注失业人员、灵活就业人员、低保边缘人口、防止返贫监测对象、暂不符合低保条件但存在一定困难的群众以及经救助后自身发展能力仍不足的困难群众，及时发现救助需求，跟进实施救助帮扶，做到早发现、早介入、早救助。（参见民政部、财政部 2022 年 6 月 2 日联合印发的《关于切实保障好困难群众基本生活的通知》）"请访员提前了解"主动发现机制"）】

E19. 您所在地区的是否开展了服务类社会救助？

1. 是　　2. 否（跳问 E21）

3. 不知道（跳问 E21）

【说明：目前服务类社会救助一般包括"基本生活照料与支持服务、精神关爱与疏导服务、预防保健和康复护理服务、生活与就业能力提升服务"等内容】

E20. 2021 年，您所在地区为困难群众提供了哪些服务类社会救助？【可多选】

1. 生活照料　　2. 康复护理　　3. 文化教育

4. 卫生保健　　5. 法律援助　　6. 心理疏导

7. 社会融入　　8. 社区矫正　　9. 资源链接

10. 其他（请说明__________）

E21. 您认为社会救助对象更愿意领取现金后自己购买服务，还是直接由政府为他们购买同等价值的服务？

1. 更愿意自己购买　　2. 更愿意由政府购买

3. 无所谓　　4. 不愿意购买服务

E22. 您认为推动服务类社会救助面临的最大困难有哪些？【限填 3 项，请受访者尽量用一个词概括每项困难】

__________；__________；__________。

调查结束，谢谢！

民生政策研究

《中国未成年人监护体系研究》

《农村养老服务体系建设与政策支持研究》

《中国城乡困难家庭民生兜底保障研究》

《基本民生兜底保障问题研究》

《国外民生兜底保障实践及启示》

《中国儿童福利和保护制度研究》

《中国低收入家庭与政策支持研究》

《社会主义现代化建设背景下社会救助兜底保障研究》

《社区养老服务经典案例评析》

《中国农村贫困老年人照护体系研究》

《农村养老服务政策与实践》

《外国老年照护服务模式研究》

《中国老年服务和长期照护》

《反贫困视角的慈善事业发展研究》

《托底性民生保障政策支持系统建设项目数据分析报告（2022）》

……

出 品 人：陈建军
责任编辑：张立明
封面设计：李　瞻

ISBN 978-7-5199-1692-3

定价：92.00元